## eBook+: il libro digitale interattivo

Il libro interattivo ("eBook+") è la versione digitale interattiva del libro di testo. Nel libro interattivo i contenuti vengono ampliati e affiancati da contributi digitali e funzioni interattive che rendono l'esperienza dell'apprendimento più completa e stimolante.
Nelle pagine del libro interattivo è possibile:
- inserire note;
- sottolineare ed evidenziare i passaggi di maggior interesse;
- ingrandire e portare in primo piano aree specifiche;
- scrivere o disegnare sulle pagine simulando un pennarello;
- selezionare il testo e ricercare i vocaboli all'interno dell'intero libro;
- richiamare velocemente glossari, schede o altri materiali.

I nostri libri interattivi sono multidevice: possono essere letti su PC (Windows e Mac) e su tablet (Windows, iPad, Android).

L'uso dell'eBook+ è regolato dalle condizioni generali di licenza di G.B. PALUMBO & C. EDITORE S.p.A., accessibili all'indirizzo web **www.palumboeditore.it**; l'inserimento del codice di attivazione ed il conseguente download dell'eBook+ implicano la conoscenza e l'accettazione delle suddette condizioni di licenza.

### Dove trovare il codice di attivazione del libro digitale interattivo
Il codice è formato da 25 caratteri e si trova all'interno del bollino SIAE

### Come scaricare il libro digitale interattivo

1. Registrati su Scuolabook (**www.scuolabook.it**) utilizzando un indirizzo email valido. Se hai già un account, accedi con le tue credenziali.
2. Accedi alla pagina **Acquisti**, dove troverai il campo per inserire il codice di attivazione.
3. Una volta inserito il codice, scarica e installa l'applicazione Scuolabook Reader adatta per il tuo sistema.
4. Utilizza le credenziali che hai creato su Scuolabook per eseguire il login anche sull'applicazione. All'interno della tua libreria troverai tutti i tuoi libri, compreso quello associato al tuo codice, e potrai leggerli con Scuolabook Reader semplicemente cliccando su ciascuna copertina.

Hai bisogno di ulteriori informazioni?
Accedi al supporto **www.scuolabook.it**
Per ogni chiarimento scrivi a **info@scuolabook.it**

**ATTENZIONE:** l'accesso al libro digitale interattivo eBook+ è a titolo gratuito ed è riservato all'utente registrato che ha accettato le relative condizioni generali di licenza d'uso e ha inserito il codice di attivazione. Tale codice può essere attivato una sola volta e la relativa utenza e la connessa licenza di utilizzo non sono trasferibili a terzi.

© 2017 by G. B. Palumbo & C. Editore s.p.a.

I compiti autentici *Drammatizzazione: Boccaccio in scena* e *L'itinerario di viaggio: la Sicilia degli scrittori* sono a cura di Chiara Rizzuto.

La Parte 3 della sezione Scuola & lavoro è a cura di Alda Baldaccini e Maria Cristina Zanti, tranne *La lettera e il curriculum vitae* e *La relazione di stage o tirocinio* che sono a cura di Marianna Marrucci e Valentina Tinacci.

**coordinamento editoriale**  Giancarlo Biscardi

**redazione**  Chiara Rizzuto

**progetto grafico**  Vincenzo Marineo

**copertina**  Federica Giovannini

**realizzazione delle espansioni multimediali**  Palumbo editore Divisione digitale

**fotolito e stampa**  Tipolitografia Petruzzi - Città di Castello (PG)

Proprietà artistica e letteraria della Casa Editrice

Stampato in Italia

Finito di stampare dalla Tipolitografia Petruzzi, Città di Castello (PG), nel mese di gennaio 2017 per conto della G. B. Palumbo & C. Editore s.p.a., Palermo

Le fotocopie per uso personale del lettore possono essere effettuate nei limiti del 15% di ciascun volume/fascicolo di periodico dietro pagamento alla SIAE del compenso previsto dall'art. 68, commi 4 e 5, della legge 22 aprile 1941 n. 633.

Le fotocopie per finalità di carattere professionale, economico o commerciale o comunque per uso diverso da quello personale possono essere effettuate a seguito di specifica autorizzazione rilasciata da CLEAREdi, Centro Licenze e Autorizzazioni per le Riproduzioni Editoriali, Corso di Porta Romana 108, 20122 Milano, e-mail **autorizzazioni@clearedi.org** e sito web **www.clearedi.org**.

L'Editore è a disposizione degli aventi diritto tutelati dalla legge per eventuali e comunque non volute omissioni o imprecisioni nell'indicazione delle fonti bibliografiche o fotografiche.

I testi ad alta leggibilità sono realizzati con il carattere **EasyReading**™ . Font ad alta leggibilità: strumento compensativo per i lettori con dislessia e facilitante per tutte le categorie di lettori. www.easyreading.it

Pietro Cataldi
Elena Angioloni
Sara Panichi

# LETTERATURA MONDO

**La scrittura**

*a cura di*
Marianna Marrucci
Valentina Tinacci

**Scuola&Lavoro**

*a cura di*
Claudia Carmina

# Le dotazioni digitali del volume

Questo volume propone un sistema che si giova di una serie di dotazioni digitali. Apposite icone collocate sulle pagine segnalano la presenza di materiali di approfondimento o interattivi fruibili direttamente dal libro interattivo (eBook+) o dal Webook.

Documenti, testi integrativi, testi modificabili in formato word.

**esercizi attivi** Attività in autovalutazione, con cui ciascuno può lavorare in autonomia, cimentandosi in una serie di esercitazioni. Gli studenti potranno svolgere le attività di autovalutazione in modalità interattiva, ricevendo un feedback che darà loro consapevolezza del proprio livello di preparazione.

Due video su come affrontare due importanti situazioni comunicative: il colloquio di lavoro e la relazione orale.

## Il Corso di dizione
**6 lezioni multimediali in formato digitale**
a cura di Elena Pistillo, attrice di teatro

Un servizio nuovo, che offre la possibilità di sfruttare le potenzialità del digitale e del multimediale, per migliorare la pronuncia, importante nelle situazioni comunicative soprattutto in vista delle sfide con cui i ragazzi si misureranno nell'ambiente di lavoro.

**dizione.palumboeditore.it**

# Indice

## LA SCRITTURA
**1**

### 1 Studiare con metodo
3

**UNITÀ DI LAVORO 1**
**Comprendere e studiare** 4
**1** Leggere per comprendere 4
**2** Selezione e rielaborazione
delle informazioni 5
**Laboratorio** 10

**UNITÀ DI LAVORO 2**
**Leggere testi continui
e non continui** 14
**1** Le differenze tra testo continuo
e non continuo 14
**2** La tabella 15
**3** Il grafico 16
**Laboratorio** 18

**UNITÀ DI LAVORO 3**
**La lettura 3.0** 21
**1** La lettura: che cos'è e come funziona 21

**2** Fare ricerche in rete 23
**Laboratorio** 27

**UNITÀ DI LAVORO 4**
**Esporre e rispondere:
le verifiche orali** 28
**1** La comunicazione orale 28
**2** La verifica orale: il colloquio 29
**Laboratorio** 30

**UNITÀ DI LAVORO 5**
**Esporre e presentare in pubblico** 32
**1** La preparazione dei materiali 32
**2** L'organizzazione del discorso: la scaletta 32
**3** Il controllo del tempo 34
**4** La memorizzazione 35
**5** La presentazione multimediale 35
**Laboratorio** 36

### 2 Scrivere con metodo
39

**UNITÀ DI LAVORO 6**
**Elaborare un testo:
coerenza e coesione** 40
**1** Che cos'è un testo 40
**2** Il filo del discorso 41
**3** La coerenza 41
**4** La coesione 43
**Laboratorio** 45

**UNITÀ DI LAVORO 7**
**Elaborare un testo:
morfosintassi e punteggiatura** 47
**1** La forma e la posizione
delle parole 47
**2** L'architettura del discorso 49
**Laboratorio** 53

V

Indice

### UNITÀ DI LAVORO (8)

**Elaborare un testo:**
**i registri espressivi** — 57
1 Usare il lessico — 57
2 Che cosa sono i registri espressivi — 58
3 I registri primari — 59
4 Le parole delle professioni
e i linguaggi specialistici — 60
5 Conoscere le parole: i campi semantici — 60
**Laboratorio** — 61

### UNITÀ DI LAVORO (9)

**La descrizione** — 65
1 Che cos'è la descrizione — 65
2 Come è fatta una descrizione — 66
**Laboratorio** — 68

### UNITÀ DI LAVORO (10)

**La narrazione** — 71
1 Che cos'è una narrazione — 71
2 Come è fatta una narrazione — 72
**Laboratorio** — 73

### UNITÀ DI LAVORO (11)

**L'informazione** — 75
1 Che cos'è un testo informativo — 75
2 Come è fatto un testo informativo — 76
**Laboratorio** — 78

### UNITÀ DI LAVORO (12)

**L'argomentazione** — 82
1 Che cos'è un testo argomentativo — 82
2 Com'è fatto un testo argomentativo — 83
3 Analisi di due testi argomentativi — 84
**Laboratorio** — 87

### UNITÀ DI LAVORO (13)

**La scrittura 3.0** — 89
1 La rete e il nuovo impatto sulla scrittura — 89
2 Le caratteristiche della scrittura in rete — 90
3 *Living web*: scrittura fluida
e in mutamento — 91
4 Scrivere per la rete — 92
**Laboratorio** — 93

---

## (3) Scrivere a scuola — 95

### UNITÀ DI LAVORO (14)

**Le scritture d'uso:**
**la parafrasi di un testo in prosa** — 96
1 Che cos'è la parafrasi — 96
2 Come si scrive la parafrasi — 96
3 Parafrasare la prosa — 97
**Laboratorio** — 101

### UNITÀ DI LAVORO (15)

**Le scritture d'uso:**
**la parafrasi di un testo in versi** — 104
1 Parafrasare la poesia — 104
2 Efficacia della parafrasi — 107
3 Parafrasi e significato aperto — 108
4 Parafrasare l'epica — 108
**Laboratorio** — 111

### UNITÀ DI LAVORO (16)

**Le scritture d'uso: il riassunto** — 115
1 Che cos'è il riassunto — 115
2 Caratteristiche del riassunto — 115
3 Come scrivere un riassunto — 116
4 Un esempio: riassunto di un testo
teorico-saggistico — 117
5 Un esempio: riassunto di un testo narrativo — 119
**Laboratorio** — 121

### UNITÀ DI LAVORO (17)

**Trasformare, riscrivere,**
**transcodificare** — 126
1 Diverse forme di comunicazione
e diversi codici — 126
2 La transcodificazione — 126
**Laboratorio** — 127

### UNITÀ DI LAVORO (18)

**La trattazione sintetica** — 129
1 Che cos'è la trattazione sintetica — 129
2 Come si svolge una trattazione sintetica — 130
**Laboratorio** — 131

### UNITÀ DI LAVORO (19)

**L'analisi del testo** — 134
A Guida all'analisi di un testo letterario in prosa — 134
A.1 Lettura del testo — 135
A.2 Comprensione — 139
A.3 Analisi — 140
A.4 Interpretazione complessiva
e approfondimenti — 141
**Laboratorio** — 142
B Guida all'analisi di un testo letterario in versi — 143
B.1 Lettura del testo — 144
B.2 Comprensione — 144
B.3 Analisi — 145

| B.4 | Interpretazione complessiva e approfondimenti | 146 |
|---|---|---|
| **Laboratorio** | | 147 |

### UNITÀ DI LAVORO (20)

**Il saggio breve** — 149

| 1 | Il saggio breve | 149 |
|---|---|---|
| 2 | Uno schema operativo | 150 |
| **Laboratorio** | | 157 |

### UNITÀ DI LAVORO (21)

**Guida alla redazione dell'articolo di giornale** — 163

| 1 | L'articolo di giornale | 163 |
|---|---|---|
| 2 | Uno schema operativo | 164 |
| **Laboratorio** | | 171 |

### UNITÀ DI LAVORO (22)

**Il tema** — 173

| 1 | Che cos'è il tema | 173 |
|---|---|---|
| 2 | Come si scrive un tema | 174 |
| 3 | Il tema di argomento storico | 175 |
| 4 | Il tema d'attualità | 179 |
| **Laboratorio** | | 182 |

### UNITÀ DI LAVORO (23)

**Il percorso pluridisciplinare: la tesina e l'elaborato multimediale** — 185

| 1 | Tesina o elaborato multimediale? | 185 |
|---|---|---|
| 2 | Che cos'è la tesina? | 186 |
| 3 | Che cos'è l'elaborato multimediale? | 186 |
| 4 | La scelta dell'argomento | 186 |
| 5 | Una tesina, molte discipline | 187 |
| 6 | La ricerca delle informazioni | 187 |
| 7 | Le fonti bibliografiche | 187 |
| 8 | La bibliografia online | 188 |
| 9 | La schedatura del materiale | 188 |
| 10 | L'elaborazione e la stesura | 188 |
| 11 | Le citazioni | 189 |
| 12 | L'elaborato multimediale: tipi di materiali e montaggio | 189 |
| 13 | L'elaborato multimediale: realizzazione ed esecuzione | 190 |
| 14 | La bibliografia | 190 |
| 15 | Cinque proposte per il percorso pluridisciplinare | 191 |
| **Laboratorio** | | 197 |

# SCUOLA & LAVORO

199

## 1

## L'alternanza scuola lavoro e la discussione del project work

201

| **Per cominciare** | 202 |
|---|---|
| PRIMO PASSO Guardati intorno | 203 |
| SECONDO PASSO Rifletti sui tuoi punti di forza | 204 |
| TERZO PASSO Confrontati con i tutor e firma il patto formativo | 205 |
| Fac-simile del patto formativo dello studente | |

📄 **ONLINE** Fac-simile del patto formativo dello studente [TESTO MODIFICABILE]

| QUARTO PASSO Guarda dentro te stesso | 207 |
|---|---|
| **Il diario di bordo del tirocinante** | 208 |
| LA CASSETTA DEGLI ATTREZZI Il registro delle presenze | 209 |

📄 **ONLINE** Registro delle presenze [TESTO MODIFICABILE]

| LA CASSETTA DEGLI ATTREZZI Il diario di bordo | 210 |
|---|---|

📄 **ONLINE** Il diario di bordo del tirocinante [TESTO MODIFICABILE]

| **La discussione del project work** | 213 |
|---|---|
| PRIMA FASE Compila il questionario di gradimento e di valutazione | 214 |

📄 **ONLINE** Questionario di gradimento e di valutazione delle attività di alternanza suola lavoro [TESTO MODIFICABILE]

| SECONDA FASE Stendi la relazione | 216 |
|---|---|
| TERZA FASE La discussione del progetto di lavoro (project work) | 217 |

▶ **ONLINE** La relazione orale

VII

# Indice

## 2 Compiti autentici
219

### Cercare lavoro
220

**PRIMA FASE**
Raccogliere informazioni
221

**SECONDA FASE**
Ragionare su se stessi
222

**TERZA FASE**
Simulazione: sostenere un colloquio di lavoro
224

▶ ONLINE Il colloquio di lavoro

### Drammatizzazione: Boccaccio in scena
226

**PRIMA FASE**
Riflessione
227

**SECONDA FASE**
Organizzazione
228

**TERZA FASE**
Al lavoro!
229

**QUARTA FASE**
In scena!
230

### Una sfilata di moda a tema Rinascimento
231

**PRIMA FASE**
Analizzare il problema e individuare
una soluzione creativa
232

**SECONDA FASE**
Strutturare il progetto
234

**TERZA FASE**
Presentare il progetto
236

### Saperi e sapori: a tavola con Renzo e Lucia
239

**PRIMA FASE**
Progettate l'evento
240

**SECONDA FASE**
Definite il menu
242

**TERZA FASE**
Distribuite compiti e ruoli.
E ora… all'opera!
244

**QUARTA FASE**
Il dado è tratto
246

### L'itinerario di viaggio: la Sicilia degli scrittori
247

**PRIMA FASE**
*Brainstorming*
248

**SECONDA FASE**
Raccogliere informazioni
250

**TERZA FASE**
Realizzare una presentazione
251

## 3 La comunicazione nel mondo del lavoro: scrivere e parlare
253

### Il testo professionale
254

1 Dall'"antilingua" al testo professionale
254
2 Il testo professionale
255
3 Le caratteristiche del testo professionale
256

**PER PRESENTARSI**
### L'inserzione di lavoro
259

1 L'inserzione per la ricerca di personale
260
2 L'inserzione per la ricerca di lavoro
261

**PER PRESENTARSI**
### La lettera e il curriculum vitae
266

1 Che cos'è la lettera
266
2 Che cos'è il curriculum vitae
268
3 Il *Curriculum Vitae Europeo*
270
4 Il video curriculum
274

**PER PRESENTARSI**
### Il colloquio di lavoro
277

▶ ONLINE Il colloquio di lavoro

1 Lo svolgimento
277
2 Le domande più frequenti
280

**PER SCRIVERE E COMUNICARE**
### La lettera formale
283

1 Che cos'è la lettera formale
283
2 La lettera formale di tipo commerciale
286

**PER SCRIVERE E COMUNICARE**
### L'e-mail
290

1 Che cos'è una e-mail
290
2 La marketing e-mail
e la posta certificata
293

PER SCRIVERE E COMUNICARE

## L'abstract — 296

1 Che cos'è l'abstract — 297
2 Come scrivere un abstract — 297

PER SCRIVERE E COMUNICARE

## Il dépliant — 302

1 Che cos'è il dépliant — 303
2 A cosa serve e come è fatto un dépliant — 304

PER SCRIVERE E COMUNICARE

## Il verbale — 310

1 Che cos'è e come si scrive il verbale — 311

PER SCRIVERE E COMUNICARE

## La scheda cliente — 316

1 Che cos'è una scheda cliente — 316
2 Come compilare una scheda cliente — 317

PER SCRIVERE E COMUNICARE

## La relazione tecnica — 320

1 Che cos'è la relazione tecnica — 321
2 Come scrivere una relazione tecnica — 323

ONLINE La relazione tecnica di un progetto edilizio

ONLINE La relazione orale

PER SCRIVERE E COMUNICARE

## La relazione di stage o tirocinio — 328

1 Che cos'è la relazione di stage — 328

2 Struttura di una relazione di stage — 328
3 Stesura e revisione — 330

PER SCRIVERE E COMUNICARE

## La presentazione con slide — 332

1 Che cos'è una presentazione con slide — 333
2 La realizzazione di una presentazione con slide — 334

ONLINE La relazione orale

PER SCRIVERE E COMUNICARE

## La scrittura per il web — 339

1 Che cos'è un sito web — 340
2 La struttura di un sito web — 341
3 I microcontent — 342

PER SCRIVERE E COMUNICARE

## Il blog — 345

1 Che cos'è un blog — 345

PER SCRIVERE E COMUNICARE

## La telefonata di lavoro — 349

1 Come deve essere effettuata una telefonata di lavoro — 349
2 Che cosa fare durante una telefonata di lavoro — 350

PER SCRIVERE E COMUNICARE

## Il brief — 352

1 Che cos'è un brief — 353

---

APPENDICE

# Corso di dizione — 357

# LA SCRITTURA

1. **Studiare con metodo**

2. **Scrivere con metodo**

3. **Scrivere a scuola**

# 1

# Studiare con metodo

UNITÀ DI LAVORO

**1** Comprendere e studiare

**2** Leggere testi continui e non continui

**3** La lettura 3.0

**4** Esporre e rispondere: le verifiche orali

**5** Esporre e presentare in pubblico

# 1 Studiare con metodo

## UNITÀ DI LAVORO 1

# Comprendere e studiare

**OBIETTIVI**

- Imparare a riconoscere il funzionamento dell'operazione di lettura.
- Imparare a gestire la lettura come abilità attiva e non passiva.
- Migliorare e consolidare le competenze di lettura.

```
studio
   │
   ▼
lettura attiva ──────► interrogare il testo
                 └────► rispondere al testo

selezione           ──► sottolineare ──┐
e rielaborazione    ──► schematizzare ──► riassumere oralmente
delle informazioni  ──► elaborare una mappa
```

---

## 1   Leggere per comprendere

**Nello studio** non dobbiamo assumere la posizione di chi è "bombardato" da informazioni che lo colpiscono una dietro l'altra, cercando solo di memorizzarle. La parola "ap-prendere", come la parola "com-prendere", indicano che bisogna cercare e "prendere" la conoscenza, non subirla.

Ecco le indicazioni di base per **avviare un processo di lettura attiva**, necessario per lo studio di un testo.

**1   Familiarizzare con il testo**
I manuali presentano in genere riassunti, schemi, titoletti a fianco del testo, parole evidenziate, immagini, tabelle e altri aiuti per la lettura e la memorizzazione. Cerchiamo di prendere confidenza con il modo in cui il manuale è organizzato e di capire come voglia trasmettere i suoi contenuti. Successivamente, la lettura e la comprensione guadagneranno in velocità.

**2   Leggere con attenzione i titoli**
I titoli di capitoli e paragrafi danno in genere indicazioni essenziali sul contenuto, sull'argomento e sull'importanza del paragrafo.

**3   Interrogare il testo**
Dopo essersi fatti un'idea di come funziona il testo, è il momento di procedere con una lettura attenta, rivolta a capire che cosa c'è scritto. In questa fase non bisogna pensare agli

**4**   LA SCRITTURA

appunti, alle sottolineature o alla memorizzazione: l'obiettivo è **"interrogare il testo"** per **capire bene che cosa c'è scritto**.

**4   Rispondere al testo**

In una lettura attiva bisogna reagire a ciò che si legge e farsi domande per **"rispondere al testo"**, cioè **approfondire e collegare ciò che si legge a ciò che si sa già**. Per esempio, leggendo il capoverso che segue il lettore può porsi delle domande, alcune delle quali possono trovare risposta procedendo nella lettura, mentre altre hanno a che fare con ciò che il lettore conosce già o non sa ancora (e su cui deve raccogliere informazioni).

## Testi esempio

|  | DOMANDE CHE POSSONO ATTIVARSI DURANTE LA LETTURA |
|---|---|
| **TESTO 1** Alessandro Manzoni ha sperimentato molti generi letterari, ma il suo capolavoro è il romanzo *I promessi sposi*, che ha rappresentato un modello fondamentale per tutta la narrativa italiana successiva, anche per l'uso di una lingua nazionale. | Chi è Alessandro Manzoni? Quando è vissuto? Quali sono i generi letterari più importanti che ha sperimentato? Perché *I promessi sposi* sono considerati il suo capolavoro? Perché il libro è un modello per la narrativa italiana? Che significa "usare una lingua nazionale"? |
| **TESTO 2** La *Gerusalemme liberata* è considerata il capolavoro di Torquato Tasso. Il poema tratta di un avvenimento realmente accaduto, ossia la prima crociata. Tasso iniziò a scrivere l'opera con il titolo di *Gierusalemme* nel 1559 durante il soggiorno a Venezia e la concluse nel 1575. | Chi è Torquato Tasso? Perché la *Gerusalemme* è considerata il suo capolavoro? Che significa "il poema"? Quando si è svolta la prima crociata? Perché Tasso era a Venezia? |

## Studio attivo

Seleziona un passaggio del tuo manuale e leggilo in modalità "attiva", scrivendo le domande di collegamento con le tue conoscenze, come nell'esempio. Poi rispondi, integrando con brevi ricerche ciò che ancora non sai.

**5   Intervenire sul testo**

Ai margini del testo, durante questa prima lettura, si possono – anzi, è consigliabile – scrivere commenti, punti interrogativi, o brevi annotazioni.

# 2   Selezione e rielaborazione delle informazioni

Studiare un testo significa leggerlo attentamente per **selezionare gli aspetti principali e le informazioni da memorizzare**. La parola chiave è dunque: selezione.

Anche prendere appunti ascoltando una spiegazione significa "fissare" sulla pagina solo gli elementi che riteniamo più importanti.

Per studiare con facilità è importante abituarsi a scegliere velocemente su cosa concentrarsi, a stabilire le priorità, a riconoscere le gerarchie di importanza dei contenuti che ci vengono proposti.

Imparare a selezionare significa quindi imparare a riconoscere

**la gerarchia**: quali informazioni sono più importanti, quali meno importanti, quali superflue;

**la rete**: quali informazioni sono collegate e come;
**l'organizzazione**: come si struttura il ragionamento che è alla base del testo o della lezione.

Per mettere a punto la selezione delle informazioni importanti e ricordare il contenuto del testo memorizzando i dati fondamentali; le operazioni più utili dopo una prima lettura attiva sono: **sottolineare, disegnare uno schema o una mappa**, e successivamente **riassumere oralmente quanto si è compreso**.

## 1 Sottolineare

Sottolineare bene è difficile. La pratica di sottolineare e annotare un testo, intervenendo direttamente sulla pagina, è una strategia fondamentale di studio, a patto di riuscire a evitare gli errori più frequenti.

Di seguito riportiamo un esempio di sottolineatura corretta: la sottolineatura dritta evidenzia gli elementi essenziali, quella ondulata gli elementi secondari.

---

**Testo esempio**

Dalla conoscenza della storia, di fatto, è impossibile prescindere quando una civiltà voglia davvero definirsi tale. Gli uomini hanno avuto sempre necessità di conoscere il loro passato, di capire, attraverso esso, le loro origini, le loro radici. Non è un caso se anche le civiltà più elementari (ammesso e niente affatto concesso che esistano civiltà che si possano definire "elementari") non sono sfuggite a questa necessità, e se anche nelle civiltà "senza scrittura" (che fossero quelle delle popolazioni "barbariche" delle steppe o delle foreste celtiche, o che siano quelle delle più lontane piaghe del mondo attuale) il racconto dei fatti storici è stato affidato alla tradizione orale, alle poesie o ai canti, unici media in grado di salvare la memoria storica dalla cancellazione.
Conoscere la storia (e quindi, per chi le si avvicina con un approccio professionale, "scrivere" la storia) significa sostanzialmente "ricostruire": che si tratti di ricostruire il modo in cui si sono formati il volto architettonico e l'assetto di una città, o il modo in cui si sono conformate e trasformate le regole della produzione e dello scambio economico, o la dinamica attraverso la quale si sono incontrate e scontrate le classi sociali; che si tratti di capire come si è formato un paesaggio della campagna, dove hanno interagito contadini al lavoro dei campi, e signori e proprietari che hanno costruito castelli o ville, o che si tratti di individuare i modi in cui si sono conformati e trasformati gli aspetti della religiosità o del pensiero, o si sono svolte le manifestazioni della politica.

da D. Balestracci, *Studio della storia e storia come mestiere*.

---

**Studio attivo**

Rielabora le informazioni sottolineate (informazioni primarie e secondarie) in un breve testo coeso.

---

**in sintesi**

### Per sottolineare bene

☺ Sottolineare alla seconda lettura, quando abbiamo un'idea generale del testo.

☺ Sottolineare all'incirca un quarto di quello che si legge, un terzo al massimo se il testo è molto denso.

☺ Distinguere le sottolineature e variarle utilizzando un sistema preciso (esempio: evidenziatore = informazione essenziale; sottolineatura a matita = informazione meno importante; riga laterale a matita = passaggio lungo importante; riquadro = definizione ecc.).

☺ Sottolineare frasi che abbiano un senso autonomo o facilmente ricostruibile: è importante poter recuperare i contenuti essenziali del testo scorrendo soltanto gli elementi sottolineati (altrimenti il lavoro è doppio).

☺ Evidenziare bene il "non" quando si sottolineano frasi negative, in modo da non confondersi nella rilettura.

☺ Aggiungere a lato annotazioni, parole-chiave, segni grafici (punto interrogativo, punto esclamativo, smile…) e tutti i commenti che vengono in mente.

LA SCRITTURA

> 😟 Sottolineare alla prima lettura.
> 😟 Sottolineare quasi tutto (si perde l'effetto di evidenziazione e si confonde la lettura).
> 😟 Utilizzare per tutto lo stesso colore o lo stesso tipo di sottolineatura (semplice, ondulata, tratteggiata, doppia, cerchiatura, riga verticale a lato…).
> 😟 Utilizzare troppi colori o tipi di sottolineatura diversi: l'"effetto tavolozza" non aiuta.
> 😟 Sottolineare frammenti che, letti da soli, non hanno significato (per ricostruire il filo del discorso occorre leggere di nuovo tutto il testo).

## 2 Schematizzare

La parola "schema" deriva dal greco e significa 'forma, figura, stato o modo di essere'. Fare uno schema significa quindi fare una **sintesi dell'argomento** che ci interessa utilizzando **anche strumenti grafici**.

Lo schema:
- è un modo per aiutare la nostra mente a ripassare e memorizzare ciò che dobbiamo imparare o che dobbiamo fare;
- è lo strumento più duttile ed efficace, in genere, per memorizzare informazioni e contenuti di studio;
- può avere la forma di una tabella o essere formato da porzioni di testo collegate da frecce o da disegni;
- è una via di mezzo tra la mappa concettuale e il riassunto.

## 3 Elaborare mappe concettuali

Una mappa concettuale è uno strumento che serve a rielaborare e mettere a punto con chiarezza conoscenze, informazioni, rapporti gerarchici e nessi causa-effetto. Disegnare la mappa concettuale di un argomento significa **rappresentarlo graficamente**, proprio come se fosse la mappa di un territorio, **mettendone in luce i concetti** (le città) **e i nessi logici** (le strade). In questo modo si visualizza il percorso del ragionamento ed emergono i collegamenti e i significati precisi di ciò che si apprende.

I concetti, espressi attraverso parole chiave, sono collocati all'interno di una forma geometrica (nodo) e connessi tra loro da linee o frecce, che talvolta sono accompagnate da verbi e preposizioni per renderne più esplicito il senso e visualizzare il collegamento. Tendenzialmente la struttura è "a rete".

L'immagine che segue fornisce un esempio di come dovrebbe essere elaborata una mappa concettuale. Esistono molti applicativi gratuiti per creare schemi o disegnare mappe concettuali sul proprio computer; alcuni di questi permettono anche la condivisione e il lavoro di gruppo e l'inserimento di link ipertestuali.

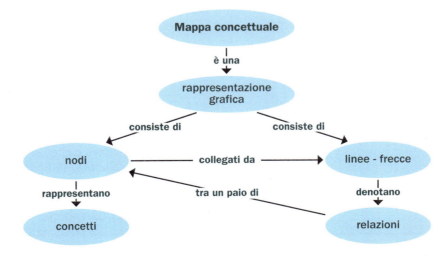

# 1 Studiare con metodo
**UNITÀ DI LAVORO 1** Comprendere e studiare

### 4 Elaborare mappe mentali

La mappa concettuale è diversa dalla mappa mentale. Quest'ultima è chiamata anche cluster o mappa di idee: consiste di **una parola o idea principale, intorno alla quale si associano altre parole**. Ognuna di queste, a sua volta, dà vita ad altre associazioni. È una mappa "ad albero", che funziona molto bene usando colori e immagini; la sua logica di funzionamento è diversa dalla mappa concettuale ed è particolarmente utile per **produrre contenuti**, oltre che per rielaborare e memorizzare: è utilizzata spesso, per esempio, per costruire la struttura di una relazione scritta o orale o per definire progetti, da soli o in gruppo (brainstorming).

La differenza di fondo tra mappa concettuale e mappa mentale è che la prima, una volta prodotta, può essere utilizzata da tutti (è costruita secondo principi logici generali), mentre la seconda può essere usata efficacemente soltanto da chi la elabora, che sia una persona o un gruppo (è costruita secondo una logica associativa individuale).

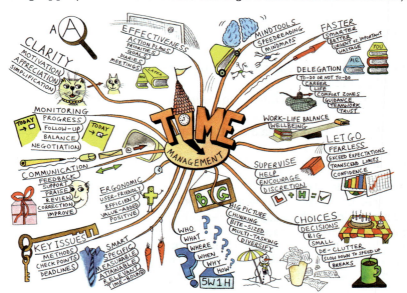

Esempio di mappa mentale su come gestire il tempo; è tratto dal sito di MindTools™, un team internazionale di esperti specializzati nella formazione a distanza degli adulti.

| in sintesi | La mappa concettuale | La mappa mentale |
|---|---|---|
| | • Sviluppo dell'aspetto logico e di ragionamento. | • Sviluppo dell'aspetto creativo e associativo. |
| | • Rielaborazione di un contenuto esistente a scopo di apprendimento. | • Rielaborazione di un contenuto esistente a scopo di apprendimento (soprattutto per memorizzare). |
| | • Utilizzazione generale: tutti possono usarla efficacemente. | • Produzione o organizzazione di nuovo contenuto. |
| | • Struttura a rete. | • Utilizzazione individuale: può usarla efficacemente solo chi l'ha prodotta (una persona o un gruppo). |
| | • Uso dei colori solo se funzionale alla rappresentazione grafica dei rapporti logici e gerarchici. | • Struttura ad albero. |
| | • Forme geometriche. | • Uso di colori e immagini. |
| | | • Uso dei colori funzionale alla memoria visiva e alle associazioni d'idee di chi la elabora, indipendentemente dalla rete logico-gerarchica. |
| | | • Uso di immagini e disegni. |
| | | • Forme libere. |

Nella tabella che segue sono schematizzate le principali differenze fra lo schema, la mappa concettuale e il riassunto.

| Il riassunto | Lo schema | La mappa concettuale |
|---|---|---|
| Non contiene elementi visivi, solo testo. | Contiene elementi visivi e porzioni di testo sintetizzato. | È formata da elementi visivi che contengono elementi testuali minimi (verbi e parole chiave). |
| Aiuta la comprensione. | Aiuta la memorizzazione. | Aiuta la rielaborazione. |
| Segue la consueta disposizione del testo (righe). | Si espande sulla pagina. | Si espande sulla pagina. |

# Prendere appunti dal parlato

Selezione e rielaborazione delle informazioni possono riguardare un testo scritto ma anche un testo orale, come una spiegazione o una lezione. In questo caso la base dello studio è costituita dalla trascrizione di concetti, frasi e parole chiave del discorso: sono gli "appunti" che si prendono mentre si ascolta.

Le difficoltà del prendere appunti sono principalmente due: la trascrizione del parlato "in tempo reale" e il fatto che questa trascrizione deve essere comprensibile nel momento in cui si rileggerà il testo. Ecco una lista di consigli per rendere efficace la produzione e sistematizzazione degli appunti. L'abitudine a prendere appunti durante la lezione "allena" l'attenzione e facilita al massimo lo studio, accorciando i tempi della rielaborazione a casa.

## Per rendere efficace la produzione degli appunti

☺ "Prima capire, poi scrivere": è importante seguire sempre il filo del discorso;

☺ scrivere sinteticamente, per schemi e parole-chiave;

☺ scrivere sempre la data e un titolo;

☺ crearsi un sistema personale di abbreviazioni (parole puntate, segni matematici, scrittura in stile sms ecc.);

☺ essere sintetici, ma anche sufficientemente chiari ed espliciti da permettere la rilettura successiva degli appunti;

☺ rileggere gli appunti il giorno stesso o al massimo il giorno dopo, per verificare immediatamente se sono comprensibili o se ci sono lacune importanti (i ricordi sono freschi e si può correggere,integrare, chiedere all'insegnante; inoltre ricostruire il ragionamento quasi immediatamente aiuta a fissarlo in memoria).

☹ "Prima scrivere, poi capire": è inutile perché si perde tempo e si rischia di non ascoltare passaggi importanti del discorso;

☹ cercare di riprodurre esattamente il parlato: è quasi impossibile, senza contare che chi parla può non concludere le frasi o saltare da un argomento all'altro non scrivere mai la data (in caso si prendano appunti su fogli volanti, da reinserire in un quaderno, può essere difficile ricostruirne l'ordine) né il titolo (se gli appunti sono vaghi, si rischia di perdere tempo a ricostruire l'argomento);

☹ scrivere tutte le parole per esteso;

☹ scrivere solo le parole che più ci colpiscono all'ascolto (gli appunti possono diventare inutilizzabili dopo pochissimo tempo, perché sfugge il modo in cui collegare quelle parole);

☹ rileggere gli appunti solo molto tempo dopo averli presi (non se ne è verificato il funzionamento ed è difficile integrare eventuali lacune o salti nel discorso perché il ricordo della lezione è svanito).

9

# 1 Studiare con metodo

**UNITÀ DI LAVORO 1 | Comprendere e studiare**

# Laboratorio

## Attivare un metodo

**1** | **didattica inclusiva – dsa** | **Leggi il testo che segue e completa lo schema delle informazioni essenziali.**

I Romani erano essenzialmente dei contadini che 'scoprirono' il mare piuttosto tardi. Secondo lo storico Polibio, fino a poco dopo l'inizio della prima guerra punica (264 a.C.), i Romani non disponevano neanche di una flotta e non avevano alcuna esperienza né di navi, né di navigazione. Anche se questa affermazione risulta eccessiva in quanto è ipotizzabile che una flotta romana, anche se poco avanzata, esistesse già nella seconda metà del IV secolo a.C., è vero che ci volle il conflitto con Cartagine, incontrastata potenza marinara dell'epoca, per indurre i Romani a creare una grande flotta. Appare dunque eccezionale il sorgere di una imponente marina militare che conquistò in poco tempo il primato sul mare. E sul mare si realizzarono alcune delle imprese più note della storia romana, come la grande operazione di polizia militare contro i pirati illirici realizzata da Pompeo, alcune fasi delle guerre civili fra Cesare e Pompeo e lo scontro finale di Ottaviano ed Antonio nelle acque di Azio.

(L. Jacobelli, *Navi, porti e viaggi nel Mediterraneo romano*)

---

*I Romani = all'inizio erano* ................................................ *NON conoscevano* ................................................

*Solo dopo* ................................................ *= VERA flotta e prime esperienze* ................................................

*Conflitto con Cartagine (potenza* ................................................ *)* → *sorge una* ................................................

*romana* → *conquista in poco tempo la supremazia = sul mare si compiono tre grandi imprese della*

*storia romana:*

*1.* ................................................................................................................

*2.* ................................................................................ *(alcune parti)*

*3.* ................................................................................................................

*Ma in realtà l'autore* ................................................................................................

---

**2** | **scrittura in apprendimento cooperativo** | **Leggi il testo che segue e, insieme a un compagno, elaborane la mappa concettuale.**

Un aspetto importante della cultura romana è rappresentato dalla sua vitalità economica. Dalle iscrizioni funerarie, che costituiscono una preziosa fonte di informazioni, è possibile ipotizzare che a Roma venissero praticati più di centocinquanta mestieri, senza contare le attività di intermediazione e di speculazione finanziaria che non erano riconosciute come tali. Lavandai, macellai, pollivendoli, barbieri, pittori, mosaicisti, orefici affollavano le strade con botteghe e bancarelle. La confusione era tale che fu indispensabile proibire la circolazione dei carri per il trasporto delle merci durante il giorno. Le attività artigianali erano molto specializzate e all'interno di ciascuna il lavoro era ulteriormente suddiviso tra operai che eseguivano solo determinate operazioni o utilizzavano determinati strumenti. Mestieri affini erano concentrati nelle medesime aree della città. Le botteghe erano generalmente di tipo famigliare, ma vi lavoravano spesso anche alcuni schiavi, magari acquistati perché già esperti di quella specifica attività. Il retrobottega fungeva da magazzino e non raramente anche da abitazione. L'attività si tramandava per lo più di padre in figlio, anche se non mancava una certa mobilità sociale, soprattutto nelle attività finanziarie. Spesso le botteghe erano gestite da liberti che avevano l'obbligo di offrire gratuitamente dei servizi ai loro vecchi

**LA SCRITTURA**

padroni. Era diffuso un forte orgoglio professionale, come si può dedurre, ad esempio, dal maestoso forno fatto erigere da un panettiere come proprio monumento funerario.

(M. Melotti, *Il mondo delle botteghe*, www.consorzionettuno.it)

**3** **riscrittura individuale** **Ricostruisci un discorso completo a partire da questi appunti.**

Beni culturali: oggetti + edifici + docum. che hanno un valore = testimonianza di cultura e delle tradix di uomini e civiltà.

Patrimonio culturale = insieme dei beni culturali di un posto.

1° elenco beni cult. Italia = fatto nel 1963. Nasce la definix di bene culturale = "testimonianza materiale avente valore di civiltà".

NB: beni cult. = pubblici e privati.

I b. cult. si dividono in 1) mobili (= trasportabili = quadri, sculture); 2) immobili (non trasport. = monumenti, biblioteche).

I b. cult. hanno 9 categorie: beni artistici e storici/architettonici/archeologici/ambientali e paesaggistici/librari e biblioteche/archivistici/musei/etnoantropologici, materiali e immateriali (es. oggetti d'uso e canzoni)/categorie speciali (es. auto, strum. scientifici).

**4** **compito di realtà** **Sei uno storico, ti è stato chiesto di esporre in uno schema o una mappa concettuale le informazioni sulla fondazione della tua città, per un dépliant che verrà utilizzato dalle guide turistiche. Raccogli le informazioni e organizzale nel modo più chiaro possibile.**

## Autovalutarsi

**1** **Leggi il paragrafo e individua lo schema relativo più efficace.**

Diversamente dalle rivolte e dalle sollevazioni del passato, quelle del XIV secolo non furono generiche rivolte popolari a carattere locale, ma ebbero un preciso carattere politico: esse infatti furono determinate dall'inasprirsi delle tasse e dei servigi richiesti dai signori feudali nel tentativo di contenere gli effetti della crisi e dalla volontà di spezzare la secolare condizione di sfruttamento che caratterizzava i lavoratori delle campagne.

**A** Rivolte → carattere politico e non locale
Prima del XIV sec.: NO
Dal XIV sec. in poi: sono rivolte di tipo politico
– contro le tasse e i servigi richiesti dai signori feudali per contenere gli effetti della crisi;
– per spezzare la secolare condizione di sfruttamento che caratterizzava i lavoratori delle campagne.

**B** Rivolte precedenti al XIV sec. → carattere locale (rivolte popolari generiche)
Rivolte del XIV sec. → carattere politico
*cause*
1. inasprirsi delle tasse e dei servigi richiesti dai signori feudali; motivo: crisi economica.
2. volontà di spezzare lo sfruttamento dei lavoratori delle campagne, che durava da secoli.

11

# 1 Studiare con metodo
**UNITÀ DI LAVORO 1** Comprendere e studiare

## Laboratorio

**2** Distingui i casi di sottolineatura efficace (E) da quelli di sottolineatura inefficace (I).

▶ a

1. <u>Diversamente dalle rivolte</u> e dalle sollevazioni <u>del passato</u>, quelle del XIV secolo non furono <u>generiche rivolte popolari a carattere locale</u>, ma ebbero un preciso carattere politico: esse infatti furono determinate <u>dall'inasprirsi delle tasse e dei servigi richiesti dai signori feudali nel tentativo di contenere gli effetti della crisi</u> e dalla volontà di spezzare la secolare condizione di <u>sfruttamento che caratterizzava i lavoratori delle campagne</u>. **E** **I**

2. Diversamente dalle rivolte e dalle sollevazioni del passato, <u>quelle del XIV secolo non furono generiche rivolte popolari</u> a carattere locale, ma ebbero un preciso <u>carattere politico</u>: esse infatti furono <u>determinate dall'inasprirsi delle tasse</u> e dei servigi richiesti dai signori feudali nel tentativo di contenere gli effetti della crisi e dalla volontà di spezzare la secolare condizione di <u>sfruttamento</u> che caratterizzava i lavoratori delle campagne. **E** **I**

▶ b

1. In generale <u>possiamo osservare che qualsiasi oggetto</u> (una molla, una lastra metallica, un tavolo ecc.) <u>sottoposto a una piccola deformazione</u> tende a riprendere la sua forma originaria per effetto delle <u>forze elastiche interne</u>. In questo movimento l'inerzia della materia spostata fa sì che <u>l'oggetto proceda oltre la posizione iniziale, provocando una deformazione di verso opposto alla prima</u>, ma, di nuovo, <u>le forze interne all'oggetto agiscono per ripristinare la forma iniziale, e così via,</u> producendo un movimento in su e in giù comunemente chiamato vibrazione o oscillazione. **E** **I**

2. In generale possiamo osservare che <u>qualsiasi oggetto</u> (una molla, una lastra metallica, un tavolo ecc.) sottoposto a una piccola deformazione <u>tende a riprendere la sua forma originaria</u> per effetto delle forze elastiche interne. In questo movimento <u>l'inerzia della materia spostata</u> fa sì che l'oggetto proceda <u>oltre la posizione iniziale</u>, provocando una deformazione di verso opposto alla prima, ma, di nuovo, le forze interne all'oggetto agiscono per <u>ripristinare la forma iniziale</u>, e così via, producendo un movimento in su e in giù comunemente chiamato <u>vibrazione o oscillazione</u>. **E** **I**

▶ c

1. L'emergere e il costruirsi attraverso i secoli della <u>credenza nel Purgatorio</u> presuppone e comporta una <u>modifica sostanziale</u> dei quadri spazio-temporali dell'<u>immaginario cristiano</u>. Ora, tali strutture mentali dello spazio e del tempo sono l'armatura del modo di pensare e di vivere di una società. Quando la società è tutta impregnata di religione, come la cristianità di quel lungo Medioevo che si è protratto dalla tarda antichità fino alla rivoluzione industriale, <u>mutare la geografia dell'aldilà</u>, e dunque dell'universo, modificare il tempo di ciò che viene dopo la vita, e quindi la sintonia tra il tempo terrestre, storico, e quello escatologico, tra il tempo dell'esistenza e quello dell'attesa, <u>significa operare una lenta ma sostanziale rivoluzione mentale</u>. Significa, letteralmente, cambiare la vita. **E** **I**

2. L'emergere e il <u>costruirsi attraverso i secoli della credenza nel Purgatorio</u> presuppone e comporta una modifica sostanziale dei <u>quadri spazio-temporali dell'immaginario</u> cristiano. Ora, tali strutture mentali dello spazio e del tempo sono <u>l'armatura del modo di pensare e di vivere di una società</u>. Quando la società <u>è tutta impregnata di religione</u>, come la cristianità di quel lungo Medioevo che si è protratto <u>dalla tarda antichità fino alla rivoluzione industriale</u>, mutare la geografia dell'aldilà, e dunque dell'universo, modificare il tempo di ciò che viene dopo la vita, e quindi <u>la sintonia tra il tempo terrestre, storico, e quello escatologico</u>, tra il <u>tempo dell'esistenza e quello dell'attesa</u>, significa operare una lenta ma sostanziale <u>rivoluzione mentale</u>. Significa, letteralmente, cambiare la vita. **E** **I**

**3** Leggi il paragrafo e disegnane la mappa concettuale.

Sul finire del Cinquecento la Spagna arrivò ad importare dalle sue colonie la bellezza di oltre duecento tonnellate di argento all'anno.
Una parte del metallo, probabilmente un 25 per cento, fu trasferito in Europa come reddito della Corona e con sovrani come quelli spagnoli ossessionati dall'idea della Crociata cattolica questa parte del tesoro fu immediatamente trasformata in domanda effettiva di servizi militari e di armi e vettovaglie. L'altro 75 per cento del tesoro arrivò in Europa come domanda effettiva di beni di consumo e di beni capitali – soprattutto vino, olio, armi, tessuti, sandali, cappelli, sapone, mobili, attrezzi vari, gioielli, vetro, ecc. – da parte degli emigrati e di servizi commerciali e di trasporto relativi al trasferimento dei beni in questione.
Questa domanda con i suoi effetti moltiplicatori venne a coincidere con un generale aumento della popolazione europea durante tutto il secolo XVI. Molti elementi lasciano in effetti presumere che alla fine del Cinquecento il totale della popolazione europea fosse più elevato che agli inizi del secolo. Intanto in quanto l'offerta era elastica, l'aumento della domanda si tradusse in un aumento della produzione. Nella misura però in cui certe strozzature nell'apparato produttivo – soprattutto nel settore agricolo – frenarono l'espansione della produzione, l'aumento della domanda si tradusse in un aumento dei prezzi. Il periodo 1500-1620 è stato etichettato dagli storici economici non senza una certa dose di esagerazione come il periodo della «Rivoluzione dei prezzi». In genere si dice che tra il 1500 ed il 1620 il livello medio dei prezzi nei vari Paesi europei aumentò del 300-400 per cento. Affermazioni del genere possono fare più o meno colpo ma hanno scarso valore scientifico. Non bisogna dimenticare che il «livello medio generale dei prezzi» è un'astrazione statistica estremamente ambigua e che l'indice medio generale dei prezzi varia a seconda dei prezzi che si considerano e delle ponderazioni che si adottano.

(da C.M. Cipolla, *Storia economica dell'Europa pre-industriale*, Il Mulino 2009)

**4** Ascolta la lettura del testo dell'esercizio 3 e prendi appunti.

# 1 Studiare con metodo

**UNITÀ DI LAVORO 2**

# Leggere testi continui e non continui

**OBIETTIVI**
- Imparare a distinguere testi continui, non continui e misti.
- Imparare a gestire la lettura dei testi non continui.
- Migliorare e consolidare le competenze di lettura.

| | | |
|---|---|---|
| **testo continuo** | connessioni e legami fra le informazioni attraverso la sintassi | testi basati sulla scrittura |
| **testo misto** | connessioni e legami interni al testo completati e approfonditi dall'immagine | articoli di giornale accompagnati da fotografie, infografiche |
| **testo non continuo** | connessioni e legami fra le informazioni attraverso la disposizione grafica | grafici, tabelle, mappe, carte storiche e geografiche, schemi, elenchi… |

## 1 Le differenze tra testo continuo e non continuo

Quando un testo si presenta scritto su righe che si succedono l'una all'altra, strutturato in frasi e paragrafi, organizzato secondo princìpi di coerenza e coesione, siamo di fronte a un **testo continuo** (vedi Unità 1).

Con l'espressione **testo non continuo** si indicano, genericamente, quei testi che non possiedono le caratteristiche sopra descritte e nei quali l'esposizione delle informazioni, le connessioni e i legami logici si deducono dalla composizione grafica e/o dal rapporto con l'immagine. Sono considerati testi non continui:

- i **grafici**
- le **tabelle**
- le **mappe**
- le **carte storiche** e **geografiche**
- gli **schemi**
- gli **elenchi**.

Questo tipo di testi per lo più accompagna articoli, relazioni, interviste, presentazioni di ricerche: quando un testo continuo (per esempio un articolo di cronaca o una relazione) è corredato da uno o più testi non continui (per esempio tabelle o grafici), si parla di "forme combinate" o **testi misti**.

Nella pratica scolastica possono rientrare nella categoria dei testi non continui anche forme testuali in cui la componente verbale è presente in misura maggiore, come annunci pubblicitari, fogli informativi, infografiche, ricevute, moduli, buoni o certificazioni varie.

Per leggere un testo non continuo è importante:

- far interagire informazioni che non sono collocate consecutivamente nel testo;
- far interagire le informazioni fornite dalle parole e quelle fornite dalle immagini;

LA SCRITTURA

- individuare attentamente i nessi e le relazioni tra le informazioni;
- integrare le informazioni presenti con le proprie conoscenze.

**Attenzione**

Nel caso di un testo misto, le due fonti di informazione – cioè i dati contenuti nel testo continuo e nei testi non continui che lo accompagnano – vanno integrate l'una con l'altra.

**in sintesi**

| Testo continuo | Testo non continuo |
|---|---|
| • **Gerarchia delle informazioni**: sulla base della sintassi. | • **Gerarchia delle informazioni**: sulla base della disposizione grafica. |
| • **Parole**: organizzate in frasi e paragrafi compiuti. | • **Parole**: vocaboli singoli o frasi concise, situate nei modi più vari. |
| • **Senso**: coerente e coeso. | • **Senso**: dato dal rapporto parole/immagini. |
| • **Ordine di lettura**: uno solo, lineare. | • **Ordine di lettura**: non necessariamente lineare né unico. |

## 2 La tabella

La tabella è una **sintesi di dati** – ben collegabili e non ambigui – **organizzati in colonne** o caselle. Essa deve potersi consultare facilmente, senza bisogno di istruzioni particolari. Per comprenderla, basta leggere:

- il **titolo**, che ne deve indicare in modo evidente il contenuto;
- la **testata**, composta dalle intestazioni delle singole colonne;
- la **colonna madre**, che esplicita le modalità con cui i dati sono stati classificati (nella tabella usata come esempio, la modalità è "geografica") oppure le occasioni in cui sono stati raccolti;
- eventuali **note**.

**Come leggere una tabella**

*titolo* → **Livelli di competenze alfabetiche (*literacy*) di alcune popolazioni (dati 2013)** ← *anno (o periodo) in cui i dati sono stati raccolti*

*colonna madre*

| Paese | % da sotto 1 al livello 2 | % da livello 3 e superiore | *testata* |
|---|---|---|---|
| Italia | 70 | 30 | |
| Germania | 51 | 47 | |
| Francia | 57 | 42 | |
| Spagna | 67 | 32 | |
| Stati Uniti | 50 | 46 | |
| Media Ocse/Piaac* | 48 | 50 | |

*nota*

\* Media delle competenze alfabetiche rilevate in tutti i Paesi che hanno partecipato all'indagine Piaac (Programme for the International Assessment of Adult Competencies).
Fonte: *elaborazione Isfol su dati Ocse-Piaac* ← *fonte*

**Studio attivo**

Come sono le competenze alfabetiche italiane rispetto alla media Ocse? Maggiori o minori?

15

# 1 Studiare con metodo
**UNITÀ DI LAVORO 2** Leggere testi continui e non continui

## 3 Il grafico

Per presentare i **dati numerici** relativi a una ricerca o un'indagine statistica si può ricorrere anche alla loro **rappresentazione grafica**. In genere, il criterio adottato è il seguente:
- se il numero dei dati da presentare è inferiore a dieci, si riportano in un elenco o in uno schema;
- se il numero dei dati è compreso tra dieci e cento, il testo non continuo più appropriato è la tabella;
- se il numero dei dati supera il centinaio, allora bisogna usare un grafico.

Anche il grafico, come la tabella, è uno **strumento autoesplicativo**, cioè deve essere immediatamente comprensibile senza bisogno di istruzioni per la lettura, con un titolo chiaro e indicazioni che identifichino senza ambiguità i dati rappresentati.
I grafici più comunemente utilizzati appartengono a queste tre grandi tipologie:
- "**a barre**" o **istogrammi**;
- "**a torta**", cioè a settori circolari, o **aerogrammi**;
- **a punti**.

La varietà di rappresentazioni grafiche è molto più ampia, ma comunque, per quanto possano essere elaborate in modo più creativo, devono sempre presentare i dati in modo efficace senza distorcerne il significato.

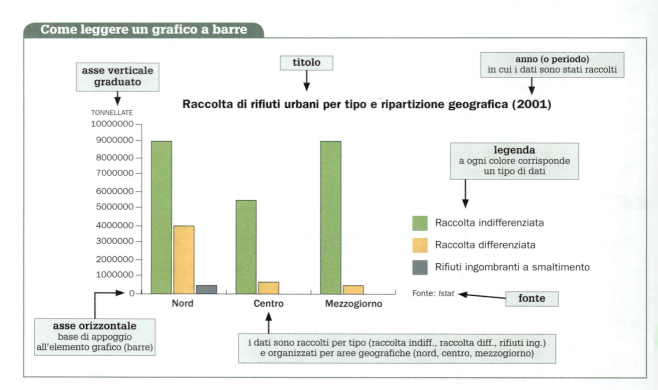

**Attenzione** Tanto il grafico "a barre" quanto l'istogramma visualizzano i dati come colonne colorate. Nell'istogramma la base di appoggio è sempre orizzontale, mentre nel grafico "a barre" può essere anche verticale (come fosse un istogramma ruotato di 90° a sinistra); ma la differenza più grande sta nel fatto che le colonne dell'istogramma sono adiacenti e la loro area calcolata in modo più complesso.

## Come leggere un grafico a torta

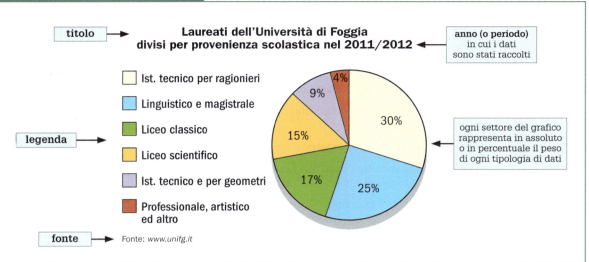

**Attenzione** — Il grafico a torta è molto usato perché è il più immediato per far vedere il peso, la distribuzione o la ripartizione di un elemento (sia questo la ricchezza, le risorse energetiche o, come nel nostro caso, la scuola superiore di provenienza, o altro ancora).

## Come leggere un grafico a punti

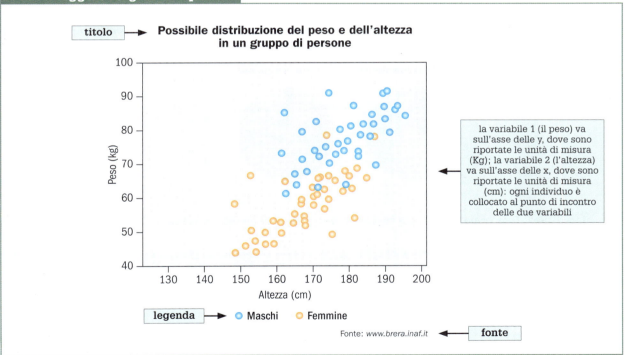

**Attenzione** — Nel grafico a punti le variabili da considerare sono due: il grafico serve infatti per vedere se e quanto esse sono connesse, cioè quanto il comportamento/l'andamento dell'una influisce su quello dell'altra.

17

# 1 Studiare con metodo
UNITÀ DI LAVORO 2 — Leggere testi continui e non continui

# Laboratorio

## Attivare un metodo

**1 didattica inclusiva – dsa** Riconosci quale di queste affermazioni è vera e quale falsa.

- a  Una tabella offre una esposizione di dati che possono anche essere presentati in un grafico o in un testo. **V F**
- b  Un testo che si può rappresentare in tabella non si può rappresentare come un grafico. **V F**
- c  Un buon grafico e una buona tabella devono essere autoesplicativi, cioè immediatamente comprensibili senza bisogno di indicazioni di lettura. **V F**
- d  Usare il grafico è consigliato quando ci sono poche informazioni numeriche. **V F**
- e  L'elenco non è un testo continuo. **V F**

**2 didattica inclusiva – italiano L2** Sostituisci alcuni termini utilizzati per definire argomento e dati del grafico a barre (pag. 16) con altri di uguale significato:

- ripartizione: ..................................................
- indifferenziata: ..................................................
- differenziata: ..................................................
- ingombranti: ..................................................
- smaltimento: ..................................................

**3 scrittura in apprendimento cooperativo** Trasforma questo grafico in un testo continuo. Paragona le evoluzioni delle diverse fonti di energia e scrivi un paragrafo conclusivo di sintesi.

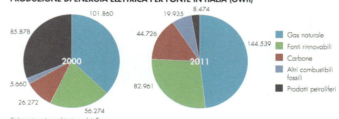

**4 riscrittura** Trasforma il grafico a torta dell'esercizio 3 in un istogramma.

**5 compito di realtà** Sei un giornalista. Rileggi il il testo elaborato in gruppo nell'esercizio 3 e riscrivilo creando un testo giornalistico da pubblicare accanto al grafico. Stabilisci un titolo e un sottotitolo e cura lo stile.

## Autovalutarsi

**1** Leggi questo testo e traduci i dati in esso contenuti in un testo informativo non continuo. Possono aiutarti queste domande:
- quali sono i siti a rischio?
- quali sono i motivi del rischio per ogni singolo sito?
- quali sono i motivi generali?

## Archeologia: i 10 siti più a rischio

*Il crollo della Domus Aurea rilancia l'allarme sulle precarie condizioni in cui versa il nostro patrimonio archeologico. Di chi sono le responsabilità, e quali sono i siti più a rischio? Risponde Salvatore Settis*

**Se dovesse segnalarmi 10 siti archeologici fra quelli maggiormente a rischio, quali citerebbe?**
Tuvixeddu-Tuvumannu, in Sardegna, su cui si trovano un'importante necropoli fenicio- punica e resti della fase romana, da segnalare per la minaccia determinata dai programmi di cementificazione e per lo stato di degrado in cui versano i due colli; la Domus Aurea, da segnalare per l'ennesimo crollo, avvenuto peraltro dopo un periodo di chiusura e interventi di restauro, a loro volta successivi a cedimenti strutturali; Pompei, da segnalare in generale per la progressiva scomparsa di lacerti di affresco e per il disgregarsi delle murature, nonché in particolare per il crollo di una parte delle strutture della Casa dei Casti amanti durante lavori di recupero [...]; Sepino ed Eloro, entrambi per mancanza di cartellonistica, di personale di guardia e apparati illustrativi; Villa Adriana, dove mancano anche adeguate strutture di protezione dell'area; il sito di Camarina, per la progressiva erosione della costa e la conseguente perdita di porzioni di terreno archeologico; il sito archeologico di Scolacium, per i danni arrecati da un'esposizione di arte contemporanea; l'area sacra di Largo Argentina, a Roma, per il degrado e per i danni causati dal traffico e dagli agenti atmosferici. In generale i siti archeologici presentano problemi sotto diversi punti di vista: la protezione da fattori corrosivi (inquinamento, agenti atmosferici, etc.); il rapporto con i contesti urbanistici in cui spesso si trovano (spesso diventano discariche a cielo aperto); la mancanza di apparati di interpretazione e comprensione delle aree e degli immobili, che rendano fruibile il sito senza essere troppo invasive.

(da www.nationalgeographic.it/italia, maggio 2010)

**2** **Leggi il testo che segue e trasformalo in una tabella a due colonne, che mette a confronto Usa e Danimarca.**

In Danimarca l'obesità conta per l'1-3% sulla spesa sanitaria nazionale, un dato che schizza al 5-10% negli Stati Uniti. I danesi, tuttavia, non rientrano di certo tra i cittadini con la circonferenza-vita più larga: stando all'Ocse, il 52% degli uomini e il 38% delle donne danesi sono in sovrappeso, contro il 72% degli uomini e il 64% delle donne negli Usa.

(da Alessandro Alviani, *Danimarca, una tassa per combattere l'obesità*, «La Stampa», 2 ottobre 2011)

**3** **Rileggi i testi non continui rappresentati all'interno del capitolo, e riempi la tabella.**

| TESTO NON CONTINUO | ARGOMENTO | PERIODO | TIPO DI DATI |
|---|---|---|---|
| tabella | .................................... .................................... .................................... | .................................... .................................... | Es. percentuali delle competenze alfabetiche per singoli paesi, divise in due livelli e paragonate con la media europea. |
| grafico a barre | .................................... .................................... .................................... | .................................... .................................... .................................... | .................................... .................................... .................................... |
| grafico a torta | .................................... .................................... .................................... | .................................... .................................... .................................... | .................................... .................................... .................................... |
| grafico a punti | .................................... .................................... .................................... | .................................... .................................... .................................... | .................................... .................................... .................................... |

# 1 Studiare con metodo
UNITÀ DI LAVORO 2 Leggere testi continui e non continui

## Laboratorio

**4** Osserva le cartine. Che cosa ci dicono sull'Europa prima e dopo la Grande guerra? Esponi le informazioni in un testo continuo.

LA SCRITTURA

# UNITÀ DI LAVORO 3
# La lettura 3.0

**OBIETTIVI**
- Acquisire consapevolezza delle principali caratteristiche del materiale presente in rete (Internet).
- Approfondire la consapevolezza che le conoscenze sono elaborate sulla base di fonti di natura diversa che devono essere vagliate e selezionate.
- Costruire un rapporto corretto con la fonte, distinguendo tra uso e appropriazione.
- Consolidare l'attitudine a problematizzare e a distinguere.

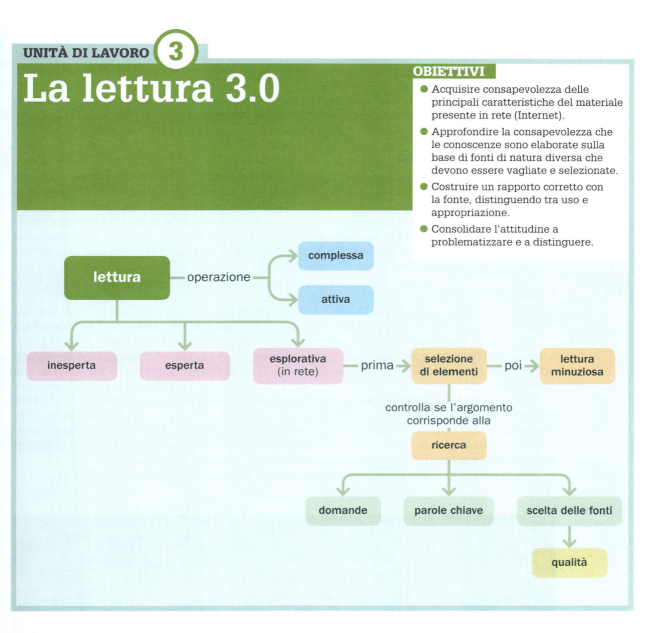

## 1 La lettura: che cos'è e come funziona

### 1.1 Che cos'è la lettura

La lettura è un' **operazione complessa**, che impegna molte attività mentali. Mentre siamo sottoposti agli stimoli dell'ambiente che ci circonda (odori, colori, luce) e compiamo azioni vere e proprie come sfogliare o sottolineare, gli occhi devono muoversi sulla pagina in modo lineare, seguendo l'ordine di parole e righe. Nel frattempo il cervello "traduce" il codice alfabetico, componendo i segni in suoni mentali e in parole, e le sequenze di parole in immagini e informazioni che interagiscono con quanto già sappiamo, con le nostre esperienze e i nostri ricordi.

Leggere non è un'operazione passiva, ma profondamente **attiva**. L'esercizio della visione alfabetica, senza la quale è impossibile leggere un testo, è avanzato e impegnativo: deve essere continuamente educato e allenato.

# 1 Studiare con metodo
**UNITÀ DI LAVORO 3** — La lettura 3.0

## 1.2 Come funziona la lettura

**Lettura inesperta** : si legge tutto alla stessa velocità, una parola dopo un'altra, rallentando sui termini più difficili.

**Lettura esperta** : gli occhi si muovono in modo irregolare sulla pagina, a scatti, fissando gruppi di parole; con lo sguardo si passa rapidamente su certe parti del testo, più lentamente su altre; si va avanti e si torna indietro più volte.

## 1.3 Il ritmo della lettura

L'esercizio della lettura permette di imparare a scorrere i libri a **diverse velocità**, riconoscendo quando occorre procedere in senso lineare e quando invece possiamo condensare in un'occhiata righe e pagine.

Per un lettore "allenato", il ritmo della lettura è diverso **a seconda di ciò che si legge e dello scopo della lettura**: in un manuale di istruzioni o in un documento in cui si cercano dati e notizie precise, si può procedere a salti, mentre in una poesia si procede con la massima attenzione, per cogliere dettagli e sfumature.

## 1.4 Leggere in rete

Si legge davvero in rete? Jakob Nielsen, uno dei primi studiosi dell'usabilità su web, rispose che l'approccio a un testo in rete non può definirsi quasi mai un processo di lettura vera e propria. Studiando l'eye tracking, cioè i movimenti degli occhi di chi si trova davanti a uno schermo, Nielsen ha stabilito che la **lettura in rete** è una specie di **"scanning" esplorativo** che il nostro cervello compie per capire se l'argomento corrisponde o meno a ciò che stiamo cercando.

In questa **lettura selettiva**, che può assumere varie modalità (legate ad esempio all'organizzazione di titoli, sottotitoli e paragrafi; oppure in generale a tutto ciò che "stacca" visivamente nel testo; oppure alla disposizione delle immagini legate al testo), si esamina sommariamente il testo e nello spazio di pochissimi secondi si decide se dedicarsi o no a **una lettura attenta e minuziosa** (*committed*, dice Nielsen, cioè *impegnata*).

In rete, quindi, i processi di lettura sono inscindibili da un atteggiamento di ricerca.

# 2 Fare ricerche in rete

## 2.1 Il materiale in rete

Il materiale in rete **cambia continuamente** : aumenta, si aggiorna, si modifica. Vista la quantità di pagine web esistenti e il continuo mutare dei contenuti, non esiste un indice: **la ricerca** avviene in modo automatico, tramite i motori di ricerca e/o passando da link a link.

La stragrande maggioranza del materiale in rete è anche sottoposto a un **minor controllo** rispetto a quello su carta. Ad esempio, le notizie che appaiono su blog e social network sono più spesso opinioni o credenze degli autori che fatti. Invece, gli articoli e i saggi di studiosi e scienziati sono sottoposti a una revisione, e il loro contenuto viene esaminato prima della pubblicazione. Nel caso di documenti o notizie che provengono da organizzazioni o istituzioni, più persone li rivedono e li approvano prima di metterli in circolazione.

La rete è piena di notizie, documenti, dati e informazioni a cui possiamo accedere tranquillamente dal nostro monitor. Ma per saper cercare e riconoscere quelle che possono esserci utili, occorre:

- sviluppare alcune abilità per distinguere e selezionare quelle affidabili: alcune abilità sono di tipo tecnico (utilizzazione delle funzioni di "ricerca avanzata"), altre, le più importanti, di tipo culturale

- conoscere in linea di massima il funzionamento dei motori di ricerca.

I motori di ricerca "pescano" in questo materiale fluido e dinamico, che chiamiamo Internet, tramite algoritmi di calcolo. Gli algoritmi sviluppano la ricerca a partire dalle parole chiave fornite, e ordinano i risultati a seconda della maggiore rilevanza. Ogni motore di ricerca ha sviluppato algoritmi propri, e dunque una stessa ricerca per parole chiave, effettuata con motori diversi, può offrire risultati parzialmente differenti.
È importante sapere che gli elementi che contribuiscono a questo calcolo (per il motore di ricerca Google, ad esempio, sono oltre 200 fattori) vi è anche la presenza di link da altre pagine; in altre parole, più un sito è "linkato" da altre pagine web, più risulta "rilevante", e dunque apparirà nelle prime pagine: questo, però, **non significa che sia il più utile per lo scopo che ci interessa**.

## 2.2 Fare ricerche: le parole chiave

Tendenzialmente, è meglio non iniziare mai da una ricerca in rete "al buio". Meglio partire da un mezzo tradizionale e utilizzarla in un secondo momento, come aiuto e approfondimento, quando si ha un'idea precisa di che cosa cercare.

Prima di iniziare la ricerca bisogna farsi alcune **domande, che ci possono orientare nella selezione del materiale** più utile ai nostri scopi.

- Vogliamo solo orientarci un po' e curiosare oppure dobbiamo individuare un'informazione specifica? Oppure recuperare il materiale più adatto per una ricerca?

- Che tipo di documenti cerchiamo? Dati, fatti, opinioni, dimostrazioni, racconti, testimonianze, descrizioni, statistiche, leggi, documenti ufficiali, immagini?

- A che cosa ci servono questi documenti? Ad abbellire, a dimostrare, ad argomentare, a stimolare idee nuove, a fare una ricostruzione storica, a informarci in generale su qualcosa che non conosciamo?

Rispondere a queste domande è utile per escludere dall'inizio alcuni documenti ed esaminarne altri, e anche per mettere più a fuoco le parole chiave utili per la nostra ricerca.

# Studiare con metodo

**UNITÀ DI LAVORO 3** La lettura 3.0

Le **parole chiave** sono un gruppo di termini che vengono digitati in uno spazio apposito nella pagina del motore di ricerca. Sono le parole che si ritiene siano presenti nei documenti che ci interessano e significative per l'argomento. Per rendere la ricerca fruttuosa e completa, per evitare di disperdersi fra troppe indicazioni inutili o perdere troppo tempo a leggere o aprire collegamenti che non interessano, ecco alcune indicazioni da seguire:

- pensare alle parole che ti aspetteresti di trovare nel corpo del testo e provare a usarle come parole chiave;

- sfruttare al massimo le funzioni di ricerca avanzata, che aiutano a definire e strutturare meglio i rapporti tra le parole, oltre che a filtrare i risultati a seconda della data, della lingua o della nazione di provenienza;

- scrivere per primi i termini più importanti per la ricerca;

- utilizzare i sostantivi rispetto agli aggettivi e ai verbi per le parole chiave;

- non usare singole parole troppo generiche;

- riflettere se è possibile utilizzare per la ricerca parole più difficili o di uso non comune, frasi o sequenze poco usuali, nomi propri di persone e istituzioni;

- provare a utilizzare sinonimi;

- se è utile, combinare le parole in frasi e fare una ricerca racchiudendole tra virgolette (o selezionando "cerca frase esatta" dalle opzioni di ricerca avanzata);

- prestare attenzione anche al numero delle parole: una è troppo poco per essere caratterizzante (i risultati saranno troppi e poco pertinenti), ma se ne vengono digitate troppe il rischio è di esagerare e perdere suggerimenti importanti; il numero medio va da 3 a 6;

- controllare le informazioni fornite sull'argomento da siti web non italiani, se si conoscono altre lingue;

- rileggere la stringa di ricerca (che si chiama *query*) prima di avviare il motore e controllare l'ortografia;

- controllare il tipo di link esposti e orientare o specializzare la ricerca;

- provare diverse stringhe e controllare i risultati su diversi motori di ricerca (non solo *Google*);

- stabilire quale sia il tipo di documento desiderato: video, testo, audio, immagine ed effettuare anche ricerche per tipologia di documento.

## 2.3 Saper scegliere le fonti

Che cos'è una fonte? È il testo, il video, la persona, l'istituzione o l'oggetto da cui si apprendono notizie su un determinato argomento.
**Scegliere le fonti significa selezionare i documenti giusti** per il nostro scopo. Ma la selezione delle fonti digitali è più difficoltosa rispetto a quelle tradizionali.
Fare una buona ricerca per parole chiave è già un primo modo di selezionare le fonti. Ma non basta: occorre saperle valutare, cercando di capire quali siano più attendibili (alcune fonti possono darci notizie errate, non aggiornate o deliberatamente falsificate), senza fermarsi ai primi documenti offerti dal motore di ricerca. Inoltre non sempre le informazioni in rete sono pienamente credibili, e spesso si rischia di scambiare un'opinione per un fatto accertato.
Per esercitare una specie di **controllo di qualità**, mentre si esamina più in dettaglio la selezione che il motore di ricerca ha effettuato a partire dalle parole chiave che abbiamo fornito, occorre, di nuovo, provare a rispondere a qualche domanda.

**24** LA SCRITTURA

1. Questo tipo di fonte sembra affidabile per ricavare un'informazione su questo particolare argomento?
2. Questa fonte ha probabilità di essere oggettiva e priva di secondi fini (es. pubblicitari)?
3. Questa fonte mi può offrire un'informazione controllata e di qualità?
4. A chi è diretta questa fonte e quale scopo ha? (ad esempio, informazioni sulla vita degli animali rivolte ai bambini possono essere corrette, ma non vi troveremo elementi utili per la nostra relazione di biologia).

**Attenzione** Osservare la data di pubblicazione in rete del testo ha senso soltanto in alcuni casi. Se quello che cerchiamo è un romanzo, un racconto, l'immagine di un quadro, un preciso scritto letterario o filosofico, importa controllare quando è stato scritto o diffuso, non quando è stato pubblicato in rete. Ma in altri campi di ricerca (tecnologia, scienze, medicina; oppure notizie che si appoggiano su dati, percentuali o grafici) è importante capire quando è stata elaborata e pubblicata l'informazione che abbiamo trovato, e verificare se è ancora valida.

Ecco una lista di elementi che ci fanno considerare una **fonte affidabile**:
– il sito o la fonte ci è stato **consigliato** da una persona che è in grado di distinguere (es. l'insegnante);
– siamo sicuri di non aver scambiato una fonte per una informazione pubblicitaria o a pagamento;
– è presente il **nome dell'autore**;
– è possibile rintracciare in rete le credenziali dell'autore, cioè le altre informazioni reperibili (curriculum, titolo o posizione professionale, aderenza a associazioni, informazioni di contatto, altri testi), in modo da verificare e controllare la sua esperienza e affidabilità sull'argomento;
– l'istituzione, la testata giornalistica o l'organizzazione di riferimento (nel caso di documenti redazionali, istituzionali o organizzativi che quindi non sono firmati; oppure di dati, grafici o statistiche) sono conosciute e attendibili;
– il sito è frequentemente **aggiornato**;
– se incrociamo fonti diverse l'informazione rimane tendenzialmente la stessa;
– il documento o la fonte provengono dal sito di un'istituto di ricerca o di istruzione (ad esempio un'università italiana o estera);

# Studiare con metodo
**UNITÀ DI LAVORO 3** La lettura 3.0

– il documento o la fonte provengono da citazioni di libri o altre pubblicazioni, sia cartacee sia on-line;

– il documento o la fonte provengono dall'utilizzazione di strumenti per ricerche su fonti universitarie, come ad esempio *Google Scholar* (scholar.google.it).

Gli elementi che fanno valutare una fonte come inaffidabile o scarsamente credibile sono, in genere:

– anonimia;

– impossibilità o difficoltà di trovare riscontri positivi sull'autore, sull'organizzazione o sull'associazione nel cui sito è pubblicata la notizia (è quindi impossibile effettuare un "controllo di qualità");

– se incrociamo fonti diverse l'informazione cambia;

– il sito è evidentemente non aggiornato;

– il sito non è pertinente al tipo di informazione cercata;

– il documento presenta scarsa proprietà di scrittura: grammatica scorretta ed errori ortografici;

– il documento è stato reperito in un sito generico di domande/risposte;

– il sito o la pagina hanno chiare finalità pubblicitarie o di autopromozione.

> **Attenzione** Quello che troviamo su alcuni social network, come Facebook, è quasi sempre un'opinione e non un dato. Tuttavia i network possono essere utili alla ricerca per conoscere persone esperte dell'argomento, autori, nuovi link o siti web (ma anche libri!) che non conoscevamo. Allo stesso modo possiamo usare siti generali o enciclopedici costruiti dagli utilizzatori del web, come Wikipedia, per farci un'idea generale dell'argomento e risalire a link esterni (o farsi un'idea di come raffinare la ricerca per parole chiave).

## 2.4 Utilizzare le fonti

Quando si riporta un brano o una frase bisogna **usare le virgolette** e segnalare, in nota o tra parentesi, il **sito** da cui è tratto, l'**autore**, la **data di consultazione**.
Esempio: "In Europa le donne single utilizzano fino al 22% di energia in meno rispetto ai loro corrispondenti maschili e si dichiarano più pronte a cambiare atteggiamento a favore di azioni a risparmio energetico. Nell'Occidente, come in tutto il mondo, sono spesso le donne a reggere la responsabilità della gestione domestica e di conseguenza anche delle questioni energetiche". (V. Termini, *L'energia delle donne*, www.ingenere.it, 10/04/2014).

- Quando si prende la fonte come base per una rielaborazione, un riassunto o una argomentazione, non si usano le virgolette: basta l'indicazione tra parentesi oppure in fondo al testo se si prevede una bibliografia.

- Il "copia-e-incolla" non segnalato viene quasi sempre scoperto: in genere ci sono differenze di stile marcate tra la scrittura in proprio e il brano incollato: parole che in genere non vengono utilizzate, un andamento diverso della sintassi, il punto di vista, sono spie linguistiche che non sfuggono a un lettore attento. Se c'è il minimo sospetto, basta fare una ricerca in rete inserendo la frase "incriminata" per controllare. Ci sono anche diversi servizi online e software per scoprire i "copia-e-incolla".

**Bisogna sempre citare** (anche solo tra parentesi o in una bibliografia e sitografia finale) **la fonte del documento**, dell'immagine, dell'informazione che si utilizza. Il copia-e-incolla di interi brani, anche se vi si fanno piccole modifiche, o l'uso di immagini, grafici, dati e tabelle senza indicazioni, sono plagi e scorrettezze ingiustificabili: ci si è appropriati del lavoro di altri facendolo passare per nostro.

**26** LA SCRITTURA

# Laboratorio

## Attivare un metodo

**1**  **didattica inclusiva – dsa**  Trova i siti ufficiali di 5 quotidiani in rete.

**2**  **didattica inclusiva – italiano L2**  Ipotizza per ogni titolo tre parole da inserire nel motore di ricerca.

▶ a   L'occorrente per aprire una piccola impresa

▶ b   Che cos'è il design sostenibile?

▶ c   La moda dell'ecologia

▶ d   Il diritto d'autore: pro e contro

**3**  **scrittura individuale**  Individua 8 indirizzi web sull'argomento "l'importanza e il piacere della lettura"; poi scrivi per ognuno un breve testo per spiegarne la maggiore o minore attendibilità.

**4**  **compito di realtà (in apprendimento cooperativo)**  Devi realizzare uno storyboard con la drammatizzazione della vita di Dante Alighieri in vista di uno spettacolo. Insieme a uno o due compagni cerca in rete i siti più attendibili e prepara una lista di notizie biografiche da utilizzare.

## Autovalutarsi

**1**  A giudicare dagli indirizzi, quale ti sembra il sito più attendibile per trovare approfondimenti e dati sulla vita di Giovanni Pascoli?

A   https://it.wikipedia.org/wiki/Giovanni_Pascoli

B   www.parafrasando.it/BIOGRAFIE/Pascoli_Giovanni.htm

C   www.treccani.it/enciclopedia/giovanni-pascoli/

D   www.skuola.net › ... › Giovanni Pascoli

**2**  Quale ti sembra invece quello meno attendibile?

A   laprofonline.wordpress.com

B   www.fondazionepascoli.it

C   pascoli.archivi.beniculturali.it

D   appunti.studentville.it

**3**  Devi cercare informazioni sull'uso contemporaneo dei dialetti regionali italiani: individua il miglior gruppo di parole chiave tra quelli proposti.

A   Dialetto Italia

B   Dialetti regioni oggi

C   Regioni dialetti

D   Italia uso dialetto

27

# 1 Studiare con metodo

## UNITÀ DI LAVORO 4
# Esporre e rispondere: le verifiche orali

**OBIETTIVI**
- Consolidare le abilità di produzione orale.
- Migliorare il livello di chiarezza e di pertinenza nella produzione orale.
- Affinare le competenze indispensabili per sostenere un colloquio.

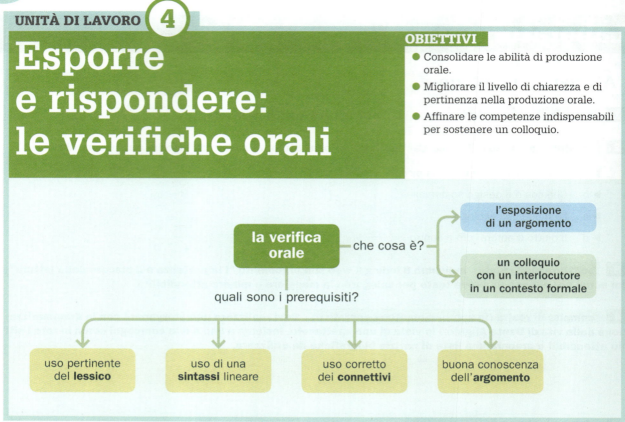

## 1 La comunicazione orale

L'espressione orale di un pensiero è una capacità innata che ha bisogno, però, di essere raffinata perché sia in grado di adeguarsi ai **diversi contesti comunicativi**. Tradurre un pensiero in parole efficaci ai propri scopi comunicativi è una **competenza** di utilità **trasversale**, che si raggiunge attraverso un'esercitazione continua, nell'ascolto e nella **comprensione** degli interlocutori come nella **produzione** personale. Per raggiungere una buona produzione orale sono fondamentali alcuni prerequisiti:
– un repertorio lessicale ampio, per usare sempre termini mirati e **pertinenti**;
– una sintassi lineare che agevoli la **chiarezza espositiva**;
– un uso corretto dei connettivi;
– una buona **padronanza** dell'argomento di cui di parla.

LA SCRITTURA

# 2 La verifica orale: il colloquio

La verifica orale è una prova che consiste nell' **esposizione di un argomento** in un tempo **dato** (vedi Unità di lavoro 5), oppure, più frequentemente, in un **colloquio con l'insegnante** (è la tradizionale "interrogazione"). Per sostenere adeguatamente un colloquio, a scuola e in futuro nel lavoro, è indispensabile imparare a **interagire con un interlocutore in un contesto formale** .

**in sintesi**

## Alcuni consigli per sostenere adeguatamente un colloquio

☺ Ascoltare attentamente la **domanda** e rispondere solo quando si è sicuri di averla compresa.

☹ **Non** prendere la parola finché l'interlocutore non ha concluso la formulazione della domanda.

☺ Prima di rispondere è importante **selezionare** mentalmente, sulla base di quanto richiesto dalla domanda, i **contenuti** da riferire e i **punti chiave**, in modo da rispondere nella maniera più calzante possibile.

☺ Se si tratta di una domanda netta e specifica (*Qual è l'origine della parola 'donna'?*), è importante **rispondere in modo puntuale**, mettendo subito a fuoco il **punto** della questione secondo quanto richiesto (*La parola 'donna' deriva dal latino 'domina', che significa 'padrona, signora, colei che ha il potere'*).

☹ **Evitare** di perdersi in premesse fumose o in digressioni **inutili** (*La parola donna è molto usata da Dante per parlare di Beatrice, che è una donna-angelo, a differenza delle figure femminili cantate da altri poeti* ecc.).

☺ Se invece la domanda è di carattere più generale e prevede l'**esposizione di un argomento** nel suo complesso (*L'evoluzione della figura della donna-angelo dagli stilnovisti a Dante*), è importante **impostare un discorso compatto e coeso, completo e ben articolato** (vedi Unità di lavoro 5).

☹ **Non** puntare tutto sulla **memorizzazione** delle nozioni: durante un colloquio affiorano, e vengono valutate, soprattutto le capacità di **ragionamento** e di **rielaborazione** delle nozioni.

☺ Nella preparazione di una verifica orale è molto utile seguire questo metodo: prima **comprendere** l'argomento nell'insieme, poi individuare i **punti chiave** e i **nessi** che li legano, infine – ma solo dopo aver compiuto le operazioni precedenti – **memorizzarli**.

☺ È importante **scandire bene le parole**, mantenere un volume costante della voce, insistendo solo sulle parole chiave, modulare bene le pause, il ritmo e il tono per dare un'impressione di sicurezza e di padronanza.

☹ **Evitare** di parlare a voce troppo bassa (può essere indice di insicurezza) o troppo alta (è sgradevole, può essere interpretata come un segno di maleducazione o dare l'impressione di una sicurezza ostentata per coprire qualche lacuna).

☹ **Evitare** di parlare troppo lentamente (può essere indice di insicurezza) o troppo velocemente (rende difficile la comprensione e presta il fianco a sospetti: per esempio uno studio troppo mnemonico e una ripetizione meccanica, oppure un modo per gettare fumo negli occhi).

☹ **Evitare** l'uso abnorme di connettivi come *cioè*, *praticamente*, *allora*, *di conseguenza*, *quindi* ecc., in funzione di interiezioni: interrompe la fluidità dell'esposizione ed è un pessimo biglietto da visita sulle vostre capacità logiche e comunicative.

29

# 1 Studiare con metodo

UNITÀ DI LAVORO **4** | Esporre e rispondere: le verifiche orali

## Laboratorio

### Attivare un metodo

**1** | **didattica inclusiva – dsa – italiano L2 – riconoscimento** | Quale di queste domande è di carattere generale e presuppone, quindi, una risposta più articolata?

- **A** In quale forma metrica è scritta la *Commedia* di Dante?
- **B** In quale anno è scoppiata la seconda guerra mondiale?
- **C** Di che tipo era la religione dei Sumeri?

**2** | **simulazione di un colloquio in apprendimento cooperativo** | Insieme a compagno, leggete uno dei testi seguenti: elaborate delle domande da porre a un'altra coppia, che avrà elaborato domande sull'altro testo. Poi leggete attentamente anche l'altro testo e simulate un colloquio ponendo le vostre domande e rispondendo alle loro.

▶ a Finlandia, Norvegia, Svezia. Quando si parla di diritti delle donne, di pari opportunità e di accesso al mercato del lavoro, si finisce inevitabilmente nel Nord Europa. La Finlandia ha alti tassi di istruzione superiore e di lavoro femminile. Un record.
L'83% delle donne occupate, anche le madri, lavorano a tempo pieno grazie all'eccellente sistema di welfare che fornisce solidi servizi di assistenza all'infanzia e non solo. La Svezia, primo Paese a intraprendere la strada del congedo per madri e padri, nel 2016 ha ulteriormente ampliato il periodo di tempo concesso: i genitori hanno diritto a 480 giorni (all'80% dello stipendio fino a 390 giorni). Di questi, 90 sono riservati alle madri, 90 ai padri. Oltre al congedo possono comunque chiedere di ridurre l'orario lavorativo del 25% (con relativo taglio su salario). Tutto ciò fino all'ottavo anno di età del figlio. Per il quale si riceve comunque anche un contributo mensile, che in genere viene usato per pagare nidi o assistenza. Il risultato è che i costi per i servizi di aiuto all'infanzia incidono solo del 5,8% sullo stipendio della madre lavoratrice. La Norvegia è considerata tra i migliori Paesi al mondo dove essere donna. E nello specifico, mamma. E in generale, lavoratore e lavoratrice. Il 77% degli uomini, e il 73% delle donne tra i 15 e i 64 anni ha infatti un lavoro, secondo dati dell'Ocse, l'organizzazione per la cooperazione e lo sviluppo economico. Altro Paese in rosa è la Danimarca: legge su maternità, congedo parentale flessibile, servizi statali accessibili, assistenza all'infanzia finanziata per il 75% dalle tasse, posti nei nidi garantiti dai sei mesi di età, disponibilità del tempo pieno.
Un altro aspetto significativo è che a beneficiare del sistema danese sono anche i nonni e le nonne, meno oberati che in altri Paesi. Sul fronte delle politiche a favore delle famiglie, la Francia non se la cava male con una serie di assegni famigliari, deduzioni fiscali, diverse possibilità di assistenza all'infanzia. Il risultato è una fertilità più alta e un più alto tasso di madri lavoratrici. Al di là dei buoni esempi, va detto che l'Europa non è tutta rose e fiori. La stessa Commissione Ue ha riconosciuto l'impatto sproporzionato avuto dalla crisi economica sulla popolazione femminile. L'obiettivo fissato da Bruxelles sarebbe di raggiungere un tasso di occupazione del 75% entro il 2020, per entrambi i sessi (fra i 20 e i 64 anni). Nel 2015 la media europea si aggirava sul 70%. E le donne, specie quelle fra i 55 e i 64 anni, avevano tassi di occupazione molto più bassi dei maschi. Ma c'è un dato che colpisce più di tutti gli altri. Il divario di genere sul fronte lavoro, nel 2015, era maggiore per la fascia d'età fra i 30 e 34 anni con 14 punti percentuali (male anche la fascia 35-39). Statistiche che rivelano in maniera inequivocabile l'impatto della maternità, come rilevato da Eurostat.

(da C. Frediani, *Scandinavia paradiso rosa*, www.lastampa.it, 4/12/2016)

▶ b In Italia la percentuale delle donne che non hanno un impiego tra i 25 e i 54 anni (cioè il periodo in cui si dovrebbe essere più attive sul mercato, come occupate o in cerca di impiego) è del 34,1%, a poca distanza da Malta con il 34,2%, a fronte dell'11,4% in Slovenia e dell'11,6%

in Svezia. «Accanto alle aspettative rispetto alla famiglia, persiste una cultura aziendale largamente maschilista, che ritiene le donne inaffidabili, o meno competenti degli uomini e che
considera la necessità di conciliare lavoro e responsabilità famigliari un'interferenza fastidiosa
o non accettabile», analizza Saraceno. I dati di Almalaurea mostrano che la discriminazione, a
parità di titolo di studio, inizia già prima che i giovani laureati maschi e femmine creino una
famiglia, incidendo sia sui tassi di occupazione, sia sui tipi di contratto, sia sui livelli di remunerazione. Queste differenze diventano ancora maggiori a cinque anni dalla laurea.
Quando si rinuncia a cercare lavoro è perché paradossalmente un'occupazione può trasformarsi in una perdita economica. È il caso di Ilenia Cardinale Franco, 34 anni. «In vita mia
ho sempre lavorato, ma ora con rette dell'asilo da 450 euro al mese mi conviene restare a
casa». Prima in Emilia Romagna e ora nelle Marche, ha fatto l'operaia a contratto in diverse
aziende metalmeccaniche. «Conti alla mano, non ha più senso», scuote la testa. Colpa in
primo luogo del caro-asilo comunale. «Io e mio marito Luca abbiamo dovuto prendere una
decisione drastica perché ci siamo scontrati con un paradosso – racconta – Abbiamo tentato
qualunque strada per iscrivere all'asilo nostra figlia Letizia e abbiamo sofferto per un mec-
canismo assurdo. I posti disponibili sono pochissimi, se lavoro anch'io saliamo di fascia di
reddito e siamo tagliati fuori dagli istituti pubblici. Quelli privati sono così costosi che diventa più conveniente occuparmi a tempo pieno della bimba finché non andrà alle elementari». E aggiunge:«In Francia e in Germania ogni bimbo che nasce ha un posto garantito
all'asilo. In Italia è terno al lotto, un calvario. Le graduatorie vengono compilate in base a
criteri burocratici: bastano due stipendi normalissimi a farti classificare in una fascia elevata». Il dato regionale è netto. Al Sud le donne in età da lavoro ma inattive sono il 60,7%,
quasi il doppio rispetto al Nord (37,3%). L'occupazione femminile è da record nel Mezzogiorno, dove è comparativamente bassa anche quella maschile. La crisi cioè ha colpito soprattutto il lavoro al Sud, allargando ulteriormente i divari territoriali.

(da G. Galeazzi, *Donne e buste paga leggere: "Senza asili, a noi mamme conviene rimanere a casa"*, www.lastampa.it, 4/12/2016)

**3** **compito di realtà** **Sei un giornalista radiofonico e devi preparare un'intervista al ministro
dell'Istruzione. Elabora sei domande: tre di carattere generale e tre a risposta univoca. Tieni presente
che, per ragioni di spazio, l'intervista non potrà durare più di 10 minuti. Poi fai una prova: rivolgi le domande a un tuo compagno o a una tua compagna, che interpreterà il ruolo del ministro, e registra l'intervista per poi valutarne la durata rispetto al tempo assegnato.**

## Autovalutarsi

**1** Domande e risposte. Assegna ciascuna risposta alla sua domanda.

| | | |
|---|---|---|
| 1 | Quando è entrata in vigore la Costi-tuzione italiana? | |
| 2 | Di che cosa parla l'art. 4 della Co-stituzione italiana? | |
| 3 | Quali parti della Costituzione italia-na sono dedicate alla scuola? | |
| 4 | Che cosa è scritto sulla Costituzio-ne italiana a proposito del lavoro? | |
| 5 | Come viene considerata la salute nella Costituzione italiana? | |
| 6 | Che cosa prevede la Costituzione italiana per l'istruzione dei cittadini? | |

**A** La Costituzione sancisce il diritto allo studio per tutti i cittadini e prevede l'isti-tuzione di una scuola pubblica aperta a tutti, obbligatoria e gratuita almeno per i primi otto anni. Prevede inoltre che enti o privati cittadini possano istituire scuole private, ma senza spese da parte dello Stato.

**B** Un "fondamentale diritto dell'individuo e interesse della collettività", come recita l'articolo 32.

**C** Nella Costituzione (all'articolo 1) è scritto che l'Italia è una "Repubblica demo-cratica, fondata sul lavoro". L'articolo 4 specifica che il lavoro è un diritto e un dovere di tutti i cittadini. Lo Stato si impegna a promuovere la piena occupazione; ciascun cittadino, con il proprio lavoro, si impegna a portare un contributo alla collettività. Gli articoli dal 35 al 40 entrano nei dettagli: tutela del lavoro, retribu-zione e diritti della persona, diritti dei lavoratori e parità tra uomo e donna, sicu-rezza sociale, contratti collettivi, diritto di sciopero, organizzazioni sindacali.

| **D** Il 1 gennaio 1948. | **E** L'argomento è il lavoro. | **F** Gli articoli 33 e 34. |
|---|---|---|

31

# 1 Studiare con metodo

## UNITÀ DI LAVORO 5
# Esporre e presentare in pubblico

**OBIETTIVI**
- Consolidare le abilità di produzione orale.
- Migliorare il livello di chiarezza e di pertinenza nella produzione.
- Acquisire le competenze necessarie per organizzare un discorso da tenere in pubblico.

Un'**esposizione orale**, così come ogni discorso da tenere in pubblico, deve essere pianificata e preparata con cura e con metodo. A scuola si è solitamente chiamati a esporre su **un argomento assegnato in un tempo dato**. Vediamo i passi principali da compiere e alcuni suggerimenti per un buon risultato.

## 1 La preparazione dei materiali

Prima di tutto è fondamentale preparare un **elenco dei punti chiave**; nella fase di organizzazione del discorso, l'elenco dovrà essere trasformato in una scaletta.
In questa fase è utile tenere sotto gli occhi le **mappe concettuali** utilizzate per studiare l'argomento, in modo da avere la possibilità di muoversi nella rete dei collegamenti.
La rete dei collegamenti va conosciuta a fondo e in parte tenuta in serbo per rispondere a eventuali domande di chiarimento o di approfondimento. È bene evitare, però, di aprire troppi collegamenti, che potrebbero far perdere il filo principale del discorso che si sta organizzando.
È consigliabile selezionare, quando è possibile, un **esempio concreto** per illustrare ciascuno dei punti chiave; poi valutare quali inserire nel discorso e quali tenere in serbo per rispondere a eventuali domande di chiarimento o di approfondimento.

## 2 L'organizzazione del discorso: la scaletta

È il momento della vera e propria costruzione della scaletta. È possibile organizzare un'esposizione orale in diversi modi, che dipendono dalla sensibilità dell'autore, dall'argomento, dal contesto comunicativo, dalle aspettative di chi ascolta. Fatte salve le dovute differenze, è tuttavia possibile riconoscere sempre, in un'esposizione orale, tre momenti fondamentali.

1. **L'apertura**: una **presentazione** molto breve dell'argomento e della struttura dell'esposizione (è possibile, per esempio, dichiarare da quale aspetto si vuole partire e che cosa si vuole arrivare a evidenziare, illustrare il metodo che si vuole seguire per rendere chiari i concetti e gli snodi del ragionamento, anticipare in sintesi le conclusioni). È bene fare attenzione e essere concisi, per non rischiare di perdersi nelle premesse di qualcosa che poi non sarà realizzato compiutamente per mancanza di tempo. L'apertura deve essere **sintetica**, **chiara** e **incisiva**.

2. **Lo sviluppo del tema attraverso una serie di punti interrelati**. È possibile seguire diversi metodi: si può cominciare dai concetti generali e poi scendere nei particolari per esemplificare; oppure si può partire da un aspetto particolare per poi risalire al concetto generale; oppure ancora si può presentare un esempio concreto e attraverso i dati forniti dall'esempio procedere a illustrare i concetti generali. In tutti i casi è importante costruire dei **nessi logici saldi ed evidenti**.

3. **La conclusione**: è il momento in cui occorre tirare le fila del discorso per chiuderlo riprendendone i **concetti chiave**. Non lasciare argomenti o allusioni in sospeso, su cui si può essere subito chiamati a chiarire (a meno che questa non sia una strategia volta a ottenere lo spazio per illustrare più diffusamente un concetto).

La **scaletta** rappresenta la struttura del discorso, la sua **traccia schematica**, con i **punti-chiave** organizzati in una scansione che ne evidenzia le interne **articolazioni logiche**.
Dalla scaletta è possibile passare alla stesura di una traccia più dettagliata, che può essere utile in fase di preparazione dell'esposizione vera e propria. Si può arrivare persino a scrivere un testo discorsivo e compiuto, che corrisponda grosso modo al discorso che verrà pronunciato in pubblico. Si tratterà, in ogni caso, di un **testo scritto "di servizio"**, utile per preparare la produzione di un testo orale, ma che non dovrà essere imparato a memoria.

## Un esempio di scaletta

| La Guerra dei trent'anni | **argomento** |
|---|---|
| ◎ (1618-1648)<br>◎ Due blocchi contrapposti in Europa<br>◎ Combattimenti in terra e in mare, con enorme spargimento di sangue<br>　➜ Ultima guerra di religione<br>　➜ Prima guerra globale<br>　➜ È all'origine del sistema degli stati indipendenti | **apertura**<br>◎ Dati essenziali sull'argomento<br>➜ Anticipazione punti chiave |
| ☐ Motivi:<br>◉ Motivi religiosi: scontro fra stati protestanti e potenze cattoliche<br>◉ Disegno degli Asburgo di Spagna e Austria di imporre l'egemonia delle potenze cattoliche e opposizione dei principi tedeschi, delle potenze protestanti (Svezia e Province Unite), della Francia (contro il potere degli Asburgo)<br>◉ Nella ricattolicizzazione dei territori dominati dagli Asburgo difficoltà in Boemia e lotta per imporre la religione cattolica<br><br>☐ Episodio scatenante "defenestrazione di Praga": maggio 1618 rivoltosi nel palazzo del consiglio: due esponenti cattolici vengono gettati dalla finestra<br><br>☐ Conseguenze:<br>◉ Unione evangelica: tutti i principi protestanti sotto Federico V del Palatinato<br>◉ Lega cattolica: Massimiliano di Baviera, Filippo III di Spagna e il Papa appoggiano Ferdinando II d'Austria | **sviluppo**<br>☐ Scansione del contenuto in grandi blocchi secondo un ordine logico<br>◉ Punti particolari all'interno di ciascun blocco |

# Studiare con metodo
**UNITÀ DI LAVORO 5** | Esporre e presentare in pubblico

☐ Fasi della guerra
⊙ Fase boemo-palatina: sconfitta della Unione evangelica. 1620 battaglia della Montagna bianca
⊙ Fase danese (1623-29): alleanza antiasburgica Danimarca, Olanda, Inghilterra, Svezia: sconfitta battaglia di Lutter 1626
⊙ Fase svedese (1629-35): intervento diretto della Svezia
⊙ Fase francese (1635-48): coinvolgimento diretto della Francia. Diplomazia del papa Urbano VIII

☐ Pace di Westfalia (1648)
⊙ Rafforzamento della Svezia
⊙ Riconoscimento definitivo dell'indipendenza delle Province Unite olandesi
⊙ La Francia acquisisce dei territori sia dalla Germania che dalla Spagna
⊙ Nasce la confederazione svizzera
⊙ Libertà di culto in Europa

☐ Conseguenze:
⊙ Fine delle guerre di religione
⊙ La politica, prerogativa degli stati, si sottrae alla Chiesa
⊙ Non si parla più di cristianità, ma di Europa
⊙ In Germania: principati stati sovrani svincolati dall'autorità imperiale: tramonta il sogno medievale di una monarchia universale
⊙ Europa come sistema di stati indipendenti, necessità di equilibrio e non predominio di una sola potenza (sogno degli Asburgo)
⊙ Gli stati sono svincolati da autorità superiori (imperatore o ingerenze del Papa), ciascuno indipendente ma attento alle ambizioni altrui

---

☐ Scansione del contenuto in grandi blocchi secondo un ordine logico
⊙ Punti particolari all'interno di ciascun blocco

---

Caratteri ed effetti della guerra dei Trent'anni:
➜ Guerra che coinvolge molti stati e che provoca un numero enorme di morti, anche tra i civili: guerra globale, che anticipa le guerre mondiali del Novecento
➜ Dopo questa guerra in Europa:
➜ Non più guerre di religione
➜ "Sistema di Westfalia": equilibrio tra le potenze
➜ Si consolida il sistema degli stati indipendenti, che sarà poi esportato in tutto il mondo, fino ai processi di decolonizzazione del Novecento.

**conclusione**
➜ Riepilogo dei punti chiave

Parole chiave (che collegano la conclusione all'apertura)

---

## 3     Il controllo del tempo

Il discorso deve essere organizzato tenendo conto del tempo che sarà disponibile per esporlo, sulla base, nel caso di una prova scolastica, delle indicazioni fornite dall'insegnante. Ecco alcuni consigli:

● Fare diverse "**prove**" di esposizione finché non si arriva a pronunciare un discorso compiuto ed efficace entro i tempi dati.

● **Registrarsi** e **riascoltarsi**, facendo attenzione alla fluidità e alla chiarezza del discorso e al rispetto del tempo assegnato.

● Passare poi ad **aggiustare la scaletta** definitiva sulla base di questa autovalutazione.

LA SCRITTURA

# 4 La memorizzazione

Una volta messi a punto l'ordine degli argomenti e la rete dei collegamenti in una scaletta, arriva il momento di memorizzare.
Ecco alcuni consigli:

- Esistono delle **mnemotecniche** (tecniche per la memorizzazione) che possono essere utili:
  - associare i concetti astratti a delle immagini, integrando codice verbale e codice delle immagini (per esempio *concetto di "assolutismo monarchico" = immagine della reggia di Versailles*);
  - associare le fasi di un processo (storico, fisico, biologico) a immagini in movimento (come spezzoni di film o video che conosciamo);
  - associare le articolazioni di una mappa concettuale a una carta geografica o a un luogo (si può associare un argomento a ogni stanza della casa e ogni concetto a un oggetto presente nella stanza, percorrendo fisicamente il tragitto e poi ricostruendolo al momento dell'esposizione: per esempio *cucina = motivi della crisi religiosa del XVI secolo*, *camera = Lutero il riformatore*, *bagno = lo scisma anglicano*, *salotto = Controriforma*);
  - associare nozioni e regole a filastrocche, rime e acronimi.
- **Evitare di imparare a memoria** le frasi di un testo scritto: durante l'esposizione è sufficiente una piccola interruzione o distrazione per perdere il filo e smarrirsi. Questo non accade se si fa riferimento a scalette e mappe concettuali, che garantiscono la flessibilità e l'orientamento.

# 5 La presentazione multimediale

Può sostenere la memoria e rendere più efficace l'esposizione anche il ricorso a una **presentazione multimediale** contenente schemi, mappe, immagini o video da mostrare durante il discorso. Se si sceglie di avvalersi di una presentazione è bene, però, prepararla con attenzione. Ecco alcuni consigli:

- Scegliere un carattere grande e ad **alta leggibilità**.
- **Evitare** di affollare le singole slide con **troppi elementi**, che possono confondere anziché chiarire i concetti che si vogliono mettere in evidenza.
- Preparare un **numero** di slide **adeguato**: un numero troppo elevato porta facilmente a sforare sui tempi assegnati, mentre un numero troppo ridotto può deludere le aspettative e dare un'impressione di superficialità.
- Elementi grafici come colori, frecce, caratteri particolari e icone vanno usati con parsimonia; il testo invece va reso **ben visibile** utilizzando **colori a contrasto**.
- **Evitare** di cambiare carattere (font) da una slide all'altra.
- **Prepararsi a "parlare sopra" alla presentazione** per approfondire e illustrare, anche solo con brevi incisi e commenti, i passaggi logici, i collegamenti e i materiali.

# 1 Studiare con metodo
UNITÀ DI LAVORO 5 Esporre e presentare in pubblico

## Laboratorio

### Attivare un metodo

**1** **didattica inclusiva – dsa – scrittura guidata** Elabora una scaletta per un'esposizione di 3 minuti sull'uso della presentazione multimediale a partire da questa mappa.

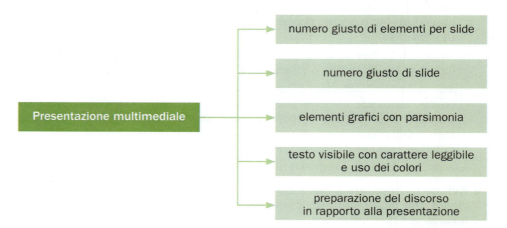

**2** **didattica inclusiva – italiano L2 – incastro** Dopo aver letto attentamente il paragrafo *L'organizzazione del discorso: la scaletta*, riordina gli elementi di questa scaletta

Struttura del discorso:
- sviluppo
- traccia schematica del discorso che contiene:
  - punti-chiave
- conclusione:
  - evidenza dei nessi logici

Scaletta:
- apertura

**3** **scrittura in apprendimento cooperativo** Insieme a uno o due compagni, elaborate una presentazione multimediale sulla Costituzione italiana in dieci slide.

**4** **rielaborazione individuale** Prepara una scaletta per un'esposizione di circa 10 minuti che si avvalga della presentazione che hai elaborato in gruppo nell'esercizio 3.

**5** **compito di realtà** Sei docente in un corso di formazione per futuri insegnanti. Devi presentare a un gruppo di aspiranti maestri della scuola primaria le principali tecniche per la memorizzazione. Elabora una scaletta e una presentazione multimediale per un intervento di 15 minuti.

# Autovalutarsi

**1** Sul quaderno metti nell'ordine corretto i punti di questa scaletta, poi individua i blocchi di apertura, sviluppo, conclusione e il punto contenente l'indicazione dell'argomento.

- Genesi: Assemblea Costituente eletta 2 giugno 1946 - 1 gennaio 1948 in vigore
- → potere esecutivo
- Ancora in vigore anche se oggetto di discussione
- Origini delle costituzioni moderne:
- → potere giudiziario
- Costituzione come legge fondamentale dello Stato: regole del gioco
- I) 12 articoli che definiscono i principi fondamentali a cui sono ispirati i successivi
- → potere legislativo
- → tradizioni liberali olandesi
- Necessità delle leggi nella convivenza civile
- II) Parte prima: diritti e doveri dei cittadini
- → tradizioni liberali inglesi: rivoluzione del 1688
- Costituzione italiana: legge fondamentale dello Stato a cui tutte le leggi devono fare riferimento
- III) Parte seconda: struttura delle istituzioni pubbliche italiane, loro competenze e rapporti
- → Costituzione Stati Uniti d'America (1787)
- Importanza fondamentale della Costituzione, suo valore di attualità e aspetti che più probabilmente saranno sottoposti a revisione
- → Rivoluzione francese e costituzioni
- → principio della separazione dei poteri (Montesquieu, 1748):
- → potere legislativo: Parlamento
- → potere giudiziario: magistratura
- È sancito dalla Costituzione, nella sua Parte II
- → potere esecutivo: Governo
- Costituzione italiana divisa in:
- Oggi in Italia:
- Discussione attuale sulla Costituzione
- IV) Disposizioni transitorie e finali per gestire l'entrata in vigore della Costituzione

# 2

# Scrivere con metodo

UNITÀ DI LAVORO

**6** **Elaborare un testo: coerenza e coesione**

**7** **Elaborare un testo: morfosintassi e punteggiatura**

**8** **Elaborare un testo: i registri espressivi**

**9** **La descrizione**

**10** **La narrazione**

**11** **L'informazione**

**12** **L'argomentazione**

**13** **La scrittura 3.0**

## 2 Scrivere con metodo

**UNITÀ DI LAVORO 6**

# Elaborare un testo: coerenza e coesione

**OBIETTIVI**
- Prendere consapevolezza delle caratteristiche di un testo coerente e coeso.
- Migliorare il livello di chiarezza e di pertinenza nella produzione scritta.
- Migliorare le competenze testuali.

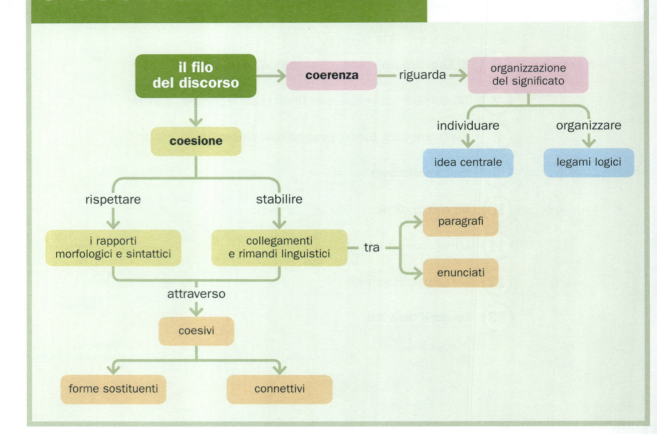

## 1 Che cos'è un testo

Un testo, in senso stretto, è un **insieme di frasi collegate tra loro** da una rete di rapporti. La parola testo deriva dal latino *textus* (participio passato del verbo *texĕre*, 'tessere') e rimanda alla metafora del tessuto: un testo, orale o scritto, è come un intreccio di fili, fatto in modo da creare un insieme compatto, unitario e con un senso compiuto.
I caratteri fondamentali di un testo, indipendentemente da quanto è lungo, sono:
- l'**organicità** (le parti sono disposte e organizzate in modo armonico e funzionale) e la **compiutezza** (il testo è definito e concluso);
- l'**equilibrio** tra la continuità e lo sviluppo del discorso che si sta facendo;
- il legame con una determinata **situazione comunicativa**, che dipende sia dagli obiettivi di chi produce il testo (l'emittente, che scrive o parla) sia dalle esigenze di chi riceve (il ricevente, che legge o ascolta).

## 2 Il filo del discorso

Se, quando parliamo, perdiamo il filo del discorso, il nostro testo orale smette di essere tale, per diventare una successione di frasi incoerenti e scollegate, che i nostri interlocutori non comprenderanno come avremmo voluto. Lo stesso accade quando scriviamo, con conseguenze anche più gravi, a causa dell'impossibilità da parte nostra di aggiungere o correggere informazioni che possano aiutare il lettore a comprendere (quando parliamo, invece, possiamo subito correggerci o spiegarci meglio).

Per questo motivo dobbiamo fare molta attenzione a **non perdere mai il filo del discorso**. Per comunicare in modo chiaro ed efficace i nostri contenuti, il testo che produciamo deve possedere alcune caratteristiche fondamentali; le principali sono la **coerenza** e la **coesione**.

## 3 La coerenza

La coerenza riguarda **l'organizzazione del significato del testo**: il filo logico che lega tra loro gli argomenti.

Vediamo come funziona questo criterio nel testo che segue. Il passo è tratto, con brevi tagli, dall'opuscolo *L'altra via*, in cui l'autore Francesco Gesualdi spiega il motivo alla base della crisi economica, indica una via di riscatto, i mezzi e i modi per percorrerla.

Il testo ha un'idea centrale (che cos'è il vero benessere), che ritorna esplicitamente in tutti i paragrafi che compongono il testo, arricchendosi via via di nuovi contenuti (1 «benessere» e «benvivere», 2 *sumaqamaña*, 3 «benvivere», 4 «benvivere», 5 «soddisfare i nostri bisogni»).

### Testo esempio

|  | | |
|---|---|---|
| | | **ogni paragrafo sviluppa un aspetto dell'argomento centrale** |

| | | |
|---|---|---|
| **1** | Benessere è una bella parola. Fa riferimento all'essere che implicitamente comprende tutte le dimensioni. Ma significa anche esistere, da cui deriva esistenza, che ha assunto anche il significato di condizione di vita intesa come livello di reddito. Per esempio sono abituali le espressioni esistenza agiata, esistenza grama. Sotto l'influsso mercantilista l'attenzione si è concentrata sull'agiatezza ed oggi il termine benessere è diventato sinonimo di benavere. Così una bella parola è stata storpiata da interessi economici. Senza speranza. Dopo secoli di uso improprio, è impensabile farle recuperare il suo significato originario, per evitare equivoci è meglio sostituirla con un altro vocabolo. I popoli indigeni dell'America Latina ce l'hanno ed è ancora più bello perché non prende come riferimento l'individuo, ma la vita. È la parola *benvivere* che il popolo boliviano ha addirittura inserito fra i propri principi costituzionali. | **definizione di «vero benessere»** (idea centrale) |
| **2** | Ci sono parole che rappresentano un mondo. Racchiudono la filosofia di un popolo, la sua visione cosmica, i suoi valori. In lingua aymara, popolo delle Ande, benvivere si dice sumaqamaña, dove suma significa "bello, carino, buono, amabile". Quasi fosse un superlativo: "il bene più bene che si possa immaginare". Qamaña, invece, significa "abitare, vivere, dimorare", ma anche "accogliere" perché la vita è accoglienza. Dunque vivere non nel senso fisico del cuore che batte e dei polmoni che respirano, ma vivere nel senso umano, sociale, ambientale, come rapporto con sé, relazione con gli altri, interazione col creato. [...] La visione solidaristica contrapposta a quella individualista. La visione del dono contrapposta a quella del mercato. La visione del valore sociale contrapposta a quella del denaro privato. Due pianeti distanti anni luce che devono incontrarsi per il bene dell'umanità. | **un esempio incoraggiante** (approfondimento) |

# Scrivere con metodo

**UNITÀ DI LAVORO 6** Elaborare un testo: coerenza e coesione

| | |
|---|---|
| **3** Da un punto di vista individuale il benvivere è una situazione in cui sono garantite condizioni che attengono al piano dei diritti, della qualità della vita e dell'ambiente. Alimentazione, acqua, alloggio, salute, istruzione, ma anche inclusione sociale, libertà politiche, libertà religiosa, sono alcuni diritti imprescindibili del benvivere che chiamano in causa la sfera economica, sociale e politica. Distanze, tempi di lavoro e di svago, architettura e dimensioni urbane, forme dell'abitare, disponibilità di verde e servizi, opportunità di aggregazione sociale e politica, sono alcuni aspetti organizzativi che determinano la qualità della vita. Infine qualità dell'aria e dell'acqua, stato di salute dei mari e dei fiumi, stabilità del clima sono gli aspetti che garantiscono un ambiente sano. | **in che cosa consiste il «benvivere»?** (approfondimento del concetto centrale espresso nel paragrafo 1: differenza tra benessere e benvivere) |
| **4** Ed ecco la nostra domanda di fondo, quella che sta in cima alle nostre preoccupazioni: è possibile ridurre il nostro consumo di petrolio, di minerali, di acqua, di aria, senza compromettere il benvivere? La risposta è che non solo è possibile, ma addirittura necessario. Ci sono ambiti in cui la qualità della vita non dipende dalla disponibilità di risorse, ma dalle formule organizzative. Per benvivere in città serve verde, centri storici chiusi al traffico, piste ciclabili, trasporti pubblici adeguati, piccoli negozi diffusi, punti di aggregazione. Per beneabitare servono piccoli condomini con spazi e servizi comuni che favoriscono l'incontro. Per benlavorare servono piccole attività diffuse sul territorio per evitare il pendolarismo e favorire la partecipazione. Per benrelazionarsi servono tempi di lavoro ridotti, momenti senza televisione, tranquillità economica, per favorire il dialogo e la distensione familiare. Tutto ciò non richiede barili di petrolio, ma scelte politiche. | **tesi: è necessario garantire il «benvivere» riducendo i consumi** (proposta di comportamento) |
| **5** Ci sono altri ambiti, e sono quelli connessi alla qualità dell'ambiente, in cui è addirittura necessario ridurre i barili di petrolio. Se vogliamo abbattere la $CO_2$ dobbiamo ridurre la produzione di energia elettrica proveniente da centrali alimentate con combustibili fossili. Dobbiamo ridurre il numero di auto in circolazione. Dobbiamo ridurre i chilometri incorporati nelle merci. Dobbiamo adottare la sobrietà, intesa come tentativo di soddisfare i nostri bisogni riducendo al minimo le risorse e la produzione di rifiuti. | **ulteriore sviluppo del paragrafo 4; si ribadisce la tesi invitando all'azione** (chiusura) |

da C. Gesualdi, *L'altra via*, Terredimezzo, Milano 2009, pp. 22-25.

## Studio attivo

Nel paragrafo 2 l'esposizione dell'esempio è costruita anche attraverso la contrapposizione di valori. Individua le contrapposizioni e sottolineale. Poi rispondi alla domanda: che legame consequenziale c'è tra questo passaggio e il paragrafo successivo?

## in sintesi

### Consigli per scrivere

☺ **Individuare un'idea centrale** a cui il testo deve fare riferimento in tutti i suoi paragrafi.

☺ **Evidenziare con chiarezza i legami logici** che uniscono tra loro i paragrafi per raggiungere i nostri obiettivi comunicativi (fare il resoconto di un esperimento, sostenere un'opinione, dare una notizia, ecc.).

☺ Prestare particolare attenzione ai periodi di apertura e di chiusura.

☹ Saltare da un argomento all'altro omettendo gli eventuali legami logico-semantici.

☹ Aprire divagazioni e digressioni troppo estese che allontanano il discorso dall'argomento che si sta trattando.

☹ Contraddirsi.

LA SCRITTURA

# 4  La coesione

Dare coesione a un testo significa:
- **rispettare i rapporti morfologici e sintattici**, e in particolare: 1) rispettare le concordanze di numero tra soggetto e verbo; 2) rispettare le concordanze di genere tra sostantivo e articolo; 3) rispettare il normale ordine delle parole nella frase;
- **stabilire una rete di collegamenti e di rimandi linguistici che uniscano i singoli enunciati di ogni paragrafo e i paragrafi tra loro**.

Esistono, nella lingua, degli strumenti che possiamo utilizzare per dare coesione a un testo: si chiamano **coesivi**. Vediamo le due tipologie più importanti di coesivi: **le forme sostituenti e i connettivi**.

## 4.1  Le forme sostituenti

Le forme sostituenti **segnalano la continuità tematica** e servono per richiamare con altre parole un elemento già espresso in precedenza. I casi più comuni sono quelli in cui una persona o una cosa, che compare la prima volta con il suo nome, nello sviluppo del testo viene poi richiamata da altri elementi, come i seguenti:

- un pronome personale, dimostrativo o relativo
  ESEMPIO "I genitori di Lorenzo sono andati al mare; *lui* (= Lorenzo) è rimasto a casa. *Lo* hanno chiamato (= hanno chiamato Lorenzo) la sera stessa per ricordar*gli* (= a Lorenzo) di annaffiare il giardino."

- un aggettivo o un pronome possessivo (*suo, loro, propri*)
  ESEMPIO "Ieri sera Lorenzo ha organizzato una festa: aveva la casa a disposizione perché i *suoi* genitori (= i genitori di Lorenzo) erano al mare."

- una sostituzione lessicale con sinonimi (parole che hanno lo stesso significato), iperonimi (parole che hanno un significato più ampio del termine usato; per esempio *felino* è l'iperonimo di *gatto*) o nomi generali (per esempio *cosa, fatto, persona*)
  ESEMPI
  - sinonimo: "La prima *guerra* mondiale fu un'immane tragedia. Nel *conflitto* morirono milioni di soldati"
  - iperonimo: "Il *vaiolo* è scomparso dai paesi occidentali; questa *malattia* aveva un carattere epidemico"
  - nome generale: "L'*omicidio* è punito con gravissime pene, se il *fatto* è commesso intenzionalmente"

- una riformulazione, che consiste nel sostituire il già detto con un'altra espressione
  ESEMPIO «Manzoni» può essere sostituito da «l'autore dei *Promessi sposi*».

**Attenzione**  L'efficacia delle riformulazioni dipende sempre dalle conoscenze di chi ci legge o ci ascolta. Se per esempio sostituiamo "acido acetilsalicilico" ad "aspirina" non possiamo essere certi che tutti capiscano.

## 4.2  I connettivi

I connettivi sono paragonabili a ponti che uniscono tra loro frasi, periodi, paragrafi: sono infatti **elementi di collegamento** che indicano **in modo esplicito** l'articolazione interna del testo e i passaggi logici del discorso.
Possono svolgere il ruolo di connettivi le congiunzioni, le preposizioni, gli avverbi, le locuzioni avverbiali e anche delle brevi frasi. L'uso dei connettivi è prevalente nella comunicazione orale; in quella scritta la funzione dei connettivi è in parte svolta dalla punteggiatura.
I connettivi possono avere moltissime funzioni, che corrispondono alla gamma di sfumature logiche e semantiche che si possono esprimere in una comunicazione verbale.

43

## 2 Scrivere con metodo

**UNITÀ DI LAVORO 6** Elaborare un testo: coerenza e coesione

- **I connettivi temporali** indicano ordine cronologico:
  - anteriorità: *prima, in precedenza, qualche giorno fa, allora, anticamente, una volta, a quei tempi, proprio allora*;
  - contemporaneità: *ora, adesso, mentre, nel frattempo, intanto che, a questo punto, in questo momento, in questo istante*;
  - posteriorità: *alla fine, successivamente, dopo molto tempo, dopo vari anni, poi, in seguito, quindi.*

- **I connettivi spaziali** indicano i rapporti spaziali secondo i quali sono costruite le descrizioni o si sviluppano le azioni:
  - *dove, lì, là, sopra, sotto, verso, in direzione di, a destra, a sinistra, fino a, all'interno, all'esterno.*

- **I connettivi logico-causali** indicano una successione:
  - quando la causa precede l'effetto o si fa una deduzione: *ne deriva che, di conseguenza, quindi, dunque, pertanto, perciò, così che, da ciò si deduce che, senza dubbio, insomma*;
  - quando l'effetto precede la causa: *dato che, siccome, poiché, perché, dal momento che.*

- **I connettivi conclusivi** introducono una sintesi o una conclusione:
  - *in conclusione, per concludere, insomma, infine, in sintesi.*

- **I connettivi concessivi** introdotti per escludere o controbattere possibili obiezioni:
  - *sebbene, nonostante, anche se, benché, per quanto.* Questi sono spesso seguiti o preceduti da una congiunzione avversativa: *ma, tuttavia, eppure, però.*

- **I connettivi d'importanza** indicano l'importanza delle varie informazioni e stabiliscono tra esse una gerarchia:
  - *in primo luogo, anzitutto, prima di tutto, a questo punto, inoltre, si aggiunga il fatto che, oltre a questo, oltre a ciò, oltre a quanto è stato detto, come si dirà più avanti, non ci resta che, e, anche, pure, poi, nello stesso modo, comincerò.*

- **I connettivi esplicativi** introducono una spiegazione o un'esemplificazione:
  - *cioè, infatti, per esempio, in altre parole, per quanto riguarda, in sintesi.*

- **I connettivi di opposizione** introducono un'opposizione a quanto si è detto prima:
  - *ma, invece, ciononostante, malgrado ciò, tuttavia, pure, nondimeno, eppure, mentre, al contrario.*

- **I connettivi di ipotesi** introducono un'ipotesi:
  - *se è vero che, ammettendo che, nel caso in cui, partendo dal presupposto che, ipoteticamente, poniamo il caso che.*

---

**in sintesi**

### Consigli per scrivere

☺ Fare attenzione alle concordanze morfologiche e sintattiche.

☺ Stabilire una rete di collegamenti logici e di significato che uniscano i singoli enunciati di ogni paragrafo e i paragrafi fra loro.

☺ Segnalare la continuità del discorso usando le forme sostituenti.

☺ Sottolineare i passaggi logici del discorso con i connettivi adeguati.

☹ Usare i connettivi quando la loro presenza non serve allo sviluppo del discorso.

☹ Confondere tra loro i connettivi temporali, spaziali, logico-causali (per esempio usare dove al posto di quando).

☹ Usare riformulazioni che il nostro lettore potrebbe non comprendere.

**44** LA SCRITTURA

# Laboratorio

## Attivare un metodo

**1** **scelta multipla – dsa** **Colloca nel testo le forme sostituenti corrette.**

Ho visto un vigile avvicinarsi all'automobile di Giulio. ..................... sembrava voler ..................... multa-re perché ..................... era posteggiato in divieto di sosta. ..................... era dentro ..................... , ascoltando musica. ..................... era a volume altissimo. Era bello ascoltar ..................... così, anch'io facevo sempre come ..................... .

*la guardia - la - il mezzo - lui - la macchina - lo - la canzone - il mio amico*

**2** **riconoscimento e completamento – italiano L2** **Riconosci nel testo i 4 connettivi; poi usali per completare le frasi che seguono.**

Le donne intraviste dalla storiografia sul Medioevo non sono poche, ma dicono poco in prima persona perché poco hanno scritto, e poi poco hanno agito legalmente, testimoniato, dipinto, e mai dettato leggi.

(G. Piccinni, *La trasmissione dei saperi delle donne*, Centro Italiano di Studi di Storia e d'Arte, Pistoia 2005)

▶ a Il computer portatile è stato comprato, ................ utilizzato.

▶ b Vorrei finire velocemente i compiti, ................ uscire.

▶ c Non ho fame, ................ ho mangiato troppo a pranzo.

▶ d Ho avuto il raffreddore, ................ adesso mi sento meglio.

**3** **scrittura in apprendimento cooperativo** **Insieme a un compagno, costruisci un testo breve e coerente, collegando, ristrutturando e sviluppando i contenuti forniti nelle frasi 1, 2, 3, 4. Seguite l'esempio a). Poi individuate tutti i connettivi usati.**

▶ a 1. Le biciclette elettriche sono considerate un prodotto ecologico a tutti gli effetti.
2. Le biciclette elettriche uniscono la comodità a un impatto ambientale praticamente nullo: è una novità.
3. Le biciclette elettriche producono pochissime emissioni di gas serra: le uniche derivano dalla produzione di elettricità nelle batterie.

La novità delle biciclette elettriche consiste nel riunire, in un unico mezzo di trasporto, la comodità della moto o dello scooter all'impatto ambientale quasi nullo della bicicletta tradizionale: sono considerate pro-dotti ecologici a tutti gli effetti in quanto, a parte le poche emissioni derivanti dalla produzione di elettricità delle batterie, praticamente non producono gas serra.

▶ b 1. Le biciclette elettriche sono conosciute anche come "biciclette a pedalata assistita".
2. Le biciclette elettriche sono del tutto simili a quelle normali.
3. Le biciclette elettriche sono dotate di una batteria e di un piccolo motore elettrico che si attiva premendo un pulsante.
4. Le biciclette elettriche sono considerate una buona alternativa sia al motorino che alla bicicletta.

**4** **manipolazione del testo** **Nel testo che segue le componenti logiche e sintattiche non sono ben collegate. Riscrivilo in modo che risulti coeso.**

Il sottoscritto Gabriele Verdi chiede di poter partecipare al corso di formazione in Medicina erbori-stica e integrata, organizzato all'Università.
Ho scritto il mio curriculum e una lettera di presentazione.
Poiché spero possa essere accolta la richiesta di partecipazione al corso di formazione in Medicina erboristica e integrata, si porgono distinti saluti.
Gabriele Verdi.

# 2 Scrivere con metodo
**UNITÀ DI LAVORO 6** Elaborare un testo: coerenza e coesione

## Laboratorio

**5 riscrittura individuale** Scrivi un testo (max 20 righe) utilizzando tutti (e soltanto) i connettivi elencati di seguito.

quando / appena / dove / perciò / infatti / insomma in conclusione / sebbene / ma / e / perché

## Autovalutazione e allenamento INVALSI

**1** In ogni gruppo individua la frase più coerente.

▶ a ☐ Pioveva, quindi Mary aprì l'ombrello.
    ☐ Pioveva, quindi Mary si tolse le scarpe.
    ☐ Pioveva, ma Mary si tolse ugualmente le scarpe.

▶ b ☐ Il cellulare squillava perché Giacomo non rispondeva.
    ☐ Il cellulare squillava, ma Giacomo non rispondeva.
    ☐ Il cellulare continuava a squillare: Giacomo aveva deciso di vestirsi di blu.

▶ c ☐ Ho perso le chiavi e sono corso dietro al cane.
    ☐ Ho perso le chiavi mentre correvo dietro al cane.
    ☐ Ho perso le chiavi, perciò sono corso dietro al cane.

**2** Leggi questo breve testo facendo attenzione alla sua coesione. Sottolinea le forme sostituenti.

«Oh, se fosse il contrario! se fossi io a rimanere sempre giovane e il ritratto a invecchiare!». Dorian Gray non aveva dubbi davanti al proprio ritratto. Sta forse qui uno dei molteplici segreti della fascinazione che da sempre accompagna questa espressione artistica. In un dialogo denso e fortemente coinvolgente (anzi emozionante) è dedicata proprio all'arte del ritratto la mostra «Il volto del '900. Da Matisse a Bacon. Capolavori del Centre Pompidou» che il Palazzo Reale di Milano ospita fino al 9 febbraio 2014. Al centro dell'esposizione, declinata con sapiente e studiatissima libertà, l'essenza stessa del ritratto e dell'autoritratto, in un confronto serrato che testimonia l'evoluzione del genere.

(Stefano Biolchini, *Il volto del '900: i più grandi artisti del secolo scorso alla prova del ritratto*, Il sole-24ore, 24 settembre 2013)

46 LA SCRITTURA

**UNITÀ DI LAVORO (7)**

# Elaborare un testo: morfosintassi e punteggiatura

### OBIETTIVI

- Prendere consapevolezza delle caratteristiche di un testo corretto ed efficace.
- Sciogliere dubbi sui più diffusi errori morfosintattici.
- Sciogliere dubbi sull'uso della punteggiatura.
- Migliorare il livello di chiarezza e di pertinenza nella produzione scritta.
- Migliorare le competenze testuali.

**per costruire discorsi dotati di senso**

**curare i legami tra le parole**

- **forma** delle parole
- **posizione** delle parole
- **architettura** complessiva

- morfologia
- sintassi
- punteggiatura

- morfosintassi

Quando scriviamo un testo, scegliamo un certo numero di parole e le mettiamo insieme per **costruire discorsi dotati di senso**. Ma affinché i nostri discorsi siano dotati di senso è essenziale curare con molta attenzione i **legami logici e gerarchici** tra le parole. Per far questo occorre una certa padronanza delle strutture della lingua italiana, in particolare della sua **morfosintassi**, ovvero della sua morfologia e della sua sintassi . La morfologia riguarda la forma e la posizione delle parole , mentre la sintassi riguarda la loro organizzazione complessiva in un'architettura del discorso . I due aspetti sono spesso intrecciati e si influenzano reciprocamente.

## 1 La forma e la posizione delle parole

Un testo valido deve essere prima di tutto **corretto e chiaro**. Per ottenere un testo corretto e chiaro, è importante fare attenzione ad alcuni aspetti che riguardano la forma e la posizione delle parole.

47

## 2 Scrivere con metodo
**UNITÀ DI LAVORO 7** Elaborare un testo: morfosintassi e punteggiatura

Ecco alcuni suggerimenti che riguardano la **forma** delle parole.

- **Concordare il verbo con il soggetto**: controllare sempre, nei periodi lunghi, che soggetto e verbo corrispondano. Per esempio nella frase «Il Sud del mondo, come certi paesi africani, sono colpiti più spesso da epidemie» il verbo è erroneamente concordato con il nome presente nell'inciso, ma il suo soggetto è "Il Sud del mondo"; perciò la frase corretta è «Il Sud del mondo, come per esempio certi paesi africani, è colpito più spesso da epidemie».

- **Usare i pronomi solo se necessario, scegliere quelli adeguati e concordarli ai nomi a cui si riferiscono**. Prendiamo la frase «Il leone è fuggito e se *ne* sono perse le *sue* tracce»: «ne» sta per "di lui", cioè "del leone", ma essendo presente l'aggettivo possessivo «sue» è già chiaro che le tracce perse sono quelle del leone. La frase potrà quindi essere corretta in «Il leone è fuggito e si sono perse le *sue* tracce», oppure «Il leone è fuggito e se *ne* sono perse le tracce». Facciamo ancora un altro esempio: è scorretto scrivere «Questi sono gli argomenti *che* c'è da parlar*ne* più a lungo»; la frase corretta è «Questi sono gli argomenti *di cui* c'è da parlare più a lungo».

- **Fare attenzione all'uso di condizionale e congiuntivo**: anche se nella comunicazione orale è usato, scrivendo non è corretto utilizzare, per esempio «Se lo sapevo non venivo» al posto di «Se lo avessi saputo, non sarei venuto», oppure «Mi chiedo chi lo ha invitato» al posto di «Mi chiedo chi lo abbia invitato».

- **Fare attenzione alla coerenza nell'uso dei tempi verbali**: se all'inizio di un discorso si sceglie di usare il passato si deve, coerentemente, continuare a usare il passato fino alla conclusione del discorso. Per esempio, non è corretto scrivere «Il convegno si è tenuto nell'aula magna; a introdurlo è presente l'assessore provinciale»; si dovrà invece scrivere «Il convegno si è tenuto nell'aula magna; a introdurlo era presente l'assessore provinciale», a meno che un cambiamento di tempo non sia richiesto dalla costruzione del discorso (vedi sotto).

- **Rispettare le regole sulla concordanza dei tempi verbali** delle proposizioni subordinate che sono legate alla proposizione principale da un rapporto di contemporaneità, anteriorità o posteriorità. Per esempio, non è corretto scrivere «Non era mai riuscito a capire nulla che non aveva riguardato la meccanica», perché in questo caso, essendo il verbo della principale al passato e avendo la subordinata un rapporto di contemporaneità con la principale, occorre usare il congiuntivo imperfetto: «Non era mai riuscito a capire nulla che non riguardasse la meccanica».

Ecco alcuni suggerimenti relativi alla **posizione** delle parole.

- **Fare attenzione agli aggettivi possessivi di terza persona**. Se scriviamo «Ho visto Carla con il cane di Pietro. Il suo passo era zoppicante», non è chiaro chi zoppichi. Oppure se scriviamo «Giulio ha detto a Giovanni che ha perso le sue chiavi», le chiavi sono di Giovanni; e se scriviamo «Giulio ha detto a Giovanni che ha perso le proprie chiavi», le chiavi sono di Giulio.

- **Fare attenzione ai pronomi relativi**. Se scriviamo «Ho visto Carla con il cane di Pietro, che zoppicava», a zoppicare è Pietro.

- **Fare attenzione alla posizione degli incisi**, per non creare ambiguità o passaggi oscuri. Per esempio, se scriviamo «Re Dario mandava periodicamente dei suoi funzionari a verificare l'operato dei satrapi, detti "occhi e orecchie del re", per tenere tutto sotto controllo» si intende che "occhi e orecchie del re" sono i satrapi, mentre l'espressione è riferita ai

48 LA SCRITTURA

funzionari; ciò risulterà chiaro inserendo l'inciso al posto giusto: «Re Dario mandava periodicamente dei suoi funzionari, detti "occhi e orecchie del re", a controllare l'operato dei satrapi per tenere tutto sotto controllo».

# 2 L'architettura del discorso

Come abbiamo detto, un testo efficace deve essere non solo corretto, ma anche chiaro. La chiarezza si ottiene costruendo frasi che non si prestano a un significato ambiguo e tenendo sempre presente il messaggio che si vuole trasmettere con il testo.
A questo scopo, ci sono alcuni accorgimenti che è importante seguire nella **costruzione dell'architettura del discorso**.

- **Usare frasi brevi**, con i nessi sintattici bene in evidenza. Per esempio, non si scriverà «Il film, che ci era venuto in mente che avremmo potuto vedere sabato, l'abbiamo poi visto lunedì», ma sarà preferibile «Lunedì abbiamo visto il film che avremmo voluto vedere sabato».

- **Limitare lo sviluppo dei concetti all'interno delle parentesi**, per non interrompere troppo a lungo la linea del discorso.

- **Evitare inutili giri di parole**, come «nel momento in cui» per «quando» o «mi interessa tutto quello che è sport» anziché «mi interessa lo sport».

- **Evitare il semplice accostamento** delle frasi (legate da *e, poi, inoltre, anche*): se tutto sta sullo stesso piano, diventa impossibile orientarsi.

- **Preferire in genere le frasi esplicite a quelle implicite**, in modo da poter evidenziare il significato che si vuole trasmettere. Per esempio, al posto di «Correndo, non ho sentito il cellulare» si può scrivere «Non ho sentito il cellulare perché correvo» (nesso causale) oppure «Mentre correvo, non ho sentito il cellulare» (nesso temporale).

- **Non sottintendere il soggetto** se questo crea incertezza o confusione; piuttosto cambiare la struttura della frase. Per esempio, se si scrive: «Nel film sui prigionieri politici il regista non vuole sottolineare le atrocità dei carcerieri, ma le condizioni di vita che dovevano sopportare», il lettore può pensare che siano i carcerieri (e non i prigionieri) a sopportare dure condizioni di vita, contrariamente a quello che si voleva dire. Per chiarezza si scriverà invece: «Nel film il regista non vuole sottolineare le atrocità dei carcerieri, ma le condizioni di vita che dovevano sopportare i prigionieri politici».

- **Fare attenzione alle negazioni**, ricordando che una doppia negazione equivale a un'affermazione. Per esempio scrivere «Non credo che non ci siano ingiustizie» equivale a scrivere «Credo che ci siano ingiustizie».

- **Non usare gli avverbi se non sono strettamente funzionali al senso del discorso**. Prendiamo un esempio: «Il testo può essere considerato una fonte storica perché comunque fornisce informazioni sulla civiltà egizia». L'avverbio "comunque" non aggiunge alcun elemento al significato complessivo del discorso e, dunque, è un'aggiunta inutile.

- **Utilizzare in modo appropriato tutti i segni di punteggiatura** (o segni di interpunzione), in modo da indicare efficacemente le pause e i rapporti logici tra gli elementi del discorso.

# 2 Scrivere con metodo
**UNITÀ DI LAVORO 7** Elaborare un testo: morfosintassi e punteggiatura

## L'uso dei segni di punteggiatura

. **Il punto fermo** indica una pausa lunga, che coincide sempre con la fine di una frase. Se si vuole indicare uno stacco più netto, dopo il punto si va a capo.

; **Il punto e virgola** indica una pausa di media lunghezza: non troppo lunga (come quella segnata dal punto fermo) né troppo breve (come quella segnata dalla virgola). Si usa soprattutto in due casi:

- per separare frasi strettamente collegate tra loro e non troppo estese (*Quel giorno gli dissi di non cercarmi più; in un primo momento finse di non credermi; poi si accorse che ero proprio decisa*);
- per separare gli elementi di un elenco complesso in cui usare soltanto la virgola potrebbe creare delle ambiguità (*Sono molti gli aspetti d'interesse di questo spettacolo: la bravura degli attori, sempre coinvolgenti; le luci, attentamente studiate; le musiche, particolarmente efficaci*).

: **I due punti** segnalano che ciò che viene dopo è una specificazione o una conseguenza di quanto è stato detto in precedenza. Si usano soprattutto in tre casi:

- per introdurre una spiegazione, che specifica (*Ho un sogno: girare il mondo*) o presenta le conseguenze (*Non mi fido di loro: ho deciso di interrompere la collaborazione*) di ciò che è stato detto;
- per introdurre un elenco (*In questo corso Luca ha conosciuto tanti nuovi amici di diverse nazionalità: polacchi, tedeschi, portoghesi, inglesi*);
- per introdurre un discorso diretto (*Andrea rispose: «Non sono d'accordo»*).

**Attenzione** — Anche se segue un elenco, i due punti non devono separare il <u>predicato</u> dal complemento (*Luca <u>ha conosciuto</u> polacchi, tedeschi, portoghesi, inglesi*) o il <u>predicato</u> dal suo soggetto (*Al corso con Luca <u>hanno partecipato</u> polacchi, tedeschi, portoghesi, inglesi*).

, **La virgola** indica una pausa breve. Si usa soprattutto in questi casi:

- per indicare una pausa tra due frasi collegate da una congiunzione come *ma, però, infatti, tuttavia, dunque, insomma, invece, sebbene, se, finché, mentre* (*Ho aspettato sue notizie per molto tempo, <u>finché</u> un giorno mi ha telefonato, <u>ma</u> non sono riuscita a sentire bene le sue parole*);

LA SCRITTURA

– per separare gli elementi di un elenco (*Francesca, Emma, Carlo*);

– per racchiudere un inciso (*Lia, la figlia di Carla, si è trasferita in Canada*);

– per interpellare qualcuno (*E tu, Dario, che cosa ne pensi?*).

**Attenzione** Un errore frequente è quello di inserire una virgola tra il soggetto e il predicato o tra il predicato e il complemento. La frase *Amira e i suoi amici mangiano le fragole* deve essere scritta senza virgole.

**...** **I punti di sospensione** si usano soprattutto in tre casi:

– per interrompere un discorso e alludere a una conclusione nota (*Tra il dire e il fare...*);

– per creare un effetto di sospensione e un'aspettativa nel lettore (*e all'improvviso... si baciarono*);

– in una citazione, all'interno di parentesi quadre, per indicare un taglio, cioè il fatto che un frammento di discorso non viene riportato riportato (*Dante [...] è un autore fondamentale della letteratura occidentale*).

**[ ]** **Le parentesi quadre** si usano nelle citazioni di altri testi, con i punti di sospensione all'interno, per indicare un taglio.

**( )** **Le parentesi tonde** si usano soprattutto in tre casi:

– per inserire un commento o specificare dei dettagli che, sul piano logico-sintattico, non possono essere inseriti nel discorso o si vogliono isolare: *Si misero tutti a ridere (ridevano di lui?), ma dopo poco ricominciarono a litigare*;

– per racchiudere un inciso: *Lia (la figlia di Carla) si è trasferita in Canada*.

**—** **Il trattino lungo** si usa in due casi:

– per isolare parole o frasi, al posto delle parentesi tonde: *Si misero tutti a ridere – ridevano di lui? –, ma dopo poco ricominciarono a litigare*;

– per racchiudere un inciso: *Lia – la figlia di Carla – si è trasferita in Canada*.

**" " « »** **Le virgolette** sono di due tipi: alte (" ") e basse, dette anche sergentine o caporali («»), per la loro forma, che assomiglia a quella dei gradi militari.

Le virgolette basse si usano soprattutto in due casi:

– per introdurre un discorso diretto: *Monica ha proposto: «Andiamo al cinema?»*;

– per indicare una citazione: *Secondo quanto Virgilio dice a Dante, «molti son li animali» che si accompagnano alla lupa*.

Le virgolette alte si usano soprattutto per segnalare l'uso particolare di una parola (*Che cosa significa "sergentina"?*), anche in senso allusivo o ironico (*Gli "esperti" che sono arrivati per aiutarci hanno capito ben poco del lavoro da fare*).

**?** **Il punto interrogativo** a conclusione di una frase indica che si tratta di una domanda: *Dario viene al mare con voi domani?*

**!** **Il punto esclamativo** a conclusione di una frase indica che si tratta di un'esclamazione. Si usa per indicare una soddisfazione (*Finalmente abbiamo finito questo lavoro!*), una gioia (*Che bello rivedervi!*), ma anche un ordine (*Mettete subito tutto in ordine!*) o un richiamo (*Dovreste venire a casa!*).

# 2 Scrivere con metodo

**UNITÀ DI LAVORO 7** Elaborare un testo: morfosintassi e punteggiatura

## Testo esempio

**virgolette**:
apertura di discorso diretto

**trattino lungo**:
apre e chiude un inciso

**punto fermo**:
indica una pausa forte
e chiude un discorso

**virgola**:
apre e chiude
un inciso

**parentesi tonde**:
commento

**punto esclamativo**:
aggiunta di enfasi

**virgola**:
pausa breve

**due punti**:
sviluppo del
ragionamento

**due punti**:
aggiunta di particolari

**parentesi quadre**
**con tre punti di**
**sospensione**: taglio
di una parte di testo

**punto e virgola**:
pausa forte che però
non conclude
il discorso

«Passiamo ora agli altri indizi attestanti l'impiego di una forza assolutamente prodigiosa. Sul focolare del camino c'erano ciocche folte – molto folte – di capelli umani grigi. Erano state strappate dalle radici. Sapete bene quanta forza sia necessaria per strappare dalla testa anche venti o trenta capelli in una sola volta. Voi avete veduto, così come le ho vedute io, queste ciocche di capelli. Le radici (vista atroce!) erano impastate con frammenti di carne viva dello scalpo: certo indizio della forza prodigiosa usata per strappare, tutti insieme, forse mezzo milione di capelli. La gola della vecchia signora non era stata solo tagliata: la testa era stata staccata nettamente dal corpo, e l'arma era un semplice rasoio. Vorrei che vi soffermaste anche sulla brutale ferocia di questi atti. Non parlerò delle ecchimosi sul corpo di Madame L'Espanaye. Monsieur Dumas e il suo insigne collega, Monsieur Etienne, hanno affermato che sono state prodotte da qualche arma non puntuta; e fin qui i due signori sono nel vero. [...] Quale risultato ne consegue, dunque? Quale impressione ho fatto sulla vostra immaginazione?».

**punto interrogativo**:
domanda

**virgolette**:
chiusura di discorso diretto

## Studio attivo

Oltre a quelle segnalate, ci sono anche altre virgole che racchiudono degli incisi o indicano semplici pause brevi. Rintracciale nel testo individuandone la funzione:

► a. racchiudere un inciso.
► b. segnalare una pausa breve.
► c. altro.

## in sintesi

### Consigli per usare bene la punteggiatura

☺ Andare a capo dopo il punto se si vuole indicare una pausa più forte.

☺ Usare il punto e virgola se si vuole indicare una pausa ma il discorso non è finito.

☺ Chiudere un inciso mettendo la virgola sia all'inizio che alla fine.

☺ Mettere i due punti prima di una specificazione o di una conseguenza.

☹ Non usare solo la virgola.

☹ Non mettere la virgola o i due punti tra il soggetto e il predicato.

☹ Non mettere la virgola o i due punti tra il predicato e il complemento oggetto.

**52** LA SCRITTURA

# Laboratorio

## Attivare un metodo

**1** **didattica inclusiva – dsa – scrittura guidata** Costruisci un breve testo collegando e ristrutturando i contenuti forniti nelle frasi a, b e c.

Esempio:

**A.** Il passaporto si rinnova negli uffici della Questura; in genere occorrono una quindicina di giorni.

**B.** Per andare negli Stati Uniti, oltre al passaporto, è necessaria una registrazione online da effettuare almeno tre giorni prima della partenza.

**C.** La registrazione è stata imposta come precauzione a seguito dei fatti dell'11 settembre 2001.

Chi ha programmato una vacanza negli Stati Uniti deve sapere che, per potervi entrare, è obbligatorio compilare una registrazione online almeno tre giorni prima di partire: una procedura che è stata imposta dal governo americano per poter avere maggior controllo sugli ingressi, in seguito agli attentati dell'11 settembre 2001. Ovviamente bisogna anche controllare che il passaporto sia valido: se la data è vicina alla scadenza, meglio portarlo subito negli uffici della Questura, che lo rinnoveranno in quindici giorni circa.

▶ a **A.** Tutti i disegni esecutivi che si producono nel mondo sono eseguiti col metodo delle proiezioni ortogonali.

**B.** Il disegno tecnico è una rappresentazione grafica di elementi geometrici presenti nello spazio.

**C.** I disegni esecutivi servono per dare tutte le indicazioni necessarie alla realizzazione di un oggetto.

▶ b **A.** Spesso sui giornali online leggiamo risultati di "studi clinici" che toccano argomenti ad alto impatto emotivo, a scapito della correttezza dell'informazione.

**B.** Questi studi sono troppo spesso di scarsa o nulla rilevanza scientifica.

**C.** Esistono criteri scientifici per attribuire la corretta importanza di uno studio clinico e per evidenziare i suoi punti di forza e di debolezza.

**2** **didattica inclusiva – italiano L2 – modifica del testo** Queste frasi non sono corrette nell'italiano scritto: modificale per renderle corrette e chiare.

▶ a Il Medio Oriente è una zona calda dove si concentra la guerra che comprende Iran, Iraq e Afghanistan.

▶ b Praticamente gli amici che ci faccio affidamento sono pochi; degli altri non mi fido perché comunque preferisco essere prudente.

▶ c La ditta che gli ho chiesto un preventivo mi è sembrata troppo cara; allora ho chiesto a un'altra, che i suoi prezzi sono più accessibili.

**3** **riscrittura in apprendimento collettivo** Insieme a uno o due compagni, riscrivi i due testi seguenti sulla base delle rispettive istruzioni.

▶ a Scrivi una nuova versione del testo che segue modificandolo in modo da usare il più possibile il punto e virgola.

In strada la luce del primo inverno stava calando. Freddie era appoggiato negligentemente al paraurti della pesante Buick. Quando vide il padre uscire dal palazzo, scese sulla strada dalla parte del guidatore e salì in auto. Don Corleone stava per entrare dal lato del marciapiede quando esitò e si girò verso la lunga bancherella di frutta vicino all'angolo. Ultimamente ne aveva preso l'abitudine. Gli piacevano quei grossi frutti fuori stagione, pesche gialle e aranci, che rilucevano nelle loro scatole verdi. Il proprietario si affrettò a servirlo. Don Corleone non toccava la frutta con le mani, si limitava a indicarla. Il fruttivendolo discusse la sua decisione solamente una volta, mostrandogli che uno dei frutti scelti aveva la parte inferiore marcia. Don Corleone prese il sacchetto di carta nella mano sinistra e pagò con un biglietto da cinque dollari. Prese il resto e, giratosi per tornare all'automobile in attesa, scorse due uomini avanzare dietro l'angolo. Capì immediatamente quello che sarebbe successo.

53

## 2 Scrivere con metodo

**UNITÀ DI LAVORO 7** | Elaborare un testo: morfosintassi e punteggiatura

### Laboratorio

▶ b  Scrivi una nuova versione del testo che segue modificandolo in modo da usare il più possibile i due punti.

Rodin lo fece passare nella camera, che aveva preso l'aspetto di un ufficio assunzioni. Lo scrittoio era diventato il tavolo da lavoro della commissione ed era ingombro di carte. Dietro c'era l'unica sedia della stanza, con accanto altre due sedie identiche, portate lì dalle camere vicine e occupate in quel momento da Montclair e Casson che osservavano con curiosità il nuovo arrivato. Non c'era invece nessuna sedia davanti alla scrivania. L'inglese si guardò intorno, scelse una delle poltrone e la spostò di fronte ai due uomini. Quando Rodin richiuse la porta, dopo aver dato nuove istruzioni a Viktor, l'inglese si era già accomodato e ricambiava gli sguardi di Casson e di Montclair. Anche Rodin andò a sedersi. Per qualche secondo rimase in silenzio a fissare l'uomo che veniva da Londra. La prima impressione fu positiva, e Rodin era un grande conoscitore di uomini. Alto all'incirca un metro e ottanta, poco più che trentenne, di corporatura snella e atletica, l'inglese sembrava in perfetta forma fisica. Aveva la faccia abbronzata, dai lineamenti regolari abbastanza comuni da non rimanere impressi nella memoria, e teneva le mani appoggiate tranquillamente ai braccioli della poltrona. A Rodin diede l'impressione dell'uomo sempre padrone dei propri nervi. Erano gli occhi che lo lasciavano perplesso.

**4  riscrittura individuale**  Leggi le riscritture di un altro gruppo; scegline una e riscrivi il testo utilizzando la più ampia varietà possibile di segni di interpunzione.

**5  compito di realtà**  Collabori con un editore per la realizzazione di un libro di testo per le scuole medie. Ti è stato dato il compito di preparare un testo in cui siano presenti <u>tutti i segni di interpunzione</u>; questo testo sarà inserito come esempio per illustrare l'uso corretto ed efficace della punteggiatura. L'argomento è a tua scelta tra quelli che ritieni più interessanti per i destinatari (studenti tra gli 11 e i 14 anni). Per ragioni di spazio, il tuo testo non può contenere più di 1000 caratteri (lettere), inclusi gli spazi tra le parole.

### Autovalutarsi

**1  Inserisci la forma corretta dei verbi, facendo attenzione alla concordanza dei tempi verbali e a quella tra soggetto e verbo.**

▶ a  Insieme ai miei compagni di classe, domani ............................ (andare) a vedere il film su Leopardi di cui, mentre ero con i miei amici, ............................ (leggere) una recensione.

▶ b  La popolazione dei paesi ricchi da molti anni ............................ (sprecare) l'acqua, che è un bene esauribile.

▶ c  Ieri tutto il mondo, in tanti modi diversi, ............................ (festeggiare) l'impresa storica.

**2  Scegli il pronome giusto nelle frasi che seguono.**

▶ a  La casa in cui/che ci trasferiremo è più grande e ha un bellissimo giardino.

▶ b  Parliamo di una persona il cui/il quale terribile carattere è noto a tutti.

▶ c  Le persone che/delle quali mi fido sono pochissime.

▶ d  Il motivo per cui/di cui insisto è difficile da spiegare.

▶ e  Il sassofono è lo strumento che/a cui sono più interessato.

**3  Scegli il verbo giusto nelle frasi che seguono.**

▶ a  Vorrei che arrivi/arriva/arrivasse il sole.

▶ b  Speriamo che arrivi/arriva/arrivasse il sole.

▶ c  Mi chiedo che cosa farei se dovessi/debba/dovrei mostrare un po' di coraggio.

**54**    LA SCRITTURA

▶ d   Ti chiese se andassi/andresti/saresti andato fino in fondo.

▶ e   Vuoi che ti aiuto/aiuti?

▶ f   Io credevo che eri/fossi andata a dormire.

▶ g   Ordina che smettano/smettono di fare confusione.

▶ h   Pregalo che tornasse/torni.

▶ i   Permetti che ti contraddica/contraddico.

▶ l   Desiderava che lo perdonerebbe/perdonasse.

▶ m   Sospettano che lui mi abbia/ha mentito.

▶ n   Spero che se la cavi/cava/caverebbe.

▶ o   Vorrei che se ne andassero/vadano.

▶ p   Prego, si sedesse/segga/sieda, signora!

▶ q   Credo proprio che hai/abbia torto.

**4**   **Elimina gli avverbi inutili nel testo che segue.**

Nella pianura ai piedi del monte Maqloub, nel sito di Tell Gomel, probabilmente l'antica Gaugamela dove comunque nel 331 a. C. Alessandro Magno sconfisse l'imperatore persiano Dario III aprendosi allora la strada per Babilonia, sono state insomma portate alla luce una serie di necropoli praticamente risalenti a diversi periodi (dal 2.700 al 600 a. C). In particolare, nell'area sepolcrale più recente, di epoca neo-assira (VIII-VII secolo a. C), sono state ritrovate tombe a cremazione. «Un rituale funerario sconosciuto in Assiria, ma praticato in Anatolia orientale e Siria settentrionale», spiega l'archeologo, «e questo potrebbe far ipotizzare che i resti dei defunti appartenessero ai deportati delle campagne militari dei sovrani Sargon e Sennacherib in quelle regioni, menzionati nelle fonti cuneiformi». Possibili tracce, dunque, dei prigionieri dei sovrani assiri che, nel I millennio a. C., «deportarono oltre 1,3 milioni di persone, compiendo effettivamente uno dei più antichi crimini di guerra».

**5**   **In questo testo è presente un solo segno di interpunzione, la virgola. Alcune virgole sono da eliminare (perché collocate in maniera errata) e altre sono da sostituire con segni più pertinenti.**

Il film del cinema Metropolitan, parla di Lorenzo, un ragazzo che, da quando aveva sei anni, ha un solo interesse, carte geografiche, mappamondi, documentari, è indifferente a tutto il resto, mentre guarda le mappe mette in moto la fantasia, immagina di attraversare foreste fittissime e deserti sconfinati, scalare alte montagne, costeggiare lunghissimi fiumi, immergersi nel mare profondo, ma da grande, rimane deluso subito al primo viaggio, la realtà del mondo è diversa dalle avventure della fantasia, dovrà riconoscere Lorenzo,

**6**   **Nei testi che seguono sono stati cancellati tutti i segni di interpunzione. Inserisci i segni di interpunzione e le maiuscole dove è necessario.**

▶ a   il disprezzo per la prosa paludata e il disgusto per quella oscura nati per me in Italia nei primi tempi del dopoguerra m'insegnarono alla fine a scrivere semplice e chiaro come non usava quasi più nel nostro Paese mi sono spesso domandato perché scrivesse in modo così pomposo e opaco per esempio il mio amico e compagno padovano che a un certo punto poi si tolse la vita poveretto secondo me scriveva così perché quello che aveva da dire sarebbe parso troppo magro quasi meschino se lo avesse detto in chiaro

(da L. Meneghello, *La vita è sull'altro binario*, «Il Sole 24 ore», 11 aprile 2004)

# 2 Scrivere con metodo

**UNITÀ DI LAVORO 7** Elaborare un testo: morfosintassi e punteggiatura

## Laboratorio

▶ b  siamo nel pieno della stagione turistica alberghi al completo ma chi se lo può permettere case vacanze stracolme stabilimenti balneari presi d'assalto buon per loro code in autostrada insomma è il momento delle vacanze invece in città il caldo è torrido e insopportabile come fate a sopportarlo quando è possibile ci rintaniamo in casa e chiudiamo le persiane almeno in ufficio c'è l'aria condizionata sì ma funziona un giorno sì e due no avete molto lavoro in questo periodo da impazzire

**7** Inserisci i segni di interpunzione appropriati (ed eventualmente le maiuscole) nelle posizioni indicate.

▶ a  Onora la punteggiatura_ come i segnali stradali_ i segni di interpunzione danno istruzioni sul percorso di lettura_ sosta_ sosta vietata_ limiti di velocità_ la virgola è il segno più usato_ indicante pausa o separazione_ ma non il più facile_ non separare il soggetto dal predicato con una virgola_ mentre una virgola separa_ due congiungono _il padre_ arrivato_ telefonò_ _ il punto e virgola separa non due parole come la virgola_ ma due frasi e in modo più debole del punto _era un buon oratore_ tutti lo ascoltavano con piacere_ _ i due punti precedono il discorso diretto _disse_ _vieni_ _ o sostituiscono i connettivi_ poiché_ cioè_ tanto che ecc. _ ho interrotto quel libro_ non mi piaceva_ _

(da M. Corti, *Onora il punto, la virgola e i due punti. Dieci regole per "vendere" bene qualche idea senza offendere la grammatica e l'ortografia*, «La Repubblica»)

▶ b  Un colloquio di lavoro classico_ il candidato_ una scrivania_ il responsabile del personale e il datore di lavoro in giacca e cravatta seduti di fronte_ domande personali_ domande professionali_ potenzialità_ strategie_ formazione_ esperienze_ qualche sorriso e strette di mano e in mezz'ora è tutto finito_ nell'azienda di *Facebook* funziona diversamente_ il colloquio di selezione prevede una passeggiata per i boschi di Palo Alto_ _ Un incontro a due_ con uno degli uomini più ricchi _ e potenti _ del pianeta _quanti vorrebbero lavorare per *Facebook* _ in molti _ hanno rivelato diversi sondaggi_ l'azienda che gestisce il social network più popolare al mondo risulta infatti uno dei _ datori di lavoro ideali _ _ da qualche anno *Facebook* è in cima alle preferenze dei giovani professionisti americani non solo per il salario o il clima di lavoro_ ma perché la società è percepita come solida a livello finanziario e in grado di offrire stabilità lavorativa_ ebbene_ per entrare a far parte della squadra di Mark Zuckerberg_ che oggi conta circa 2000 dipendenti_ il candidato dovrà superare la prova del colloquio di lavoro in mezzo alla natura_ dove_ nei boschi di Palo Alto_ in California_

(da www.corriere.it, 9 luglio 2011)

56   LA SCRITTURA

**UNITÀ DI LAVORO 8**

# Elaborare un testo: lessico e registri espressivi

**OBIETTIVI**
- Prendere consapevolezza della varietà delle scelte linguistiche e della loro maggiore o minore adeguatezza al contesto
- Affinare la capacità di riconoscere (nella lettura) i diversi livelli espressivi
- Padroneggiare i diversi livelli espressivi nella produzione di un testo scritto
- Migliorare il livello di chiarezza e di pertinenza nella produzione scritta
- Sciogliere dubbi sulla scelta delle parole
- Migliorare le competenze testuali

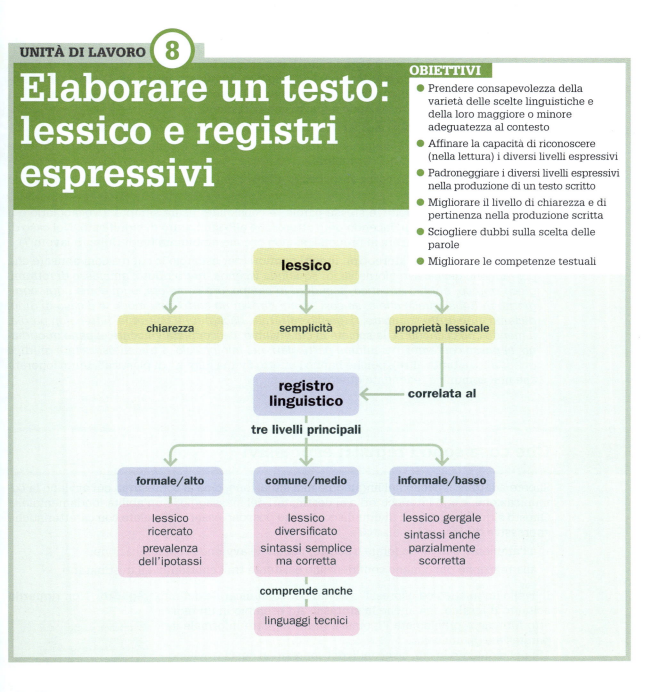

## 1 Usare il lessico

Chiarezza, semplicità, e proprietà sono le chiavi per un corretto uso del lessico. Il **lessico** (dal greco *lèxis* = 'parola') è l'insieme dei vocaboli che compongono una lingua.
La **chiarezza** del vocabolario non è un fatto di superficie, ma risponde alla ricchezza reale dei contenuti che si trasmettono. Ogni cosa va chiamata con il suo nome: perciò ci sono parole tecniche inevitabili perché più precise e legate a un significato particolare.
**Semplicità** significa non utilizzare parole difficili, bizzarre o troppo ricercate quando non è necessario.
La **proprietà lessicale** è l'uso di vocaboli precisi e adatti all'oggetto o alla situazione.

## Scrivere con metodo

**UNITÀ DI LAVORO 8** Elaborare un testo: lessico e registri espressivi

I termini e i registri devono essere appropriati alle circostanze, agli interlocutori e ai contesti: in una scrittura che richiede un grado alto di correttezza formale, come un saggio o una relazione, bisogna evitare non solo le approssimazioni di significato, ma anche l'uso di espressioni gergali o dei segnali di emotività (molti puntini di sospensione o punti esclamativi). In generale, è bene fare attenzione a questi comportamenti:

– **non inventare le parole**: in caso di dubbio, controllare sempre sul vocabolario;

– **usare parole comuni** (è meglio *andare* rispetto a *recarsi*, è meglio *fare* rispetto a *effettuare*, è meglio *dire* rispetto a *esprimere*);

– **evitare gli arcaismi** (*apporre, fattispecie, altresì* ecc.) e una quantità eccessiva di parole straniere;

– **non ripetere** troppe volte le stesse parole: è consigliato usare sempre il vocabolario e il dizionario dei sinonimi, facendo però attenzione alle sfumature di significato. Nel caso di sostantivi, si può ricorrere ai pronomi, se non ci sono ambiguità (vedi Unità di lavoro 7);

– **non usare frasi fatte, stereotipi, luoghi comuni** (per esempio le espressioni abusate che provengono dal cattivo giornalismo: *squallida vicenda, netto rifiuto, ammasso di rottami, gioco tragico, dubbio amletico, scendere in campo, ora come ora, oggi come oggi, oggigiorno in Italia, quello che è, se così si può dire, in un certo qual modo, è il caso di dirlo, diciamo pure, tutto sommato, bagaglio culturale, background culturale, fatti e non parole, il mondo che ci circonda, la società in cui viviamo, l'accoppiata vincente, il pane quotidiano, al passo coi tempi, nei minimi particolari, nel mio piccolo, a trecentosessanta gradi, e quant'altro* e tante altre), poiché hanno l'effetto di una lingua "di plastica", tanto logorata che non comunica realmente qualcosa.

## 2 | Che cosa sono i registri espressivi

Sapere adattare il livello del linguaggio alla situazione, cioè al contesto in cui avviene la comunicazione, e agli interlocutori o ai destinatari del messaggio, è un'abilità fondamentale. Questo significa che frasi di uguale contenuto possono essere formulate con caratteristiche espressive diverse in base:

– all'ambiente e al modo (orale o scritto) nel quale avviene la comunicazione;

– alla relazione più o meno confidenziale esistente tra l'emittente e il destinatario.

Il livello linguistico ed espressivo scelto per comunicare è definito **registro** . Non **riguarda** soltanto **il lessico**, ma anche **la sintassi**. Ad esempio in un registro formale è privilegiata l'ipotassi, in un registro informale la paratassi e gli anacoluti.

Ma nel momento in cui, a seconda del contesto in cui ci troviamo a comunicare, si è scelto di – o ci si sforza di – utilizzare un certo registro linguistico omogeneo, dobbiamo verificarne la tenuta e la coerenza.

Passare da un registro all'altro, soprattutto in passato, aveva effetti piuttosto forti: un vero e proprio shock linguistico, ricercato e voluto in alcuni casi, talvolta con lo scopo di generare un effetto umoristico. Oggi questo tipo di percezione è meno acuta e si è più abituati alla mescolanza di registri diversi.

> **Paratassi**: costruzione del periodo basata sull'accostamento di frasi coordinate e autonome.
>
> **Ipotassi**: costruzione del periodo basata su diversi livelli di frasi subordinate, dipendenti da una principale.
>
> **Anacoluto**: costruzione sintattica che rimane in parte incompiuta o non coerente (es.: il coraggio, chi non ce l'ha non se lo può dare).

Tuttavia un parlante che è abituato a utilizzare diversi tipi di registri linguistici (e sviluppa quindi maggiori competenze comunicative ed espressive) è avvantaggiato in molti contesti rispetto a un parlante che utilizza esclusivamente il registro medio-basso.

In letteratura, ad esempio, il registro linguistico serve spesso a connotare i personaggi, il loro carattere o la condizione sociale.

LA SCRITTURA

## Testi esempio

**TESTO 1**

«Voi come mi avete detto quando siete salito alla stazione? "Andate di fretta agli aliscafi per Capri". Avete detto così, sì o no?»
«Sentite, a prescindere che io ho detto solo "Agli aliscafi per Capri", ma quando anche avessi aggiunto "di fretta", fino a prova contraria il responsabile dell'automezzo siete solo voi.»
«Eh già, ma a me che me ne importava di passare con il rosso? Se l'ho fatto è per farvi un piacere, e per farvi arrivare prima agli aliscafi. Vuoi vedere adesso che invece di guadagnare, quando lavoro, ci debbo pure rimettere?»

da L. De Crescenzo, *Così parlò Bellavista*, Mondadori.

**primo personaggio:** esclamazioni, frasi brevi, sintassi non sempre corretta (registro basso)
**secondo personaggio:** espressioni ricercate, ipotassi, uso del congiuntivo (registro medio-alto)

**TESTO 2**

… cullati dal gorgoglio delle acque e dallo stormire delle frondi, cadiamo addormentati sotto le grandi, calme stelle, e sogniamo che la terra sia di nuovo giovane – giovane e dolce come soleva essere prima che secoli di tristezza e di affanni le solcassero la bella faccia, prima che […] i truci sogghigni della convenzione ci rendessero vergognosi della vita semplice che conducevamo con lei, e della semplice, sublime casa dove l'umanità nacque tante migliaia d'anni fa. Harris disse: "E quando piove?".

da J.K. Jerome, *Tre uomini in barca*, Sonzogno.

**primo personaggio:** termini molto ricercati, uso di metafore, immagini liriche, periodo complesso (registro alto)
**secondo personaggio:** sintassi e termini più semplici possibile (registro medio)

## Studio attivo

 Riscrivi il dialogo di De Crescenzo invertendo le parti: le battute del primo personaggio in registro alto e la battuta del secondo personaggio in registro basso.

## 3 I tre registri primari

I registri si dividono in tre livelli principali; all'interno di ognuno esistono molte diverse sfumature.

- Il registro **formale** o **elevato** o **alto** viene utilizzato in situazioni e comunicazioni di tipo ufficiale (cerimonie, conferenze, un certo tipo di inviti, scritture e relazioni di argomento scientifico), ogni volta che si comunica con interlocutori con cui non si ha alcuna familiarità, e in tutte le occasioni in cui è richiesto un certo grado di formalità.

  – **Come si riconosce:** nel registro formale il **lessico si fonda sulla ricercatezza** : espressioni accurate ed eleganti che elevano il tono del messaggio, formule di rispetto.
  La costruzione del periodo è complessa e ampia, con **uso frequente di frasi subordinate** .

- Il registro **comune** o **standard** o **medio** è quello più utilizzato perché copre quasi tutte le esigenze comunicative della vita quotidiana, sia nel parlato che nello scritto: rientra nel registro medio la conversazione "funzionale" con persone che non conosciamo, ad esempio per ottenere un'informazione o fare un acquisto; o quella che utilizzano insegnanti e studenti per comunicare tra loro in classe.

  – **Come si riconosce:** il registro comune presenta moltissime sfumature e varianti, poiché come abbiamo detto è quello utilizzato nella comunicazione quotidiana dei rapporti sociali e professionali. Dunque il **lessico è molto diversificato e suddiviso in ambiti e campi semantici particolari** : quelli dei linguaggi tecnici, ad esempio (tra cui il linguaggio am-

59

# Scrivere con metodo
**UNITÀ DI LAVORO 8** Elaborare un testo: lessico e registri espressivi

ministrativo) o quelli del giornalismo "comune" degli articoli di cronaca o dei telegiornali. **La sintassi può essere più o meno semplice ma curata**.

- Il registro **informale** o **familiare** o **basso** viene utilizzato nel parlato quotidiano con interlocutori con cui si è in rapporto di grande familiarità e che prevede anche l'uso di espressioni gergali o parzialmente scorrette secondo gli standard della morfosintassi (si utilizza questo registro nella scrittura abbreviata degli sms o di biglietti e appunti rivolti ad amici e parenti, così come nelle conversazioni scherzose).

    **Allocuzione:** l'atto (normalmente un vocativo) con cui il parlante si rivolge al destinatario (*Scusate, voi due… Luigi, io credo che…*).

    **Deissi:** uso di particolari elementi linguistici (pronomi personali, aggettivi dimostrativi, avverbi di luogo e di tempo) che situano il discorso nello spazio e nel tempo rispetto al soggetto che parla.

– **Come si riconosce**: il registro informale utilizza un lessico poco sorvegliato, con **termini di uso più comune, e anzi espressioni dialettali e gergali**; è ricca di esclamazioni, allocuzioni e deissi. **La costruzione del periodo è poco rigorosa e talvolta del tutto scorretta**; ricorre molto poco alle frasi subordinate e utilizza soprattutto le coordinate.

### Studio attivo

 Trasforma la frase, di registro alto, «*O figliuolo, orsù, lèvati giacché la colazione ti attende!*» in registro medio e basso.

## 4 Le parole delle professioni e i linguaggi specialistici

Talvolta, affrontando determinati argomenti, oppure nell'ambiente di lavoro, è necessario utilizzare termini più precisi e tecnici. I linguaggi specialistici o settoriali riguardano l'insieme delle **parole ed espressioni specifiche di un ambito specialistico** (ad esempio quello tecnico, scientifico o amministrativo) **o di un settore** (idraulico, sportivo, giuridico, medico; ma anche letterario, musicale…). Questi settori sono spesso molto ampi e articolati: il linguaggio settoriale medico, ad esempio, corrisponde all'insieme dei linguaggi delle varie specialità della medicina, che a tratti sono sovrapponibili e incrociati e a tratti completamente differenti.
I linguaggi specialistici sono utili soprattutto perché **uniscono economia di parole e proprietà linguistica**: la rapidità nel riferimento viene sommata all'esattezza dell'informazione tecnica o scientifica che forniscono (ad esempio, il termine *citogenesi* è molto più rapido, preciso e ricco di informazioni per un medico o un biologo che un generico "processo di origine e sviluppo della cellula").

**Attenzione** C'è differenza tra linguaggio settoriale e registro linguistico: ogni linguaggio settoriale può essere articolato in diversi registri, dal più confidenziale (il gergo, utilizzato soprattutto oralmente) a quello più formale, che si usa nei testi scritti istituzionali o teorici. I cambiamenti riguardano soprattutto le strutture sintattiche della frase, e non le scelte lessicali.

## 5 Conoscere le parole: i campi semantici

Un **insieme di parole i cui significati sono connessi** tra loro attraverso rapporti o gerarchie si chiama **campo semantico**. Quali tipi di legami possono avere le parole per comporre un campo semantico? I più frequenti sono questi:

- iponimia, iperonimia e meronimia. Gli **iponimi** sono parole il cui significato è incluso in quello di altro termine più generico, detto **iperonimo** (ad esempio *armadio* è iponimo di *mobile,* e viceversa *mobile* è iperonimo di *armadio*); nei **meronimi** una parola indica una parte del significato dell'altro (ad esempio *corna* e *zoccolo* sono meronimi di *capra*);
- solidarietà lessicale (nomi, aggettivi o verbi che possono essere presenti nelle stesse frasi: *montare, cavalcare, corsa* con *cavallo; prendere, afferrare* con *mano; giovane* con *uomo* o *donna,* ecc.);
- sinonimia (parole che hanno approssimativamente lo stesso significato) e antinomia (parole che hanno significato opposto);
- appartenenza a una stessa area di significati e accezioni; evocazione di immagini simili o collegate: ad esempio, *freddo* è legato al campo semantico dell'inverno, ma anche a quello della vecchiaia e a quello della ragione astratta.

**Attenzione** Esistono alcuni insiemi di parole che derivano dalla stessa radice (*mare, marea, marino, marittimo, maremoto*): si chiamano famiglie semantiche. Questo legame però è basato sulla forma, e non sul significato delle parole, come accade invece per i campi semantici.

Una parola può ovviamente appartenere a più campi semantici a seconda del significato attribuitole dal contesto: *pianta,* ad esempio, può essere correlata al campo semantico del mondo vegetale, o della geografia, o del corpo umano.
Riconoscere i campi semantici può offrire molte informazioni sul significato di un testo sia letterario che informativo.

# Laboratorio

## Attivare un metodo

**1 scelta multipla – dsa** Sottolinea la parola "intrusa" in termini di registro linguistico.

spicciarsi / affrettarsi / fiondarsi / scapicollarsi
ripetere / rinnovare / iterare / rifare
pargolo / bambino / infante / moccioso

sborsare / scucire / sganciare / pagare
spaparanzato / sdraiato / disteso / scomposto

**2 scelta multipla – italiano l2** Collega ogni termine al suo iponimo (in rosso) e iperonimo (in blu).

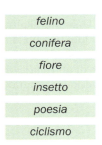

felino
conifera
fiore
insetto
poesia
ciclismo

rosa
bicicletta
animale
sonetto
tigre
pino
pianta
invertebrato
scrittura
sport
albero
mosca

61

# 2 Scrivere con metodo

**UNITÀ DI LAVORO 8** Elaborare un testo: lessico e registri espressivi

## Laboratorio

**3** **scelta multipla – italiano l2** **Seleziona il termine corretto rispetto al registro della frase.**

La Scozia è una regione piena di castelli/manieri.

Questo vino ha un olezzo/aroma robusto, di frutti rossi con note di erba.

Il consiglio comunale ha deciso/deliberato le nuove tariffe per gli autobus scolastici.

Leggendo l'*Iliade* è facile identificarsi con il personaggio di Ettore, perché ne ammiriamo l'ardimentosità/il coraggio.

Pietro è un padre davvero comprensivo/magnanimo con i suoi figli.

Il mio difetto più grande è quello di lasciarmi assalire dall'ansia/dalla trepidazione.

tendo a essere un tipo piuttosto pauroso/pusillanime.

**4** **scrittura in apprendimento cooperativo** **Questo messaggio, rivolto alla Polizia municipale di Roma, è scritto nel linguaggio specialistico dell'amministrazione. Riscrivilo utilizzando un linguaggio comune.**

Si prega di voler posizionare entro e non oltre la giornata del 02/07 p.v., tabelle mobili indicanti divieto di fermata in via Buonarroti, tratto via Ferruccio / Via Merulana (lato sx) fino al parcheggio riservato ai ciclomotori. Si prega non attivare le aree parcometrate site in suddetta località.

**5** **riscrittura individuale** **Modifica i testi secondo le indicazioni.**

▶ a Trasforma l'incontro tra Holden, il professor Antolini e la signora Antolini utilizzando un registro linguistico più elevato e formale (J. K. Salinger, *Il giovane Holden*).

Fu il vecchio professor Antolini ad aprirmi la porta quando sonai – dopo che il ragazzo dell'ascensore si era finalmente deciso a portarmi su, quel bastardo. Era in vestaglia e pantofole, e aveva un cocktail in mano. Era un tipo molto sofisticato, e un bevitore tutt'altro che disprezzabile. – Holden, ragazzo mio! – disse. – Dio santo, questo è cresciuto ancora mezzo metro. Mi fa piacere vederti.
– Come sta, professore? Come sta la signora?
– Stiamo come pascià tutti e due. Dammi quel soprabito –. Mi tolse il soprabito e lo appese.
– Mi aspettavo di vederti con un neonato tra le braccia. Senza sapere dove sbattere la testa. Con fiocchi di neve sulle ciglia –. Era proprio un gran burlone, certe volte. Si girò e gridò verso la cucina. – Lillian! Arriva questo caffè? – La signora Antolini si chiamava Lillian.
– È pronto! – gridò lei di rimando. – C'è Holden? Salve, Holden!

▶ b Trasforma i consigli di Carlo Emilio Gadda per la stesura dei testi per la radio sostituendo un registro medio a quello, a tratti ironicamente elevato, dell'originale. (C. E. Gadda, *Norme per la redazione di un testo radiofonico*)

Attenersi, preferibilmente, alla lunghezza normale media di due righi, nobilitando il dettato con i lucidi e auspicati gioielli dei periodi di un rigo, mezzo rigo… Una dopo l'altra le idee avranno esito ordinato e distintamente percepibile al radioapparecchio: una fila di persone che porgono il biglietto, l'una dopo l'altra, al controllo del guardiasala. La consecuzione delle idee si distende nel tempo radiofonico e deve avere il carattere di un *écoulement*, di una caduta dal contagocce. Ogni tumultuario affollamento di idee nel periodo sintattico conduce al "vuoto radiofonico".

▶ c Scrivi un sms che abbia lo stesso contenuto di questo biglietto.

Gentilissima, sono sinceramente dispiaciuta e mortificata per ciò che è avvenuto. Le porgo le mie più sincere scuse e la prego di perdonare il mio comportamento involontariamente offensivo. Confido nella sua comprensione e desidero sappia che nutro nei suoi confronti l'affetto di sempre.

**62** LA SCRITTURA

▶ d   Questa comunicazione è stata scritta utilizzando il registro medio nella variante amministrativo-burocratica. Prova a riscriverla in italiano comune mantenendo il registro medio.

Si invia la segnalazione di un cittadino affinché si esamini il problema evidenziato e si risponda direttamente all'interessato, per iscritto o telefonicamente, entro 30 giorni, termine stabilito dall'art. 14 dello statuto Comunale. Si prega inoltre di informare questo Ufficio dell'evasione della pratica mediante il modulo allegato o anche telefonicamente (8205395), affinché la stessa non venga tenuta in sospeso.

# Autovalutazione e allenamento INVALSI

**1**  Individua il registro espressivo (tratto da R. Queneau, *Esercizi di stile*)

▶ a   Sulla S, in un'ora di traffico. Un tipo di circa ventisei anni, cappello floscio con una cordicella al posto del nastro, collo troppo lungo, come se glielo avessero tirato. La gente scende. Il tizio in questione si arrabbia con un vicino. Gli rimprovera di spingerlo ogni volta che passa qualcuno.

☐ alto
☐ medio
☐ basso

▶ b   Bene, c'era abbastanza gente a quell'ora, e ne ho approfittato: non appena la gente che scendeva e saliva faceva un po' di confusione, io tac, gli rifilavo il gomito tra le costolette. Ha finito per darsela a gambe, il vigliacco, prima che mi decidessi a premere il pedale sui suoi fettoni e a ballargli il tip tap sugli allucini santi suoi!

☐ alto
☐ medio
☐ basso

▶ c   Va bene, ho preso la S verso mezzogiorno. Se c'era gente? Certo, a quell'ora. Un giovanotto dal cappello floscio? Perché no? Io vado mica a guardare la gente nelle palle degli occhi. Io me ne sbatto. Dice, una specie di cordoncino intrecciato? Intorno al cappello? Capisco, una curiosità come un'altra, ma io queste cose non le noto. Un cordoncino… Boh. E avrebbe litigato con un altro signore?

☐ alto
☐ medio
☐ basso

▶ d   Quando l'aurora dalle dita di rosa imparte i suoi colori al giorno che nasce, sul rapidissimo dardo che per le sinuose correnti dell'Esse falcatamente incede, grande d'aspetto e dagli occhi tondi come toro di Bisanto, lo sguardo mio di falco rapace, quale Indo feroce che con l'inconscia zagaglia barbara per ripido sentiero alla pugna s'induce, mirò l'uman dal collo astato, giraffa pié veloce, e dall'elmo di feltro incoronato di una bionda treccia.

☐ alto
☐ medio
☐ basso

▶ e   Solo le grandi città possono esibire alla *epoché* fenomenologica l'essenzialità delle coincidenze temporali a basso tasso di entropia. Il filosofo, che talora ascende alla inessenzialità nomade e derisoria di un autobus della linea S può appercepirvi con pineale trascendentalità le apparenze illusorie di un Io che trasparente sé, esperisce il proprio Dasein attraverso una collita individuale sovradeterminata dialetticamente dall'apicalità texturalizzata di un utilizzabile intramondano a treccia.

☐ alto
☐ medio
☐ basso

▶ f   Va bene, prendiamo il toro per le corna, o meglio quel tizio per il cappello (ah ah!), dico quel tipo col collo lungo – quale tipo? ma quello sull'autobus, l'ho detto prima, non fate finta che non capite per mettermi in inferiorità. Va bene, sono un po' suonato ma cosa deve fare un proletario che dorme solo in sacco a pelo e la police gli ha rotto la chitarra? E poi bisogna cominciare (o no?) e allora lasciatemi cominciare, cazzo, non fate casino se no mi confondo di nuovo. E non ridere tu, scemo.

☐ alto
☐ medio
☐ basso

▶ g   Quel giorno l'incidente fu di poca portata ma la mia attenzione fu subito attratta dall'aspetto fisico e dall'acconciatura di uno dei protagonisti di questo dramma in miniatura. Un uomo ancor giovane, con il collo di una lunghezza probabilmente superiore alla media, e col nastro sul cappello sostituito da un gallone intrecciato.

☐ alto
☐ medio
☐ basso

63

# 2 Scrivere con metodo
**UNITÀ DI LAVORO 8** Elaborare un testo: lessico e registri espressivi

## Laboratorio

### 2 A quale lessico specialistico appartengono i periodi seguenti?

▶ **a** Tra le proprietà specifiche attribuite alle *multi-world expression* in questa tradizione vi sono: selezione limitata del lessico e restrizioni combinatorie, istituzionalizzazione, imprevedibilità semantica, precisione semantica, non-composizionalità e opacità semantica, prosodia semantica, possibile violazione di pattern sintattici, alto grado di lessicalizzazione e di convenzionalità.

▶ **b** In studi sperimentali in 6 ore si ha la necrosi dell'intera regione irrorata dall'arteria coronarica occlusa. In alcuni pazienti invece la necrosi completa insorge in tempi molto più lunghi (10-12 ore o più), perché la presenza di stenosi parziale ed aterosclerosi ha indotto lo sviluppo di circoli collaterali.

▶ **c** Tutto il capitale proprio è collocato sul mercato; l'azionariato è diffuso e polverizzato; il management è sostanzialmente il proprietario dell'impresa; i rapporti proprietà – management sono regolati da meccanismi di corporate governance; le asimmetrie informative, se non opportunamente regolate, possono determinare squilibri nei rapporti fra proprietà e management.

▶ **d** Nel frattempo, cosa non irrilevante, si mette a lavorare duro per crescere in ricezione, un fondamentale non proprio da palleggiatore. Le ore a ripetere bagher funzionano.

☐ sportivo  ☐ economico  ☐ linguistico  ☐ medico

### 3 Riconosci nella poesia di Catullo le parole legate al campo semantico concettuale della vitalità e della giovinezza e quelle, contrapposte, legate al campo semantico della morte e della vecchiaia.

Viviamo, mia Lesbia, ed amiamo
E i mugugni dei vecchi moralisti
Tutti insieme non stimiamoli un soldo.
I giorni tramontano e tornano;
ma noi quando cade la breve luce della vita,
dobbiamo dormire una sola interminabile notte.
Donami mille baci, poi altri cento,
poi altri mille, poi ancora altri cento,
poi di seguito mille, poi di nuovo altri cento.
Poi quando ne avremo dati migliaia,
confonderemo le somme, per non sapere,
e perché nessun malvagio ci invidi,
sapendo che esiste un dono così grande di baci.

### 4 Individua l'espressione di registro coerente.

▶ **a** Purtroppo mi devo accomiatare; temo che stia scoppiando un temporale… *Le sarei molto grato se avesse la cortesia di prestarmi il suo ombrello/ Mi dà il suo ombrello?*

▶ **b** Mami, fuori viene giù a catinelle… *Saresti così gentile da prestarmi il tuo ombrello?/ Dammi il tuo ombrello, dai.*

▶ **c** Avresti udito una solenne armonia spandersi confusamente fra le selve, *gli augelli, gli armenti,/gli uccellini, le mucche,* i fiumi, e le fatiche degli uomini: e intanto spirava l'aria profumata delle esalazioni che la terra esultante di piacere mandava dalle valli e da' monti al Sole, *grande capo / ministro maggiore* della Natura.
(U. Foscolo, *Le ultime lettere di Jacopo Ortis*)

# UNITÀ DI LAVORO 9
# La descrizione

**OBIETTIVI**
- Imparare a usare (nella scrittura) e a riconoscere (nella lettura) i diversi criteri con cui è possibile costruire una descrizione
- Imparare a usare (nella scrittura) e a riconoscere (nella lettura) le spie linguistiche che caratterizzano una descrizione
- Imparare a distinguere una descrizione oggettiva da una descrizione soggettiva
- Consolidare le competenze di scrittura e lettura di un testo descrittivo

## 1 Che cos'è una descrizione

Una descrizione **rappresenta con le parole** fatti, oggetti, luoghi, persone, situazioni.
Un testo a prevalente funzione descrittiva ha come scopo principale quello di **rappresentare agli occhi del lettore un elemento o un insieme di elementi nella maniera più precisa possibile**.

## 2 Scrivere con metodo
UNITÀ DI LAVORO 9 La descrizione

# 2 Come è fatta una descrizione

Un testo in cui domina la funzione descrittiva si riconosce per alcuni **tratti linguistici caratterizzanti** :

– **gli indicatori spaziali** (davanti, dietro, in basso, in alto, a sinistra, a destra ecc.);

– **gli indicatori temporali** (prima, poi, dopo, in seguito, precedentemente, adesso ecc.);

– **l'uso degli aggettivi** , in particolare **qualificativi**, che servono a specificare le caratteristiche di ciò che viene descritto;

– **l'uso dei verbi all'indicativo presente e imperfetto** (sono i cosiddetti tempi durativi, che indicano azioni di una certa durata nel tempo);

– **la varietà lessicale** , che serve a fornire immagini ricche e particolareggiate.

La struttura di un testo a prevalente funzione descrittiva può variare anche molto. Ci sono, in particolare, due aspetti da tenere presenti:

1. **il principio secondo il quale è organizzata la descrizione** , che può essere l' **ordine** , o la **comparazione** , o la **sensorialità** , oppure la **selezione** ;

2. **il punto di vista dal quale è condotta la descrizione** , che è legato a vari fattori, come **il grado di definizione** (l'immagine descritta può essere più o meno dettagliata), **il campo visivo** (il soggetto guarda da vicino? Da lontano? Vede tutto o solo una parte?), **la focalizzazione** (la visione è oggettiva, cioè neutra? O soggettiva, cioè condizionata dalle emozioni e dai pensieri del soggetto che descrive?), **la situazione comunicativa** , che riguarda il contesto e il destinatario (si sta descrivendo un incidente a un poliziotto? Si sta descrivendo un paesaggio per email a un amico?).

Vediamo meglio i diversi principi secondo i quali può essere organizzata una descrizione.

## 2.1 Ordine

L'ordine seguito può essere **logico** (dal particolare al generale o viceversa), **temporale** (prima-dopo) o **spaziale** (alto-basso, interno-esterno ecc.).

---

**Testo esempio 1**

L'armadio ha una struttura lineare interrotta solamente dall'ampia cornice della cuspide e dalla spessa modanatura della base. È imponente: alto 300 cm, largo 230 cm e profondo 77 cm. Su entrambe le ante, articolate tramite cerniere metalliche inchiodate, ci sono ampi specchi. Sull'anta di destra a fianco della toppa della chiave c'è un pomo in bronzo a forma di rosa per l'apertura. L'anta di sinistra è provvista di un identico pomo e di un chiavistello. Sul lato sinistro dell'armadio la cornice della cuspide è rovinata e in parte staccata; dalla stessa parte si notano tre estese macchie di muffa.

Indicatori spaziali
Indicatori temporali

**Studio attivo**

■ **Questa descrizione è oggettiva o soggettiva?**

---

## 2.2 Comparazione

Si ha quando la descrizione coinvolge:

– **uno stesso elemento** descritto **in momenti diversi**, in modo da evidenziare i cambiamenti;

– **più elementi** (per esempio due persone o due oggetti), descritti **l'uno in rapporto all'altro**.

LA SCRITTURA

### Testo esempio 2

Lui ha sempre caldo; io sempre freddo. D'estate, quando è veramente caldo, non fa che lamentarsi del gran caldo che ha. Si sdegna se vede che m'infilo, la sera, un golf. Lui sa parlare bene alcune lingue; io non ne parlo bene nessuna. Lui riesce a parlare, in qualche suo modo, anche le lingue che non sa. Lui ha un grande senso dell'orientamento; io nessuno. Nelle città straniere, dopo un giorno, lui si muove leggero come una farfalla. Io mi spedo nella mia propria città; devo chiedere indicazioni per ritornare alla mia propria casa.

(da N. Ginzburg, *Lui e io*)

**Elementi della comparazione**

**Indicatori temporali e spaziali**

#### Studio attivo

 Oltre agi indicatori spaziali e temporali, quali altri tratti caratterizzanti della descrizione si trovano in questo testo?

## 2.3 Sensorialità

Si ha quando la descrizione è costruita e guidata dalle **percezioni sensoriali**, che possono essere non solo visive ma anche tattili, uditive oppure olfattive e gustative.

### Testo esempio 3

Il vino si presenta limpido, di un rosso rubino particolarmente intenso con accenni violacei nel centro del bicchiere [...] L'olfatto è intenso e ci sottolinea subito la presenza dell'alcol; successivamente si apre un complesso ventaglio di sentori fruttati di frutta rossa come la ciliegia e la prugna con qualche accenno di mirtillo. Seguono sentori speziati molto discreti di pepe verde, vaniglia e liquerizia, poggiati su profumati accenni, molto particolari, di arachidi tostate. Chiude con un sentore minerale di terra bagnata.

(da www.armandotesta.it)

**Percezioni sensoriali**

#### Studio attivo

 Quali tratti caratterizzanti della descrizione sono presenti in questo testo?

## 2.4 Selezione

Selezionando accuratamente le informazioni da proporre si cerca di indurre il lettore a una **reazione particolare**, per raggiungere un particolare effetto narrativo (per esempio in un **romanzo** o in un **racconto**) o per convincerlo a valutare positivamente o negativamente l'oggetto descritto. Il principio della selezione è in genere seguito nelle **descrizioni pubblicitarie**, che si concentrano solo sugli aspetti che possono influenzare favorevolmente il lettore, utilizzando spesso uno stile evocativo e ricco di similitudini e metafore.

### Testo esempio 4

Atolli che sembrano anelli adagiati nel mare cristallino, dalle acque calde e generose, ricche di vita; coni vulcanici dai fianchi aspri che scivolano nel mare, coronati da spiagge che si spiegano delicatamente, bianchi nastri che separano la terra dal mare; [...]

(da www.agenziaviaggipalermo.it)

**Uso di similitudini e metafore**
**Selezione di elementi**
**Aggettivi qualificativi**
**Verbi al presente**

#### Studio attivo

 Trasforma questo testo in una descrizione il più possibile oggettiva.

67

# 2 Scrivere con metodo
UNITÀ DI LAVORO 9 La descrizione

## Laboratorio

### Attivare un metodo

**1** didattica inclusiva – dsa – modifica del testo  Rileggi il TESTO ESEMPIO 1. Trasforma la descrizione oggettiva in una descrizione soggettiva, aggiungendo degli aggettivi qualificativi dove ti sembra opportuno.

**2** didattica inclusiva – italiano L2 – modifica del testo  Rileggi il TESTO ESEMPIO 2 e modificane il tempo, da presente indicativo a imperfetto indicativo.

**3** riscrittura  Leggi questo testo: è la descrizione oggettiva di un esercizio di preparazione atletica; trasformala in una descrizione soggettiva, mantenendo il tempo presente e utilizzando metafore e similitudini per esprimere le tue sensazioni.

> Il portiere ha un pallone tra le mani, al segnale del preparatore lo lancia in alto sopra la testa e nello stesso momento blocca un altro pallone calciato dal preparatore, glielo restituisce e intanto cerca di intercettare in presa alta con stacco il pallone precedentemente lanciato sopra la testa.

**4** scrittura in apprendimento cooperativo  Insieme a uno o due compagni, elabora un testo che descriva questo dipinto. Il principio di organizzazione delle informazioni deve essere l'ordine logico e la visione deve essere oggettiva. Il vostro testo deve contenere da un minimo di 90 a un massimo di 180 parole.

J. Mirò, *Cavallo pipa e fiore rosso*, 1920.

**5** riscrittura individuale  Rileggi il testo elaborato in gruppo nell'esercizio 4 e riscrivilo cambiando l'ordine (da logico a spaziale) e la focalizzazione (da una visione oggettiva a una visione soggettiva).

**6** compito di realtà  Collabori alla realizzazione di una guida turistica. Ti hanno incaricato di descrivere una città europea che hai visitato. L'obiettivo del tuo testo è quello di suscitare nel lettore il desiderio di partire per quella città. In base allo spazio che ti è stato assegnato, il tuo testo deve contenere da un minimo di 200 a un massimo di 300 parole.

## Autovalutarsi

**1** Leggi le brevi descrizioni che seguono e distingui: 1) se sono condotte in modo oggettivo o soggettivo; 2) qual è il criterio di organizzazione.

▶ a  È una famiglia di quattro persone: i genitori hanno entrambi 32 anni, i figli 4 e 2 anni. Dal più grande al più piccolo, sono tutti bruni.

☐ oggettivo  ☐ soggettivo  ☐ ordine
☐ comparazione  ☐ sensorialità  ☐ selezione

▶ b  Una famiglia di quattro scatenati, maleducati e antipatici. Da evitare.

☐ oggettivo  ☐ soggettivo  ☐ ordine
☐ comparazione  ☐ sensorialità  ☐ selezione

▶ c  I figli assomigliano alla madre quand'era bambina: hanno lo stesso sorriso e la stessa vivacità. Il padre aveva un temperamento più tranquillo e introverso.

☐ oggettivo  ☐ soggettivo  ☐ ordine
☐ comparazione  ☐ sensorialità  ☐ selezione

▶ d  Quando ridono e parlano tutti insieme devo tapparmi le orecchie o scappare nell'altra stanza: il volume mi stordisce, gli acuti delle risate mi irritano, non riesco ad ascoltare i miei stessi pensieri.

☐ oggettivo  ☐ soggettivo  ☐ ordine
☐ comparazione  ☐ sensorialità  ☐ selezione

**2** Sottolinea tutte le parti relative alla descrizione fisica e psicologica del personaggio principale.

Anni fa, prima che tanti treni su linee secondarie venissero soppressi, una donna dalla fronte alta e lentigginosa e una matassa crespa di capelli rossi, si presentò in stazione per informarsi riguardo alla spedizione di certi mobili. L'impiegato faceva sempre un po' lo spiritoso con le donne, specie con quelle bruttine, che sembravano apprezzare.
– Mobili? – disse, come se nessuno avesse mai avuto prima un'idea simile.
Dunque, vediamo. Di che genere di mobili stiamo parlando? Un tavolo da pranzo con sei sedie. Una camera da letto completa, un divano, un tavolo basso, alcuni tavolini, una lampada a stelo. E anche una cristalliera e una credenza.
– Accidenti. Una casa intera.
– Non direi proprio, – ribatté lei. – Mancano le cose di cucina e ci sono mobili per una sola camera da letto.
Aveva tutti i denti ammucchiati davanti, come se fossero pronti a litigare.
– Le servirà il furgone, – fece lui.
– No, voglio spedirli per ferrovia. Vanno a ovest, nel Saskatchewan.
Gli si rivolgeva a voce alta, come se fosse sordo o scemo, e c'era qualcosa di strano nel modo in cui pronunciava le parole. Un accento. Olandese, pensò lui – c'era parecchio movimento di olandesi in quella zona –, anche se, delle donne olandesi, a questa mancava la stazza o la bella carnagione rosea o i capelli biondi. Poteva essere sotto i quaranta, ma che importanza aveva? Miss bellezza non doveva esserlo stata mai.

(da A. Munro, *Nemico amico amante*)

# 2 Scrivere con metodo
**UNITÀ DI LAVORO 9** — La descrizione

## Laboratorio

**3** Sottolinea le espressioni che appartengono al registro ironico e informale e quelle che non hanno a che fare con la descrizione del software.

Time Machine è un'applicazione Apple che consente di fare il backup dei dati di tutto il sistema operativo del proprio Mac, e quindi conservare una copia precisa di tutto quello che è contenuto sul computer.

Il nome Time Machine è dato dalla particolarità di questa applicazione che permette di tornare indietro nel tempo per recuperare i contenuti, in qualsiasi momento.

Arriverà, quasi sicuramente, il momento in cui dovrete recuperare qualche file perso o il vostro hardisk sarà sul punto di dirvi addio. Questo post vi aiuterà ad arrivare preparati al fatidico momento.

Per attivare la "macchina del tempo" avete innanzitutto bisogno di un hardisk esterno che dovrà essere collegato al vostro Mac.

Quando collegherete per la prima volta il vostro hardisk esterno al computer, vi apparirà una finestra che vi chiederà se volete che quello diventi il vostro disco di backup per Time Machine.

Scegliete il disco e spostate la levetta che vi apparirà sulla posizione ON. In pochi minuti il vostro backup partirà.

Vi ricordo che il primo backup ha una durata maggiore rispetto a tutti quelli successivi, perché si dovrà occupare di salvare tutto il sistema operativo, mentre successivamente si occuperà solo di aggiornare le piccole modifiche che avrete apportato ai vostri documenti.[…]

TM cancellerà automaticamente i dati più vecchi quando sul vostro disco di backup non ci sarà spazio libero sufficiente.

Adesso che avete appreso tutti i segreti di una delle applicazioni più utili presenti sul Mac, non avete più scuse al riguardo. Sperando che questo post sia stato utile a qualcuna, e nel caso aveste voglia di qualche How-to specifico riguardo il sistema operativo Os, sono a vostra completa disposizione. Lasciate nei commenti le vostre segnalazioni, grazie!

(da www.girlgeeklife.com, 15 aprile 2011)

**4** Sottolinea le metafore e le espressioni evocative che non hanno a che fare con la descrizione oggettiva del luogo e delle sue caratteristiche geografiche e culturali.

Una perla che affiora dalle limpide e meravigliose acque del Mediterraneo: Pantelleria è un'isola di origine vulcanica posta fra la Sicilia e l'Africa, un gioiello incantevole in grado di affascinare ogni visitatore per la straordinaria bellezza dei suoi paesaggi e la peculiarità delle sue tradizioni.

Ubicata a soli 50 Km dalla costa africana e a circa 70 Km da quella siciliana, l'Isola di Pantelleria è nota anche come la Perla Nera del Mediterraneo per via della pietra lavica: costituisce infatti la parte emersa di un edificio vulcanico i cui ultimi eventi eruttivi risalgono a circa 9000 anni fa mentre gli ultimi eventi sismici rilevanti sono datati alla fine del 1800.

(da www.viverepantelleria.it, 18 maggio 2011)

**UNITÀ DI LAVORO 10**

# La narrazione

**OBIETTIVI**

- Imparare a riconoscere (nella lettura) i tratti fondamentali di un testo narrativo
- Imparare a distinguere (nella lettura) e a gestire (nella scrittura) un narratore interno e un narratore esterno
- Imparare a distinguere (nella lettura) e a gestire (nella scrittura) un ordine naturale e un ordine artificiale della narrazione
- Migliorare le competenze testuali: consolidare le competenze di scrittura e lettura di un testo narrativo

## 1 Che cos'è una narrazione

Una narrazione è il racconto di un fatto (o una successione di fatti) **reale** o **immaginario** che si svolge in uno **spazio** e in un **tempo** determinati.

La narrazione è una delle attività più antiche dell'uomo e una componente fondamentale della comunicazione scritta e orale, pubblica e privata.

Proprio perché si tratta di un'attività fondamentale dell'uomo, la **funzione narrativa** è dominante in un'**ampia gamma di testi**, tra i quali:

– cronache e corrispondenze giornalistiche;
– diari;
– autobiografie;
– biografie;

## 2 Scrivere con metodo
**UNITÀ DI LAVORO 10** La narrazione

– fiabe;
– racconti;
– romanzi;
– poemi;
– alcuni tipi di curricula, relazioni e report di lavoro.

## 2 Come è fatta una narrazione

Un testo in cui domina la funzione narrativa si riconosce per alcuni **tratti caratterizzanti**:
– la presenza di **indicatori temporali** , come le date, a volte gli orari (per esempio in un diario, in un curriculum, in una cronaca giornalistica) e i connettivi con valore temporale (*poi, a un certo punto, prima di, non appena, all'alba, il giorno seguente, due anni dopo* ecc.);
– la presenza di **verbi di azione** , come *fare, andare, parlare* ecc.
– la presenza di **indicatori spaziali** , come *a Parigi, in una piazza, in una casa di campagna, in treno* ecc.

La sua struttura varia in base agli aspetti che l'autore vuole mettere in evidenza e agli scopi che vuole ottenere. Due elementi fondamentali della struttura che possono variare sono la posizione del **narratore** rispetto alla vicenda narrata e l'**ordine** della narrazione.

Rispetto alla vicenda che viene raccontata il **narratore** può essere interno o esterno:
● il narratore è **interno** se la vicenda è raccontata **in prima persona** dal protagonista o da un altro personaggio;
● il narratore è **esterno** se la vicenda è raccontata **in terza persona** da un osservatore estraneo ai fatti.

L'**ordine** della narrazione può essere:
● **naturale** , se **coincide** con l'effettiva **successione cronologica** dei fatti:
● **artificiale** , se **non coincide** con la **successione cronologica**, ma la altera per suscitare la curiosità del lettore o per mettere maggiormente in rilievo determinati momenti della vicenda.

Un ordine artificiale può presentarsi in diversi modi:
– può procedere a ritroso, cominciando dalla **fine** e risalendo all'inizio della vicenda;
– può cominciare nel bel **mezzo** della vicenda (in medias res) e raccontare solo successivamente l'inizio;
– può cominciare dall'**inizio** per procedere in modo **non lineare**, contenere cioè dei salti all'**indietro**, nei quali si raccontano fatti avvenuti in precedenza (**analessi**), e/o dei salti in **avanti**, in cui si anticipano eventi successivi (**prolessi**).

Le scelte linguistiche e stilistiche di un testo in cui domina la funzione narrativa variano, anche moltissimo, in base ai diversi scopi comunicativi che si pone l'autore.

### Testo esempio

**L'uso della terza persona indica che il narratore è esterno**

**La prolessi (anticipazione del futuro) indica che l'ordine è artificiale**

Nato a Torino nel 1917, Armando Testa frequenta la Scuola Tipografica Vigliardi Paravia, dove Ezio D'Errico, pittore astratto, gli fa conoscere l'arte contemporanea, a cui guarderà sempre con grande interesse . Nel 1937, a vent'anni, vince il suo primo concorso per la realizzazione di un manifesto, un disegno geometrico ideato per la casa di colori tipografici ICI. Dopo la guerra lavora per importanti case come

**Indicatori spaziali e temporali**

**Verbi d'azione**

72 LA SCRITTURA

Martini & Rossi, Carpano, Borsalino e Pirelli. Lavora anche come illustratore per l'editoria e crea un piccolo studio di grafica. Nel 1956 apre lo Studio Testa dedicato alla pubblicità non solo grafica ma anche televisiva, che nasce proprio in quegli anni in Italia. Alcune delle aziende che si servono dello Studio Testa diventano ben presto leader di settore: Lavazza, Olio Sasso, Carpano, Simmenthal, Lines. Vince nel 1958 un concorso nazionale per il manifesto ufficiale delle Olimpiadi di Roma del 1960. Rifiutata in un secondo tempo l'immagine proposta da Testa e indetto un secondo concorso nel 1959, vince anche questo.

(da www.armandotesta.it)

### Studio attivo

- Elenca gli indicatori spaziali.
- A quale fra i generi elencati nel paragrafo precedente appartiene questo testo?

# Laboratorio

## Attivare un metodo

**1 didattica inclusiva - dsa** Completa questo testo narrativo inserendo nel posto giusto ciascuna delle parole dell'elenco. Attenzione: l'elenco contiene sette parole, una delle quali è una "intrusa", che non appartiene a questo testo.

*fino sempre quando poi partono arriva prima*

Gli azzurri ………… male nel primo set, restano staccati di 4-5 punti ………… a quando non decidono di alzare il livello del loro gioco: funziona, perché ………… il pareggio. Si va ai vantaggi, con gli Usa ………… a condurre. Ma ………… l'Italia mette per la prima volta la testa avanti, non perde l'attimo. E chiude sul 30-28 in 34 minuti. Il secondo set è uguale e purtroppo per l'Italia contrario. Gli azzurri conducono in tranquillità fino al 21-18. Solo che ………… non si capisce cosa succede: gli Usa pareggiano e quello che succede nel finale dice tutto.

(da T. Pellizzari, *Capolavoro (e sofferenza) Italia*, www.corriere.it, 19 agosto 2016)

**2 didattica inclusiva – italiano l2** Rileggi il testo su Armando Testa (TESTO ESEMPIO, p. 72). I verbi sono tutti al tempo presente ("frequenta", "vince", "lavora" ecc.). Riscrivi il testo cambiando il tempo verbale da presente a passato.

**3 manipolazione testuale** Rileggi il testo su Armando Testa (TESTO ESEMPIO, p. 72). Il narratore è esterno. E se fosse interno? Scrivi una nuova versione del testo con un narratore interno, che usi la prima persona. Scegli una delle seguenti possibilità: 1. narratore interno protagonista (lo stesso Armando Testa); 2. narratore interno testimone (un personaggio diverso dal protagonista).

# 2 Scrivere con metodo
**UNITÀ DI LAVORO 10** La narrazione

## Laboratorio

**4 scrittura in apprendimento cooperativo** Insieme a uno o due compagni, racconta un'esperienza didattica (una lezione, un esperimento di laboratorio, una ricerca di gruppo, un allenamento sportivo o altro) con narratore interno e ordine artificiale. Il vostro testo deve contenere un minimo di 80 e un massimo di 150 parole.

**5 riscrittura individuale** Rileggi il testo elaborato in gruppo nell'esercizio 4 e riscrivilo cambiando la posizione del narratore (da interno a esterno) e l'ordine della narrazione (da artificiale a naturale). Anche questo testo deve contenere un minimo di 80 e un massimo di 150 parole.

**6 compito di realtà** Immagina di essere un giornalista sportivo. In questo momento, per il giornale in cui lavori, sei il corrispondente da Rio de Janeiro, dove si svolgono i Giochi olimpici. Scrivi la cronaca di una finale (puoi basarti su un video dell'evento). In base allo spazio che ti è stato assegnato nella pagina del giornale, il tuo articolo deve contenere un massimo di 200 parole.

## Autovalutarsi

**1** Sottolinea tutti gli indicatori temporali presenti in questi testi.

▶ a   Anche l'8 settembre non mi trovavo in città. Appena rientrata corsi con la bicicletta a cercare Ada e Paolo.
Mi avevano lasciato detto di raggiungerli sulla "strada vecchia" di Borgo.
Li vidi a una svolta della strada campestre tra le siepi di more, nella luce già tenera autunnale, con la bambina per la mano. Intanto che smontavo dalla bicicletta fummo raggiunti da un gruppo di sbandati: stanchi, dal passo pesante strascicato. Passarono oltre, muti, superbi come colpevoli. Poco dopo vedemmo un altro soldato, seduto sul ciglio della strada, ripiegato su se stesso.
(da L. Romano, *Tetto murato*)

▶ b   Rebeca Buendía si alzava tutte le mattine alle tre da quando aveva saputo che Aureliano sarebbe stato fucilato. Restava nella sua stanza al buio, spiando dalla finestra socchiusa il muro del cimitero, mentre il letto su cui era seduta tremava per i ronfi di José Arcadio. Attese per tutta la settimana con la stessa ostinazione recondita con la quale in altra epoca aspettava le lettere di Pietro Crespi.
(da G. García Márquez, *Cent'anni di solitudine*)

▶ c   Era una bella mattina di fine novembre. Nella notte aveva nevicato un poco, ma il terreno era coperto di un velo fresco non più alto di tre dita. Al buio, subito dopo laudi, avevamo ascoltato la messa in un villaggio a valle. Poi ci eravamo messi in viaggio verso le montagne, allo spuntar del sole.
(da U. Eco, *Il nome della rosa*)

▶ d   Il 18 aprile del 1948, nel sonno dell'alba, Calogero Schirò vide Stalin. Era un sogno dentro un sogno, Calogero stava sognando un gran mucchio di schede elettorali, ne aveva firmate un migliaio la sera prima poiché il partito lo aveva designato scrutinatore; vedeva tutte quelle schede e a un certo punto sulle schede una mano pesante che usciva dalla manica di una giubba militare di quelle all'antica.
(da L. Sciascia, *Gli zii di Sicilia*)

**2** Nei testi dell'esercizio precedente riconosci: 1) la posizione del narratore; 2) l'ordine della narrazione.

|   | narratore interno | narratore esterno | ordine naturale | ordine artificiale |
|---|---|---|---|---|
| ▶ a | ☐ | ☐ | ☐ | ☐ |
| ▶ b | ☐ | ☐ | ☐ | ☐ |
| ▶ c | ☐ | ☐ | ☐ | ☐ |
| ▶ d | ☐ | ☐ | ☐ | ☐ |

74  LA SCRITTURA

**UNITÀ DI LAVORO 11**

# L'informazione

**OBIETTIVI**

- Imparare a usare (nella scrittura) e a riconoscere (nella lettura) i diversi criteri con cui è possibile costruire un testo informativo
- Imparare a usare (nella scrittura) e a riconoscere (nella lettura) la sintassi e il lessico più adeguati a un testo informativo
- Imparare a distinguere i dati e i fatti oggettivi dalle opinioni personali
- Migliorare le competenze testuali: consolidare le competenze di scrittura e lettura di un testo informativo

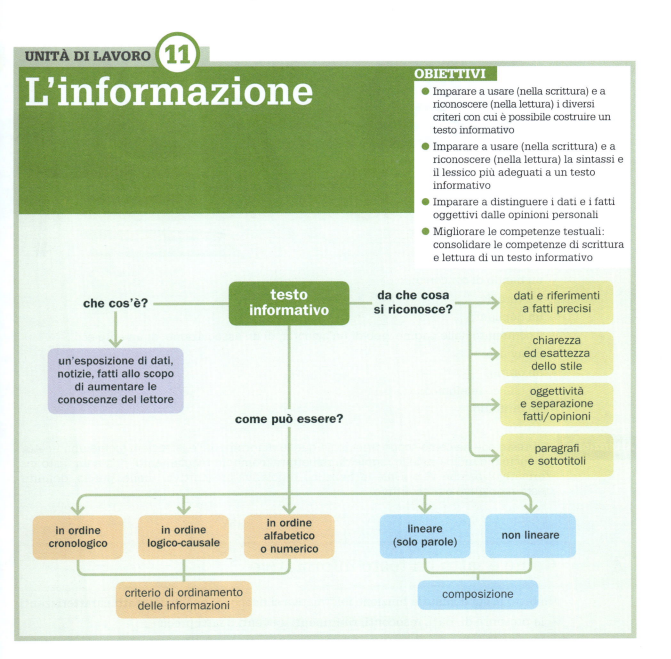

## 1 Che cos'è un testo informativo

Il testo a prevalente funzione informativa (o espositiva) è una delle forme di comunicazione più tipiche del nostro tempo. È un testo che ha come scopo principale quello di **informare il lettore**, cioè arricchire le sue conoscenze su un determinato argomento, fornendogli in maniera chiara e ordinata notizie, dati, resoconti.

Può essere considerata di tipo informativo un'ampia varietà di testi:

— la voce di un'enciclopedia (cartacea o digitale);
— un manuale;
— uno scritto che divulga i risultati di un esperimento o di una ricerca;
— un articolo di giornale (cartaceo o digitale);

# 2 Scrivere con metodo
**UNITÀ DI LAVORO 11** L'informazione

- un bando di concorso;
- un verbale;
- un dépliant;
- il contenuto delle pagine web di un'azienda, di un'associazione, di un ente ecc.;
- un avviso;
- un orario;
- un elenco telefonico;
- un tariffario.

**Attenzione** Un testo che ha come scopo principale quello di fornire delle istruzioni (come una ricetta di cucina) o indicare delle regole da rispettare (come un regolamento) non è un testo informativo, perché vi prevale la funzione regolativa-prescrittiva: viene, perciò, definito testo regolativo o prescrittivo.

## 2 Come è fatto un testo informativo

Un testo in cui domina la funzione informativa si riconosce per alcuni **tratti caratterizzanti**:
- la presenza di **dati, resoconti, riferimenti a eventi o fatti precisi**;
- l'**oggettività** con cui presenta **dati e notizie nella loro realtà di fatto**, cioè **non alterati dalle opinioni di chi scrive** (**fatti e opinioni** devono essere **separati**);
- lo **stile** improntato alla **chiarezza** e all'**esattezza**, con **periodi brevi** e un **lessico preciso**;
- nel caso di testi un po' più lunghi, la **suddivisione in brevi paragrafi** e la presenza di **sottotitoli e titoletti riassuntivi** che agevolano e velocizzano la comprensione.

La struttura di un testo a prevalente funzione informativa può variare anche molto. Ci sono, in particolare, due aspetti da tenere presenti:
- il **criterio con il quale sono ordinate le informazioni**, che può essere di tipo **cronologico**, **logico-causale** (evidenziando nessi causa-effetto), oppure **alfabetico** o **numerico**;
- la **composizione**, che può essere di sole parole o associare anche elementi di altro tipo: infatti un testo informativo può essere **lineare** (composto di **sole parole** organizzate in maniera discorsiva) o **non lineare** (comprendente cioè, oltre alle **parole, immagini, tabelle, grafici, disegni**).

## Testo esempio

### Questi erano i suoni e i rumori della Parigi di trecento anni fa

*Un'équipe di studiosi ha ricreato in laboratorio il panorama sonoro del XVIII secolo, ricostruendo un mondo perduto. Nota bene: era comunque un grande baccano.*

> **sottotitolo che indica subito la notizia principale**

Ora lo si può dimostrare: nel diciottesimo secolo a Parigi c'era un gran baccano. Non che adesso sia meglio, ma anche in passato i rumori e i suoni della capitale francese erano elevati. La scoperta, cioè la ricostruzione, è opera di Myléne Pardoen, musicologa che, con l'aiuto di scienziati ed esperti di varie discipline (storia, sociologia, rappresentazione 3d) ha ridato vita all'ambiente sonoro della zona di Grand Châtelet del 1739. Perché proprio lì? È un'area rappresentativa delle sonorità del periodo: c'erano i mercanti, gli artigiani, i passanti. Perché proprio quell'anno? Luigi XIV aveva chiesto una nuova mappatura della città, che fu molto dettagliata (ed è tutt'oggi utilizzata per ricostruire la storia architettonica della città). E allora come suonava, tanti anni fa, una giornata a Parigi? Più o meno così:

(http://www.youtube.com/watch?v=YP_1eHeyo4)

L'avvertenza è fondamentale: alcuni potrebbero pensare che i suoni siano stati ricreati al computer. Non è così, si premurano di sottolineare i ricercatori. Solo il suono della pompa di Notre Dame lo è: ma – rassicurano – anche quello è basato sul suono di una pompa reale.

(www.linkiesta, 12 ottobre 2016)

> **organizzazione del testo secondo un crtierio logico-causale**

> **composizione non lineare**

> **dati precisi**

> **separazione tra fatti e opinioni**

## Studio attivo

■ In quanti paragrafi si può dividere questo testo? Attribuisci a ciascun paragrafo un sottotitolo riassuntivo.

■ Facendo riferimento all'elenco presente nel paragrafo 1 come potresti definire questo testo?

## in sintesi

### Consigli per scrivere un testo informativo efficace

☺ Usare una sintassi lineare, con periodi brevi e ben connessi logicamente tra loro.

☺ Scegliere termini esatti e appropriati.

☺ Puntare all'oggettività e alla separazione tra dati, notizie, fatti effettivi, da un lato, e opinioni personali, dall'altro.

☺ Rielaborare i dati contenuti nelle fonti in maniera fedele e comprensibile per chi legge, facendo ben attenzione alla rete dei collegamenti tra i dati attinti a fonti diverse.

☹ Evitare l'uso di una sintassi troppo elaborata, con periodi lunghi e faticosi.

☹ Evitare la scelta di termini generici e ambigui o, al contrario, troppo tecnici e poco chiari.

☹ Evitare l'alterazione, anche involontaria, di dati, notizie, fatti, sulla base di opinioni personali.

☹ Evitare che i dati contenuti nelle fonti vengano ricomposti in maniera arbitraria e scoordinata, senza fare attenzione alla rete dei collegamenti tra i dati attinti a diverse fonti.

## 2 Scrivere con metodo
UNITÀ DI LAVORO **11** L'informazione

# Laboratorio

## Attivare un metodo

**1** **didattica inclusiva – dsa completamento** Completa questo testo informativo inserendo nel posto giusto ciascuna delle parole dell'elenco. Attenzione: l'elenco contiene sette parole, una delle quali è una "intrusa", che non appartiene a questo testo.

epicentro / scossa / segnalazioni / centrale / conflitto / sisma / confine

Tanta paura ma nessun danno a persone e cose nel Salento, dove intorno alle 22.15 di sabato 15 ottobre è stata avvertita la (..............) di terremoto di magnitudo 5.2 con (..............) nella zona di Ioannina, in Grecia, non distante dal (..............) con l'Albania. Il (..............) è avvenuto a circa 20 chilometri di profondità ed è stato avvertito in tutta la Puglia, in particolare nella provincia di Lecce.
Numerose telefonate di gente allarmata sono giunte alla (..............) operativa dei vigili del fuoco. Immediatamente dopo sono state disposte una serie di verifiche che non hanno fatto registrare emergenze. Tante persone si sono riversate in strada. (..............) sono giunte, in particolare, da Nardò, Lecce, Gallipoli, Maglie, San Cesario di Lecce e Alezio.

(www.repubblica.it, 16 ottobre 2016)

**2** **didattica inclusiva – italiano L2 – modifica del testo** Rileggi il TESTO ESEMPIO a p. 77 e modificalo: sostituisci le parole e le espressioni sottolineate con altre che hanno lo stesso significato.

Ora lo si può dimostrare: nel diciottesimo secolo a Parigi c'era un gran baccano. Non che adesso sia meglio, ma anche in passato i rumori e i suoni della capitale francese erano elevati. La scoperta, cioè la ricostruzione, è opera di Myléne Pardoen, musicologa che, con l'aiuto di scienziati ed esperti di varie discipline (storia, sociologia, rappresentazione 3d) ha ridato vita all'ambiente sonoro della zona di Grand Châtelet del 1739.
Perché proprio lì? È un'area rappresentativa delle sonorità del periodo: c'erano i mercanti, gli artigiani, i passanti. Perché proprio quell'anno? Luigi XIV aveva chiesto una nuova mappatura della città, che fu molto dettagliata (ed è tutt'oggi utilizzata per ricostruire la storia architettonica della città). E allora come suonava, tanti anni fa, una giornata a Parigi? Più o meno così:

https://www.youtube.com/watch?v=YP_1eHeyo4

L'avvertenza è fondamentale: alcuni potrebbero pensare che i suoni siano stati ricreati al computer. Non è così, si premurano di sottolineare i ricercatori. Solo il suono della pompa di Notre Dame lo è: ma – rassicurano – anche quello è basato sul suono di una pompa reale.

**3** **riscrittura** Leggi questo testo: è un testo lineare, cioè è composto di sole parole. Scrivi una nuova versione inserendo, insieme alle parole, altri elementi (come tabelle, grafici, immagini ecc.), ovvero trasformandolo in un testo non lineare.

Il gap tra le imposte che dovrebbero essere versate e quelle effettivamente pagate si attesta in Italia a quota 108,7 miliardi di euro in media d'anno: 98,3 miliardi dovuti ai principali tributi, 10,4 ai contributi.
È quanto emerge dagli ultimi dati pubblicati sulla «Relazione sull'economia non osservata e sull'evasione fiscale e contributiva», allegata al Def e depositata in Parlamento. Dal documento, riferito agli anni 2010-2014, emerge che la «propensione al gap» è altissima per l'Irpef del lavoro autonomo e d'impresa: al 59,5%.L'Iva risulta l'imposta più evasa: il «tax gap» medio si attesta in Italia a 39,9 miliardi tra 2012-2013, ma sale a 40,2 miliardi nel 2014. Segue l'Irpef che vale complessivamente 31 miliardi. Ma di questi 27,2 miliardi, che salgono 30,7 miliardi nel 2014, sono relativi al solo Irpef del lavoro autonomo e d'impresa. Gli erro-

**78** LA SCRITTURA

ri fatti ma anche le tasse dichiarate ma poi non versate ammontano complessivamente a 12,4 miliardi per le principali imposte (Irpef, Ires, Iva e Irap). La stima non tiene conto delle altre imposte (come l'Imu) e i contributi. Questa quota vale in media 1,5 miliardi nell'Irpef dei lavoratori autonomi, 1,3 miliardi nell'Ires, 8,0 miliardi nell'Iva e 1,6 miliardi nell'Irap.

(www.lastampa.it, 16 ottobre 2016)

**4** **scrittura in apprendimento cooperativo** Insieme a uno o due compagni, elabora un testo lineare che deve informare i lettori sulle più recenti novità in campo musicale. Il criterio di ordinamento delle informazioni deve essere di tipo cronologico. Il vostro testo deve contenere un minimo di 90 e un massimo di 180 parole.

**5** **riscrittura individuale** Rileggi il testo elaborato in gruppo nell'esercizio 4 e riscrivilo cambiando la composizione (da lineare a non lineare) e l'ordine delle informazioni (da cronologico ad alfabetico).

**6** **Compito di realtà** Collabori alla realizzazione di un'enciclopedia. Ti hanno incaricato di scrivere la voce "infanzia". In base allo spazio che ti è stato assegnato, il tuo testo deve contenere un massimo di 300 parole.

## Autovalutazione e allenamento INVALSI

**1** Abbina ciascun testo (a, b, c) alla funzione che vi prevale, scegliendo tra informativa (1) e regolativa (2). Il terzo testo è un "intruso".

▶ a   Dal 15 aprile 2016 il modello 730 precompilato è a disposizione dei contribuenti sul sito dell'Agenzia delle Entrate (precisamente nel "cassetto fiscale" personalizzato cui si accede tramite richiesta di PIN). Come nel 2015, i dati già caricati sul modello dovranno essere verificati ed eventualmente integrati o modificati prima della conferma e del successivo invio. Il contribuente può scaricare e spedire autonomamente il modello assumendosi la piena responsabilità di quanto dichiarato, oppure può rivolgersi a un CAF o a un intermediario abilitato per farsi assistere nella compilazione, delegando così la responsabilità al CAF/intermediario stesso.
Il termine ultimo per la consegna del 730/2016 è il 22 luglio.

▶ b   Sono soprattutto gli stranieri a chiedere aiuto ai Centri di Ascolto della Caritas, ma per la prima volta, nel 2015, al Sud la percentuale degli italiani ha superato quella degli immigrati. È una delle novità del Rapporto 2016 della Caritas sulla povertà. Se a livello nazionale il peso degli stranieri continua a essere maggioritario (57,2%), nel Mezzogiorno gli italiani hanno fatto il sorpasso e sono al 66,6%.

▶ c   DIECI anni. Eppure, è come se fosse accaduto stamane. Ci sono cose a cui non ci si abitua. Mai. Una di queste è la scorta. Dieci anni fa ricevetti una telefonata dall'allora maggiore dei carabinieri Ciro La Volla. Non dimenticherò mai le sue parole. Cercava di non spaventarmi, cercava di dare una comunicazione tecnica, ma lui stesso aveva la voce preoccupata: mi avvertiva che sarei stato messo sotto protezione. Quando vennero a prendermi, chiesi: "Ma per quanto?". E un maresciallo rispose: "Credo pochi giorni". Sono passati dieci anni.

Il testo **a** è tratto dal sito www.istruzioni730.it.
Il testo **b** è tratto da *Al Sud più italiani che stranieri nei centri Caritas*, www.lastampa.it, 17 ottobre 2016.
Il testo **c** è tratto da *Roberto Saviano racconta i suoi 10 anni sotto scorta*, www.repubblica.it, 17 ottobre 2016.

# 2 Scrivere con metodo

UNITÀ DI LAVORO **11** L'informazione

## Laboratorio

### 2a Dividi il testo in paragrafi.

Il sobborgo, 6 km a ovest del Rossio, fu uno dei punti di partenza delle caravelle portoghesi all'epoca delle grandi scoperte. La spedizione più famosa fu quella del grande esploratore Vasco da Gama che, imbarcatosi qui l'8 luglio 1497, dopo due anni di navigazione raggiunse l'India, inaugurando così una rotta che avrebbe modificato gli equilibri di potere a livello mondiale. Manuel I ordinò la costruzione di un monastero in memoria di Vasco da Gama e della sua scoperta di una rotta per l'India. La realizzazione del progetto richiese ingenti somme di denaro, in parte ricavate da una tassa del 5% applicata su tutti i guadagni derivanti dal commercio di spezie con le nuove colonie portoghesi dell'Africa e dell'Estremo Oriente. Il monastero era occupato dai monaci dell'ordine di San Gerolamo, il cui compito spirituale consisteva nel dare conforto e coraggio ai marinai, e naturalmente nel pregare per l'anima del sovrano. La facciata della chiesa è dominata dalla straordinario portale meridionale realizzato da João de Castilho, abbellito da sculture a tema religioso e secolare. Si entra attraverso il portale occidentale, disegnato dallo scultore francese Nicholas Chanterène e ora nascosto da un moderno corridoio di passaggio [...] Il cortile centrale del chiostro è un luogo estremamente tranquillo, anche quando è affollato. Nel vecchio refettorio, vicino al lato occidentale del chiostro, un pannello di azulejos illustra le pagine della Bibbia dedicate alla storia di san Giuseppe. Il monastero e la chiesa sono aperti dalle 10 alle 13 e dalle 14 alle 17.30 (fino alle 17 in inverno) tutti i giorni eccetto il lunedì e i giorni festivi. Sulla riva del fiume, a circa 1 km dal monastero, si trova una costruzione esagonale, che ricorda un po' le torri degli scacchi: è forse il monumento più fotografato del Portogallo ed è divenuta il simbolo di Lisbona e dell'epoca delle grandi scoperte. Manuel I ordinò di realizzare la torre come una fortezza per proteggere l'ingresso del porto di Lisbona. Progettata dai fratelli Arruda, è un sorprendente miscuglio di elementi gotici, bizantini e manuelini. L'orario di apertura e il costo dell'ingresso sono identici a quelli del monastero.

### 2b Assegna ora a ciascun paragrafo il titolo più adeguato.

**Paragrafo I**

- [A] Il sobborgo di Belém: punto di partenza per grandi scoperte
- [B] Le grandi scoperte geografiche portoghesi: Vasco da Gama
- [C] Vasco da Gama e gli equilibri di potere a livello mondiale

**Paragrafo II**

- [A] Il Monastero dos Jerònimos: conforto ai marinai e preghiere per il sovrano
- [B] Una tassa sui guadagni del commercio per la memoria di Vasco da Gama
- [C] Il Monastero dos Jerònimos: tranquillità e *azulejos*

**Paragrafo III**

- [A] La Torre di Belém: miscuglio di stili e simbolo di Lisbona
- [B] La Torre di Belém: una fortezza per proteggere il porto
- [C] La scelta di Manuel I: una fortezza in riva al fiume

### 2c Il testo è tratto da un manuale di storia. Vero o falso?

☐ Vero          ☐ Falso

LA SCRITTURA

**3** Riconosci la tipologia testuale a cui appartengono questi brevi testi.

▶ a   La resistenza fluidodinamica è quella forza che si oppone al movimento di un corpo in un fluido, in particolare in un liquido o un aeriforme. In riferimento al moto nei liquidi è anche indicata come resistenza idrodinamica, nel caso degli aeriformi come resistenza aerodinamica. Un corpo che si muove in un fluido scambia con il fluido stesso delle forze dovute alla viscosità di quest'ultimo. La resistenza è la componente della risultante di queste forze nella direzione del vettore velocità del corpo e nel verso contrario. L'entità della resistenza fluidodinamica dipende dalla natura del fluido e dalla velocità e forma geometrica del corpo.
La resistenza può essere divisa idealmente in varie componenti:
– resistenza parassita, a sua volta suddivisa in:
  • resistenza di attrito viscoso
  • resistenza di forma
– resistenza indotta
– resistenza d'onda

☐ Manuale didattico   ☐ Resoconto di un lavoro svolto   ☐ Voce di enciclopedia

▶ b   La velocità del nuotatore è il risultato di due forze: la resistenza, opposta dall'acqua che deve spostare o trascinarsi dietro, e la propulsione, che lo spinge in avanti ed è generata dalle contrazioni muscolari nelle braccia e nelle gambe [fig. 1.2]. Per aumentare la velocità il nuotatore deve ridurre la resistenza, aumentare la propulsione oppure combinare i due fattori. In sostanza, coloro che studiano la biomeccanica del nuoto sono alla ricerca dei movimenti che offrono la migliore idrodinamicità e cercano di aumentare la propulsione mediante allenamento della forza, della potenza o una migliore applicazione delle forze.

☐ Manuale didattico   ☐ Resoconto di un lavoro svolto   ☐ Voce di enciclopedia

▶ c   Il volume totale nuotato da Federica è stato di circa 2700 Km. Per la precisione sono stati registrati nel quaderno di Alberto 2667 km, ma un po' di metri sono stati nuotati nei periodi di ripresa senza essere stati annotati. La distanza è stata percorsa in circa 800 ore di lavoro nel corso di 46 settimane. Del totale, il 66% (circa 1800 km) è stato nuotato da Federica in modo completo mentre il 16% (circa 420 km) è stato percorso solo di gambe e il 18% (circa 480 km) solo di braccia. La maggior parte del lavoro è stata fatta presso il Centro federale di Verona, quindi in vasca da 25 metri, eccetto che durante i raduni collegiali. Ciò sino al mese di maggio nel quale la preparazione proseguiva in vasca grande. Il lavoro a secco, che non sarà oggetto di analisi in questa sede, è stato fatto tre volte alla settimana nel corso di sedute della durata di circa un'ora ciascuna.

☐ Manuale didattico   ☐ Resoconto di un lavoro svolto   ☐ Voce di enciclopedia

# 2 Scrivere con metodo

## UNITÀ DI LAVORO 12
# L'argomentazione

**OBIETTIVI**
- Acquisire consapevolezza dei tratti fondamentali di un testo argomentativo.
- Imparare a distinguere (nella lettura e nella scrittura) un testo argomentativo da altri tipi di testo persuasivo.
- Imparare a comprendere (nella lettura) e a sostenere (nella scrittura) un'argomentazione logica e solidamente fondata.
- Migliorare le competenze testuali: consolidare le competenze di scrittura e lettura di un testo argomentativo.

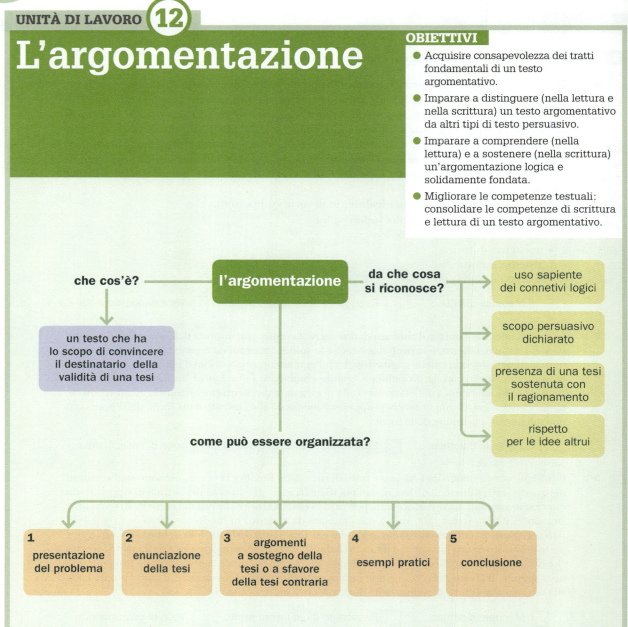

## 1 Che cos'è un testo argomentativo

Il testo a prevalente funzione argomentativa è un **testo che ha come scopo quello di convincere** il destinatario **della validità di una tesi** (un'idea di fondo, una proposta, una soluzione a un problema) **tramite un ragionamento logico**.

Comprendere e produrre un'argomentazione è fondamentale sia nella sfera pubblica che in quella privata: saper motivare le proprie scelte, sostenere le proprie ragioni, argomentare le proprie idee e comprendere le altrui rappresenta una competenza irrinunciabile nella vita e nel lavoro.

82 LA SCRITTURA

**Attenzione** Anche altri tipi di testo hanno un fine persuasivo, ma ricorrono a tecniche diverse. Ciò che distingue un testo argomentativo da un testo persuasivo di altro tipo (per esempio un messaggio pubblicitario o uno slogan elettorale) è che il fine è esplicitamente dichiarato e la tesi viene dimostrata con un ragionamento logico anziché attraverso suggestioni emotive.

Può essere considerata di tipo argomentativo un'ampia varietà di testi:
– un saggio;
– un articolo di fondo di un quotidiano;
– un discorso pubblico di un politico;
– un'arringa di un avvocato;
– una tesina;
– una tesi di laurea.

# 2 Come è fatto un testo argomentativo

Un testo argomentativo ben costruito deve essere **coeso**; deve perciò presentare un uso corretto e sapiente dei **connettivi logici** per segnalare i **punti di snodo del ragionamento**. Un testo argomentativo si riconosce per la presenza di alcuni tratti caratterizzanti:
– lo **scopo persuasivo** è esplicitamente **dichiarato**;
– è presente **una tesi da sostenere**;
– si ricorre, per sostenerla, ad **argomenti fondati** e alla **forza del ragionamento**;
– la tesi è sostenuta civilmente mediante una dialettica che, pur confutandole, **rispetta le idee altrui**.

Un testo argomentativo presenta una **struttura** piuttosto riconoscibile, seppure variabile, che può comprendere:
– una **presentazione** breve e chiara, a scopo informativo, del **problema** a cui è dedicato il testo;
– **l'enunciazione di una tesi**, che può essere collocata subito all'inizio o nel corso dell'argomentazione o addirittura alla fine, tirando le somme di quanto è stato detto;
– una serie di **argomenti a sostegno** della tesi, di diverso tipo a seconda della strategia argomentativa che è stata scelta:
  ▪ argomenti **logici**, che evidenziano i rapporti di causa/effetto;
  ▪ argomenti di **autorità**, che mettono in rilievo l'autorevolezza delle fonti (un istituto di ricerca, un esperto della materia ecc.);
  ▪ argomenti **pragmatici**, che puntano a mettere in rilievo i vantaggi concreti della soluzione proposta;
– il ricorso a **esempi pratici** per illustrare e sostenere l'argomentazione;
– l'enunciazione di una (o più) **tesi contraria** (**antitesi**) da confutare;
– una serie di **argomenti a sfavore** della tesi contraria;
– una **conclusione**, in cui si tirano le somme e si dimostra la ragionevolezza della tesi.

**Attenzione** Questo schema non si ritrova automaticamente in tutti i testi argomentativi, soggetti a originali variazioni secondo la personalità di chi scrive, la situazione in cui scrive e i destinatari a cui idealmente si rivolge: un'argomentazione, per essere persuasiva, dovrà adattarsi all'età, alla cultura, alle aspettative dei destinatari.

83

# 2 Scrivere con metodo
**UNITÀ DI LAVORO 12** L'argomentazione

## 3 Analisi di due testi argomentativi

### Testi esempio

#### TESTO A

### L'educazione fisica? Bocciamola

Gli italiani soffrono di una strana forma di schizofrenia: chiedono allo stato di erogare ogni sorta di servizi pubblici, lamentandosi se questi vengono tolti o negati, e al tempo stesso protestano contro un prelievo fiscale asfissiante ma inevitabile se quei servizi li deve fornire la pubblica amministrazione. Se poi, come spesso accade, i servizi richiesti sono forniti in modo inefficiente dal governo, ancor meno si capisce perché gli italiani vogliano a tutti i costi che sia questo, e non il mercato, a fornirli.

Facciamo un esempio concreto. Attualmente gli italiani pagano attraverso le tasse l'insegnamento dell'educazione fisica che i loro figli ricevono a scuola. Nel panorama vacillante dell'istruzione pubblica italiana, la ginnastica è forse uno degli ambiti più disastrati, soprattutto per le condizioni fatiscenti delle palestre e delle attrezzature di cui i nostri edifici scolastici sono dotati. Tanto è vero che, al pomeriggio, gli adolescenti italiani vengono iscritti dai loro genitori a ogni tipo di associazione sportiva privata che possa far fare a loro quell'esercizio fisico essenziale per la crescita, che la scuola pubblica, nella maggior parte dei casi, non è in grado di offrire al mattino. Quindi i genitori italiani pagano due volte per la ginnastica dei loro figli: allo stato al mattino, per un servizio inefficiente, e ai privati al pomeriggio per un servizio di qualità commisurata alle loro preferenze e possibilità.

Gli italiani non sembrano rendersi conto di questo e nemmeno realizzano che quanto essi pagano allo stato per un servizio inadeguato non è poco. Ci sono 33.830 insegnanti di educazione fisica nelle scuole medie inferiori e superiori italiane, la cui retribuzione lorda annua è di circa 29.071 euro (con 15 anni di anzianità). Gli studenti negli stessi ordini di scuola sono 4.218.953. Quindi ci sono circa 125 studenti per ogni insegnante. Se ipoteticamente il ministero dell'Istruzione togliesse la ginnastica dai programmi scolastici mandando a casa gli insegnanti di questa materia, si potrebbero restituire a ogni studente circa 233 euro ogni anno. Con questa somma si possono acquistare nel mercato privato attività sportive di qualità mediamente migliore di quella offerta dalla scuola pubblica e per almeno sei mesi se non di più (ad esempio, sei ore di basket alla settimana più le partite domenicali, inclusa divisa e magliette). Al tempo stesso una buona parte degli insegnanti di educazione fisica lasciati a casa dal ministero (almeno quelli bravi) potrebbe trovare lavoro nel mercato privato, dal momento che aumenterebbe la domanda pomeridiana di educazione fisica e attività sportiva per i giovani adolescenti. Ci sarebbe un problema di transizione e forse alcuni degli insegnanti meno capaci non troverebbero lavoro nel settore privato e avrebbero bisogno di un supporto assistenziale almeno in vista di una riconversione ad altri lavori. Ma se il problema è questo affrontiamolo direttamente con mezzi appropriati, non attraverso la finzione di un servizio pubblico inefficiente e inutilmente costoso per il contribuente.

La maggior parte degli italiani probabilmente reagirebbe con stupore a una proposta di questo tipo, partendo dal presupposto che sia un diritto inalienabile del cittadino ricevere un'educazione fisica adeguata da parte dello stato, e in particolare che tutti i cittadini, anche quelli poveri, debbano poter accedere a questo diritto. Ma se lo stato richiede a ognuno di noi una spesa rilevante per fornire un servizio che in realtà è ben lontano dall'essere adeguato (soprattutto per i poveri che non hanno alternative), non sarebbe meglio chiedere allo stato di farsi da parte rendendoci i

**84** LA SCRITTURA

soldi, in modo da consentirci di organizzare da soli quanto necessario per produrre il servizio? Del resto, così facciamo per altri servizi non meno importanti dell'educazione fisica: ad esempio, l'istruzione stradale per la guida di motociclette e automobili, attualmente fornita da imprese private a prezzi di mercato. Perché non chiediamo che questo tipo di istruzione venga fornita direttamente dallo stato mediante insegnanti pubblici pagati dalle nostre tasse? Forse perché le implicazioni ideologiche del codice della strada sono meno rilevanti ed è quindi accettabile che l'istruzione stradale venga impartita liberamente da privati? Ma se questo è il motivo, tutto sommato esso varrebbe anche per la ginnastica e forse per altri servizi attualmente pubblici.

Se invece il problema vero fosse quello dell'uguaglianza nell'accesso a beni ritenuti essenziali per tutti, lo si potrebbe risolvere meglio in altri modi, ad esempio tassando i ricchi per sussidiare i poveri con voucher per l'acquisto di quei beni, senza bisogno che sia lo stato a produrli in prima persona.

Non è facile capire in base a quale criterio gli italiani vogliano che alcuni servizi siano rigorosamente pubblici mentre altri possano invece essere acquistati e venduti nel mercato secondo le sue leggi. Ma sarebbe opportuno che gli italiani cominciassero a pensarci, per rendersi conto che forse, in molti casi, converrebbe contrattare con Tremonti un taglio nell'erogazione di qualche servizio pubblico in cambio di riduzioni contestuali e immediate del prelievo fiscale.

da Andrea Iachino, «Il Sole 24 Ore», 25 luglio 2010.

L'articolo si può dividere in diversi blocchi.

— Presentazione della tesi generale in forma problematica.

— **Affermazione generale**: Gli italiani vogliono a tutti i costi i servizi pubblici, salvo lamentarsi per il costo e la loro inefficienza. Non sarebbe allora meglio che fosse il mercato a fornirli?

— **Esempio argomentato** che sostiene l'affermazione generale e che funge da **tesi** specifica dell'articolo. **Tesi** ▶ L'educazione fisica a scuola serve a poco.

— **Argomentazione**:

- ■ **causa** ▶ attrezzature inadeguate;

- ■ **conseguenza** n. 1 ▶ i giovani si rivolgono a palestre private;

- ■ **conseguenza** n. 2 ▶ i genitori spendono due volte;

- ■ **conclusione** ▶ l'educazione fisica va abolita nella scuola;

- ■ **argomento a sostegno** della conclusione ▶ con i risparmi ottenuti lo Stato può pagare un bonus perché si fruisca di palestre private.

— **Antitesi**, anticipazione delle obiezioni:

- ■ l'educazione fisica è un diritto del cittadino;

- ■ tutti i cittadini, anche quelli poveri, devono poter accedere a questo diritto.

— **Confutazione** delle obiezioni:

- ■ se lo Stato ci richiede una spesa notevole per un servizio inadeguato, non sarebbe meglio che ci rendesse i soldi? Potremmo così rivolgerci al mercato;

- ■ per quanto riguarda il problema dell'uguaglianza, lo Stato potrebbe tassare i ricchi per sussidiare i poveri.

— **Conclusione**: si riallaccia alla premessa generale, invitando gli italiani a rendersi conto che sarebbero convenienti tagli ai servizi pubblici inefficienti in cambio di una riduzione delle tasse.

Il giornalista Gigi Garanzini risponde sulla stessa pagina del giornale confutando l'articolo del collega sopra riportato, di cui condivide il presupposto (l'educazione fisica, così com'è nella scuola, è inutile), ma non la conclusione. Ecco il testo.

**TESTO B**

### Ma io la difendo (se cambia)

Immagino che, dopo la lettura dell'articolo in alto, la popolarità del professor Ichino presso gli insegnanti di educazione fisica farà seriamente concorrenza a quella del ministro Brunetta tra gli statali. Scritto in lettere, trentatremilaottocentotrenta è un numero che fa ancora più impressione. E poiché la politica dei tagli nella scuola ha già mietuto abbastanza vittime, vediamo se ci sarebbe un modo di salvare questa benedetta ora di educazione fisica. Rinnovandola. Anzi, stravolgendola.

Così com'è non è soltanto inutile. È persino dannosa, dal punto di vista igienico. Si può anche supporre, senza troppe illusioni, che se l'ora di ginnastica è l'ultima, bambini e ragazzi poi corrano a casa a lavarsi. Ma tornare in classe sudati senza il piacere, anzi il dovere di una doccia è da sempre prima malsano e poi diseducativo.

Perché non provare a farla diventare un'ora di educazione insieme fisica e civica? Anziché traslocare nelle palestre che sappiamo, scolari e studenti restino al loro posto. Ad ascoltare una lezione in cui l'insegnante illustra, per esempio, i principi della ginnastica di base, di quella correttiva, gli esercizi che si possono fare in casa e quelli invece che è bene praticare all'aperto. Poi passa alle discipline sportive vere e proprie. Ne spiega le caratteristiche, si sofferma sulle qualità individuali che occorrono per praticarle, ne dettaglia le regole. Si serve di pubblicazioni, possibilmente di immagini, invita campioni e soprattutto ex-campioni dei vari sport a raccontare le loro esperienze, la loro carriera. Batte, soprattutto, il chiodo sul fatto che uno solo vince e tutti gli altri perdono. E che dunque, contrariamente ai messaggi che arrivano dalla tv e dal marketing, non è tanto a vincere che bisogna imparare, quanto a perdere. Perché questa è la prima, fondamentale lezione che lo sport può dare, propedeutica alla vita.

Va da sé che la lezione ai ragazzi di terza media sarà molto diversa da quella ai bambini di prima elementare. Più si sale con l'età e più l'ora di educazione fisica diventa di educazione civica: il concetto di disciplina, individuale e collettiva, la figura dell'allenatore, le scorciatoie da evitare, gli agguati dei talent-scout, il dramma del doping. Questa ora pubblica del mattino potrebbe diventare formativa rispetto a quella privata del pomeriggio. E in prospettiva, chissà, creare generazioni di sportivi se non altro più educati e consapevoli: che è una buona base di partenza per essere migliori anche come cittadini.

da Gigi Garanzini, «Il Sole 24 Ore», 25 luglio 2010.

Il modello di argomentazione in questo caso è più lineare e può essere riassunto nei punti che seguono.

- Breve **presentazione** del problema da cui si deduce il punto di vista dello scrivente (basta con i tagli di spese nella scuola).
- **Tesi** ▶ L'educazione fisica nella scuola va salvata.
- **Argomenti**:
  - limita la tesi (a condizione che sia cambiata);
  - spiega la finalità del cambiamento (trasformarla in un'ora di educazione fisica e civica);
  - ulteriori spiegazioni:
    - illustrare i principi della ginnastica di base;

- invitare campioni ed ex campioni;
- non bisogna tanto imparare a vincere, quanto a perdere.
– **Conclusione**: in questo modo l'educazione fisica a scuola potrebbe diventare formativa.

## Studio attivo

■ Individua, in entrambi i testi, inizio e fine di ciascuno dei "blocchi" elencati.

## in sintesi — Consigli per scrivere un testo argomentativo efficace

☺ presentare in maniera chiara e non equivoca la tesi che si vuole sostenere;

☺ impostare la strategia argomentativa e la struttura del testo tenendo conto delle caratteristiche e del punto di vista dei destinatari;

☺ prestare molta attenzione alla coerenza e alla fondatezza (di tipo logico, documentario, pragmatico) degli argomenti che si portano a sostegno della tesi;

☺ fare un uso corretto e sapiente dei connettivi logici.

☹ evitare di elencare una serie di opinioni sull'argomento senza mettere in sufficiente rilievo la tesi che si vuole sostenere;

☹ evitare di seguire uno schema rigido senza tener conto delle caratteristiche e del punto di vista dei destinatari;

☹ limitarsi a enunciare le proprie posizioni senza spiegare le ragioni profonde (di tipo logico, documentario o pragmatico) che le sostengono;

☹ evitare un uso inappropriato dei connettivi logici.

# Laboratorio

## Attivare un metodo

**1** **didattica inclusiva – dsa – italiano L2** Rileggi il brano tratto dal TESTO ESEMPIO a p. 84 e modificalo: nel passo seguente sostituisci le parole e le espressioni sottolineate con altre che hanno lo stesso significato.

Attualmente gli italiani pagano attraverso le tasse l'insegnamento dell'educazione fisica che i loro figli ricevono a scuola. Nel panorama vacillante dell'istruzione pubblica italiana, la ginnastica è forse uno degli ambiti più disastrati, soprattutto per le condizioni fatiscenti delle palestre e delle attrezzature di cui i nostri edifici scolastici sono dotati. Tanto è vero che, al pomeriggio, gli adolescenti italiani vengono iscritti dai loro genitori a ogni tipo di associazione sportiva privata che possa far fare loro quell'esercizio fisico essenziale per la crescita, che la scuola pubblica, nella maggior parte dei casi, non è in grado di offrire al mattino.

**2** **riscrittura** Riscrivi il testo di Gigi Garanzini (p. 86) modificando la tesi in "l'educazione fisica nella scuola va abolita", ma utilizzando a favore di quest'ultima gli stessi argomenti usati da Garanzini.

**3** **scrittura in apprendimento cooperativo** Insieme a uno o due compagni, elabora un testo argomentativo a sostegno della tesi "l'orario delle lezioni scolastiche deve essere spostato nel pomeriggio". Il vostro testo deve contenere un minimo di 90 e un massimo di 180 parole.

## 2 Scrivere con metodo
**UNITÀ DI LAVORO 12** L'argomentazione

### Laboratorio

**4 riscrittura individuale** Rileggi il testo elaborato in gruppo nell'esercizio 4 e scrivi un testo di risposta in cui confutarlo.

**5 compito di realtà** Fai parte di un comitato che propone l'innalzamento dell'obbligo scolastico a 18 anni. Ti è stato dato il compito di preparare un testo in cui presentare e sostenere la proposta.

### Autovalutarsi

**1a** Leggi questo testo e individua quattro sequenze fondamentali facendo attenzione agli snodi del ragionamento.

Sostiene Ricolfi che l'evasione ha due facce: quella di chi evade per guadagnare di più e quella di chi lo fa per sopravvivere. È vero, ma in pratica sono facce che spesso si sovrappongono: distinguerle, per meglio combatterle, è molto difficile. Anche perché c'è una terza faccia con cui a volte si mescolano e confondono: quella della criminalità pura e semplice. Il rapporto fra l'entità dell'evasione e il livello delle aliquote è complicato, ma è abbastanza studiato. È un rapporto più evidente quando si tratta di evasione parziale, o addirittura marginale: aliquote più basse fanno emergere più reddito di chi evade «un po'». Ma quando l'evasione è massiccia o totale, rimane quasi tutta anche se si abbassano le aliquote. Sottoscrivo però in pieno l'idea che sui proventi della lotta all'evasione, almeno nella situazione italiana, non si deve far conto per aumentare il gettito e ridurre il deficit pubblico.

Un fattore di successo per ridurre l'evasione è la reputazione della politica e della pubblica amministrazione. Chi pecca va punito, ma va anche convinto a non farlo più. E per convincere chi evade non basta chieder meno tasse: è essenziale dimostrargli che quel che paga va a buon fine. Deve vedere che i soldi sottratti al suo privato interesse finanziano bisogni pubblici che condivide con altri; e che la cura di quei bisogni è affidata ad amministratori con un decente grado di rispettabilità. Occorre anche informarlo, con continuità e dati credibili, sulla produttività della spesa pubblica, degli ospedali, dei tribunali, delle ferrovie, delle scuole: l'uso sistematico di indicatori di performance nei servizi pubblici è addirittura fra le misure urgenti che la famosa lettera di Trichet e Draghi chiede all'Italia per evitare il collasso.

Ancor più che un ripensamento del livello generale delle aliquote, al nostro Paese servono riforme della struttura delle imposte e degli oneri sociali. Servono per favorire la produzione e l'occupazione, per ridurre l'elusione, per ridurre l'evasione. Servono grandi e ambiziose riforme, ma anche provvedimenti limitati, specifici e urgenti.

(da Franco Bruni, *Fisco, gli obblighi non negoziabili*, «La Stampa», 2 ottobre 2011)

**1b** Assegna ora a ciascuna sequenza la sua funzione nella struttura complessiva del testo.

| | | | | |
|---|---|---|---|---|
| **PRIMA SEQUENZA** | ☐ tesi | ☐ antitesi | ☐ argomentazione | ☐ conclusione |
| **SECONDA SEQUENZA** | ☐ tesi | ☐ antitesi | ☐ argomentazione | ☐ conclusione |
| **TERZA SEQUENZA** | ☐ tesi | ☐ antitesi | ☐ argomentazione | ☐ conclusione |
| **QUARTA SEQUENZA** | ☐ tesi | ☐ antitesi | ☐ argomentazione | ☐ conclusione |

esercizi attivi

# UNITÀ DI LAVORO 13
# La scrittura 3.0

**OBIETTIVI**
- Acquisire padronanza degli strumenti e delle tecniche di base per l'utilizzo delle scritture elettroniche.
- Acquisire consapevolezza delle caratteristiche dei testi destinati alla rete e delle differenze con le forme tradizionali di scrittura.
- Acquisire consapevolezza del lavoro propedeutico alla stesura di un testo per la rete.
- Migliorare le competenze testuali nella produzione.

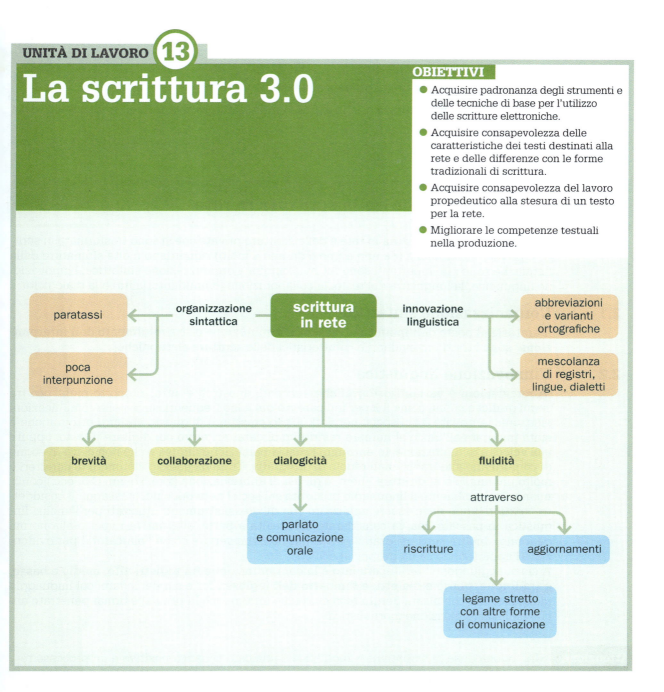

## 1 La rete e il nuovo impatto sulla scrittura

La rete e in generale le forme della comunicazione elettronica (chat, email, sms, social network) hanno dato nuovo impulso all'attività di scrivere, trasformandola profondamente, rendendola molto visibile e in sintesi cambiandone l'uso e la percezione.
Tutto ciò ha provocato **contaminazioni** tra vari elementi, caratteristiche e usi della lingua, prima percepiti come profondamente separati tra loro:
– parlato e scritto;
– registri linguistici;

**Scrivere con metodo**
UNITÀ DI LAVORO **13** La scrittura 3.0

– italiano e altre lingue (prima fra tutti l'inglese);
– la lingua e il gergo o il dialetto;
– la correttezza o erroneità di grafia e sintassi.

Questi cambiamenti convivono, e in parte si intrecciano, con le forme "tradizionali" della scrittura.

## 2 Le caratteristiche della scrittura in rete

I cambiamenti della scrittura in rete e delle scritture private che si sono trasformate in scritture private elettroniche (da uno a uno o da uno a molti) riguardano molte sfumature della lingua. Le zone più importanti sono tuttavia cinque: l'organizzazione sintattica, l'innovazione linguistica, la lunghezza del testo, la collaborazione (o multiautorialità) e la dialogicità.

### 2.1 L'organizzazione sintattica

**Paratassi al posto dell'ipotassi** e **assenza, diminuzione o stravolgimento dell'interpunzione** sono i tratti più evidenti e caratteristici delle scritture elettroniche.

### 2.2 L'innovazione linguistica

**Abbreviazioni e varianti ortografiche** (accenti, apostrofi e altro; rapporto biunivoco tra segni grafici e suoni, come il *k* per indicare *c* o *qu*) sono frequentissime nelle comunicazioni elettroniche private e sui social network. L'uso crescente di queste varianti ortografiche è stata imputata all'inizio al numero restrittivo di caratteri entro cui digitare il testo, oppure alla velocità di digitazione. In entrambi i casi la percezione diffusa è che non ci sia bisogno di conformarsi alle tradizionali regole di ortografia. Tuttavia adesso il numero di caratteri è molto più ampio o addirittura libero, e gli usi di abbreviazione (xke, xò, nn, C 6, ecc.) continuano. Probabilmente il linguaggio utilizzato sui social network o nei messaggi (il cosiddetto "*texting*") non deve essere analizzato con gli stessi strumenti utilizzati per l'analisi linguistica in passato, ma va considerato una realtà a parte, alternativa rispetto alla norma generale. Inoltre certi usi grafici particolari possono servire come "marcatori" per evidenziare l'appartenenza a un gruppo specifico.
A ciò si aggiungono l' **affiancamento e la contaminazione fra registri alto, medio e basso, e tra lingua, gergo e dialetti, e l'impatto dell'inglese**, forte sia dei legami col linguaggio giovanile, che con alcuni gerghi tecnici (quello informatico in primis) e ormai penetrato anche nella comunicazione giornalistica.

**Attenzione** Una buona dose di "creatività" linguistica è una caratteristica positiva e un processo regolare della lingua. Sarà l'entrata nell'uso collettivo a decretare la "vita" di una parola.

### 2.3 La lunghezza del testo

I testi sono generalmente più corti del passato, e l'uso di abbreviazioni ed emoticons spinge verso una sempre **maggiore brevità e velocità di stesura e lettura**. Questo vale per moltissimi testi fruiti elettronicamente: anche dal punto di vista letterario, microfiction e flash stories sono molto più diffusi di un tempo.

### 2.4 La collaborazione

I testi elettronici sono spesso **collaborativi**: le possibilità di manipolazione digitale del testo rendono possibile la condivisione e la riscrittura, e avvantaggiano quindi **forme di scrittura collettive**. Un esempio "classico" è l'ipertesto, cioè un testo che rimanda ad altri

LA SCRITTURA

elementi tramite link, e che è considerato nell'insieme un prodotto di diversi autori; oppure l'enciclopedia Wikipedia, frutto della collaborazione di moltissimi utenti della rete, che singolarmente inseriscono i lemmi, li completano e li correggono, come se fossero un autore collettivo.

## 2.5 La dialogicità

Nelle scritture elettroniche è molto frequente la **dimensione dialogica**, perché le tecnologie digitali tendono a realizzare una **comunicazione sincrona**, come quella orale, e non asincrona, come la scrittura tradizionale, dove il momento della produzione è separato, anche da una grande distanza temporale, da quello della fruizione. Oggi invece la scrittura imita i modi della **comunicazione orale**, "faccia a faccia", ed ha quindi un forte contatto con la **lingua parlata**, specie nella sfera informale. Anche l'uso di segni grafici ed emoticons, in questo senso, è utilizzato per mimare l'oralità, conferendo tono ed espressione come chiavi per decodificare il messaggio.

## 3 Living web: scrittura fluida e in mutamento

La caratteristica principale delle scritture in rete è la **fluidità**: non esiste più l'intoccabilità del testo a cui ci ha abituato la stampa. Inoltre il web è in continuo movimento e trasformazione: per questo si parla di *living web*, come se fosse un vivente organismo collettivo. I cambiamenti che riguardano i testi avvengono attraverso tre modalità principali: la riscrittura, il rapporto tra scrittura e altre forme di comunicazione, l'aggiornamento.

### 3.1 Riscrittura

Il libro stampato ci ha abituato all'intoccabilità del corpo del testo: questa caratteristica scompare con l'avvento del web, perché chiunque è in grado con facilità di **riprodurre, modificare e ripubblicare** gli scritti di un altro autore. Gli scritti in rete poi (ad esempio le notizie) sono spesso corretti, aggiornati oppure commentati. Il commento è una tipica modalità di scrittura dialogica: alcuni tipi di commento talvolta possono modificare l'impatto o la nostra percezione di un testo.

### 3.2 Rapporto tra scrittura e altre forme di comunicazione

La scrittura oggi è più centrale che mai; tuttavia, come abbiamo detto, vive in **stretta correlazione con altre forma di comunicazione**: **audio**, **video**, e soprattutto **immagini**, che si alternano ad essa in compresenza e in sostituzione.

### 3.3 Aggiornamento

Esistono sul web tipi di documento "fissi": la versione digitale di alcuni libri o saggi, ad esempio. Ma il resto delle scritture **cambiano di continuo**: notizie in aggiornamento, blog, siti di community e gruppi di lavoro, per non parlare dei social network. Alcuni cambiano ogni settimana, altri ogni giorno, ogni mese, ogni pochi minuti. Anche testi di siti istituzionali (i ministeri, le università) dopo qualche anno devono essere rivisti, cambiare forma, grafica e modo di aggregazione dei contenuti, in accordo con le novità tecnologiche relative alla comunicazione elettronica.

---

**Attenzione** | L'invecchiamento della grafica, del modo di organizzare i contenuti e dell'interattività ad esempio di un sito comporta sempre una minore autorevolezza dei suoi contenuti, perché significa che non sono stati rivisti da molto tempo.

## 4 Scrivere per la rete

Scrivere per la rete è una **professionalità specifica**: il redattore deve essere specializzato nella progettazione e scrittura di testi per il web, che seguono dinamiche diverse da quelle del testo cartaceo per quanto riguarda vari elementi:

- l'ordine delle informazioni;
- la presentazione della pagina (e dunque il rapporto con le immagini e con la grafica);
- l'architettura e gli ipertesti (collocazione della pagina, link, allegati);
- capacità di "agganciare" l'attenzione del lettore in rete (vedi La lettura 3.0, p. 21).

Le competenze di un **web writer**, quindi, sono parzialmente diverse da quelle di un redattore tradizionale e comprendono: basi di *Search Engine Optimization* (SEO), cioè le attività utili a posizionare bene il contenuto sui motori di ricerca; rudimenti di web design, capacità di progettazione e visione "multimediale"; capacità di trattare il contenuto attraverso montaggi testo-audio-video. In realtà è più corretto parlare di "**creazione di contenuti**" che di "redazione di testi": il content editor tratta contemporaneamente testo, immagini e grafica, audio, video.

Lo studioso Jakob Nielsen ha per primo individuato le caratteristiche che rendono usabile un testo da presentare su web; la disposizione delle informazioni deve seguire l'immagine della "piramide rovesciata":

**INFORMAZIONE PRINCIPALE**
titolo e sottotitolo

**INFORMAZIONI IMPORTANTI**
sintesi del contenuto o abstract

**APPROFONDIMENTI**
testo diviso in paragrafi

**INFORMAZIONI AGGIUNTIVE**
dettagli,
allegati,
link

---

**in sintesi**

### Alcune indicazioni per la scrittura in rete

☺ Disposizione degli elementi secondo la "piramide rovesciata", cioè con le conclusioni e le informazioni più importanti all'inizio.

☺ Brevità.

☺ Possibilità di comprendere il testo a colpo d'occhio.

☺ Informazioni gestite anche tramite link.

☺ Uso di liste puntate o numerate e paragrafi ben separati.

☺ Parole importanti in evidenza.

☹ Lunghi blocchi di testo (effetto muro).

☹ Testo allineato al centro o a destra.

# Laboratorio

## Attivare un metodo

**1** **didattica inclusiva – italiano L2 – riscrittura di un testo** "Traduci" il testo che segue utilizzando la scrittura tradizionale.

Mi piace molto leggere, ma ultimamente nn so k libro scegliere… Cerco un libro pieno di emozioni e cn una bella storia… un libro tipo "paradiso degli orki", pieno di descrizioni e risate… Mi aiutate??? Kissetti a tt!! I libri di Pennac li ho letti tt, pagine una + bella di un altra… Ho letto anke Bukowski, I malavoglia e molti di Hermann Hesse che x me è un bravissimo scrittore.

**2** **riscrittura individuale** Dopo aver svolto l'esercizio 1, modifica nuovamente il testo ottenuto riscrivendolo in un registro elevato.

**3** **riscrittura individuale** Leggi l'articolo che segue e trasformalo in un breve post aggiungendo un titolo e seguendo le regole della "piramide rovesciata".

Dalla metà del Quattrocento, e più ancora col nuovo secolo, la scrittura a mano perde il suo principale riferimento: il testo, il libro non si scrive più, si stampa. Con ciò perde molto senso fare storia della scrittura a mano, intesa come insieme strutturato organicamente alle condizioni generali di cultura. Con le scritture dell'età moderna non si può fare paleografia nel senso tipologico e formale. Mentre i notai vanno per conto loro, mantiene una qualche organicità soltanto la scrittura delle cancellerie e degli uffici, solidamente attestata nelle forme della 'lettera cancelleresca': a questa erano soprattutto dedicati i trattati di scrittura o, se si vuole, di calligrafia, che, in apparente contraddizione con quanto si va dicendo, ebbero una grande diffusione nel Cinquecento. Ma nella piena età moderna anche quella si smarrisce, a vedere i guazzabugli illeggibili di certi registri burocratici (mentre altri, beninteso, attingono livelli di piena dignità). Delle grafie poi degli scriventi comuni, semplicemente alfabetizzati, non mette conto parlare: quanto all'Italia, perché altrove le cose andarono in modo diverso. I modelli comuni appresi a scuola, quando siano tali, sono lasciati al loro destino: chi scrive poco li imiterà faticosamente per tutta la vita, chi scrive molto li stravolgerà nella sua personale grafia. […] Vale la pena ricordare che anche la scrittura a mano è un'attività in qualche modo tecnologica, perché le tre dita nulla potrebbero fare senza la penna, l'inchiostro, la carta. E anche la penna, che a sua volta aveva soppiantato il calamo, scomparve tra Otto e Novecento, sostituita prima dal pennino metallico, prodotto a Birmingham a partire dal 1830 e in uso da noi fino a sessant'anni fa; poi dalla penna stilografica, che otteneva il miracolo di eliminare il calamaio, il più disagevole dei tre strumenti; poi dalla penna biro (dal nome dell'inventore, Lászlo Biro, ungherese emigrato in Argentina), ossia la penna a sfera metallica rotante. Né si dimentichino, ultimi depositari dell'arte calligrafica, l'aristocratica stilografica a sfera e il democratico pennarello.

(Attilio Bartoli Langeli, *Da Carlomagno a noi. La mano che scrive e l'occhio che legge*, La Crusca 49)

**4** **apprendimento cooperativo** Insieme a uno o due compagni scrivi un dialogo simulando una chat sui migliori film che avete visto. Successivamente trasformate la chat in un testo argomentativo, motivando e argomentando le vostre opinioni.

93

# Laboratorio

## Autovalutarsi

**1** Riconosci quale di questi testi è una scrittura su carta e quale invece è destinato alla rete. Motiva in un breve testo argomentativo la tua scelta.

▶ a  Franco Lattes nasce a Firenze il 10 settembre 1917. Il padre Dino è un avvocato, repubblicano e antifascista, di famiglia ebraica, mentre la madre Emma Fortini del Giglio è di religione cattolica; in famiglia tuttavia si respira quell'ambiente sostanzialmente laico che era frequente nella piccola borghesia toscana, specie se cittadina, tanto che Fortini non avverte mai alcun conflitto fra la tradizione religiosa del padre – non osservante e anzi lontanissimo dalla ritualità della «fede dei padri» – e «quel poco di tradizione cristiana» che gli filtrava da parte materna. I Lattes non vivono in condizioni economiche troppo floride, ma sono persone di discreta cultura, amanti della lettura e della musica. Franco è ancora piccolo nel momento in cui si instaura il regime fascista, e assiste stupefatto a episodi di violenze e pestaggi. Il 1925 è per la famiglia Lattes un annus horribilis: il padre viene arrestato con l'accusa di collaborare con "Non mollare", il foglio di Salvemini e dei fratelli Rosselli; più tardi il suo studio legale viene distrutto e il suo collega ucciso in una sparatoria provocata dalle milizie fasciste. Del padre Fortini ricostruisce la biografia nei *Cani del Sinai* (1967), sottolineando gli eventi che avevano spezzato un pieno sviluppo della sua personalità e delle sue capacità: il dissesto e il suicidio di un parente facoltoso, che gli impedirono di continuare l'attività di giornalista, e i fatti del 1925, che distrussero «la modesta speranza di successi personali e di qualche benessere». «C'era un ometto ciarliero e allegro, tutto nervi, che brusche depressioni rendevano tetro e disfatto. C'era una vita di avvocato che deve aver guardato dentro la vita più nera e ghiaccia di Firenze – quella che Pratolini conosce meglio di tutti – ma ne era rimasto come illeso, senza cinismo né moralismo, come chi non riesce a persuadersi che la vita sia davvero una sola e sia quella che sta vivendo». Disperazione biologica, ansietà, vivacità, mutevolezza: in questi dati della personalità paterna, Fortini ritroverà sempre uno sgradevole riflesso di sé.

▶ b  **Su Mario Luzi. Un segno indelebile**

Il 27 febbraio presso la Sala storica della Biblioteca degli Intronati di Siena, si è inaugurata la mostra "Mario Luzi. Un segno indelebile. Presenze e incontri in terra di Siena". Una rassegna di scritti, immagini e video che testimoniano le tracce del poeta nella storia del territorio senese.

La mostra, presso i locali della biblioteca comunale, è aperta fino al 21 marzo, dal lunedì al sabato.

È una retrospettiva intima di Luzi quella proposta presso la Sala storica della Biblioteca degli Intronati di Siena. Lo sguardo sul poeta si snoda attraverso il racconto che ne fanno i suoi stessi scritti, in particolare le corrispondenze con gli amici – Franco Fortini e Alessandro Parronchi –, le dediche scritte a lapis sulle opere prime, le foto di quegli anni.

Il materiale proveniente dai fondi della Biblioteca Umanistica di Siena, dal Centro Studi Mario Luzi "La Barca" di Pienza e dalla Biblioteca degli Intronati è estremamente vario. Per chi abbia curiosità e pazienza di scrutare la minuscola e precisa calligrafia di Franco Fortini, la sua corrispondenza con Luzi costituisce una testimonianza di notevole interesse e testimonia un dialogo e un'affinità fra i due poeti portati avanti attraverso gli anni, nella diversità di vedute e nel rispetto reciproco.

# 3

# Scrivere a scuola

UNITÀ DI LAVORO

(14) **Le scritture d'uso: la parafrasi di un testo in prosa**

(15) **Le scritture d'uso: la parafrasi di un testo in versi**

(16) **Le scritture d'uso: il riassunto**

(17) **Riscrivere, trasformare, transcodificare**

(18) **La trattazione sintetica**

(19) **L'analisi del testo**

(20) **Il saggio breve**

(21) **Guida alla redazione dell'articolo di giornale**

(22) **Il tema**

(23) **Il percorso pluridisciplinare:
la tesina e l'elaborato multimediale**

# 3 Scrivere a scuola

## UNITÀ DI LAVORO 14
# Le scritture d'uso: la parafrasi di un testo in prosa

**OBIETTIVI**
- Migliorare il livello di comprensione dell'italiano antico.
- Migliorare le competenze di riformulazione lessicale e sintattica.
- Sviluppare la capacità di comprendere e riformulare contenuti testuali complessi.
- Migliorare le competenze testuali e le capacità di lettura di un testo letterario in prosa.

## 1 Che cos'è la parafrasi

La parafrasi (dal greco *paràfrazo* = 'dico con parole simili') è un testo di servizio (o una rielaborazione orale) che **rende esplicito il significato letterale e il contenuto di un testo poetico o in prosa** nel caso in cui nel testo sia impiegata una lingua lontana da quella d'uso. Non è sempre stato così: in epoca classica la parafrasi era un esercizio retorico che non aveva lo scopo di semplificare un testo, ma di allenare gli oratori alla proprietà di esposizione e linguaggio.

## 2 Come si scrive la parafrasi

La parafrasi è uno strumento fondamentale per verificare la comprensione del testo, infatti:
– consiste in una **riformulazione che non sintetizza, ma amplia un testo complesso per contenuto, forma o lessico**;
– deve includere tutti i contenuti del testo di partenza. Si tratta di una vera e propria **traduzione dal linguaggio dell'autore al linguaggio comune**;

– **chiarisce i passaggi del testo** , ma allo stesso tempo ne riduce la ricchezza dei significati (specie nel caso della poesia), poiché tende a interpretare il senso in una sola direzione e a modificare profondamente gli effetti di suono;

– può essere considerata una modalità di **attualizzazione del testo**, dal momento che ne trasporta il contenuto in una forma linguistica vicina alla nostra e dunque più comprensibile.

| la parafrasi | non è | un riassunto del testo | ma è | un testo normalmente più ampio dell'originale |
|---|---|---|---|---|
| | | un commento sul testo | | uno strumento di comprensione |
| | | un testo con molte più informazioni | | una specie di traduzione |
| | | un abbellimento del testo | | un testo di servizio |

# 3 Parafrasare la prosa

Per quei testi in prosa che, lontani nel tempo, presentano per noi una morfosintassi inconsueta oppure parole difficili o dal significato differente dall'uso moderno, o che contengono riferimenti geografici, storici o culturali da sciogliere, è necessaria la parafrasi.

Vediamo un esempio di questo tipo, dove ancor prima della ricostruzione dell'ordine logico-sintattico è necessario individuare il significato di singole parole ed espressioni.

**Testo esempio**

In Alessandria, la qual'è nelle parti di Romania (acciò che sono dodici Alessandrie, le quali Alessandro fece il marzo dinanzi ch'elli morisse); in quella Alessandria sono le rughe ove stanno i saracini, li quali fanno i mangiari a vendere, e cerca l'uomo la ruga per li piue netti mangiari e più dilicati, siccome l'uomo fra noi cerca de' drappi.

(*Il Novellino*)

| | PARAFRASI | |
|---|---|---|
| In Alessandria, | Ad Alessandria | uso diverso della preposizione di luogo |
| la qual'è | la quale è = che è | uso molto più consueto di *il quale*, *la quale*, ecc. al posto di *che* |
| nelle parti di Romania | nella zona della Romania | significato geografico diverso: Romània non indica l'attuale Romanìa, ma un territorio che era stato romano (in questo caso, che era appartenuto all'Impero Romano d'Oriente) |
| | | parte = zona (quindi non "dalle parti della Romanìa") |
| (acciò che sono dodici Alessandrie, | (poiché ci sono dodici Alessandrie | nel Medioevo circolava la leggenda che Alessandro Magno, nel mese prima della morte, fece costruire dodici città con il suo nome |

97

## 3 Scrivere a scuola

**UNITÀ DI LAVORO 14** | Le scritture d'uso: la parafrasi di un testo in prosa

| | | |
|---|---|---|
| le quali Alessandro fece | che Alessandro (Magno) fece | uso molto più consueto di *il quale*, *la quale*, ecc. al posto di *che*. Modo diverso di riferirsi ai personaggi storici: Alessandro = Alessandro Magno (356-323 a.C.) |
| il marzo dinanzi ch'elli morisse); | nel marzo avanti che morisse = precedente alla sua morte; | *dinanzi* = 'avanti' = in senso temporale significa 'prima' <br> *elli* = 'egli' |
| in quella Alessandria sono le rughe | in quella Alessandria (di cui si parla) ci sono le strade | *ruga* = 'strada' (è un termine ancora utilizzato in alcune città italiane; come il francese rue, deriva dal latino *ruga* = 'piega') |
| ove stanno i saracini, | dove stanno gli abitanti del posto | non gli arabi (da saraceni, termine utilizzato a partire dal II secolo d.C. sino al Medioevo, per indicare i popoli arabi e/o musulmani) |
| li quali | li quali = i quali (i saracini) = che | *li* è usato al posto di *I* o *Gli* |
| fanno i mangiari | preparano cibi | il mangiare, *i mangiari* (verbo all'infinito sostantivato) oggi è usato solo nel linguaggio infantile |
| a vendere, | da vendere | uso diverso della preposizione di fine |
| e cerca l'uomo la ruga | e le persone cercano la strada | *l'uomo* non indica un uomo preciso ma è generico = 'gli uomini, le persone, la gente' |
| per li piue netti mangiari | per trovare i cibi più puliti | verbo sottinteso <br> netto = dal latino *nitidus* = 'chiaro, lucente' è usato anche oggi nel senso di pulito, ma è un significato secondario |
| e più dilicati, | e più buoni | dilicati = delicati = gradevoli |
| siccome | così come, allo stesso modo | uso diverso del termine *siccome* che nell'italiano antico non significa *poiché* ma *così come* (= sì come) |
| l'uomo fra noi | le persone tra noi | *l'uomo* non indica un uomo preciso ma è generico = 'gli uomini, le persone, la gente' |
| cerca de' drappi. | vanno in cerca delle stoffe (migliori). | aggettivo sottinteso |

### Studio attivo

■ Basandoti sulle informazoini della tabella, ricomponi la parafrasi dell'intero testo in modo che sia corretto e scorrevole.

La parafrasi riguarda due livelli, quello lessicale e quello morfosintattico. Per scrivere una parafrasi si seguono queste tappe:

1. **lettura integrale** del testo;
2. **ricerca del significato delle parole** difficili, sconosciute o che hanno un senso diverso da quello attuale; comprensione del senso delle espressioni figurate (ad esempio, le metafore);

> **Attenzione** Per trovare il significato di alcune espressioni dell'italiano antico puoi cercare sul Vocabolario degli Accademici della Crusca (www.lessicografia.it).

3. **ricostruzione dell'ordine logico-sintattico** dei singoli periodi (prima il soggetto, poi il verbo e i complementi; prima la frase principale e poi le subordinate), rendendo espliciti gli elementi sottintesi (soggetti, verbi, complementi) e impliciti (subordinate) e chiarendo tutti i legami tra le frasi;
4. **riscrittura del testo nell'italiano attuale** **senza aggiungere giudizi personali né fatti e argomenti assenti nel testo di partenza**.

## Testo esempio

| 1. LETTURA | 2. CHIARIMENTO DEI SIGNIFICATI | 3. RICOSTRUZIONE LOGICA E SINTATTICA | 4. RISCRITTURA DELL'INTERO TESTO |
|---|---|---|---|
| Chichibio, il quale come nuovo bergolo era così pareva, acconcia la gru, la mise a fuoco e con sollecitudine a cuocer la cominciò. | Nuovo bergolo = volubile, leggero, chiacchierone<br><br>acconciare = preparare, sistemare<br><br>sollecitudine = prontezza, premura, attenzione | Chichibio, il quale pareva nuovo bergolo così com'era, acconcia [al posto del participio passato = acconciata] la gru, la mise al fuoco e con sollecitudine la cominciò a cuocere | Chichibio, che sembrava ed era un uomo leggero e volubile, preparò la gru, la mise al fuoco e con prontezza cominciò a cuocerla. |
| La quale, essendo già presso che cotta, e grandissimo odor venendone, avvenne che una feminetta della contrada, la qual Brunetta era chiamata e di cui Chichibio era forte innamorato, entrò nella cucina, e sentendo l'odor della gru e veggendola pregò caramente Chichibìo che ne le desse una coscia. | presso che = pressoché, quasi<br><br>feminetta = giovanetta, ragazza (di bassa condizione sociale)<br><br>della contrada = del posto<br><br>forte = con forza, molto<br><br>veggendola = vedendola<br><br>caramente = affettuosamente, dolcemente (ma anche: facendo le moine)<br><br>ne le = gliene | Essendo la quale [gru], già quasi cotta e venendone un grandissimo odore, avvenne che una feminetta della contrada, la quale era chiamata Brunetta, e di cui Chichibio era innamorato forte, entrò nella cucina, e sentendo l'odore della gru e vedendola pregò caramente Chichibìo che le ne [l'italiano contemporaneo inverte l'uso di questi pronomi] desse una coscia. | Quando la gru fu quasi cotta, siccome mandava un fortissimo profumo, successe che una ragazza del posto di nome Brunetta – della quale Chichibio era molto innamorato – entrò in cucina, e sentendo l'odore della gru e vedendola fece un sacco di moine a Chichibio perché gliene desse una coscia. |

> **Attenzione** Spesso si confondono i concetti di **parafrasi** e **traduzione** (che in effetti presentano alcuni aspetti simili). La traduzione riguarda il passaggio da una lingua a un'altra, la parafrasi implica invece l'uso della stessa lingua. Tuttavia l'italiano antico risulta spesso così lontano da quello contemporaneo da suggerire l'idea che si tratti di una vera e propria "traduzione".

# 3 Scrivere a scuola

**UNITÀ DI LAVORO 14** **Le scritture d'uso: la parafrasi di un testo in prosa**

Nella parafrasi, come già detto, lo scopo è ricostruire e mettere a punto la comprensione del significato del testo, quindi nella riscrittura finale **vanno assolutamente evitate soluzioni linguistiche non chiare o poco significative** . La punteggiatura e le espressioni possono essere in parte modificate per rendere il testo ancora più limpido; è tuttavia importante **mantenersi aderenti a tutti i passaggi del testo**. La parafrasi di un testo in prosa, infatti, non è un riassunto; al contrario, è più simile a una spiegazione.

| | NO | SÌ |
|---|---|---|
| Currado Gianfigliazzi, sì come ciascuno di voi e udito e veduto puote avere, sempre della nostra città è stato notabile cittadino, liberale e magnifico, e vita cavalleresca tenendo continuamente in cani e in uccelli s'è dilettato, le sue opere maggiori al presente lasciando stare. | Currado Gianfigliazzi, **così come ciascuno di voi può aver udito e visto**, è sempre stato un **notabile** cittadino della nostra città, **liberale e magnifico**, e **tenendo continuamente vita cavalleresca si è divertito con cani e uccelli, lasciando stare le opere più importanti nel presente**. | Currado Gianfigliazzi, come chiunque può aver visto e sentito dire, è sempre stato un famoso cittadino della nostra città, generoso e nobile [magnifico = dal latino *magnum facere* = 'fare grandi e nobili azioni']; facendo la vita del cavaliere, si è occupato sempre di cani e uccelli da caccia; tralascio di raccontare [il gerundio è riferito all'azione del narratore] in questo momento [= nel presente, cioè ora, adesso] le sue azioni più importanti. |

Quindi, una volta individuato l'esatto significato del testo, la sintassi, la punteggiatura e il lessico possono variare (anzi, spesso è consigliabile farlo), in modo da raggiungere la forma dell'italiano attuale.

| | SIGNIFICATO CORRETTO | RISCRITTURA EFFICACE |
|---|---|---|
| La mattina seguente come il giorno apparve, Currado, a cui non era per lo dormire l'ira cessata, tutto ancor gonfiato si levò e comandò che i cavalli gli fosser menati; e fatto montar Chichibio sopra un ronzino, verso una fiumana, alla riva della quale sempre soleva in sul far del dì vedersi delle gru, nel menò. | La mattina seguente come il giorno apparve, Corrado, a cui l'arrabbiatura non era passata per il dormire, ancora tutto gonfio di rabbia si alzò e ordinò che gli fossero portati i cavalli; e fatto montare Chichibio sopra un ronzino, lo portò verso un corso d'acqua, alla riva del quale sul far del giorno si solevano vedere delle gru. | La mattina seguente, appena si fece giorno, Corrado, a cui il sonno non aveva fatto passare l'arrabbiatura, si alzò ancora gonfio di rabbia [o furioso] e ordinò che gli fossero portati i cavalli. Fatto montare Chichibio sopra un cavalluccio piccolo e magro [la parola ronzino oggi è poco usata], lo portò verso un corso d'acqua, sulla riva del quale, di prima mattina, si vedevano sempre delle gru. |

## Studio attivo

Scrivi un'altra proposta di parafrasi del testo che sia ugualmente efficace nell'italiano attuale. Usa come base il testo nelle colonne 2 e 3 e trova altre soluzioni espressive.

**100** LA SCRITTURA

# Laboratorio

## Attivare un metodo

**1** **didattica inclusiva – italiano L2** **Dopo aver letto con attenzione il testo completa gli esercizi.**

Pur non di meno ella credeva, era sicurissima d'aver condiviso per vent'otto anni la vita del marito, dapprima tempestosa, zingaresca, in viaggi affannosi da un paese all'altro, con la lingua fuori come una povera cagnetta dietro l'ansia smaniosa di lui che voleva a ogni costo raggiungere la mèta.

(L. Pirandello, «*Ho tante cose da dirvi...*», *Novelle per un anno*)

▶ a   Scrivi almeno due sinonimi dei seguenti termini

zingaresca: ............................................................................................................................

tempestosa: ............................................................................................................................

mèta: ......................................................................................................................................

▶ b   Inserisci le parti mancanti sciogliendo i sottintesi

Nonostante tutto ................., o meglio ................. di avere condiviso per ventotto anni la vita del marito, che all'inizio era stata ................., attraverso ................. da un paese all'altro, come una povera cagnetta dietro ................. del marito che voleva raggiungere la mèta ................. .

▶ c   Spiega il significato delle seguenti espressioni

con la lingua fuori come una povera cagnetta: .......................................................................

ansia smaniosa: .....................................................................................................................

**2** **didattica inclusiva – dsa** **Queste frasi sono l'inizio di un racconto del *Novellino*, una raccolta del tredicesimo secolo. Scegli la parafrasi più corretta tra le due proposte. Fai attenzione perché alcuni termini possono avere un significato diverso dall'italiano attuale.**

Narcìs fu molto buono e bellissimo cavaliere.

☐ Narciso fu un cavaliere bellissimo e molto buono.

☐ Narciso fu un gentiluomo molto valoroso (= buon cavaliere) e bellissimo.

Un giorno avenne ch'elli si riposava sopra una bellissima fontana, e dentro l'acqua vide l'ombra sua molto bellissima.

☐ Un giorno successe che, mentre si riposava sopra una bellissima fonte (= fontana, sorgente), vide nell'acqua la sua immagine (=ombra), che gli parve bellissima.

☐ Un giorno avvenne che egli si riposava sopra una fontana bellissima, e dentro l'acqua vide la sua bellissima ombra.

E cominciò a riguardarla, e rallegravasi sopra alla fonte, e l'ombra sua facea lo simigliante.

☐ E cominciò a guardarla attentamente, e sorrideva stando sopra la fonte, e la sua immagine faceva lo stesso.

☐ E cominciò a riguardarla, ed era allegro accanto alla fontana, e la sua ombra faceva lo stesso.

E così credeva che quella ombra avesse vita, che istesse nell'acqua, e non si accorgea che fosse l'ombra sua.

☐ E credeva così che quell'ombra fosse viva e che stesse nell'acqua, e non si accorgeva che era la sua ombra.

☐ E credeva quindi che quell'immagine fosse viva e si trovasse nell'acqua, e non si accorgeva che era la sua propria immagine.

101

# 3 Scrivere a scuola

**UNITÀ DI LAVORO 14** | Le scritture d'uso: la parafrasi di un testo in prosa

## Laboratorio

**3** | **scrittura in apprendimento cooperativo** Dopo aver letto con attenzione il testo di Boccaccio (*Decameron*, novella IX della prima giornata) e le note, esegui la parafrasi insieme con un compagno. Proponete diverse soluzioni linguistiche e discutetene l'effetto, scegliendo la più chiara.

Dico adunque che ne' tempi del primo re di Cipri,[1] dopo il conquisto fatto della Terra Santa da Gottifrè di Buglione,[2] avvenne che una gentil donna di Guascogna[3] in pellegrinaggio andò al Sepolcro, donde tornando, in Cipri arrivata, da alcuni scelerati uomini villanamente fu oltraggiata.[4] Di che ella senza alcuna consolazion dolendosi, pensò d'andarsene a richiamare al re.

**1.** Isola di Cipro.
**2.** Goffredo di Buglione (in francese Godefroy de Bouillon), conte fiammingo, fu un condottiero della Prima Crociata (1099), con la quale i cristiani riconquistarono la Terra Santa (la regione dell'attuale Palestina, che ha un grande significato simbolico per ebrei, cristiani e musulmani). In particolare, Goffredo di Buglione guidò la conquista di Gerusalemme, dove si trova il Santo Sepolcro, una basilica oggetto di enorme venerazione da parte del mondo cristiano.
**3.** Una nobile dama proveniente dalla Guascogna, regione della Francia sud-occidentale.
**4.** Fu crudelmente violentata.

## Autovalutazione e allenamento INVALSI

**1** Leggi il testo di Giovanni Boccaccio (*Decameron*, giornata V, novella VII) e completa gli esercizi.

▶ **a** Sostituisci i termini difficili, poco usati o arcaici segnalati in neretto con termini dell'italiano attuale, scegliendoli tra quelli proposti.

La giovane, la morte temendo, rotta la promessa fatta a Pietro, ciò che tra lui e lei **stato era** (*era fermo / era successo*) tutto **aperse** (*aprì / raccontò*). Il che udendo il cavaliere e **fieramente** (*orgogliosamente / terribilmente*) divenuto **fellone** (*furioso / vigliacco*), **appena** (*subito / a malapena*) d'ucciderla **si ritenne** (*si trattenne / pensò*); ma, poi che quello che l'ira gli **apparecchiava** (*preparava / presentava*) detto l'ebbe, rimontato a cavallo, a Trapani **se ne venne** (*venne / se ne andò*).

(G. Boccaccio, *Decameron*, giornata V, novella VII)

▶ **b** Ricostruisci il testo riscrivendo con il giusto ordine sintattico le parti omesse.

La giovane, temendo la morte, rotta la promessa fatta a Pietro ...................................................

..................................... Il che udendo il cavaliere e ...................................................

fellone, ..................................................... ; ma, poi che ........................................... ,

rimontato a cavallo, ...................................................

(G. Boccaccio, *Decameron*, giornata V, novella VII)

**2** Per ogni sezione individua qual è la parafrasi più chiara e corretta del testo di Leonardo da Vinci [*Trattato della Pittura*, libro I, in neretto].

| | | A | B |
|---|---|---|---|
| 1 | La pittura immediate ti si rappresenta con quella dimostrazione, per la quale il suo fattore l'ha generata, e dà quel piacere al senso massimo, qual dare possa alcuna cosa creata dalla natura. | ☐ La pittura immediata dà dimostrazione di come il suo creatore l'ha fatta, e dà quel piacere massimo al senso, come nessuna cosa creata dalla natura. | ☐ La pittura ti si manifesta immediatamente per come il suo creatore l'ha fatta, e dà tanto piacere al senso più importante [la vista] quanto ne possa dare ogni cosa creata dalla natura. |

**102** LA SCRITTURA

| | | | |
|---|---|---|---|
| 2 | Ed in questo caso il poeta, che manda le medesime cose al comun senso per la via dell'udito minor senso, non dà all'occhio altro piacere, che se un sentisse raccontare una cosa. | ☐ E in questo caso il poeta, che porta le stesse cose al sentimento delle persone attraverso l'udito, senso meno importante, dà all'occhio lo stesso piacere che si ha all'ascoltare qualcuno raccontare una cosa. | ☐ E in questo caso il poeta, che comanda le medesime cose al senso comune per via dell'udito, senso minore, non dà all'occhio altro piacere che se uno sentisse raccontare una cosa. |
| 3 | Or vedi che differenza è dall'udir raccontare una cosa, che dia piacere all'occhio con lunghezza di tempo, o vederla con quella prestezza, che si vedono le cose naturali. | ☐ Dunque vedi che differenza c'è tra sentir raccontare una cosa che dà piacere all'occhio in un tempo lungo, o vederla con quella immediatezza con cui si vedono le cose della natura. | ☐ Ora vedi che differenza c'è dal sentir raccontare una cosa che dà piacere all'occhio per lungo tempo e vederla con quella velocità con cui si vedono gli eventi naturali. |
| 4 | Ed ancorché le cose de' poeti sieno con lungo intervallo di tempo lette, spesse sono le volte che le non sono intese, e bisogna farli sopra diversi comenti, de' quali rarissime volte tali comentatori intendono qual fusse la mente del poeta; e molte volte i lettori non leggono se non piccola parte delle loro opere per disagio di tempo, ma l'opera del pittore immediate è compresa dalli suoi risguardatori. | ☐ E ancora le cose dei poeti sono lette fra lunghi intervalli di tempo, spesso però non sono capite, e bisogna farvi sopra diversi commenti, nei quali molto raramente quei commentatori comprendono la mente del poeta; e molte volte i lettori leggono a lungo solo una piccola parte delle loro opere, a causa del loro disagio, ma l'opera immediata del pittore è compresa da chi la riguarda. | ☐ E sebbene le opere dei poeti siano lette per molti anni, sono frequenti le volte in cui non sono comprese, e bisogna farvi sopra diversi commenti, nei quali molto raramente i commentatori comprendono quale fosse l'idea del poeta; e molte volte i lettori leggono solo una piccola parte delle opere dei poeti, per mancanza di tempo. L'opera del pittore invece è immediatamente compresa da coloro che la guardano. |

**3** **Dopo aver letto con attenzione il testo completa le parti mancanti degli esercizi.**

Umana cosa è aver compassione degli afflitti: e come che a ciascuna persona stea bene, a coloro è massimamente richiesto li quali già hanno di conforto avuto mestiere e hannol trovato in alcuni; fra' quali, se alcuno mai n'ebbe bisogno o gli fu caro o già ne ricevette piacere, io sono uno di quegli. (G. Boccaccio, *Decameron*, Proemio)

▶ a  Scioglimento di parole ed espressioni difficili

come che = per quanto          stea bene = sia opportuno          massimamente = .............................
già = in passato               li quali = .............................          avuto mestiere = .............................
hannol = lo hanno              alcuno = qualcuno                 caro = .............................
quegli = .............................

▶ b  Ricostruzione dell'ordine sintattico (in grassetto le espressioni di cui si è individuato il significato nel precedente passaggio)

Aver compassione degli afflitti è ............................... : e come che ............................... a ciascuna persona, è **massimamente** richiesto ............................... **li quali** già hanno ............................... di conforto e **hannol** trovato in alcuni; fra' quali ............................... se **alcuno** mai n'ebbe bisogno o gli fu **caro** o già ne ricevette piacere.

▶ c  Riformulazione:

..........................................................................................................................................
..........................................................................................................................................
..........................................................................................................................
..........................................................................................................................

*esercizi attivi*

# 3 Scrivere a scuola

**UNITÀ DI LAVORO 15**

# Le scritture d'uso: la parafrasi di un testo in versi

## OBIETTIVI

- Migliorare il livello di comprensione dell'italiano antico.
- Migliorare le competenze di riformulazione lessicale e sintattica.
- Sviluppare la capacità di comprendere e riformulare contenuti testuali complessi.
- Migliorare le competenze testuali e le capacità di lettura di un testo letterario in versi.

**parafrasi di un testo in versi**

- riformula
- amplia
- rende esplicito

il testo di partenza

deve restituire

immagine complessa

polisemia e ambiguità

"plus" di significato dato da verso, ritmo e suono

attraverso

scrittura o esposizione in prosa

evitando

espressioni poco chiare

giudizi personali e contenuti non presenti nel testo di partenza

---

## 1 Parafrasare la poesia

Sulla parafrasi, le sue funzioni e le sue caratteristiche, leggi i paragrafi 1 e 2 dell'Unità di lavoro precedente (p. 96).

I testi in versi

- quasi sempre presentano una morfosintassi particolare
- utilizzano molte figure retoriche
- hanno vari livelli di significato (polisemia)
- possono contenere parole difficili o dal significato differente dall'uso moderno
- possono contenere riferimenti geografici, storici o culturali da sciogliere.

**Per la loro comprensione è necessaria anche la parafrasi.**
Vediamo un esempio su una poesia di Eugenio Montale.

**104** LA SCRITTURA

## Testo esempio

| | PARAFRASI | |
|---|---|---|
| Spesso il male di vivere ho incontrato: | Ho incontrato spesso il male di vivere: | inversione sintattica |
| era il rivo strozzato che gorgoglia, | era il ruscello disseccato o impedito nello scorrere per una strettoia, che gorgoglia, | *era*, qui e nei versi che seguono, significa 'si manifesta in'. Sono le immagini che rappresentano il "male di vivere": l'oggetto indica una situazione emotiva<br><br>*Strozzato* può essere per poca acqua (la poesia ha un'ambientazione estiva) o per un'impedimento fisico, come una strettoia |
| era l'incartocciarsi della foglia riarsa, era il cavallo stramazzato. | era l'accartocciarsi della foglia secca, era il cavallo caduto di schianto. | |
| Bene non seppi, fuori del prodigio | Non ho conosciuto il bene (di vivere), all'infuori del prodigio | sapere = conoscere<br><br>il *Bene* (sottinteso: di vivere, contrapposto al male del primo verso) è messo al primo posto con un'inversione sintattica, e così acquista molto più peso<br><br>una condizione così rara da essere quasi prodigiosa, miracolosa |
| che schiude la divina Indifferenza: | che la divina Indifferenza ci permette: | inversione sintattica (ordine corretto: "che la divina Indifferenza schiude")<br><br>il soggetto di *schiude* è la *divina Indifferenza* e non il *prodigio*, che è invece complemento oggetto; l'indifferenza è personificata come una divinità, una dea |
| era la statua nella sonnolenza del meriggio, e la nuvola, e il falco alto levato. | era la statua nel mezzo del giorno sonnolento ed era la nuvola, ed era il falco sollevato in alto. | *era* significa 'si manifesta in' (soggetto: *il prodigio dell'Indifferenza*)<br><br>inversione sintattica (ordine lineare: "falco levato alto") |

La parafrasi riguarda due livelli del testo, quello lessicale e quello morfosintattico. Per scrivere una parafrasi si seguono queste tappe:

1. **lettura integrale** del testo;
2. **ricerca del significato delle parole** difficili, sconosciute o che hanno un senso diverso da quello attuale; comprensione del senso delle espressioni figurate (ad esempio, le metafore);
3. **ricostruzione dell'ordine logico-sintattico** dei singoli periodi (prima il soggetto, poi il verbo e i complementi; prima la frase principale e poi le subordinate), rendendo espliciti gli elementi sottintesi (soggetti, verbi, complementi) e impliciti (subordinate) e chiarendo tutti i legami tra le frasi.
4. **riscrittura del testo nell'italiano attuale e in prosa** (cioè senza più la scansione dei versi) **senza aggiungere giudizi personali né fatti e argomenti assenti nel testo di partenza** .

105

# 3 Scrivere a scuola

**UNITÀ DI LAVORO 15** Le scritture d'uso: parafrasi di un testo in versi

Nei testi poetici in italiano antico, la parafrasi diventa ancor più necessaria.

## Testo esempio

| 1. LETTURA | 2. CHIARIMENTO DEI SIGNIFICATI | 3. RICOSTRUZIONE LOGICA E SINTATTICA | 4. RISCRITTURA DELL'INTERO TESTO |
|---|---|---|---|
| Tanto gentile e tanto onesta pare<br>la donna mia quand'ella altrui saluta,<br>ch'ogne lingua deven tremando muta,<br>e li occhi no l'ardiscon di guardare. | Donna = signora<br>tanto gentile = a tal punto nobile<br>tanto onesta = a tal punto dignitosa<br>deven = diviene<br>ardiscon = osano | La mia **donna** pare **tanto gentile** e **tanto onesta** quand'ella saluta altrui, ch'ogne lingua **deven** muta tremando, e li occhi no l'**ardiscon** di guardare. | La mia signora si rivela a tal punto nobile e a tal punto dignitosa quando saluta qualcuno, che ogni lingua diviene muta per il tremare, e gli occhi non osano guardarla. |
| Ella si va, sentendosi laudare,<br>benignamente d'umiltà vestuta;<br>e par che sia una cosa venuta<br>da cielo in terra a miracol mostrare. | si va benignamente = procede atteggiata benevolmente<br>d'umiltà vestuta = avvolta (vestita) d'umiltà = con umiltà | Sentendosi laudare, ella **si va benignamente vestuta** d'umiltà; e par che sia una cosa venuta da cielo a mostrare miracol in terra. | Sentendosi lodare, lei procede atteggiata benevolmente con umiltà; e si rivela un essere venuto dal cielo a mostrare un miracolo sulla terra. |
| Mostrasi sì piacente a chi la mira,<br>che dà per gli occhi una dolcezza al core,<br>che 'ntender non la può chi non la prova: | piacente = bella<br>mira = guarda<br>prova = sperimenta direttamente<br>'ntender = capire | Si mostra sì **piacente** a chi la **mira**, che dà per gli occhi una dolcezza al core, che chi non la **prova** non la può '**ntender**: | Beatrice si mostra a tal punto bella a chi la guarda, che trasmette attraverso gli occhi una tale dolcezza al cuore, che chi non la sperimenta direttamente non può capire: |
| e par che de la sua labbia si mova<br>un spirito soave pien d'amore,<br>che va dicendo a l'anima: Sospira.<br>(Dante Alighieri, *Vita nuova*, XXVI) | e par che = è evidente come<br>soave pien d'amore = dolce e pieno di amore<br>si mova = emani<br>labbia = volto<br>va dicendo = dice | **e par che** un spirito **soave** pien d'amore **si mova** de la sua **labbia**, che **va dicendo** a l'anima: Sospira. | ed è evidente come dal suo volto emani uno spirito dolce e pieno di amore che dice all'anima: Sospira. |

## Studio attivo

Riformula in parte il testo della colonna 4, chiarendo ulteriormente i passaggi che ti sembrano ancora complessi o involuti dal punto di vista del lessico o della morfosintassi.

**Attenzione**   La parafrasi limita sempre la ricchezza dei significati del testo poetico. Nel sonetto di Dante Alighieri, per esempio, la parafrasi dei due versi iniziali non riesce a dare conto dell'etimologia latina nella parola «donna» (dal latino *domina*, cioè 'signora, padrona'), né del particolare valore del verbo «saluta» che significa anche 'annuncia e dona salvezza

**106** LA SCRITTURA

eterna'. Oppure il verbo finale «sospira», che allude al pentimento per i propri difetti e peccati, ma è anche un'immagine dell'anima (dal greco *ànemos*, cioè 'soffio'; il soffio, il respiro vitale, è anche quello attraverso cui Dio crea l'uomo), che – nella concezione dantesca – si muove verso la donna-angelo e Dio.

## 2 Efficacia della parafrasi

Nella parafrasi lo scopo è ricostruire e mettere a punto la comprensione del significato del testo, quindi nella riscrittura finale **vanno evitate soluzioni non chiare o poco significative**. Quindi, una volta individuato **l'esatto significato dei termini e il senso del testo**, la sintassi, la punteggiatura e il lessico possono variare (anzi, spesso è consigliabile), in modo da raggiungere la forma dell'italiano attuale e da restituire efficacemente la maggior gamma possibile di significati.

Osserviamo un esempio di parafrasi efficace su un sonetto del poeta Ugo Foscolo (1778-1827).

### Testo esempio

| | PARAFRASI POCO EFFICACE | PARAFRASI EFFICACE |
|---|---|---|
| Forse perché della fatal quïete<br>Tu sei l'immago, a me sì cara vieni,<br>O Sera! E quando ti corteggian liete<br>Le nubi estive e i zeffiri sereni, | Forse perché sei l'immagine della quiete fatale a me tanto cara vieni, o Sera! Sia quando ti corteggiano allegre le nubi estive e i venti sereni, | O Sera, a me sei tanto cara quando vieni, forse perché sei l'immagine della morte (= quiete fatale, cioè decisa dal destino). Sia quando ti accompagnano le allegre nuvole estive e i venti sereni (= in estate); |
| E quando dal nevoso aere inquiete<br>Tenebre, e lunghe, all'universo meni,<br>Sempre scendi invocata, e le secrete<br>Vie del mio cor soavemente tieni. | Sia quando dall'aria nevosa porti tenebre inquiete e lunghe all'universo, sempre scendi invocata, e conquisti dolcemente le segrete vie del mio cuore. | sia quando dal cielo nevoso porti a tutta la terra un buio lungo e minaccioso (= in inverno), scendi sempre desiderata: e conquisti dolcemente le zone più nascoste del mio animo. |
| Vagar mi fai co' miei pensier su l'orme<br>Che vanno al nulla eterno; e intanto fugge<br>Questo reo tempo, e van con lui le torme | Mi fai vagare coi miei pensieri sulle orme che vanno al nulla eterno; e intanto fugge via questo tempo ingrato, e vanno con lui le schiere | Mi fai viaggiare coi pensieri sui percorsi che portano a riflettere sulla morte e sulla fine di tutto; e intanto scorre via questo tempo ingrato, e con lui scorrono via tutti |
| Delle cure, onde meco egli si strugge;<br>E mentre io guardo la tua pace, dorme<br>Quello spirto guerrier ch'entro mi rugge.<br><br>(Ugo Foscolo, *Alla sera*) | degli affanni per i quali lui si consuma con me; e mentre guardo la tua pace dorme lo spirito ribelle che dentro di me ruggisce. | gli affanni a causa dei quali lui (= il tempo) si consuma con me; e mentre contemplo la tua pace, si placa lo spirito ribelle che ruggisce dentro di me. |

**107**

**Scrivere a scuola**
UNITÀ DI LAVORO 15 Le scritture d'uso: parafrasi di un testo in versi

## 3 Parafrasi e significato aperto

Nella poesia moderna e contemporanea **l'immagine trasmessa attraverso il linguaggio poetico** (quindi non solo attraverso il significato ma anche il ritmo e il suono) **può essere molto complessa** da riprodurre nel linguaggio comune. Inoltre, molte forme di poesia moderna si fondano su una voluta **apertura e indeterminatezza del significato**, oppure su una sua **costitutiva ambiguità o polisemia** – cioè una compresenza di significati diversi – che è impossibile rendere attraverso una semplice parafrasi, dato che questa tende a interpretare il senso in una sola direzione. In questi casi si possono elencare più di una interpretazione o scegliere quella per noi più significativa.

Vediamo un esempio dal poeta Dino Campana (1885-1932).

---

**Testo esempio**

| | PARAFRASI |
|---|---|
| Ma per il vergine capo<br>Reclino, io poeta notturno<br>Vegliai le stelle vivide nei pelaghi del cielo,<br>Io per il tuo dolce mistero<br>Io per il tuo divenir taciturno,<br>Non so se la fiamma pallida<br>Fu dei capelli il vivente<br>Segno del suo pallore,<br>Non so se fu un dolce vapore,<br>Dolce sul mio dolore,<br>Sorriso di un volto notturno:<br>Guardo le bianche rocce le mute fonti dei<br>                          [venti<br>E l'immobilità dei firmamenti<br>E i gonfii rivi che vanno piangenti<br>E l'ombre del lavoro umano curve là sui poggi<br>                          [algenti<br>E ancora per teneri cieli lontane chiare ombre<br>                          [correnti<br>E ancora ti chiamo ti chiamo Chimera.<br><br>(Dino Campana, *Chimera*) | Ma per la tua testa china di fanciulla, io, il poeta della notte (notturno = che scrive di notte, che ama la notte, che canta la notte), vegliai le stelle brillanti nei mari del cielo: io lo feci per (= in nome di) il tuo dolce mistero e il tuo passare (o trasformarti) in silenzio (oppure: io lo feci per sentire fino in fondo il tuo dolce mistero e il tuo passare [o trasformarti] in silenzio).<br>Non so se la fiamma pallida dei capelli (= biondi) fu il segno vivo della sua pallidità e bianchezza (= della sua essenza di apparizione e fantasma; oppure del suo essere fulgida),<br>Non so se il sorriso di un volto nella notte fu come un alito dolce sul mio dolore;<br>Guardo le bianche rocce, i luoghi muti da cui si originano i venti<br>E i vasti cieli immobili<br>E i fiumi gonfi d'acqua che vanno scorrendo come lacrime<br>E le immagini di uomini curvi sul lavoro, là sulle colline fredde<br>E attraverso dolci cieli e lontane e chiare ombre in movimento (= le nuvole) ancora ti chiamo, ti chiamo Chimera (= ti invoco, o Chimera; ma anche *ti do il nome di Chimera*, cioè sogno o desiderio irrealizzabile) |

---

**Studio attivo**

■ Individua nell'antologia un verso o un passaggio di un testo poetico la cui polisemia viene drasticamente ridotta nella parafrasi.

---

## 4 Parafrasare l'epica

Un caso particolare riguarda la parafrasi del testo epico. Per un lettore di oggi, diverso dal lettore/ascoltatore per il quale sono stati concepiti, i testi epici presentano una morfosintassi inconsueta, parole desuete o dal significato diverso dall'uso moderno e molti riferimenti geografici, storici e culturali da spiegare: **è quindi necessaria la parafrasi.**

**108** LA SCRITTURA

Tuttavia bisogna distinguere tra **i testi dell'epica rinascimentale italiana**, che presentano maggiori difficoltà per un lettore contemporaneo, e quelli **dell'epica classica, che leggiamo in traduzione** e dove **la difficoltà di lettura è minore quanto più la traduzione è recente.**

Paragoniamo due esempi, il primo tratto da una famosa traduzione del 1822 (Ippolito Pindemonte), l'altro da una traduzione novecentesca (Rosa Calzecchi Onesti).

### Testo esempio

| | |
|---|---|
| Sorrise l'Atlantide, e, della mano divina carezzandolo, la lingua sciolse in tai voci: "Un cattivello sei, Né ciò che per te fa, scordi giammai. Quali parole mi parlasti!". <br> (I. Pindemonte) | patronimico (la ninfa Calipso è figlia di Atlante) <br> con la mano (il complemento di limitazione è usato al posto di quello di modo) <br> parlò con queste parole (tai = tali) <br> *Inversione: non scordi giammai* (= mai) *ciò che fa per te* (= ciò che ti è utile) <br> Che parole mi hai detto! |
| Parlò così, sorrise Calipso, la dea luminosa lo carezzò con la mano e disse parola, diceva: «Ah brigante che sei, e non sciocco davvero, senti un po' che discorso hai pensato di fare! <br> (R. Calzecchi Onesti) | parlò |

La parafrasi del testo epico riguarda due livelli, quello lessicale e quello morfosintattico. Le tappe da seguire sono le stesse:

1. **lettura integrale** del testo;
2. **ricerca del significato delle parole** difficili, sconosciute o che hanno un senso diverso da quello attuale; comprensione del senso delle espressioni figurate (ad esempio, le metafore).

**Attenzione** Per trovare il significato di alcune espressioni dell'italiano antico puoi cercare sul Vocabolario degli Accademici della Crusca (www.lessicografia.it).

3. **ricostruzione dell'ordine logico-sintattico** dei singoli periodi (prima il soggetto, poi il verbo e i complementi; prima la frase principale e poi le subordinate), rendendo espliciti gli elementi sottintesi (soggetti, verbi, complementi) e impliciti (subordinate) e chiarendo tutti i legami tra le frasi.

**Attenzione** Nell'epica è frequentissima l'**inversione sintattica**: la successione degli elementi logici è spesso insolita e va riordinata. Se si trovano difficoltà è meglio procedere individuando prima di tutto il verbo e il soggetto della frase principale.

4. **riscrittura del testo nell'italiano attuale** senza aggiungere giudizi personali né fatti e argomenti assenti nel testo di partenza. Anche nel caso di un testo epico la riformulazione si presenterà in prosa, dunque senza più rispettare la scansione in versi.

**Attenzione** Nell'epica c'è anche una forte presenza di **epiteti e formule**, che **vanno sciolti sempre allo stesso modo** per rispettarne la natura (*il piè veloce Achille = Achille veloce nei piedi; l'ancella bei riccioli = dai bei riccioli; disse parole = parlò*).

109

# 3 Scrivere a scuola

**UNITÀ DI LAVORO 15** | **Le scritture d'uso: parafrasi di un testo in versi**

## Testo esempio

| 1. LETTURA | 2. CHIARIMENTO DEI SIGNIFICATI | 3. RICOSTRUZIONE LOGICA E SINTATTICA | 4. RISCRITTURA DELL'INTERO TESTO |
|---|---|---|---|
| Canta, o dea, l'ira d'Achille Pelide, rovinosa, che infiniti dolori inflisse [agli Achei, gettò in preda all'Ade molte vite [gagliarde d'eroi, ne fece il bottino dei cani, di tutti gli uccelli – consiglio di Zeus [si compiva – da quando prima si divisero<br><br>[contendendo l'Atride signore d'eroi e Achille glorioso.<br><br>(*Iliade*, Proemio) | Pelide = figlio di Peleo<br>rovinosa = furiosa, che porta rovina<br>Achei = greci<br>Ade = l'inferno dei greci<br>gagliarde = robuste<br>bottino = preda<br>consiglio = disegno, piano (significato del latino *consilium*)<br>si compiva = si avverava<br>prima = per la prima volta<br>Atride = figlio di Acheo (Agamennone)<br>contendendo = in contesa | Canta, o dea, l'ira furiosa di Achille Pelide, che inflisse agli Achei dolori infiniti, gettò in preda all'Ade molte vite robuste di eroi, ne fece il bottino dei cani e di tutti gli uccelli da quando per la prima volta Agamennone figlio di Atreo e Achille glorioso si divisero in una contesa – il consiglio di Zeus si compiva – | Canta, o dea, l'ira furiosa di Achille figlio di Peleo, che inflisse ai greci dolori infiniti, gettò nell'Ade molte vite robuste di eroi, fece dei loro cadaveri la preda di cani e uccelli, da quando per la prima volta Agamennone figlio di Atreo e Achille glorioso si divisero in una contesa: il piano di Zeus si avverava. |
| Altri fiumi, altri laghi, altre campagne sono là su, che non son qui tra noi; altri piani, altre valli, altre montagne, c'han le cittadi, hanno i castelli suoi, con case de le quai mai le più magne non vide il paladin prima né poi: e vi sono ample e solitarie selve, ove le ninfe ognor cacciano belve.<br><br>(Ludovico Ariosto, *Orlando furioso*, XXXIV, 72) | cittadi = città (plurale)<br>là su = lassù (sulla luna)<br>de le quai = delle quali<br>magne = grandi (dal latino *magnus*)<br>il paladin = il paladino (Astolfo)<br>ample = ampie, grandi<br>selve = boschi<br>ognor = ancora | Là su vi sono altri fiumi, altri laghi, altre campagne, che non son qui da noi; le cittadi, i castelli suoi hanno altri piani, altre valli, altre montagne, con case delle quali il paladino non vide le più grandi né prima né dopo; e vi sono ample e solitarie selve ove le ninfe ognor cacciano belve | Lassù (sulla luna) ci sono fiumi, laghi, campagne, diversi rispetto a quelli che sono qui da noi; le città e i castelli della luna hanno altre pianure, altre valli, altre montagne, con case così grandi Astolfo non ne vide di uguali né prima né dopo; e ci sono boschi grandi e solitari dove le ninfe, ancora oggi, cacciano le belve. |

**110**    LA SCRITTURA

# Laboratorio

## Attivare un metodo

**1** **didattica inclusiva – dsa** **Completa la parafrasi del testo riformulando le parti in corsivo.**

> Non chiederci la parola che squadri da ogni lato
> l'animo nostro informe, e a lettere di fuoco
> lo dichiari e risplenda come un croco
> perduto in mezzo a un polveroso prato.
>
> Ah l'uomo che se ne va sicuro,
> agli altri ed a se stesso amico,
> e l'ombra sua non cura che la canicola
> stampa sopra uno scalcinato muro!
>
> Non domandarci la formula che mondi possa aprirti,
> sì qualche storta sillaba e secca come un ramo.
> Codesto solo oggi possiamo dirti,
> ciò che non siamo, ciò che non vogliamo.
>
> (E. Montale, *Non chiederci la parola*)

Non chiederci un discorso che definisca con chiarezza il nostro animo senza forma, *e a lettere di fuoco lo dichiari*, in modo che splenda come un giallo fiore di zafferano, *perduto in mezzo a un polveroso prato*.

Ah, l'uomo che va sicuro per il proprio cammino *agli altri ed a se stesso amico*, e non si preoccupa della sua ombra che il sole di mezzogiorno *stampa sopra uno scalcinato muro*!

Non domandarci la formula che possa svelarti la conoscenza del mondo; puoi domandarci soltanto *qualche storta sillaba e secca come un ramo*.
*Codesto solo oggi possiamo dirti*, ciò che non siamo, ciò che non vogliamo.

**2** **didattica inclusiva – italiano L2 (ricerca, parafrasi, riformulazione)** **Il passo, tratto dall'Eneide di Virgilio, racconta l'attacco notturno di due amici al campo nemico. Leggi con attenzione e svolgi gli esercizi.**

> Usciti, superano i fossi, e nell'ombra della notte
> si dirigono al campo nemico, ma prima sarebbero stati
> di eccidio a molti. Sull'erba vedono corpi rovesciati
> dal sonno e dal vino, carri con il timone alzato sulla riva,
> uomini tra briglie e ruote, e giacere insieme
> armi e otri.

▶ a Cerca sul vocabolario il significato di questi termini

eccidio = .............................................................................................................................................

riva = ..................................................................................................................................................

otri = ...................................................................................................................................................

▶ b Parafrasi: inserisci le parti mancanti

Usciti, superano i fossi, e nell'ombra della notte si dirigono al campo nemico, ma prima ............................. .
Sull'erba vedono corpi rovesciati dal sonno e dal vino, carri con il timone alzato ............................. , uomini tra briglie e ruote, e ............................. insieme.

▶ c Riformulazione: riscrivi la parafrasi utilizzando dove possibile dei sinonimi.

# 3 Scrivere a scuola

**UNITÀ DI LAVORO 15** Le scritture d'uso: parafrasi di un testo in versi

## Laboratorio

**3** **scrittura in apprendimento cooperativo** Insieme con uno o due compagni leggi con attenzione il testo di Torquato Tasso (1544-1595) e le note; poi scrivetene una parafrasi nel modo più efficace possibile, discutendo e confrontandovi sulle possibili soluzioni. Elencate tra parentesi le altre soluzioni che avete preso in esame e poi scartato.

D'un bel pallore ha il bianco volto asperso[1]
come a gigli sarian[2] miste viole:
e gli occhi al cielo affissa; e in lei converso[3]
sembra per la pietate il cielo e 'l sole;
e la man nuda e fredda alzando verso
il cavaliero, in vece di parole,
gli dà pegno di pace. In questa forma
passa[4] la bella donna, e par che dorma.

1. cosparso.
2. fossero.
3. voltato.
4. muore.

(T. Tasso, *Gerusalemme liberata*, XII, 69)

**4** **compito di realtà** Sei il conduttore di una trasmissione televisiva che illustra l'opera del poeta Giuseppe Ungaretti (1888-1970). Devi preparare la parafrasi di alcuni passi che leggerai agli spettatori.

▶ a L'aria è crivellata
come una trina
dalle schioppettate
degli uomini
ritratti
nelle trincee
come le lumache nel loro guscio

(G. Ungaretti, *In dormiveglia*)

▶ b Stamani mi sono disteso
in un'urna d'acqua
e come una reliquia
ho riposato

(G. Ungaretti, *I fiumi*)

▶ c Respiro
il fresco
che mi lascia
il colore del cielo

(G. Ungaretti, *Sereno*)

**5** **riscrittura individuale** Formula la parafrasi del testo che segue. Poi scrivine una nuova versione, facendo attenzione a rendere più chiaro possibile il significato.

Dov'era la luna? Ché il cielo
notava in un'alba di perla,
ed ergersi il mandorlo e il melo
parevano a meglio vederla.
Venivano soffi di lampi
da un nero di nubi laggiù:
veniva una voce dai campi:
chiù…

Le stelle lucevano rare
tra mezzo alla nebbia di latte:
sentivo il cullare del mare,
sentivo un fru fru tra le fratte;
sentivo nel cuore un sussulto,
com'eco d'un grido che fu.
Sonava lontano il singulto:
chiù…

(G. Pascoli, *L'assiuolo*)

**6** **manipolazione del testo** Trasforma il testo di Pascoli in un breve racconto in prosa e successivamente in un riassunto. Paragona due testi alla parafrasi che hai svolto (esercizio 5) e spiega le differenze in una breve esposizione orale.

## Autovalutazione e allenamento INVALSI

**1** Sostituisci le espressioni difficili, poco usate o arcaiche segnalate in neretto con altre dell'italiano attuale, scegliendole tra quelle proposte.

Totò ha venticinque anni, **tempra sdegnosa** [carattere sprezzante/temperamento aggressivo], molta cultura e gusto in **opere d'inchiostro** (composizioni stampate / opere letterarie),

112 LA SCRITTURA

scarso cervello, scarsa morale, **spaventosa**
**chiaroveggenza** [terribile capacità di prevedere il futuro/spaventose qualità parapsicologiche]: è il vero figlio del tempo nostro.
Non ricco, giunta l'ora di "vender parolette".
(il suo Petrarca!...[1]) e farsi **baratto o gazzettiere** [commerciante o donnaiolo/truffatore o giornalista],
Totò scelse l'esilio. E in libertà riflette
ai **suoi trascorsi** [le sue vicende passate/le sue avventure] che sarà bello tacere.
Non è cattivo. Manda soccorso di danaro
al povero, all'amico un cesto di **primizie** [frutta e verdura di stagione/carne di prima scelta];
non è cattivo. A lui ricorre lo scolaro
pel tema, l'emigrante per le **commendatizie** [ricompense/raccomandazioni].
Gelido, consapevole di sé e dei suoi torti,
non è cattivo. È il buono che derideva il Nietzsche[2]
"… in verità derido l'**inetto** [insipido/incapace] che si dice
buono, perché non ha l'**ugne** [denti/unghie] abbastanza forti…".

(G. Gozzano, Totò Merumeni)

**1.** "vender parolette" è una citazione da Francesco Petrarca, autore molto letto e apprezzato dal protagonista Totò.
**2.** Friederich Nietzsche, filosofo tedesco (1844-1900).

**2** Dopo aver letto con attenzione il testo completa le parti mancanti degli esercizi.

Nella mia prima infanzia militare
schioppi e tamburi erano i miei giocattoli;
come gli altri una fiaba, io la canzone
amavo udire dei coscritti.
              Quando
con sé mia madre poi mi volle, accanto
mi pose, a guardia, il timore. Vestito
non mi vide da soldato, in visita
da noi venendo, la mia balia. Assidui
moniti udivo da mia madre; i casi
della sua vita, dolorosi e mesti.

E fu il bambin dalle calze celesti,
dagli occhi pieni di un muto rimprovero,
buono a sua madre e affettuoso. Schioppi
più non ebbi e tamburi. Ma nel cuore
io li celai; ma nel profondo cuore
furono un giorno i versi militari;
oggi sono altra cosa: il bel pensiero,
forse, onde resto in tanto strazio vivo.

▶ a   **Spiega le parole e le espressioni difficili.**

schioppi = .........................................

la canzone dei coscritti = la canzone dei soldati chiamati alle armi (il riferimento più preciso è a una canzone che l'autore pone in epigrafe alla poesia: «Ecco el vapor che fuma. che vien da la montagna. Addio papà e mama. Me tocca de andàr soldà»)

assidui moniti = .........................................

mesti = .........................................

celai = .........................................

nel profondo cuore = nel più profondo del cuore

furono = rimasero

i versi militari = i versi delle canzoni dei soldati

onde = .........................................

in tanto strazio = .........................................

113

# 3 Scrivere a scuola
**UNITÀ DI LAVORO 15** Le scritture d'uso: parafrasi di un testo in versi

## Laboratorio

▶ b **Ricostruisci l'ordine sintattico.**

Nella mia prima infanzia militare i miei giocattoli ........................... ; io ........................... la canzone ........................... come gli altri una fiaba. Quando poi ........................... mi volle ..........................., accanto mi pose ..........................., a guardia. ........................... non mi vide ........................... da soldato, ........................... in visita da noi. ........................... da mia madre ........................... ; i casi ........................... della sua vita.

E fu il bambin dalle calze celesti, dagli occhi pieni di un muto rimprovero, buono ........................... a sua madre. Più non ebbi ........................... . Ma ........................... nel cuore; ma ........................... furono un giorno ........................... . Oggi sono altra cosa: forse ........................... onde ........................... in tanto strazio.

▶ c **Riformula interamente il testo.**

---

**3** Individua qual è la parafrasi più efficace del testo tratto dall'*Odissea* (incontro di Odisseo con Nausicaa) e motiva le tua scelta in un breve testo.

| | A | B |
|---|---|---|
| In Delo una volta, così, presso l'ara [d'Apollo, vidi levarsi un fusto nuovo di palma: sì, giunsi anche là; e mi seguiva [innumerevole esercito, via in cui m'era destino aver tristi pene. Così, ammirandolo, fui vinto dal [fascino a lungo, perché mai crebbe tale [pianta da terra, come te, donna, ammiro, e sono [incantato e ho paura tremenda ad abbracciarti i ginocchi: ma duro [strazio m'accora. Ieri scampai dopo venti giornate dal [livido mare: fin qui l'onda sempre m'ha spinto e le [procelle rapaci, dall'isola Ogigia; e qui m'ha gettato [ora un dio, certo perché soffra ancora dolori: [non credo che finiranno, ma molti ancora [vorranno darmene i numi. (*Odissea*, VI) | Una volta, nell'isola di Delo, vicino all'altare del dio Apollo, vidi allo stesso modo innalzarsi un giovane tronco di palma; sì, arrivai anche là, seguito da un innumerevole esercito, percorrendo la strada in cui ero destinato ad avere tristi sventure. Così, ammirandolo, rimasi a lungo affascinato, perché non era mai cresciuta dalla terra una pianta così bella; allo stesso modo ammiro te, o donna, e ne sono incantato, e ho una tremenda paura ad abbracciarti le ginocchia per supplicarti di avere pietà; ma un dolore terribile mi stringe il cuore. Ieri, dopo venti giorni, sono scampato dal mare plumbeo; dall'isola Ogigia mi hanno trascinato continuamente fino a qui le onde e le tempeste che uccidono. E qui ora mi ha gettato di certo un dio, sicuramente perché soffra ancora; non credo che le mie sventure siano finite, ma piuttosto che gli dei vogliano addossarmene molte altre ancora. | Nell'isola di Delo una volta, presso l'altare di Apollo vidi così levarsi un fusto nuovo di palma; sì, giunsi anche là, e mi seguiva un innumerevole esercito, nella via in cui ero destinato ad avere tristi pene. Così, ammirandolo, fui vinto dal fascino a lungo, perché non crebbe mai una pianta così sulla terra; come ammiro te, donna, e sono incantato e ho una tremenda paura ad abbracciarti i ginocchi; ma una dura pena mi stringe il cuore. Ieri scampai dopo venti giornate dal mare plumbeo; fin qui mi hanno sempre spinto le onde e le tempeste rapaci, dall'isola Ogigia; e qui mi ha gettato ora un dio, certo perché soffra ancora dolori; non credo che finiranno, molti ancora vorranno darmene gli dei. |

**UNITÀ DI LAVORO 16**

# Le scritture d'uso: il riassunto

**OBIETTIVI**

- Migliorare le capacità di comprensione di un testo attraverso l'individuazione rapida delle informazioni principali.
- Migliorare le capacità di rielaborazione, sintesi e scrittura di testi.
- Rafforzare le competenze relative alla riorganizzazione e rielaborazione delle informazioni.

**riassunto**

serve a → comprendere e ricordare il contenuto

è → più breve — del

è → autonomo — rispetto al

ha → il messaggio — del

del → testo di partenza

non → utilizza la prima persona singolare né il discorso diretto

non → contiene commenti, opinioni personali

## 1 Che cos'è il riassunto

**Il riassunto è un testo che, nel modo più breve e chiaro possibile, riferisce i contenuti principali di un altro testo più lungo e complesso.**
Saper riassumere è un'abilità di base che è importante padroneggiare, utile per molti tipi di scrittura (soprattutto per le scritture informative e argomentative).
Il riassunto serve a comprendere e ricordare il contenuto del testo di partenza ed è quindi, tra le altre cose, uno strumento essenziale per riorganizzare le informazioni di studio. Come altri testi di servizio, può avere diversi tipi di destinatario: infatti si possono fare riassunti per nostro uso oppure per altre persone; la scelta di alcune informazioni può cambiare in base a questo dato.

## 2 Caratteristiche del riassunto

Le caratteristiche formali del riassunto sono queste:
– è un testo coeso, coerente e significativamente più breve del testo di partenza;

**115**

# Scrivere a scuola

**UNITÀ DI LAVORO 16** Le scritture d'uso: il riassunto

– è un testo autonomo che può essere letto anche senza conoscere il testo di partenza, ma che consente al lettore di farsi un'idea del testo originale;

– sintetizza il contenuto di un altro testo, eliminando le informazioni non essenziali ma conservandone il messaggio e, se possibile, il linguaggio e la struttura;

– ha caratteristiche diverse a seconda che si tratti, per esempio, di un testo narrativo (deve mantenere lo sviluppo logico della trama) o teorico-saggistico (deve conservare il senso del ragionamento, ma anche le diverse argomentazioni in cui si sviluppa);

– non contiene commenti, opinioni, riflessioni o giudizi personali;

– non utilizza la prima persona singolare né il discorso diretto (i discorsi diretti vengono trasformati in indiretti).

## 3 Come scrivere un riassunto

Le prime operazioni da fare sono quelle di **individuare** e **analizzare**, per capire quali sono le tesi o gli eventi centrali.
Solo dopo aver completato queste prime operazioni si deve passare a **ridurre** e **sintetizzare**, eliminando tutti gli elementi non essenziali alla comprensione delle tesi o degli eventi centrali.

Queste sono le fasi dettagliate nell'elaborazione di un riassunto:

- **leggere integralmente il testo** per individuare che cosa è importante e che cosa lo è meno;

- **individuare le idee o i fatti principali**, sottolineando le parole e le frasi chiave;

- **isolare le sequenze**, cioè i diversi momenti nello svolgimento della trama o dello sviluppo dell'argomentazione;

- **riassumere le singole sequenze** (anche mentalmente) in modo conciso, cercando di adottare un linguaggio semplice e periodi non troppo lunghi;

- **stendere il riassunto a partire dalle sintesi delle sequenze**, mettendo comunque bene in luce i passaggi e le connessioni tra le varie parti del testo ed eventualmente riorganizzandolo. Non è necessario seguire l'ordine delle sequenze in modo lineare!

- rispettare, per quanto riguarda la lunghezza, le indicazioni del numero di righe, di parole o di battute (se si scrive al computer) richieste nell'esercizio;

- spesso è utile preparare una prima versione e poi vedere se è possibile ridurla ulteriormente.

Esiste anche un metodo diverso, definito "a grappolo", che dopo la lettura integrale e il riconoscimento dei passaggi chiave, prevede di:

- individuare il messaggio essenziale del testo condensandolo al massimo, in un'unica frase;

- arricchire e sviluppare la frase, ripetendo il passaggio fino a raggiungere sufficiente lunghezza e complessità.

La lunghezza del riassunto dipende dall'uso che se ne fa: studio, memorizzazione, esposizione di fatti, esecuzione di un esercizio. In quest'ultimo caso è sempre importante ricontrollare le indicazioni del numero di righe, di parole o di battute (se si scrive al computer) richieste.

**116** LA SCRITTURA

## 4    Un esempio: riassunto di un testo teorico-saggistico

Il testo teorico-saggistico è caratterizzato dalla complessità del ragionamento. Dopo aver letto il testo vanno individuate le sequenze principali (vedi par. 3); in seguito si individuano i passaggi chiave e si elabora un riassunto di ogni sequenza.

Questo metodo è funzionale se il testo da riassumere è di una lunghezza compresa entro un massimo di qualche pagina. Altrimenti diventa più efficace il metodo a grappolo, a patto di aver letto e compreso il testo in ogni passaggio.

Ecco l'inizio della prefazione che Italo Calvino scrisse nel 1964 a una nuova edizione del suo primo romanzo, il *Sentiero dei nidi di ragno* (pubblicato per la prima volta nel 1947), con la sottolineatura delle frasi chiave e la sintesi delle singole sequenze.

### Testo esempio

| | SEQUENZE E PASSAGGI CHIAVE | RIASSUNTO SEQUENZE |
|---|---|---|
| | **SEQUENZA 1** | |
| Questo romanzo è **il primo che ho scritto**; quasi posso dire la prima cosa che ho scritto, se si eccettuano pochi racconti. Che impressione mi fa, **a riprenderlo in mano adesso**? Più che come un'opera mia lo leggo come un libro nato anonimamente dal clima generale d'un'epoca, da una tensione morale, da un gusto letterario che era quello in cui la nostra generazione si riconosceva, **dopo la fine della Seconda Guerra Mondiale**. | **indicatori temporali:** lo scrittore parla di un'opera scritta diverso tempo prima <br> **scrittura in prima persona:** nel riassunto va trasformata in terza <br> **passaggi chiave** <br> **altro riferimento temporale** | **Calvino presenta il suo punto di vista su un romanzo scritto più di un quindicennio prima**, che gli sembra non tanto opera sua quanto un'opera anonima, nata dal clima generale creatosi dopo la fine della Seconda guerra mondiale. |
| | **SEQUENZA 2** | |
| L'esplosione letteraria di quegli anni in Italia fu, prima che un fatto d'arte, un fatto fisiologico, esistenziale, collettivo. Avevamo vissuto la guerra, e noi più giovani – che avevamo fatto appena in tempo a fare il partigiano – non ce ne sentivamo schiacciati, vinti, «bruciati», ma vincitori, spinti dalla carica propulsiva della battaglia appena conclusa, depositari esclusivi d'una sua eredità. Non era facile ottimismo, però, o gratuita euforia; tutt'altro: quello di cui ci sentivamo depositari era un senso della vita come qualcosa che può ricominciare da zero, un rovello problematico generale, anche una nostra capacità di vivere lo strazio e lo sbaraglio; ma l'accento che vi mettevamo era quello d'una spavalda allegria. Molte cose nacquero da quel clima, e anche il piglio dei miei primi racconti e del primo romanzo. Questo ci tocca oggi, soprattutto: la voce anonima dell'epoca, più forte delle nostre inflessioni individuali ancora incerte. L'essere usciti da un'esperienza – guerra, guerra civile – che non aveva risparmiato nessuno, stabiliva un'immediatezza di comunicazione tra lo scrittore e il suo pubblico: si era faccia a faccia, alla pari, carichi di storie da raccontare, ognuno aveva avuto la sua, ognuno aveva vissuto vite irregolari drammatiche avventurose, ci si strappava la parola di bocca. La rinata | **passaggi chiave** | Alla base della grande produzione letteraria di quegli anni ci fu un fatto esistenziale più che artistico-letterario: i giovani si sentivano depositari di un particolare senso della vita da trasmettere. L'essere usciti insieme dall'esperienza tragica della guerra e della guerra civile, poi, stabiliva una comunicazione immediata tra scrittore e pubblico, e la riacquistata libertà di parola era per tutti uno stimolo, comunicava una vera e propria «smania di raccontare». |

117

libertà di parlare fu per la gente al principio smania di raccontare: nei treni che riprendevano a funzionare, gremiti di persone e pacchi di farina e bidoni d'olio, ogni passeggero raccontava agli sconosciuti le vicissitudini che gli erano occorse, e così ogni avventore ai tavoli delle «mense del popolo», ogni donna nelle code ai negozi; il grigiore delle vite quotidiane sembrava cosa d'altre epoche; ci muovevamo in un multicolore universo di storie.

| | **SEQUENZA 3** | |
|---|---|---|
| Chi cominciò a scrivere allora si trovò così a trattare la medesima materia dell'anonimo narratore orale: alle storie che avevamo vissuto di persona o di cui eravamo stati spettatori s'aggiungevano quelle che ci erano arrivate già come racconti, con una voce, una cadenza, un'espressione mimica. Durante la guerra partigiana le storie appena vissute si trasformavano e trasfiguravano in storie raccontate la notte attorno al fuoco, acquistavano già uno stile, un linguaggio, un umore come di bravata, una ricerca d'effetti angosciosi o truculenti. Alcuni miei racconti, alcune pagine di questo romanzo hanno all'origine questa tradizione orale appena nata, nei fatti, nel linguaggio. | **passaggi chiave** | Il romanzo d'esordio di Calvino, come tanti altri pubblicati in quegli anni, attinge a questa diffusa tradizione orale appena nata. |
| | **SEQUENZA 4** | |
| Eppure, eppure, il segreto di come si scriveva allora non era soltanto in questa elementare universalità dei contenuti, non era lì la molla (forse l'aver cominciato questa prefazione rievocando uno stato d'animo collettivo, mi fa dimenticare che sto parlando di un libro, roba scritta, righe di parole sulla pagina bianca); al contrario, mai fu tanto chiaro che le storie che si raccontavano erano materiale grezzo: la carica esplosiva di libertà che animava il giovane scrittore non era tanto nella sua volontà di documentare o informare, quanto in quella di esprimere. Esprimere che cosa? Noi stessi, il sapore aspro della vita che avevamo appreso allora allora, tante cose che si credeva di sapere o di essere, e forse veramente in quel momento sapevamo ed eravamo. Personaggi, paesaggi, spari, didascalie politiche, voci gergali, parolacce, lirismi, armi ed amplessi non erano che colori della tavolozza, note del pentagramma, sapevamo fin troppo bene che quel che contava era la musica e non il libretto. | **passaggi chiave**<br><br><br><br><br><br><br><br><br><br><br><br><br><br><br>**metafora conclusiva da sciogliere** | Questa tradizione orale assicurava la condivisione dei contenuti, ma l'esigenza che agiva in modo più forte e profondo nei giovani scrittori era quella di esprimere se stessi e ciò che avevano appreso: il modo in cui si raccontavano i fatti era più importante del contenuto. |

da I. Calvino, *Il sentiero dei nidi di ragno*, Einaudi, Torino 1972.

Ecco un possibile riassunto, che ripercorre la sequenza logica delle osservazioni di Italo Calvino.

> Calvino ricostruisce il clima culturale, esistenziale e morale in cui si sviluppò il suo primo romanzo, Il sentiero dei nidi di ragno, *sentito quasi come un'opera non personale ma generale, figlia del particolare clima dell'immediato dopoguerra. In quel*

LA SCRITTURA

*periodo infatti le persone, uscite dall'esperienza tragica della guerra e della guerra civile, vivevano una vera e propria «smania di raccontare». Si creava così una circolazione orale di racconti a cui i narratori si riferivano, aggiungendola alle proprie elaborazioni personali; scrittore e pubblico avevano una relazione profonda perché condividevano le stesse drammatiche esperienze che erano il contenuto di romanzi e racconti. Ma quello che spingeva i giovani a scrivere non era tanto il bisogno di rendere testimonianza, di documentare e informare, ma soprattutto il bisogno di esprimere, di dare una voce particolare alle intense esperienze vissute in quegli anni e al "sapore della vita" acquisito. Contava la musica e non il libretto, conclude l'autore: il modo in cui si racconta e non il contenuto.*

### Studio attivo

Scrivi nuovamente il riassunto riorganizzando il ragionamento senza seguire l'ordine delle sequenze: esponi prima le caratteristiche e le esigenze dei giovani nel secondo Dopoguerra e dopo la questione del desiderio generale di narrazione dal quale nascono alcuni racconti e romanzi di quel periodo.

## 5 Un esempio: riassunto di un testo narrativo

Dopo aver letto il testo vanno individuate le sequenze principali (vedi par. 3); in seguito si individuano i passaggi chiave e, se è d'aiuto, si elabora un riassunto di ogni sequenza. Utilizziamo un racconto dello scrittore guatemalteco Augusto Monterroso (1921-2003): *L'eclisse*.

### Testo esempio

| | SEQUENZE E PASSAGGI CHIAVE | RIASSUNTO SEQUENZE |
|---|---|---|
| | **SEQUENZA 1** | |
| Quando fra Bartolomé Arrazola si sentì perduto accettò il fatto che ormai nulla poteva salvarlo. La foresta poderosa del Guatemala lo aveva intrappolato, implacabile e senza appello. Davanti alla sua ignoranza topografica si sedette con tranquillità in attesa della morte. Volle morire lì, senza nessuna speranza, isolato, con il pensiero fisso sulla Spagna distante, in particolare sul convento di Los Abrojos, dove Carlo Quinto aveva una volta acconsceso a scendere dal suo rango per dirgli che confidava nello zelo religioso della sua opera redentrice. | Protagonista<br>Ambientazione<br>Passaggi chiave dell'azione<br>Periodo storico | Bartolomé Arrazola, un missionario spagnolo, si è perduto nella impenetrabile foresta del Guatemala; attendendo serenamente la morte, si addormenta. |
| | **SEQUENZA 2** | |
| Al risveglio si trovò circondato da un gruppo di indigeni dal volto impassibile che si accingevano a sacrificarlo su un altare, un altare che a Bartolomé parve come il letto dove riposarsi, infine, dai suoi timori, dal suo destino, da se stesso.<br>Tre anni nel paese gli avevano conferito una certa padronanza delle lingue native. Tentò qualcosa. Disse alcune parole che furono comprese. | Passaggi chiave dell'azione | Al suo risveglio scopre di essere circondato da un gruppo di indigeni che vogliono sacrificarlo al loro dio. Bartolomé parla la loro lingua. |

119

# 3 Scrivere a scuola
**UNITÀ DI LAVORO 16** Le scritture d'uso: il riassunto

| | SEQUENZA 3 | |
|---|---|---|
| Allora sbocciò in lui un'idea che ritenne degna del suo talento e della sua cultura universale e della sua ardua conoscenza di Aristotele. Ricordò che per quel giorno era attesa un'eclisse solare completa. E decise, nel suo intimo, di servirsi di quella conoscenza per ingannare i suoi oppressori e salvare la vita.<br><br>"Se mi uccidete" disse "posso fare in modo che il sole si oscuri al suo apice".<br><br>Gli indigeni lo guardarono fisso e Bartolomé colse incredulità nei loro occhi. Vide che si era formato un piccolo consiglio, e attese fiducioso, non senza un certo sprezzo. | **Passaggi chiave dell'azione** | Per salvarsi la vita, fra Bartolomé ricorre alle proprie conoscenze astronomiche: sa che sta per verificarsi un'eclisse solare – un fenomeno che ritiene terrorizzante per quegli uomini primitivi – e si serve di questa conoscenza per intimorire gli indigeni.<br><br>Una regola da ricordare: nel riassunto il discorso diretto va trasformato in discorso indiretto. |
| | SEQUENZA 4 | |
| Due ore dopo il cuore di fra Bartolomé Arrazola sgorgava il suo sangue veemente sulla pietra sacrificale (brillante sotto l'opaca luce di un sole eclissato), mentre uno degli indigeni recitava senza alcuna inflessione di voce, senza fretta, una a una, le infinite date in cui si sarebbero prodotte eclissi solari e lunari, che gli astronomi della comunità Maya avevano previsto e annotato nei loro codici senza il valido aiuto di Aristotele.<br><br>da A. Monterroso, *Opere complete (e altri racconti)*, Zanzibar, Milano 1993. | **Pausa importante per il meccanismo narrativo**<br>**Passaggi chiave dell'azione** | La cultura occidentale, simboleggiata dal filosofo greco Aristotele, non salva il missionario: le conoscenze astronomiche del popolo dei Maya sono superiori a quelle di Bartolomé. |

Nel momento della stesura del riassunto di un testo narrativo bisogna tenere in considerazione le particolarità del testo, e quindi individuare mentalmente protagonisti, azione, ambientazione storica e geografica, caratteristiche formali particolari se presenti (ad esempio, la presenza di un narratore particolare).

In questo caso l'efficacia dell'*Eclisse*, che rientra nella categoria dei microracconti, sta tutta nell'ultima sequenza, che non a caso è separata dalle altre da uno spazio bianco tipografico. Attraverso quella pausa e la ripresa (*Due ore dopo...*) viene attivato nel lettore un effetto sorpresa, che rinforza e rende esplicito il messaggio: una critica tagliente dell'eurocentrismo culturale, che considera le altre civiltà inferiori anche quando – come in questo caso – hanno raggiunto conoscenze scientifiche più avanzate. Sarebbe opportuno, quindi, che nel riassunto questo passaggio rimanesse molto chiaro. Inoltre va specificato che anche se non vi è nel racconto nessun riferimento cronologico esplicito, è evidente che la vicenda è ambientata al tempo dei *conquistadores*.

Questo è un possibile riassunto:

> *Nell'epoca dei* conquistadores *un missionario spagnolo, fra Bartolomé Arrazola, si smarrisce nella foresta guatemalteca. Sa di non avere scampo; in attesa della morte, si addormenta serenamente. Al suo risveglio scopre di essere circondato da un gruppo di indigeni maya che vogliono sacrificarlo al loro dio. Per salvarsi la vita Bartolomé decide di usare la propria cultura, e in particolare le proprie conoscenze astronomiche, che ritiene incomparabilmente superiori a quelle dei selvaggi che ha di fronte. Sa che di lì a poco si verificherà un'eclissi solare e quindi, per terro-*

**120** LA SCRITTURA

> rizzare gli indigeni, la predice. Ma viene sacrificato lo stesso: nel suo «sprezzo» di intellettuale europeo che crede di avere a che fare con dei selvaggi, non ha tenuto conto della possibilità che gli indigeni conoscessero l'astronomia meglio di lui.

**Studio attivo**

 Prova a trasformare il riassunto utilizzando il tempo passato anziché il presente. Funziona ugualmente?

# Laboratorio

## Attivare un metodo

**1  didattica inclusiva - dsa**  Leggi attentamente il testo e riformula i passaggi sottolineati in un riassunto, seguendo le frasi guida.

Ho cominciato a scrivere a otto anni: di punto in bianco, senza un esempio ispiratore. Non avevo mai conosciuto qualcuno che scrivesse, anzi conoscevo pochi che leggessero. Ma sta di fatto che solo quattro cose mi interessavano: leggere libri, andare al cinema, ballare il tip tap e fare disegni. Poi un giorno mi misi a scrivere, ignorando di essermi legato per la vita a un nobile ma spietato padrone. […]
Come certi ragazzi si dedicano al pianoforte o al violino per quattro o cinque ore al giorno, così io, mi addestravo con carta e penna. Pure non parlai mai a nessuno di ciò che scrivevo; se qualcuno mi domandava cosa combinavo in tutte quelle ore, rispondevo che facevo i compiti. In realtà non ho mai fatto un compito. […] C'erano tante cose da imparare, e da tante fonti: non solo dai libri ma dalla musica, dalla pittura, e dalla semplice osservazione quotidiana.
In realtà le cose più interessanti che scrissi a quei tempi erano le semplici osservazioni quotidiane che annotavo nel mio diario. Descrizioni di vicini di casa. Lunghi resoconti, parola per parola, di conversazioni ascoltate. Pettegolezzi locali. Una specie di cronaca, un modo di "vedere" e "sentire" che in seguito mi avrebbe fortemente influenzato, anche se allora non ne ero consapevole, perché tutta la mia produzione "formale", che limavo e battevo accuratamente a macchina, era più o meno di fantasia.
A diciassette anni ero uno scrittore agguerrito. Fossi stato un pianista quello sarebbe stato il momento del primo concerto in pubblico. Nel mio caso decisi che ero pronto a pubblicare. Inviai dei racconti ai principali periodici letterari, oltre che alle riviste a diffusione nazionale che a quei tempi presentavano la migliore narrativa cosiddetta "di qualità": "Story", "The New Yorker", "Harper's Bazar", "Mademoiselle", "Harper's", "Atlantic Monthly", e alcuni miei racconti apparvero puntualmente su queste pubblicazioni.
Poi, nel 1948, pubblicai un romanzo: Other Voices, Other Rooms (Altre voci altre stanze). Fu ben accolto dalla critica e divenne un best seller. Fu anche, grazie a una inconsueta fotografia dell'autore sulla sovraccoperta, l'inizio di una certa notorietà che mi ha seguito da vicino in questi molti anni. Anzi, molti attribuirono il successo commerciale del romanzo a quella foto. Altri lo liquidarono come un caso bizzarro. "Incredibile che una persona così giovane riesca a scrivere così bene". "Incredibile? Io scrivo da mattina a sera da appena quattordici anni!"

(T. Capote, *Musica per camaleonti*, Garzanti, 2000)

Lo scrittore racconta di aver ..........................................................................................................
A quei tempi, solo quattro cose ..........................................................................................................

121

# 3 Scrivere a scuola

**UNITÀ DI LAVORO 16** Le scritture d'uso: il riassunto

## Laboratorio

| | |
|---|---|
| *Poi, un giorno,* ........................................... , *addestrandosi* ........................................... |
| *Se qualcuno gli domandava che cosa* ........................................... , *rispondeva che* ........................................... |
| *Le cose più interessanti che l'autore scrisse* ........................................... |
| *A diciassette anni decise di* ........................................... |
| *Nel 1948* ........................................... |
| *Alcuni critici liquidarono il romanzo come un caso bizzarro, sostenendo che* ........................................... |
| *Ma in realtà l'autore* ........................................... |

**2** **didattica inclusiva – italiano L2** **Per riassumere il contenuto di questo articolo sono state sottolineate le frasi più importanti, isolate le sequenze e sintetizzata l'idea centrale di ognuna. Completa l'esposizione inserendo un'espressione a scelta fra quelle elencate. Successivamente stendi il riassunto a partire dagli appunti nell'ultima colonna.**

---

Il 31 dicembre del 1962 veniva approvata la legge di riforma della scuola media che diventava obbligatoria e gratuita per tutti e, il 31 gennaio dell'anno successivo, dopo la pubblicazione sulla Gazzetta Ufficiale, aveva inizio la prima grande riforma democratica dopo la riforma Gentile. E il primo ottobre 1963 i primi studenti varcarono i cancelli per frequentare la "media unica".

**SEQUENZA 1**

la scuola media obbligatoria e gratuita nasce da una riforma ........ nel 1962, che diventa operativa dall'anno scolastico 1963.

*operata – approvata*
*obbligata – evitata*

---

La riforma della scuola media unica nacque da un decisivo dibattito parlamentare attorno all'idea di uguaglianza. Le nuove scuole medie aprirono le porte a 600.000 ragazzi e ragazze - figli di operai, braccianti, artigiani. Per qualche decennio il nostro Paese sperimentò la mobilità sociale. La legge del '63 è frutto di una importante stagione riformista che ha consentito la crescita e l'emancipazione sociale e civile del nostro Paese e si caratterizzava per una forte apertura democratica, contro ogni discriminazione sociale, con un ampliamento significativo degli sbocchi alle scuole secondarie.

**SEQUENZA 2**

è una riforma importante e fortemente democratica, che nasce da un dibattito sull'idea di uguaglianza e ha consentito la crescita del paese in un periodo ........

*di riforme – di discriminazioni*
*di ampliamenti – di chiusura*

---

La legge trovò i suoi presupposti in alcuni articoli inattuati della Costituzione: nello specifico si diede finalmente seguito all'articolo 34 (istruzione obbligatoria per almeno otto anni) per cui si viene a prescrivere che la fascia dell'obbligo venga elevata fino all'età di 14 anni e abbia carattere gratuito. Recita la legge infatti all'art.1: «La scuola media concorre a promuovere la formazione dell'uomo e del cittadino secondo i principi sanciti dalla Costituzione e favorisce l'orientamento dei giovani ai fini della scelta dell'attività successiva».

**SEQUENZA 3**

In realtà i presupposti della legge esistevano già in alcuni articoli della Costituzione italiana, che però erano rimasti ........

*inattuali – non attuati*
*inutili – inconsueti*

---

La nuova legge abolì anche l'esame di ammissione alla scuola media, mentre la Licenza media conseguita con il superamento dell'esame finale, consentì la successiva iscrizione a tutti i tipi di istruzione superiore. Contestualmente venne posto fuori legge il lavoro minorile, anche sotto forma di apprendistato, per i minori di 14 anni: la legge 1859 si pone dunque a fondamento di quella scolarizzazione di massa che l'Italia perseguirà, con notevole successo, a partire dagli anni sessanta.

**SEQUENZA 4**

Con la nuova legge il superamento dell'esame di terza media ........ l'accesso a tutti i tipi di istruzione superiore e il lavoro minorile (fino ai 14 anni) viene messo fuori legge: comincia la scolarizzazione di massa degli italiani.

*impedisce – filtra*
*regolamenta – permette*

---

**122** LA SCRITTURA

Obiettivo principale della riforma era quello di estendere a tutti i ragazzi tra gli 11 e i 14 anni l'istruzione obbligatoria. Ma anche portare all'80% il numero dei ragazzi con la licenza di scuola secondaria inferiore, aumentare del 120% i licenziati annui delle scuole professionali, del 150% i diplomati annui degli istituti tecnici, del 60% i maturati annui degli istituti umanistici, del 120% il numero dei laureati. Uno degli effetti della riforma fu che nel decennio immediatamente successivo a fronte di una crescita della popolazione italiana del 6,5%, l'aumento dei ragazzi che frequentavano la scuola media unica è stato del 32,6%. In trent'anni, dal 1961 al 1991, per effetto dell'allargamento degli sbocchi previsto dalla riforma si sono triplicati gli studenti che hanno conseguito la licenza di scuola media inferiore. Stesso trend, sebbene con dimensioni più ridotte, ha riguardato i laureati che sono passati dal 1% al 4% della popolazione. Nell'anno scolastico 2001-2002, 1.800.000 ragazzi hanno frequentato le medie insieme a 38.926 allievi di cittadinanza straniera.

(da *1963-2013: La "media di tutti" compie mezzo secolo*, La Stampa, 1° ottobre 2013)

> **SEQUENZA 5**
>
> Obiettivi della riforma: istruzione obbligatoria fino a 14 anni e aumento del numero di studenti di ogni tipo si scuola.
> Effetti: nei primi trent'anni della riforma è triplicato il numero di chi ha ........ la licenza media inferiore e anche i laureati sono aumentati, passando dall'1% al 4%.
>
> *ripetuto – aumentato*
> *ottenuto – rifiutato*

---

**3** **scrittura in apprendimento cooperativo** Condensa il contenuto dell'articolo precedente in una sola frase di 80 parole al massimo, facendo attenzione alla punteggiatura e ai connettivi. Confronta con un compagno le soluzioni trovate e insieme costruitene una terza di max 60 parole.

**4** **compito di realtà** Sei un giornalista che deve scrivere un articolo sui racconti brevi di Eraldo Affinati. Decidi di aprire l'articolo con il riassunto del racconto che segue (fai attenzione a non utilizzare la prima persona né il discorso diretto). Inizia con:

*Uno dei microracconti di Eraldo Affinati è una scena scolastica:*

La scuola stava per finire. Cominciava a far caldo. I finestroni erano spalancati, ma noi sentivamo freddo. Avevo appena letto in classe, a voce alta, un brano del *Sergente nella neve* di Mario Rigoni Stern: la battaglia di Nikolaevka! I russi non vogliono far passare gli alpini in ritirata e questi si fanno largo, in mezzo alle isbe, correndo da un carro armato all'altro con le bombe a mano, i fucili, la mitragliatrice sulle spalle. Le pallottole s'infilano a terra miagolando. Gli uomini entrano nelle case, piazzano i mortai sui tavoli coperti da tovaglie ricamate. I feriti si lamentano. I bambini piangono.

I ragazzi, studenti del terzo anno dell'istituto professionale "Carlo Cattaneo" di Roma, erano stati attenti come raramente accadeva. A un certo punto, Edward, moldavo delle campagne di Chiscinau, alzò lo sguardo verso di me. Decifrai la sua emozione.

"Mio nonno ha combattuto questa guerra."

"Cosa ti disse?"

"I soldati dalla fame si mangiavano gli stivali."

"È ancora vivo?"

"No. Morì quando ero piccolo. Mi ha lasciato il cappello."

"Dove lo tieni adesso?"

"Ce l'ha mia madre nell'armadio grande della camera da letto. È grigio con la stella rossa."

I compagni pendevano dalle sue labbra. Avrebbero voluto saperne di più, ma Edward sembrava aver finito il racconto. Stava rimettendosi zitto quando Alessio intervenne.

"Anche mio nonno stava in Russia. Si chiamava Silvestri. Era abruzzese."

"Tornò sano e salvo?"

"Eccome! Però anche lui è morto. Mi parlava sempre della guerra."

"Io conosco Mario Rigoni Stern. Volete scrivergli?"

"Sì."

# 3 Scrivere a scuola

**UNITÀ DI LAVORO 16** Le scritture d'uso: il riassunto

## Laboratorio

"Allora domani portatemi una vostra lettera e gliela farò avere."
La bidella entrò nell'aula con la scopa e il secchio. Eravamo andati oltre l'ora di lezione. I ragazzi, quasi fossero usciti da un incantesimo, cominciarono a fare la cartella. Rapidamente si dileguarono. Edward e Alessio arrancavano per ultimi. Li vidi confabulare, poi si diedero il cinque con la mano destra aperta. Uno schiocco potente.
"Cosa state facendo?"
"A professò", gridò Damiano, "amo fatto a pace!"
Ivan, a due passi da lui, annuì ridendo.

(E. Affinati, *Io parlo da cittadino. Viaggio tra le parole della Costituzione Italiana.* Regione Toscana, 2008)

**5** Scrivi un primo riassunto del testo di Truman Capote (es. 1) utilizzando 250 parole al massimo e un secondo, più condensato, utilizzando 100 parole al massimo.

## Autovalutarsi

**1** Leggi i brevi testi che seguono e seleziona la frase che ne condensa più efficacemente il contenuto.

▶ a L'Italia, per la sua conformazione geologico-strutturale e per il suo clima, non ha grossi problemi per l'approvvigionamento idrico. Il nostro Paese può infatti contare su numerose sorgenti di acque naturali sparse su tutto il territorio, che alimentano gli acquedotti. Così nelle nostre abitazioni arriva un'acqua mediamente di buona qualità. Nonostante ciò, gli italiani sono i principali consumatori e produttori al mondo di acque minerali imbottigliate. Infatti, a livello nazionale si producono ogni anno 12 milioni di litri di acque minerali imbottigliate, con un giro d'affari di circa tre miliardi di euro. In pratica quasi la metà della popolazione italiana preferisce all'acqua di rubinetto quella minerale imbottigliata, con un consumo pro capite annuo di circa 200 litri. Varie indagini di mercato mostrano infatti che nonostante questa sia un'epoca afflitta da grave inquinamento da sostanze chimiche, i consumatori considerano comunque incontaminata l'acqua minerale imbottigliata e, talvolta, addirittura un rimedio per la salute. In realtà, anche le acque minerali imbottigliate, come quelle di rubinetto, possono contenere, in modo del tutto naturale, elementi potenzialmente tossici per la salute.

(Benedetto De Vivo, *Arsenico e vecchi rubinetti*, left 17 dicembre 2010)

**A** Nonostante che l'Italia sia un paese senza problemi strutturali di approvvigionamento idrico, gli italiani sono grandissimi consumatori di acqua minerale imbottigliata, che viene creduta più pura rispetto a quella che arriva nelle nostre abitazioni ma che in realtà può contenere elementi tossici.

**B** Il nostro Paese ha numerose sorgenti di acque naturali sparse su tutto il territorio, che alimentano gli acquedotti, ma quasi la metà della popolazione italiana preferisce all'acqua di rubinetto quella minerale imbottigliata, con un consumo pro capite annuo di circa 200 litri.

▶ b La necessità di poter trovare lavoro, svolgere un'attività, essere produttivi è una delle necessità basilari del vivere quotidiano. Cosa fare però quando il lavoro non si trova anche a condizione di abbassare le proprie aspettative? Unica soluzione resta emigrare, spostarsi per trovare luoghi dove le proprie capacità e competenze possano non solo essere apprezzate ma anche valorizzate. Questa ricerca però è, sin dall'inizio, una gara a ostacoli. Non esistono infatti in Italia agenzie che si occupino esclusivamente di offrire la possibilità a giovani e meno giovani di ricollocarsi all'estero in modo efficiente ed efficace. Molte delle agenzie di lavoro in Italia e in Europa hanno alcune piccole sezioni dedicate al lavoro all'estero ma, principalmente, rimandano alla propria sussidiaria locale che si occupa, generalmente, di trovare lavoro per i residenti. Quanto sembra però mancare sul mercato sono gli specialisti del matching tra domanda, internazionale, di lavoro e l'offerta, italiana, di talenti e mano-

**124** LA SCRITTURA

dopera. In altre parole, non esiste alcuna possibilità strutturata di iniziare un percorso che possa portare con semplicità coloro che sono disposti ad andare a lavorare all'estero a concretizzare questa necessità. L'emigrazione per motivi di lavoro, nella propria complessità, merita infatti almeno un distinguo che coinvolge i motivi dell'emigrazione e le modalità della stessa. A fianco, infatti, di coloro che vogliono andare via dall'Italia per poter realizzare quanto è nelle proprie ambizioni vi sono anche coloro che sono disposti ad andare a lavorare dove il lavoro c'è pur di poter lavorare e contribuire al proprio sostentamento.

(Stefano Carpigiani, *Una chance non solo ai talenti*, Il Sole 24 Ore, 30 settembre 2013)

**A** La necessità di poter trovare lavoro è fondamentale per il vivere quotidiano, ma talvolta il lavoro non si trova anche abbassando le proprie aspettative; allora emigrare, spostarsi per trovare luoghi dove le proprie capacità e competenze possano essere apprezzate e valorizzate, sembra l'unica soluzione.

**B** La ricerca di lavoro all'estero è un percorso difficoltoso, poiché non esistono in Italia agenzie specializzate nel ricollocamento dei lavoratori all'estero o nel matching di domanda e offerta; l'emigrazione per motivi di lavoro è poi una questione complessa da trattare, dato che può nascere da spinte completamente diverse come il desiderio di valorizzare le proprie competenze o la necessità di sostentamento.

**3** Scrivere a scuola

**UNITÀ DI LAVORO 17**

# Trasformare, riscrivere, transcodificare

**OBIETTIVI**

- Consolidare le abilità di comprensione e produzione di testi di vario tipo.
- Migliorare le competenze nell'uso dei diversi codici.

---

**forme e modi diversi di comunicare**

**trasformare**
la comunicazione
da orale a scritta
e da scritta a orale

**riscrivere**
un testo passando
da un genere a un altro
o da una tipologia a un'altra

**transcodificare**
passando
da un codice a un altro

---

## 1 Diverse forme di comunicazione e diversi codici

Ascoltare una lezione e tradurre il discorso orale in appunti scritti o studiare un insieme di testi scritti e riferirne il contenuto in un'esposizione orale comportano la capacità di **trasformare la comunicazione da orale a scritta e viceversa**. Analogamente la **riscrittura di testi di una certa tipologia in testi di un'altra tipologia** implica la capacità di comprendere e produrre le diverse tipologie testuali. Competenze ancora più raffinate occorrono per **transcodificare**, ovvero **passare da un codice a un altro**: per esempio descrivere con le parole un'immagine o riferire il contenuto di un film.

## 2 La transcodificazione

La **transcodificazione** consiste nel **passaggio da un codice a un altro**: per esempio dal codice verbale (le parole) a quello iconografico (immagini) e viceversa, dal codice filmico a quello verbale o a quello gestuale (l'azione di mimare un film) ecc.

**126** LA SCRITTURA

Viene messa in atto una **transcodificazione** , per esempio, nei seguenti casi:

– prendere appunti dai contenuti di un video;

– illustrare con un disegno i contenuti di un testo;

– scrivere la didascalia o la legenda per un'immagine (un'opera d'arte, una fotografia, una carta geografica, un grafico ecc.);

– scrivere la scheda di un film o di un disco;

– scrivere la presentazione di una mostra;

– riferire i contenuti di uno spettacolo;

– dare indicazioni stradali dopo aver osservato una mappa;

– mettere in atto le istruzioni di montaggio di un apparecchio;

– fare un disegno seguendo delle istruzioni.

**Attenzione** La transcodificazione riguarda soprattutto testi "di servizio" ed è un'operazione diversa dalla trasposizione artistica, quella cioè che si compie, per esempio, realizzando un film tratto da un romanzo.

Come esercizio didattico, la transcodificazione è una delle tecniche fondamentali per guidare, verificare e consolidare la **comprensione di un testo in maniera attiva e personale**: per transcodificare è indispensabile, infatti, appropriarsi dei contenuti da trasferire nell'altro codice. D'altra parte, con la transcodificazione **si migliorano anche le competenze nell'uso del codice d'arrivo**.

# Laboratorio

## Attivare un metodo

**1** **didattica inclusiva – italiano L2 – fornire indicazioni** Crea su Google Maps il percorso per raggiungere, partendo dalla tua scuola, uno dei monumenti più importanti della tua città. Osserva sulla mappa il percorso indicato per raggiungere la mèta. Scrivi un testo con tutte le indicazioni stradali nei dettagli, in modo da aiutare il viaggiatore che non ha la mappa con sé a raggiungere ugualmente la mèta.

**2** **transcodificazione in apprendimento cooperativo** Insieme a uno o due compagni individuate un film o un disco che tutti conoscete, poi preparate un'esposizione orale in cui presentarlo alla classe in 5 minuti.

**3** **riscrittura individuale** Tra i film (o dischi) presentati nell'esercizio 2 dagli altri gruppi, scegli quello che riguarda un film (o disco) a te noto e/o che ti interessa e, se possibile dopo averlo visto o ascoltato, scrivi una scheda che lo descriva. La tua scheda deve contenere un minimo di 150 e un massimo di 250 parole.

127

# 3 Scrivere a scuola
**UNITÀ DI LAVORO 17** Trasformare, riscrivere, transcodificare

## Laboratorio

**4 compito di realtà** Collabori all'allestimento di una mostra e hai il compito di scrivere la didascalia per questo dipinto. La tua didascalia deve contenere un minimo di 80 e un massimo di 120 parole.

## Autovalutarsi

**1** Individua fra i tre testi seguenti la didascalia adeguata all'immagine.

**A** Antica canzone greca incisa sul marmo nel I-II sec. d.C., ritrovata in Turchia e oggi conservata in un museo danese.

**B** Stele di marmo risalente al I-II sec. d.C. ritrovata in Turchia come parte della copertura di una tomba. Vi è inciso un breve testo in greco antico con la notazione musicale sopra le parole.

**C** Il più antico esempio di canzone: testo e musica sono incisi su una lapide, a ricordo del defunto.

**UNITÀ DI LAVORO 18**

# La trattazione sintetica

**OBIETTIVI**
- Acquisire padronanza degli strumenti e delle tecniche di base per la stesura di una trattazione sintetica.
- Acquisire consapevolezza del lavoro propedeutico alla stesura della trattazione.
- Consolidare la capacità di elaborare una trattazione sintetica seguendo un percorso di lavoro razionale.
- Migliorare le competenze testuali nella produzione.

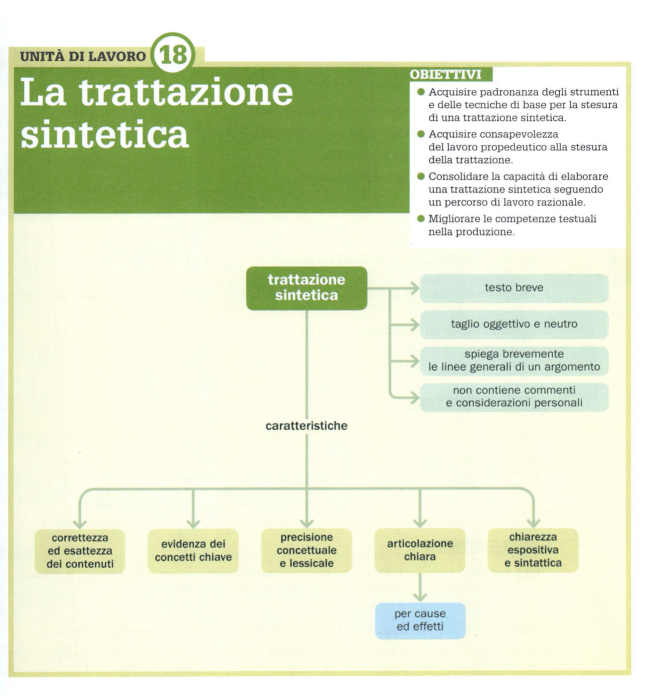

## 1 Che cos'è la trattazione sintetica

In generale la trattazione sintetica è un **testo breve** che risponde a una domanda generale su un argomento concreto e significativo, individuandone i concetti chiave. L'argomento può essere anche "trasversale", cioè coinvolgere diverse discipline.

**Attenzione** Quando si utilizza come esercizio o prova d'esame la trattazione sintetica ha un numero di righe e parole prestabilito.

# 3 Scrivere a scuola
**UNITÀ DI LAVORO 18** — La trattazione sintetica

La trattazione sintetica non è un tema né un riassunto: è un **testo il più possibile oggettivo, che spiega le linee generali di un argomento, non contiene commenti e considerazioni personali** e si basa su questi elementi fondamentali:

- **correttezza ed esattezza dei contenuti esposti**;
- **evidenza e articolazione degli aspetti centrali e rilevanti dell'argomento**;
- **precisione concettuale e lessicale**;
- **rigore espositivo e chiarezza sintattica**.

## 2 Come si svolge una trattazione sintetica

1. Leggere attentamente la richiesta per impostare lo sviluppo del testo evitando di inserire contestualizzazioni, introduzioni e informazioni non richieste.
2. Elencare i concetti fondamentali da trattare.
3. Farsi un'idea di quanto spazio dedicare a ogni concetto.
4. Stendere il testo mettendo subito in evidenza i concetti chiave.

### Testo esempio

| RICHIESTA | |
|---|---|
| **Illustra in 8 righe le cause che hanno provocato la crisi economica detta "del 1929".** | Non spiegare che cos'è la crisi del '29: non è richiesto. Individuare le cause fondamentali (politica monetaria e inflazione, sovrapproduzione, ecc.) e ipotizzare sommariamente quanto spazio dedicare a ognuna. |

### Studio attivo

 Individua le cause più importanti della crisi del 1929 e lo spazio da dedicare a ognuna (se c'è bisogno effettua prima una breve ricerca sull'argomento).

5. Rileggere la stesura curando la chiarezza sintattica e l'articolazione dei concetti.
6. Confrontare il testo con la lunghezza richiesta, aggiungendo particolari significativi o una migliore spiegazione dei concetti se troppo breve, riducendo se troppo lungo.
7. Curare la sintassi.
8. Rileggere e correggere.

Quindi una trattazione sintetica è ben fatta se:

- vi compaiono affermazioni corrette ed esatte;
- evidenzia tutti gli aspetti rilevanti dell'argomento;
- utilizza i concetti con precisione e li articola con chiarezza;
- arricchisce di particolari solo se significativi;
- evita introduzioni, conclusioni, elenchi e passaggi superflui;

- organizza i concetti **per cause ed effetti** e non per successioni temporali ("a causa di", "per questo motivo" ecc; non "poi", "successivamente", "prima", "dopo"...);

- utilizza i connettivi solo quando strettamente necessario;

- utilizza una sintassi rigorosa ma chiara e fluida;

- utilizza un numero di righe o parole appropriato.

## Testo esempio

**RICHIESTA: Illustra in 10 righe (circa 1.000 caratteri) quali furono le principali conseguenze economiche della prima guerra mondiale per l'Europa.**

L'Europa uscì dalla Grande Guerra in condizioni di grande instabilità e grave crisi economica. Il numero dei disoccupati crebbe rapidamente, poiché le industrie, che erano state trasformate in impianti di materiale bellico, non erano in grado di riconvertirsi alla produzione di beni di consumo tanto rapidamente da riassorbire la manodopera costituita dagli ex soldati e da coloro che erano tornati dal fronte. La campagna era stata tralasciata e la produzione era calata significativamente. Inoltre l'Europa era pesantemente indebitata verso gli Stati Uniti, ormai la prima potenza del mercato mondiale, che aumentò significativamente l'esportazione di prodotti industriali ed agricoli approfittando della difficile situazione europea. Tuttavia durante la guerra la grande borghesia industriale e finanziaria aveva comunque accumulato ricchezze, e la sperequazione economica, in questo difficile contesto, generò anche tensioni e conflitti sociali.

| | |
|---|---|
| **Concetto base** | **Conseguenza economica 3** (in apparente contrasto con le altre) |
| **Conseguenza economica 1** | |
| **Evidenziati i rapporti causa effetto** | **Particolare aggiuntivo importante che arricchisce la spiegazione** |
| **Conseguenza economica 2** | |
| **Particolare aggiuntivo** (rapporto causa effetto) | |

## Studio attivo

**Modifica il testo proposto accorciandolo di 3-4 righe.**

# Laboratorio

## Attivare un metodo

**1** **didattica inclusiva – dsa – sviluppo guidato** **Elabora una trattazione sintetica in 8 righe dell'argomento seguendo la traccia fornita.**

*Quali furono i motivi del ritardo dell'affermazione del romanzo in Italia nell'Ottocento?*

**TRACCIA:** 1. Il romanzo è un genere letterario che appartiene a una tipologia destinata a un'ampia fascia di lettori: in Italia l'alfabetizzazione è scarsa.

2. La borghesia – classe sociale soggetto dei romanzi – in Italia non è così diffusa e importante.

131

# 3 Scrivere a scuola

**UNITÀ DI LAVORO 18** La trattazione sintetica

## Laboratorio

3. In Italia manca una lingua unitaria parlata e capita in tutte le regioni.

4. In Italia il linguaggio letterario è aulico e inadatto a comunicare i contenuti del romanzo.

5. L'unico tipo di romanzo che si diffonde in Italia all'inizio è quello storico.

6. Il romanzo sociale e quello di formazione si affermano più tardi, intorno agli anni Sessanta dell'Ottocento.

**2** **riscrittura individuale** **Leggi la trattazione sull'argomento *Alessandro Manzoni e l'esperienza del romanzo storico*. Modifica il testo riducendolo del 30% circa e riorganizzandolo in modo da far emergere i concetti chiave.**

Il genere del romanzo storico nasce nella prima metà dell'Ottocento: questo è il secolo di massima affermazione di questo genere. A partire dalla seconda metà dell'Ottocento il rapporto tra romanzo e storia si modificherà più volte fino ad assumere forme diverse dal romanzo storico ottocentesco.

L'autore italiano Alessandro Manzoni (1785-1871) ha scritto un romanzo storico, *I promessi sposi*, e ha riflettuto a lungo sulle caratteristiche di questo genere. Secondo Manzoni i compiti dello scrittore devono essere distinti da quelli dello storico: il compito dello storico è quello di illustrare i fatti realmente accaduti («vero storico»); mentre allo scrittore spetta indagare le passioni degli uomini che sono all'origine degli eventi storici («vero poetico»). Lo scrittore, per Manzoni, deve servirsi dell'«invenzione», ma questa deve essere «verosimile», cioè rispettare la verità storica. Nel suo romanzo storico Manzoni voleva mostrare la condizione dell'Italia oppressa dalla dominazione straniera. Dopo un lungo e accurato lavoro di documentazione, basato sullo studio di fonti e documenti dell'epoca, scelse di ambientare il suo romanzo, *I promessi sposi*, nella Lombardia del Seicento, governata dagli Spagnoli e per questo facilmente paragonabile all'Italia del primo Ottocento. La principale caratteristica del modello manzoniano è la scelta di contesti reali, in cui vengono inseriti eventi storici realmente accaduti, in modo che il «vero» della storia si fonda con il «verosimile» dell'invenzione. La ricostruzione dell'epoca è ottenuta attraverso scelte stilistiche che riguardano soprattutto il narratore (non si identifica con nessun personaggio, ma è un narratore onnisciente, che si fa sentire con commenti e digressioni) e lo stile (descrizioni ampie ed accurate, sia per gli ambienti che per il carattere dei personaggi).

**3** **scrittura in apprendimento cooperativo** **Insieme a uno o due compagni elabora una trattazione sintetica dell'argomento proposto (in 20 righe), seguendo questi passaggi:**

1. **isolare i concetti chiave ed elencarli per scritto;**

2. **individuare le informazioni accessorie collocandole in uno schema;**

3. **sviluppare e articolare il testo.**

> *La nascita della città nel Medioevo*

**4** **compito di realtà** **Sei il redattore di un sito di eventi e stai promuovendo una mostra dei pittori futuristi. Devi scrivere un post introduttivo dal titolo:** *Che cos'è il movimento futurista?*, **dove in circa 80 parole presenti i tratti fondamentali di questo movimento artistico, nato in Italia nel 1909.**

**5** **scrittura individuale** **Produci una trattazione sintetica in 15 righe dell'argomento:**

> *Le principali novità del Romanticismo nella letteratura e nell'arte*

**132** LA SCRITTURA

## Autovalutarsi

**1** **Quale di questi testi è una trattazione sintetica?**

▶ a  "Io sono nata, avrei cominciato una volta. Ma zac, zac, via madre e padre, bianche strisce di carta travolte dal vento, e per sicurezza gettiamo via anche i nonni. Ho trascorso la mia infanzia. Può bastare… Una volta cominciato è divertente. Si spalanca tanto di quello spazio libero. Strappi, accartocci, dai fuoco, butti dalla finestra. Io sono nata, sono cresciuta, ho studiato, ho amato, mi sono sposata, ho procreato, ho detto, ho scritto, è tutto sparito adesso. Sono andata ho visto, ho fatto. È rimasto solo un paragrafo, solo una frase o due, solo un sussurro. Io sono nata".

▶ b  "I caratteri della pittura di Jacques-Louis David si rifanno al Neoclassicismo, di cui è considerato il massimo interprete: luce fredda e limpida con ombre ben delineate, architettura spoglia, tinte fredde, composizione dei personaggi equilibrata con molta attenzione alla posa dei personaggi e alla forma dell'azione. In una fase successiva della sua pittura, quella in cui diventa pittore di corte sotto il governo napoleonico, la sobrietà e il rigore lasciano più spazio alla drammaticità e a una minore severità compositiva sia nella raffigurazione delle imprese di Bonaparte sia nei ritratti. Per questo motivo l'opera del David ha avuto forte influenza sulla pittura romantica, sebbene l'autore non ne apprezzasse il sentimentalismo né il linguaggio pittorico".

▶ c  "Nel *Principe* Machiavelli tende a fare osservazioni generali sugli uomini e sul corso delle vicende. La sua analisi storica si fonda su una teoria della natura umana; l'immagine che Machiavelli ci dà è dura e spietata. L'egoismo, l'istintualità, la volontà quasi animale di imporre se stessi sono una delle cause profonde delle azioni degli uomini. Eppure, queste forze possono tendere a un fine nobile: non solo, per esempio, nella fondazione di uno stato, ma anche, più in generale, nel controllo del mondo esterno e nell'affermazione della propria dignità di uomini. Per questo il principe deve essere al tempo stesso leone e volpe, cioè violento e astuto. Questa è la sua virtù, che si scontra con la fortuna, cioè con l'insieme delle circostanze esterne. Machiavelli afferma in qualche modo un ideale eroico, anche se non infallibile. In epoca contemporanea, il modello del *Principe* ha esercitato il proprio fascino anche perché si presentava in una forma estrema che, ancora oggi, colpisce il lettore. In anni recenti, hanno scritto prefazioni al trattato personaggi politici come Bettino Craxi e Silvio Berlusconi: è evidente, in entrambi i casi, che il *Principe* è servito da pretesto per legittimare autorevolmente una visione della politica che sconfinava nell'illegalità. Il filosofo Benedetto Croce, d'altronde, individuava proprio in Machiavelli la scoperta della politica come ambito separato dalla morale".

133

# 3 Scrivere a scuola

## UNITÀ DI LAVORO 19
# L'analisi del testo

A Guida all'analisi di un testo letterario in prosa
B Guida all'analisi di un testo letterario in versi

**OBIETTIVI**
- Migliorare le competenze di analisi e interpretazione di un testo
- Rafforzare la sicurezza nel compiere atti di interpretazione

## A Guida all'analisi di un testo letterario in prosa

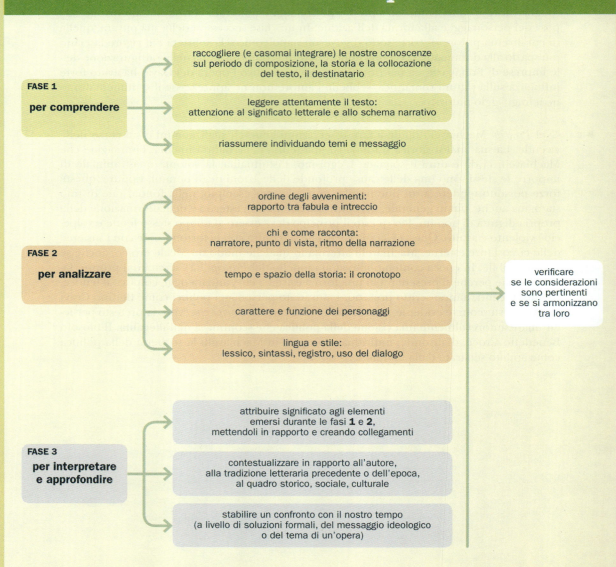

**FASE 1 – per comprendere**
- raccogliere (e casomai integrare) le nostre conoscenze sul periodo di composizione, la storia e la collocazione del testo, il destinatario
- leggere attentamente il testo: attenzione al significato letterale e allo schema narrativo
- riassumere individuando temi e messaggio

**FASE 2 – per analizzare**
- ordine degli avvenimenti: rapporto tra fabula e intreccio
- chi e come racconta: narratore, punto di vista, ritmo della narrazione
- tempo e spazio della storia: il cronotopo
- carattere e funzione dei personaggi
- lingua e stile: lessico, sintassi, registro, uso del dialogo

verificare se le considerazioni sono pertinenti e se si armonizzano tra loro

**FASE 3 – per interpretare e approfondire**
- attribuire significato agli elementi emersi durante le fasi 1 e 2, mettendoli in rapporto e creando collegamenti
- contestualizzare in rapporto all'autore, alla tradizione letteraria precedente o dell'epoca, al quadro storico, sociale, culturale
- stabilire un confronto con il nostro tempo (a livello di soluzioni formali, del messaggio ideologico o del tema di un'opera)

## A.1 Lettura del testo

**Testo esempio**

Alessandro Manzoni, *I Promessi Sposi*

### Renzo e Azzecca-garbugli

«Sentite, figliuoli; date retta a me» disse, dopo qualche momento, Agnese. «Io son venuta al mondo prima di voi; e il mondo lo conosco un poco. Non bisogna poi spaventarsi tanto: il diavolo non è brutto quanto si dipinge. A noi poverelli le matasse paion più imbrogliate, perché non sappiam trovarne il bandolo; ma alle volte un parere, una parolina d'un uomo che abbia studiato... so ben io quel che voglio dire. Fate a mio modo, Renzo; andate a Lecco; cercate del dottor Azzecca-garbugli, raccontategli... Ma non lo chiamate cosí, per amor del cielo: è un soprannome. Bisogna dire il signor dottor... Come si chiama, ora? Oh to'! non lo so il nome vero: lo chiaman tutti a quel modo. Basta, cercate di quel dottore alto, asciutto, pelato, col naso rosso, e una voglia di lampone sulla guancia.»

«Lo conosco di vista» disse Renzo.

«Bene» continuò Agnese: «quello è una cima d'uomo! Ho visto io più d'uno ch'era più impicciato che un pulcin nella stoppa, e non sapeva dove batter la testa, e, dopo essere stato un'ora a quattr'occhi col dottor Azzecca-garbugli (badate bene di non chiamarlo cosí!), l'ho visto, dico, ridersene. Pigliate quei quattro capponi, poveretti! a cui dovevo tirare il collo, per il banchetto di domenica, e portateglieli; perché non bisogna mai andar con le mani vote da que' signori. Raccontategli tutto l'accaduto; e vedrete che vi dirà, su due piedi, di quelle cose che a noi non verrebbero in testa, a pensarci un anno.»

Renzo abbracciò molto volentieri questo parere; Lucia l'approvò; e Agnese, superba d'averlo dato, levò, a una a una, le povere bestie dalla stia, riunì le loro otto gambe, come se facesse un mazzetto di fiori, le avvolse e le strinse con uno spago, e le consegnò in mano a Renzo; il quale, date e ricevute parole di speranza, uscì dalla parte dell'orto, per non esser veduto da' ragazzi, che gli correrebber dietro, gridando: lo sposo! lo sposo! Così, attraversando i campi o, come dicon colà, i luoghi, se n'andò per viottole, fremendo, ripensando alla sua disgrazia, e ruminando il discorso da fare al dottor Azzecca-garbugli. Lascio poi pensare al lettore, come dovessero stare in viaggio quelle povere bestie, così legate e tenute per le zampe, a capo all'in giù, nella mano d'un uomo il quale, agitato da tante passioni, accompagnava col gesto i pensieri che gli passavan a tumulto per la mente. Ora stendeva il braccio per collera, ora l'alzava per disperazione, ora lo dibatteva in aria, come per minaccia, e, in tutti i modi, dava loro di fiere scosse, e faceva balzare quelle quattro teste spenzolate; le quali intanto s'ingegnavano a beccarsi l'una con l'altra, come accade troppo sovente tra compagni di sventura.

Giunto al borgo, domandò dell'abitazione del dottore; gli fu indicata, e v'andò. All'entrare, si sentì preso da quella suggezione che i poverelli illetterati provano in vicinanza d'un signore e d'un dotto, e dimenticò tutti i discorsi che aveva preparati; ma diede un'occhiata ai capponi, e si rincorò. Entrato in cucina, domandò alla serva se si poteva parlare al signor dottore. Adocchiò essa le bestie, e, come avvezza a somiglianti doni, mise loro le mani addosso, quantunque Renzo andasse tirando indietro, perché voleva che il dottore vedesse e sapesse ch'egli portava qualche cosa. Capitò appunto mentre la donna diceva: «date qui, e andate innanzi».

Renzo fece un grande inchino: il dottore l'accolse umanamente, con un «venite, figliuolo» e lo fece entrar con sé nello studio. Era questo uno stanzone, su tre pareti del quale eran distribuiti i ritratti de' dodici Cesari;[1] la quarta, coperta da un grande

---

**1. dodici Cesari:** gli imperatori romani da Cesare a Domiziano, a sottolineare la derivazione romana del diritto.

135

## Scrivere a scuola
**UNITÀ DI LAVORO 19** L'analisi del testo

scaffale di libri vecchi e polverosi: nel mezzo, una tavola gremita d'allegazioni,[2] di suppliche,[3] di libelli,[4] di gride, con tre o quattro seggiole all'intorno, e da una parte un seggiolone a braccioli, con una spalliera alta e quadrata, terminata agli angoli da due ornamenti di legno, che s'alzavano a foggia di corna, coperta di vacchetta,[5] con grosse borchie, alcune delle quali, cadute da gran tempo, lasciavano in libertà gli angoli della copertura, che s'accartocciava qua e là. Il dottore era in veste da camera, cioè coperto d'una toga ormai consunta, che gli aveva servito, molt'anni addietro, per perorare,[6] ne' giorni d'apparato,[7] quando andava a Milano, per qualche causa d'importanza. Chiuse l'uscio, e fece animo al giovine, con queste parole: «figliuolo, ditemi il vostro caso.»

«Vorrei dirle una parola in confidenza.»

«Son qui» rispose il dottore: «parlate». E s'accomodò sul seggiolone. Renzo, ritto davanti alla tavola, con una mano nel cocuzzolo del cappello, che faceva girar con l'altra, ricominciò: «vorrei sapere da lei che ha studiato…»

«Ditemi il fatto come sta» interruppe il dottore.

«Lei m'ha da scusare: noi altri poveri non sappiamo parlar bene. Vorrei dunque sapere…»

«Benedetta gente! siete tutti così: in vece di raccontar il fatto, volete interrogare, perché avete già i vostri disegni in testa.»

«Mi scusi, signor dottore. Vorrei sapere se, a minacciare un curato, perché non faccia un matrimonio, c'è penale.»

– Ho capito –, disse tra sé il dottore, che in verità non aveva capito. – Ho capito –. E subito si fece serio, ma d'una serietà mista di compassione e di premura; strinse fortemente le labbra, facendone uscire un suono inarticolato che accennava un sentimento, espresso poi più chiaramente nelle sue prime parole. «Caso serio, figliuolo; caso contemplato. Avete fatto bene a venir da me. È un caso chiaro, contemplato in cento gride, e… appunto, in una dell'anno scorso, dell'attuale signor governatore. Ora vi fo vedere, e toccar con mano.»

Così dicendo, s'alzò dal suo seggiolone, e cacciò le mani in quel caos di carte, rimescolandole dal sotto in su, come se mettesse grano in uno staio.

«Dov'è ora? Vien fuori, vien fuori. Bisogna aver tante cose alle mani! Ma la dev'esser qui sicuro, perché è una grida d'importanza. Ah! ecco, ecco». La prese, la spiegò, guardò alla data, e, fatto un viso ancor più serio, esclamò: «il 15 d'ottobre 1627! Sicuro; è dell'anno passato: grida fresca; son quelle che fanno più paura. Sapete leggere, figliuolo?»

«Un pochino, signor dottore.»

«Bene, venitemi dietro con l'occhio, e vedrete.»

E, tenendo la grida sciorinata in aria, cominciò a leggere, borbottando a precipizio in alcuni passi, e fermandosi distintamente, con grand'espressione, sopra alcuni altri, secondo il bisogno:

*«Se bene, per la grida pubblicata d'ordine del signor Duca di Feria ai 14 di dicembre 1620, et confirmata dall'Illustriss. et Eccellentiss. Signore il Signor Gonzalo Fernandez de Cordova,* eccetera, *fu con rimedii straordinarii e rigorosi provvisto alle oppressioni, concussioni et atti tirannici che alcuni ardiscono di commettere contro questi Vassalli tanto divoti di S. M., ad ogni modo la frequenza degli eccessi, e la malitia,* eccetera, *è cresciuta a segno, che ha posto in necessità l'Eccell. Sua,* eccetera. *Onde, col parere del Senato et di una Giunta,* eccetera, *ha risoluto che si pubblichi la presente.*

*E cominciando dagli atti tirannici, mostrando l'esperienza che molti, così nelle Città, come nelle Ville…* sentite? *di questo Stato, con tirannide esercitano concussioni e opprimono i più deboli in varii modi, come in operare che si facciano contratti violenti di compre, d'affitti…* eccetera: dove sei? ah! ecco; sentite: *che seguano o non seguano matrimonii.* Eh?»

«È il mio caso» disse Renzo.

---

**2. allegazioni:** documenti attestanti prove e testimonianze.
**3. suppliche:** richieste di grazia.
**4. libelli:** esposti.

**5. vacchetta:** pelle di vacca conciata, cuoio.
**6. perorare:** sostenere una causa.

**7. giorni d'apparato:** giorni di dibattimento processuale, cosiddetti in quanto comportavano l'"apparato" della toga.

**136** LA SCRITTURA

«Sentite, sentite, c'è ben altro; e poi vedremo la pena. *Si testifichi, o non si testifichi;*[8] *che uno si parta dal luogo dove abita,* eccetera; *che quello paghi un debito; quell'altro non lo molesti, quello vada al suo molino:* tutto questo non ha che far con noi. Ah ci siamo: *quel prete non faccia quello che è obbligato per l'uficio suo, o faccia cose che non gli toccano.* Eh?

«Pare che abbian fatta la grida apposta per me.»

«Eh? non è vero? sentite, sentite: *et altre simili violenze, quali seguono da feudatarii, nobili, mediocri, vili, et plebei.* Non se ne scappa: ci son tutti: è come la valle di Giosafat.[9] Sentite ora la pena. *Tutte queste et altre simili male attioni, benché siano proibite, nondimeno, convenendo metter mano a maggior rigore, S.E., per la presente, non derogando,* eccetera, *ordina e comanda che contra li contravventori in qualsivoglia dei suddetti capi, o altro simile, si proceda da tutti li giudici ordinarii di questo Stato a pena pecuniaria e corporale, ancora di relegatione*[10] *o di galera, e fino alla morte…* una piccola bagattella! *all'arbitrio dell'Eccellenza Sua, o del Senato, secondo la qualità dei casi, persone e circostanze. E questo ir-re-mis-si-bil-mente e con ogni rigore,* eccetera. Ce n'è della roba, eh? E vedete qui le sottoscrizioni: *Gonzalo Fernandez de Cordova;*[11] e più in giù: *Platonus;*[12] e qui ancora: *Vidit Ferrer:*[13] non ci manca niente.»

Mentre il dottore leggeva, Renzo gli andava dietro lentamente con l'occhio, cercando di cavar il costrutto chiaro,[14] e di mirar proprio quelle sacrosante parole, che gli parevano dover esser il suo aiuto. Il dottore, vedendo il nuovo cliente più attento che atterrito, si maravigliava. – Che sia matricolato[15] costui –, pensava tra sé. «Ah! ah!» gli disse poi: «vi siete però fatto tagliare il ciuffo. Avete avuto prudenza: però, volendo mettervi nelle mie mani, non faceva bisogno. Il caso è serio; ma voi non sapete quel che mi basti l'animo di fare, in un'occasione.»

Per intender quest'uscita del dottore, bisogna sapere, o rammentarsi che, a quel tempo, i bravi di mestiere, e i facinorosi d'ogni genere, usavan portare un lungo ciuffo, che si tiravan poi sul volto, come una visiera, all'atto d'affrontar qualcheduno, ne' casi in cui stimasser necessario di travisarsi, e l'impresa fosse di quelle, che richiedevano nello stesso tempo forza e prudenza. Le gride non erano state in silenzio su questa moda. *Comanda Sua Eccellenza* (il marchese de la Hynojosa) *che chi porterà i capelli di tal lunghezza che coprano il fronte fino alli cigli esclusivamente,*[16] *ovvero porterà la trezza,*[17] *o avanti o dopo le orecchie, incorra la pena di trecento scudi; et in caso d'inhabilità,*[18] *di tre anni di galera, per la prima volta, e per la seconda, oltre la suddetta, maggiore ancora, pecuniaria et corporale, all'arbitrio di Sua Eccellenza.*

*Permette però che, per occasione di trovarsi alcuno calvo, o per altra ragionevole causa di segnale o ferita, possano quelli tali, per maggior decoro e sanità loro, portare i capelli tanto lunghi, quanto sia bisogno per coprire simili mancamenti e niente di più; avvertendo bene a non eccedere il dovere e pura necessità, per (non) incorrere nella pena agli altri contraffacienti imposta.*

*E parimente comanda a' barbieri, sotto pena di cento scudi o di tre tratti di corda da esser dati loro in pubblico, et maggiore anco corporale, all'arbitrio come sopra, che non lascino a quelli che toseranno, sorte alcuna di dette trezze, zuffi, rizzi, né capelli più lunghi dell'ordinario, così nella fronte come dalle bande, e dopo le orecchie, ma che siano tutti uguali, come sopra, salvo nel caso dei calvi, o altri difettosi, come si è detto.* Il ciuffo era dunque quasi una parte dell'armatura, e un distintivo de' bravacci e degli scapestrati; i quali poi da ciò vennero comunemente chiamati ciuffi. Questo termine è rimasto e vive tuttavia, con significazione più mitigata, nel dialetto: e non ci sarà forse nessuno de' nostri lettori milanesi, che non si rammenti d'aver sentito, nella sua fanciullezza, o i parenti, o il maestro, o qualche amico di casa, o qualche persona di servizio, dir di lui: è un ciuffo, è un ciuffetto.

«In verità, da povero figliuolo, – rispose Renzo, – io non ho mai portato ciuffo in vita mia.»

---

**8. Si testifichi, o non si testifichi:** con testimonianze o meno.
**9. valle di Giosafat:** luogo del giudizio universale, per indicare la totalità degli uomini.
**10. relegatione:** confino.
**11. Gonzalo Fernandez de Cordova:** il governatore.

**12. Platonus:** si fa riferimento a Marcantonio Platone, segretario del Consiglio segreto.
**13. Vidit Ferrer:** visto di Antonio Ferrer, facente funzione di governatore.
**14. di cavar il costrutto chiaro:** di ricavarne un significato chiaro.

**15. matricolato:** schedato, dunque noto alla polizia.
**16. fino alli cigli esclusivamente:** fino alle ciglia ma escludendole.
**17. trezza:** treccia.
**18. d'inhabilità:** di impossibilità a pagare.

# Scrivere a scuola

**UNITÀ DI LAVORO 19** L'analisi del testo

«Non facciam niente» rispose il dottore, scotendo il capo, con un sorriso, tra malizioso e impaziente. «Se non avete fede in me, non facciam niente. Chi dice le bugie al dottore, vedete figliuolo, è uno sciocco che dirà la verità al giudice. All'avvocato bisogna raccontar le cose chiare: a noi tocca poi a imbrogliarle. Se volete ch'io v'aiuti, bisogna dirmi tutto, dall'a fino alla zeta, col cuore in mano, come al confessore. Dovete nominarmi la persona da cui avete avuto il mandato: sarà naturalmente persona di riguardo; e, in questo caso, io anderò da lui, a fare un atto di dovere. Non gli dirò, vedete, ch'io sappia da voi, che v'ha mandato lui: fidatevi. Gli dirò che vengo ad implorar la sua protezione, per un povero giovine calunniato. E con lui prenderò i concerti opportuni, per finir l'affare lodevolmente. Capite bene che, salvando sé, salverà anche voi. Se poi la scappata fosse tutta vostra, via, non mi ritiro: ho cavato altri da peggio imbrogli… Purché non abbiate offeso persona di riguardo, intendiamoci, m'impegno a togliervi d'impiccio: con un po' di spesa, intendiamoci. Dovete dirmi chi sia l'offeso, come si dice: e, secondo la condizione, la qualità e l'umore dell'amico, si vedrà se convenga più di tenerlo a segno con le protezioni, o trovar qualche modo d'attaccarlo noi in criminale, e mettergli una pulce nell'orecchio; perché, vedete, a saper ben maneggiare le gride, nessuno è reo, e nessuno è innocente. In quanto al curato, se è persona di giudizio, se ne starà zitto; se fosse una testolina, c'è rimedio anche per quelle. D'ogni intrigo si può uscire; ma ci vuole un uomo: e il vostro caso è serio, vi dico, serio: la grida canta chiaro; e se la cosa si deve decider tra la giustizia e voi, così a quattr'occhi, state fresco. Io vi parlo da amico: le scappate bisogna pagarle: se volete passarvela liscia, danari e sincerità, fidarvi di chi vi vuol bene, ubbidire, far tutto quello che vi sarà suggerito.»

Mentre il dottore mandava fuori tutte queste parole, Renzo lo stava guardando con un'attenzione estatica, come un materialone sta sulla piazza guardando al giocator di bussolotti, che, dopo essersi cacciata in bocca stoppa e stoppa e stoppa, ne cava nastro e nastro e nastro, che non finisce mai. Quand'ebbe però capito bene cosa il dottore volesse dire, e quale equivoco avesse preso, gli troncò il nastro in bocca, dicendo: «oh! signor dottore, come l'ha intesa? l'è proprio tutta al rovescio. Io non ho minacciato nessuno; io non fo di queste cose, io: e domandi pure a tutto il mio comune, che sentirà che non ho mai avuto che fare con la giustizia. La bricconeria l'hanno fatta a me; e vengo da lei per sapere come ho da fare per ottener giustizia; e son ben contento d'aver visto quella grida.»

«Diavolo!» esclamò il dottore, spalancando gli occhi. «Che pasticci mi fate? Tant'è; siete tutti così: possibile che non sappiate dirle chiare le cose?»

«Ma mi scusi; lei non m'ha dato tempo: ora le racconterò la cosa, com'è. Sappia dunque ch'io dovevo sposare oggi» e qui la voce di Renzo si commosse, «dovevo sposare oggi una giovine, alla quale discorrevo, fin da quest'estate; e oggi, come le dico, era il giorno stabilito col signor curato, e s'era disposto ogni cosa. Ecco che il signor curato comincia a cavar fuori certe scuse… basta, per non tediarla, io l'ho fatto parlar chiaro, com'era giusto; e lui m'ha confessato che gli era stato proibito, pena la vita, di far questo matrimonio. Quel prepotente di don Rodrigo…»

«Eh via!» interruppe subito il dottore, aggrottando le ciglia, aggrinzando il naso rosso, e storcendo la bocca, «eh via! Che mi venite a rompere il capo con queste fandonie? Fate di questi discorsi tra voi altri, che non sapete misurar le parole; e non venite a farli con un galantuomo che sa quanto valgono. Andate, andate; non sapete quel che vi dite: io non m'impiccio con ragazzi; non voglio sentir discorsi di questa sorte, discorsi in aria.»

«Le giuro…»

«Andate, vi dico: che volete ch'io faccia de' vostri giuramenti? Io non c'entro: me ne lavo le mani». E se le andava stropicciando, come se le lavasse davvero. «Imparate a parlare: non si viene a sorprender così un galantuomo.»

«Ma senta, ma senta» ripeteva indarno Renzo: il dottore, sempre gridando, lo spingeva con le mani verso l'uscio; e, quando ve l'ebbe cacciato, aprì, chiamò la serva, e le disse: «restituite subito a quest'uomo quello che ha portato: io non voglio niente, non voglio niente.»

**138** LA SCRITTURA

Quella donna non aveva mai, in tutto il tempo ch'era stata in quella casa, eseguito un ordine simile: ma era stato proferito con una tale risoluzione, che non esitò a ubbidire. Prese le quattro povere bestie, e le diede a Renzo, con un'occhiata di compassione sprezzante, che pareva volesse dire: bisogna che tu l'abbia fatta bella. Renzo voleva far cerimonie; ma il dottore fu inespugnabile; e il giovine, più attonito e più stizzito che mai, dovette riprendersi le vittime rifiutate, e tornar al paese, a raccontar alle donne il bel costrutto della sua spedizione.

# A.2 Comprensione

## A.2.1 Il periodo di composizione, la storia e la collocazione del testo

Come nel caso di un racconto non è mai casuale la sua collocazione all'interno del libro da cui è stato estratto, allo stesso modo, nel caso di un romanzo, i singoli episodi vanno sempre posti in relazione con ciò che precede e ciò che segue. È importante, quindi, concentrarsi su ciò che si sta leggendo senza però perdere di vista l'intera struttura narrativa del romanzo.

**Analisi**

Nei *Promessi sposi* l'episodio dell'incontro di Renzo con l'avvocato Azzecca-garbugli si colloca nella seconda parte del capitolo III; nelle pagine precedenti è narrato l'antefatto per bocca di Lucia (l'incontro con don Rodrigo e il conte Attilio, il colloquio con fra Cristoforo), mentre la parte successiva è occupata da avvenimenti contemporanei alla spedizione di Renzo da Azzecca-garbugli (la visita di fra Galdino, il racconto del miracolo delle noci). L'episodio si colloca dunque tra un momento chiarificatore, con il racconto dell'ingiustizia subita da Lucia, e un racconto edificante, espressione di una fede popolare e non problematica.

## A.2.2 Il significato letterale e il tema

Che cosa dice il testo? Per arrivare a una completa comprensione letterale, le operazioni necessarie da compiere sono:

– lettura delle note, se presenti;
– ricerca delle parole difficili sul vocabolario e svolgimento dei periodi più complessi;
– suddivisione del testo in sezioni o parti caratterizzate da un'autonoma ragione narrativa o da uno specifico motivo conduttore;
– individuazione del tema del racconto e del suo messaggio conclusivo;
– riassunto del testo in modo conciso.

**Analisi**

Il brano si articola in cinque sequenze narrative: la prima si svolge nella casa di Lucia e Agnese; la seconda racconta il viaggio di Renzo verso Lecco; nella terza la scena si sposta nella città e comprende l'ingresso di Renzo nello studio di Azzecca-garbugli; la quarta, che è la più lunga, contiene il colloquio di Renzo con l'avvocato e la nascita dell'equivoco per cui Renzo è scambiato per un bravo; la quinta è quella dello scioglimento dell'equivoco e della cacciata di Renzo. Nell'episodio di Azzecca-garbugli Renzo sperimenta ancora una volta l'opacità e l'ambiguità del linguaggio del potere (*il latinorum* di don Abbondio!), la caduta della trasparenza fra parole e cose. È un "mondo alla rovescia" tutt'altro che liberatorio quello in cui si trova invischiato Renzo, un mondo in cui la legge viene manipolata per proteggere i colpevoli, mentre gli innocenti passano per colpevoli. Questo è il vero tema dell'episodio e il suo principale nucleo ideologico.

**139**

## 3 Scrivere a scuola

**UNITÀ DI LAVORO 19** **L'analisi del testo**

L'**individuazione del tema** è utile perché permette di definire l'angolazione da cui leggere il testo e di motivare e far crescere l'interesse alla lettura. Inoltre permette di capire le ragioni storiche e culturali dell'autore.

**Analisi**

Il tema messo a fuoco in questo brano è quello della giustizia e della legge. *I Promessi Sposi* sotto la veste del romanzo storico rimandano continuamente all'Ottocento e ai problemi di modernizzazione che allora ci si poneva, primo fra tutti, quello dell'uguaglianza dei cittadini di fronte alla legge.

## A.3 Analisi

L'analisi degli aspetti stilistici e strutturali riguarda:

1. la distinzione tra fabula e intreccio;
2. l'individuazione del punto di vista narrativo e dello stile;
3. la considerazione del tempo, dello spazio, del cronotopo (cioè del rapporto tra tempo e spazio);
4. l'analisi del sistema dei personaggi.

### A.3.1 Fabula e intreccio

Nel brano riportato fabula e intreccio coincidono, essendo quest'ultimo in gran parte costituito dal dialogo e dalla descrizione ambientale.

### A.3.2 Il punto di vista

**Analisi**

Nell'episodio di Azzecca-garbugli allo sguardo dall'alto del narratore onnisciente – che riferisce lo stato d'animo di Renzo, descrive lo studio dell'avvocato e spiega il contenuto delle gride – si alterna l'ottica straniata di Renzo, che assimila i discorsi di Azzecca-garbugli a quelli di un "giocator di bussolotti". Il punto di vista di Renzo, che non capisce, accentua l'impressione di un mondo capovolto, in cui i rapporti morali e il senso della giustizia sono stravolti. Per quanto riguarda lo stile, abbiamo in queste pagine un esempio di plurilinguismo e di pluristilismo: vi trovano spazio il linguaggio tecnico-giuridico (nelle parole di Azzecca-garbugli), quello secentesco delle gride, il linguaggio popolare (nelle similitudini di Renzo e nei discorsi di Agnese), il gergo dei prepotenti (ancora nelle parole di Azzecca-garbugli).

### A.3.3 Tempo e spazio

**Analisi**

L'episodio di Azzecca-garbugli avviene nel pomeriggio del giorno 8 novembre 1628. Lo scenario muta due volte: dallo spazio della casa di Lucia nel paese a quello esterno della strada per Lecco, fino a quello di un interno, lo studio cittadino dell'avvocato. Mentre troviamo Renzo al massimo della sicurezza e della combattività in presenza dello spazio della strada, negli interni il personaggio mostra più facilmente delle debolezze. Inoltre se nell'ambiente del paese Renzo è a proprio agio e mostra spirito di iniziativa, in città, in un luogo sconosciuto, egli appare impacciato e inadeguato. Questo dato sarà del resto confermato nei due viaggi di Renzo a Milano, nella circostanza dei tumulti e durante la peste.

**140** LA SCRITTURA

## A.3.4 Il sistema dei personaggi

Definire il sistema dei personaggi aiuta a capire come è costruito il racconto e quale sia il suo messaggio. I personaggi sono spesso ideati a coppie, per similarità o per opposizione, secondo un sistema binario.

**Analisi**

In generale nei *Promessi sposi* gli otto personaggi principali si dispongono a coppie secondo uno schema di similarità/opposizione: Renzo, Lucia, padre Cristoforo, il cardinale Borromeo *vs* don Rodrigo, l'Innominato – fino alla "conversione" –, don Abbondio, Gertrude. Il sistema binario dei personaggi vale anche nel particolare per l'episodio di Azzecca-garbugli.

Dopo la breve apparizione di Agnese, infatti, dominano i personaggi contrapposti di Renzo e Azzecca-garbugli, espressione di due mondi inconciliabili. Già lo studio di Azzecca-garbugli, un misto di sfarzo e incuria, rispecchia le caratteristiche di questo personaggio. Il gusto del potere e la prospettiva del guadagno lo inducono ad assumere toni tali da accentuare la sua importanza, la sua capacità, il suo coraggio; dopodiché, al nome di don Rodrigo, la paura lo induce a rinunciare anche ai capponi offerti da Renzo. Il colloquio con Renzo procede interamente sotto il dominio del travisamento; lo scioglimento dell'equivoco ne provocherà l'interruzione. La comunicazione si dà solo in una forma rovesciata, dato che ciascuno dei due interlocutori ha un'idea sbagliata dell'altro: Renzo crede che Azzecca-garbugli sia un difensore degli innocenti, mentre Azzecca-garbugli pensa che il giovane sia un bravo.

# A.4 Interpretazione complessiva e approfondimenti

## A.4.1 Storicizzazione o contestualizzazione

Il testo va contestualizzato (si dice anche "storicizzato") in rapporto:
- all'autore (vita, poetica, ideologia, opera complessiva);
- alla tradizione letteraria precedente o coeva (confronto a livello di temi e di generi con testi di altri autori);
- al quadro storico, sociale o culturale.

**Analisi**

Lo studio di Azzecca-garbugli è una vera stampa d'epoca e riflette la personalità dell'avvocato: pomposità esteriore congiunta a degrado morale. Attraverso questo personaggio l'autore trasmette una certa idea del Seicento. Il quadro che Manzoni, che vive e opera nei primi decenni dell'Ottocento, formatosi nella cultura illuminista, dà di questo secolo è quello di un mondo capovolto, in cui tutto è all'insegna del rovesciamento. L'equivoco per cui Renzo è scambiato per un bravo è in questo senso fortemente emblematico. In questo mondo le leggi sono usate per difendere i prepotenti, chi dice la verità al giudice è "uno sciocco", le vittime vengono trasformate in colpevoli, i fautori dell'ingiustizia si dicono "galantuomini" e le verità sono "fandonie". La cultura è usata come strumento di dominio e di oppressione sociale: non è un caso che Agnese e Renzo assimilino l'essere istruiti e dotti all'appartenenza a un ceto elevato e per ciò stesso depositario di un potere dispotico e cieco.

## A.4.2 Attualizzazione

Consiste nel definire **qual è per noi il significato di un testo**. Per farlo, bisogna mettere a confronto il mondo del testo e il proprio, stabilire dei **confronti** e dei parallelismi fra passato e presente, segnare delle differenze e delle somiglianze.

**Analisi**

Attraverso questo episodio Manzoni affronta una questione centrale nel mondo moderno, che si è affacciata proprio a partire dal Seicento, cioè quella dell'alterazione dei rapporti fra i nomi e i significati. Chi detiene il potere ha anche quello sul linguaggio e sulla cultura, che vengono

**141**

## 3 Scrivere a scuola
UNITÀ DI LAVORO 19 L'analisi del testo

stravolti e strumentalizzati, fino all'oppressione di chi è escluso dalla cultura. Tenere le masse nell'ignoranza e nell'inconsapevolezza significa non solo escluderle dalla gestione del potere, ma anche dalla possibilità di contrastarlo e di pensare a migliorare la propria condizione; il monopolio della cultura, dunque, serve a rendere l'obbedienza sempre più cieca. Nel Seicento, secolo attraversato da forti contraddizioni e caratterizzato da profondi dislivelli sociali, questo fenomeno è molto evidente. Ma l'ingiustizia e le forme di protezione dei (o la collusione con i) disonesti, la trasformazione della cultura in uno strumento di potere e di oppressione non mancano anche nel nostro presente. La grandezza di Manzoni è anche quella di averne mostrato, realisticamente e impietosamente, la manifestazione in un momento particolare, indicando al contempo la persistenza di questi problemi ben oltre il momento storico in cui è ambientato il romanzo. Azzecca-garbugli è, al medesimo tempo, una stampa d'epoca e un personaggio attuale. Se in qualche angolo del suo "stanzone", tra i ritratti dei dodici Cesari, riuscissimo a immaginare un televisore e sulla sua "tavola gremita d'allegazioni, di suppliche, di libelli, di gride" un computer, sapremmo forse più facilmente riconoscerlo.

# Laboratorio

## Attivare un metodo

**1** Leggi la prefazione de *La coscienza di Zeno* di Italo Svevo e svolgi l'analisi del testo seguendo le indicazioni e rispondendo alle domande riportate di seguito (*Esame di Stato 2009*).

Io sono il dottore di cui in questa novella si parla talvolta con parole poco lusinghiere. Chi di psico-analisi s'intende, sa dove piazzare l'antipatia che il paziente mi dedica.
Di psico-analisi non parlerò perché qui entro se ne parla già a sufficienza. Debbo scusarmi di aver indotto il mio paziente a scrivere la sua autobiografia; gli studiosi di psico-analisi arricceranno il naso a tanta novità. Ma egli era vecchio ed io sperai che in tale rievocazione il suo passato si rinverdisse, che l'autobiografia fosse un buon preludio alla psico-analisi. Oggi ancora la mia idea mi pare buona perché mi ha dato dei risultati insperati, che sarebbero stati maggiori se il malato sul più bello non si fosse sottratto alla cura truffandomi del frutto della mia lunga paziente analisi di queste memorie.
Le pubblico per vendetta e spero gli dispiaccia. Sappia però ch'io sono pronto di dividere con lui i lauti onorarii che ricaverò da questa pubblicazione a patto egli riprenda la cura. Sembrava tanto curioso di se stesso! Se sapesse quante sorprese potrebbero risultargli dal commento delle tante verità e bugie ch'egli ha qui accumulate! …
Dottor S.

5

10

### Comprensione

▶ Dopo una prima lettura, riassumi il contenuto informativo del testo in non più di cinque righe.

### Analisi

▶1 Quali personaggi entrano in gioco in questo testo? E con quali ruoli?
▶2 Quali informazioni circa il paziente si desumono dal testo?
▶3 Quale immagine si ricava del Dottor S.?
▶4 Il Dottor S. ha indotto il paziente a scrivere la sua autobiografia. Perché?
▶5 Rifletti sulle diverse denominazioni del romanzo: "novella" (r. 1), "autobiografia" (r. 4), "memorie" (r. 9).
▶6 Esponi le tue osservazioni in un commento personale di sufficiente ampiezza.

### Interpretazione e approfondimenti

▶ Proponi una tua interpretazione complessiva del brano e approfondiscila con opportuni collegamenti al romanzo nella sua interezza o ad altri testi di Svevo. In alternativa, prendendo spunto dal testo proposto, delinea alcuni aspetti dei rapporti tra letteratura e psicoanalisi, facendo riferimento a opere che hai letto e studiato.

**esercizi attivi**

**142** LA SCRITTURA

# B Guida all'analisi di un testo letterario in versi

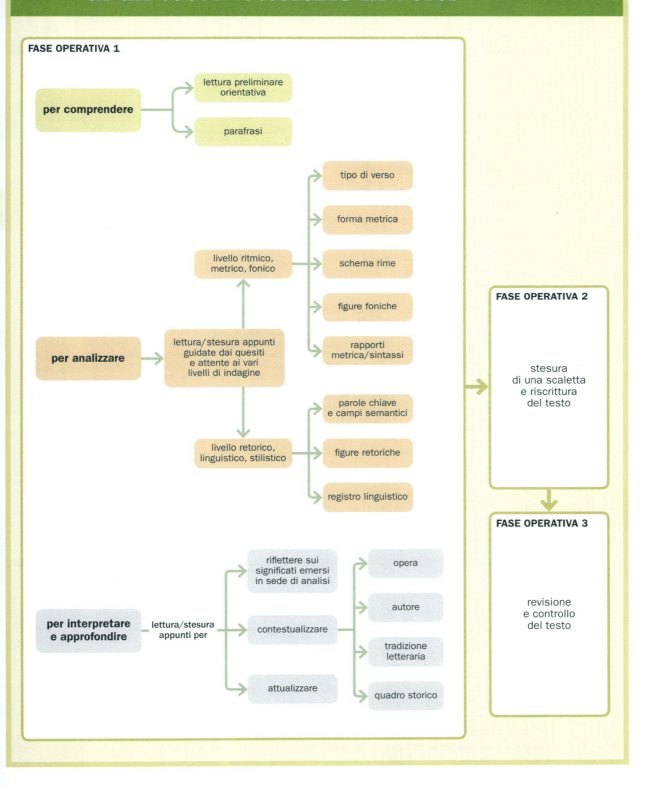

# 3 Scrivere a scuola
UNITÀ DI LAVORO **19** L'analisi del testo

## B.1 Lettura del testo

### Testo esempio

**Ugo Foscolo**

**A Zacinto**

Né[1] più mai toccherò le sacre[2] sponde
ove il mio corpo fanciulletto giacque,
Zacinto mia, che te specchi nell'onde
del greco mar da cui vergine nacque

Venere, e fea quelle isole feconde[3]                    5
col suo primo sorriso, onde non tacque[4]
le tue limpide nubi e le tue fronde
l'inclito verso di colui che l'acque

cantò fatali, ed il diverso esiglio
per cui bello di fama e di sventura[5]                   10
baciò[6] la sua petrosa Itaca Ulisse.

Tu non altro che il canto avrai del figlio,
o materna mia terra; a noi prescrisse
il fato illacrimata sepoltura.[7]

---

**1. Né:** l'attacco ci porta come al centro di una riflessione lungamente protrattasi.
**2. sacre:** è aggettivo tipicamente foscoliano, volto a enfatizzare il tema della patria lontana quale cosa santa, nonché a valorizzare il mito che si ricollega alla sua origine greca.
**3. feconde:** cioè 'fertili di vita', anche in senso culturale.
**4. non tacque:** in effetti si trovano

in Omero vari riferimenti a Zacinto.
**5. bello… sventura:** la **sventura** delle interminabili, dolorose peregrinazioni, in quanto virilmente sopportata, sarebbe la causa della più intensa bellezza, cioè del fascino, di Ulisse; mentre la **fama** deve probabilmente riferirsi proprio all'onore del racconto omerico.
**6. baciò:** indica la felicità per il sospirato ritorno in patria, citando fedelmente il racconto dell'*Odissea*

(XIII, 353-354).
**7. Tu… sepoltura:** il destino del poeta si contrappone a quello di Ulisse, a cui pure assomiglia per la vita tempestosa e per il lungo esilio. Diversamente dall'eroe greco, Foscolo non tornerà più nella sua patria, e verrà sepolto in terra straniera. Un riferimento ambivalente a Ulisse si incontra anche nei *Sepolcri* (vv. 218-225).

## B.2 Comprensione

### B.2.1 Il periodo di composizione, la storia e la collocazione del testo

Per prima cosa, è utile cercare di rispondere ad alcune domande relative alla genesi del testo:

– quando è stato scritto?
– in quale occasione e in quale momento della storia dell'autore è stato scritto?
– è un testo autonomo o fa parte di un'opera più ampia?

### Analisi

La poesia fu composta dal giovane Foscolo tra il 1802 e il 1803, in un periodo tumultuoso di impegni, spostamenti e avventure sentimentali. Foscolo raccolse e pubblicò nel 1803 una scelta delle sue composizioni in versi che comprendeva due odi e dodici sonetti. La misura breve del sonetto accoglie il meglio della sua ispirazione giovanile, favorendo la concentrazione espressiva e, come in questo caso, dando voce a un motivo costante della psicologia foscoliana, posta sotto il segno della tensione e del conflitto.

**144** LA SCRITTURA

## B.**2.2**   Il significato letterale e il tema

Il primo obiettivo da conseguire per la comprensione del significato letterale di un testo poetico è la realizzazione, scritta o anche solo mentale, di una **parafrasi**.

> **Analisi**
>
> **vv. 1-11:** *Non toccherò mai più le* [tue] *rive sacre dove si adagiò* (**giacque**) *il mio corpo di bambino, o mia Zacinto, che ti specchi nelle onde del mare greco da cui nacque vergine Venere, e* [ella] *rese* (**fea** = fece) *feconde quelle isole con il suo primo sorriso, così che* (**onde**) *le tue limpide nuvole e i tuoi alberi* [: compl. ogg.] *descrisse* (**non tacque**; litote) *la poesia* (**il verso**; sogg.) *illustre* (**inclito**) *di colui* [: Omero] *che cantò le navigazioni* (**l'acque**; per metonimia) [di Ulisse] *volute dal fato* (**fatali**) *e il vario esilio per cui* [infine] *Ulisse* [reso] *bello dalla fama e dalla sventura, baciò la sua Itaca petrosa.*
> **vv. 12-14:** *O mia terra materna* [: Zacinto], *tu non avrai altro che la poesia del figlio* [tuo]; *a me* (**a noi**) *il fato impose una sepoltura senza lacrime* [: lontana dalla patria e dalle persone care].

Ogni testo ruota intorno a uno o più temi essenziali, che rinviano da una parte ai fondamenti universali della natura umana, dall'altro all'immaginario dell'epoca. Ora che grazie alla parafrasi abbiamo chiaro il significato letterale del sonetto, possiamo individuare anche l'**immaginario** che esprime.

> **Analisi**
>
> Il sonetto *A Zacinto* è costruito sul tema del rapporto tra biografia e mito. Le vicende del poeta ricalcano quelle di Ulisse per la nascita su un'isola greca, per l'esilio, per il richiamo al fato ("fatali", "il fato"). Ma al poeta è negato il ritorno nella sua isola. Resta aperta solo la possibilità di una somiglianza con Omero (si veda la ripresa "cantò"/"canto" ai vv. 9 e 12). Foscolo si autorappresenta infatti quale nuovo possibile Omero del mito moderno, che unisce la sacralità della nascita al suo triste destino di esule. Se l'idea mitica del poeta appare legata all'immaginario letterario dell'epoca, l'umanissima nostalgia della terra natale e il desiderio di sopravvivere con il "canto" all'"illacrimata sepoltura" rimandano a un fondamento universale della natura umana.

# B.**3**   Analisi

Si può dividere l'analisi essenzialmente in due momenti:
- ricostruzione dei caratteri metrici e fonici del testo;
- analisi della lingua e dello stile.

## B.**3.1**   Il livello ritmico, metrico, fonico

Innanzitutto è necessario riconoscere la forma metrica, i versi impiegati, l'eventuale divisione in strofe.

> **Analisi**
>
> Il testo di Foscolo analizzato è formato da due quartine e da due terzine, tutte di endecasillabi con rime che seguono lo schema ABAB, ABAB; CDE, CED. Corrisponde quindi alla forma di un sonetto.

**LE RIME**

Analizzando la struttura metrica e le rime si cerca di capire quale incremento di significato comportino.

> **Analisi**
>
> Nel testo troviamo parole in rima forti dal punto di vista del significato, come "giacque", "nacque", "tacque", "acque", che collegano elementi rilevanti sul piano tematico, e cioè l'aspetto

# 3 Scrivere a scuola
### UNITÀ DI LAVORO 19 L'analisi del testo

biografico (l'infanzia), con l'aspetto mitico (la nascita di Venere, il canto di Omero, le peregrinazioni di Ulisse). Mentre "esiglio", "figlio", "Ulisse", "prescrisse", "sventura", "sepoltura" sottolineano, insieme a numerose allitterazioni, i molteplici legami semantici che danno rilievo al parallelismo tra Ulisse, Omero e il poeta.

### RAPPORTO TRA SINTASSI E STRUTTURA METRICA

Il rapporto tra sintassi e struttura metrica può essere di coincidenza oppure di non coincidenza. Nel secondo caso, come si verifica nel sonetto foscoliano, dove quasi mai misura metrica e misura sintattica coincidono, si registra un particolare effetto di sottolineatura della porzione di periodo che fuoriesce dal verso (*enjambement*), o a maggior ragione dalla strofa, invadendo il verso successivo.

**Analisi**

I numerosi *enjambements* (particolarmente forti quelli tra una strofa e l'altra ai vv. 4-5 e 8-9) costituiscono una vera figura chiave del componimento e, creando una forte asimmetria tra ritmo metrico e andamento sintattico, suggeriscono un effetto di tensione drammatica. Questo effetto è potenziato dall'organizzazione sintattica. Un solo lungo periodo occupa le prime tre strofe e culmina nel v. 11. A questo segue un breve periodo conclusivo di tre versi. Alla sintassi complessa del primo periodo, che si snoda attraverso una serie di nessi relativi, dilatando progressivamente il discorso, si oppone la sintassi paratattica e veloce dell'ultima terzina, alla spinta dinamica si contrappone il tono asseverativo delle due ineluttabili affermazioni finali. Inoltre la negazione con cui si apre l'ultima terzina ("Tu non altro che il canto") richiama quella iniziale ("Né più mai toccherò"), riprendendo il tema dell'impossibile ritorno a Zacinto e chiudendo il componimento entro una struttura circolare.

## B.3.2  Il livello retorico e linguistico

L'analisi di questo aspetto si effettua interrogandosi innanzitutto su quei luoghi del testo che è stato necessario modificare per avvicinarli all'uso comune. Più in generale, si tratta di valutare il tipo di lingua impiegato dal poeta. Lo stile invece potrà presentare periodi brevi o lunghi, una struttura ipotattica o paratattica, un ordine normale degli elementi logici oppure inversioni (anastrofi o iperbati). L'individuazione delle figure retoriche completa la ricognizione delle scelte stilistiche.

**Analisi**

Sia lo stile che il lessico usati rispondono a una elevata elaborazione retorica. Ci sono numerose inversioni (l'aggettivo precede quasi sempre il sostantivo) e qualche termine letterario di spicco ("fatali", "esiglio", "illacrimata"). Il lessico presenta una particolare intensità semantica creando una trama di parallelismi e rimandi interni. Si veda per esempio la sequenza "sponde" (v. 1), "Zacinto", "specchi", "onde" (v. 3), "mar" (v. 4), "isole" (v. 5), "acque" (v. 8), dove non si descrive tanto un paesaggio, quanto la nascita del poeta nello stesso mare in cui è nata Venere, che è stato cantato da Omero e percorso da Ulisse.

## B.4  Interpretazione complessiva e approfondimenti

Interpretare significa attribuire significato e valore agli elementi emersi in sede di analisi. Si tratta insomma di mettere in relazione tutti gli elementi individuati riflettendo sugli effetti espressivi del tessuto formale del testo e sul "di più" di significato che aggiungono rispetto a quello letterale.

**146**  LA SCRITTURA

## B.4.1 Storicizzazione o contestualizzazione

Non si tratta di riferire meccanicamente l'opera a un determinato periodo, ma di giustificare tale riferimento attraverso l'analisi degli aspetti formali del testo, dell'ideologia e della poetica di un autore.

### Analisi

I temi essenziali a cui si ispira il sonetto di Foscolo (l'esilio, la poesia, la morte) si collegano a un aspetto fondamentale della poetica dell'autore, ovvero l'idealizzazione della grecità, e insieme anticipano quello che sarà il nucleo centrale dell'opera foscoliana. L'"illacrimata sepoltura" annuncia infatti l'idea dei *Sepolcri*, secondo cui la morte può ricevere senso solo dal ricordo dei superstiti. La nostalgia di un mondo ideale, la sacralità dell'antichità classica, il mito stesso della poesia come consolazione e unica possibilità di contatto con la civiltà, con cui la Grecia (Zacinto) è identificata, rimandano anche alla cultura neoclassica, di cui si nutre il giovane Foscolo. Il tema invece della sventura e del fato avverso permette di cogliere già in epoca preromantica il passaggio dal mito classico dell'eroe positivo alla versione romantica e moderna dell'eroe infelice.

## B.4.2 Attualizzazione

Per attualizzare bisogna **mettere a confronto il mondo del testo e il proprio**, stabilire dei confronti e dei parallelismi fra il passato e il presente, segnare delle differenze e delle somiglianze.

### Analisi

La poesia di Foscolo è saldamente collocata in una fase storica e culturale ben definita e lontana da noi. Ciò che ci distanzia sono l'individualismo eroico, attraverso il quale l'autore tende a stabilire un rapporto con il mondo, e l'idea della poesia come creatrice di valori e a sua volta valore "assoluto". Altre sono le suggestioni che invece agiscono ancora nel profondo della sensibilità contemporanea: per esempio la nostalgia di un mondo altro, di una tensione ideale capace di dare senso allo squallore della vita presente o la ricerca del significato che può assumere la morte per chi non crede nell'aldilà, nel contesto cioè di una visione non religiosa della vita.

# Laboratorio

## Attivare un metodo

**1** Leggi i versi 115-132 del canto XXX del *Purgatorio* di Dante Alighieri e svolgi l'analisi del testo seguendo le indicazioni e rispondendo alle domande riportate sotto il testo.

> questi fu tal ne la sua vita nova[1]
> virtüalmente, ch'ogne abito destro[2]
> fatto averebbe in lui mirabil prova.　　　　117
> Ma tanto più maligno e più silvestro
> si fa 'l terren col mal seme e non cólto,
> quant'elli ha più di buon vigor terrestro.　　　120
> Alcun tempo il sostenni col mio volto:
> mostrando li occhi giovanetti a lui,
> meco il menava in dritta parte vòlto.[3]　　　123
> Sì tosto come in su la soglia fui
> di mia seconda etade[4] e mutai vita,[5]

**1 vita nova:** giovinezza.
**2 abito destro:** attitudine.
**3 meco ... vòlto:** lo conducevo con me verso la retta via.
**4 seconda etade:** giovinezza.
**5 mutai vita:** passai dalla vita terrena a quella celeste.

**147**

# 3 Scrivere a scuola
**UNITÀ DI LAVORO 19** L'analisi del testo

## Laboratorio

    questi si tolse a me, e diessi altrui.    126
    Quando di carne a spirto era salita,
    e bellezza e virtù cresciuta m'era,[6]
    fu' io a lui men cara e men gradita;    129
    e volse i passi suoi per via non vera,
    imagini di ben seguendo false,
    che nulla promession rendono intera.[7]    132

(da Dante, *Purgatorio*, Canto XXX)

**6 bellezza e virtù cresciuta m'era:** si era accentuata la mia virtù e la mia bellezza spirituale.
**7 nulla promession rendono intera:** non mantengono alcuna promessa.

### Comprensione
▶ 1 Fai una parafrasi del testo.
▶ 2 Esponi il contenuto informativo del testo.
▶ 3 Riassumi il contenuto del testo in un massimo di quattro righe.

### Analisi
▶ 1 Indica la forma metrica e lo schema delle rime.
▶ 2 Chi sta parlando? E chi è "questi"?
▶ 3 I versi 118-120 sono interamente occupati da una figura retorica. Quale? Spiegane il senso.
▶ 4 Al verso 124 è presente una figura retorica. Quale? Spiegane il senso.
▶ 5 Spiega il significato del verso 122: "mostrando li occhi giovanetti a lui".
▶ 6 Spiega il significato del verso 126. A che cosa si dedica Dante quando allontana il proprio interesse da Beatrice?
▶ 7 Dante usa la tecnica del correlativo oggettivo in questi versi? In che cosa consiste?

### Interpretazione e approfondimenti
▶ 1 Formula un'interpretazione complessiva di questi versi facendo riferimento all'opera e al pensiero di Dante.
▶ 2 Colloca la figura di Beatrice nella storia della poesia medievale; confronta la sua figura con le figure femminili presenti nei versi di altri poeti.

148    LA SCRITTURA

# UNITÀ DI LAVORO 20
# Il saggio breve

**OBIETTIVI**
- Affinare le capacità di lettura e analisi di un dossier di documenti eterogenei.
- Consolidare le competenze di analisi e sintesi.
- Consolidare le competenze argomentative.
- Consolidare le competenze necessarie alla redazione di un saggio breve.

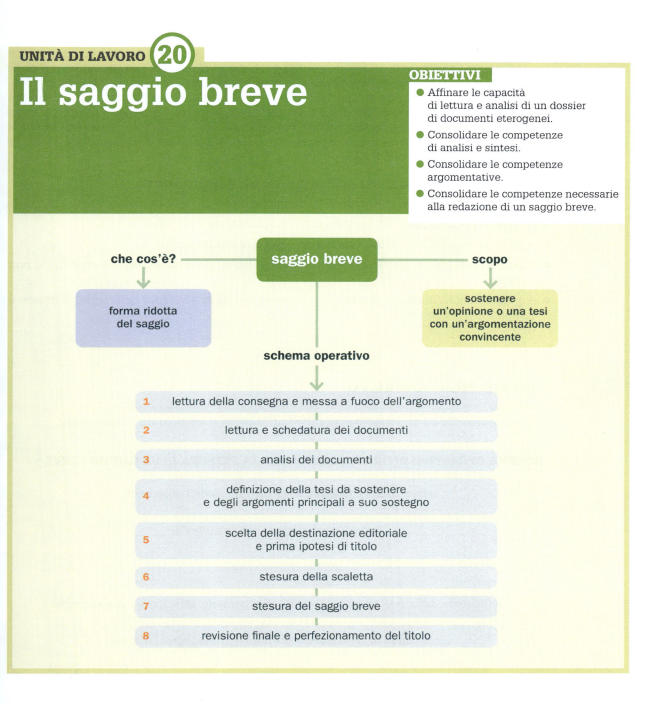

## 1 Il saggio breve

### 1.1 Che cos'è il saggio breve

Il saggio breve è una tipologia testuale che appartiene alla pratica scolastica ormai da diversi anni. Si tratta di una **forma ridotta** (per lunghezza e livello di approfondimento) **del saggio**, un genere di scrittura consolidato, praticato soprattutto da esperti, ricercatori e studiosi, in cui si fornisce una **documentazione** attendibile e approfondita e sulla base di questa **si sostiene un'opinione, una tesi**, una spiegazione di un fenomeno, sempre **con il supporto di un'argomentazione convincente** (anche perché suffragata da dati e documenti).

149

**3** **Scrivere a scuola**
UNITÀ DI LAVORO **20** **Il saggio breve**

Nello stile prevale il ricorso a una **sintassi complessa e studiata**, in modo da esprimere correttamente i passaggi di un ragionamento e allo scopo di rendere l'argomentazione stringente e incisiva. Il lessico deve tendere alla precisione e includere anche termini tecnico-specialistici, in una quantità e a un livello di specializzazione che variano in funzione del destinatario: quanto più ci si rivolge a un destinatario esperto del tema, tanto più si deve ricorrere a un lessico specialistico; quanto più invece si punta alla divulgazione tanto più si deve, al contrario, evitare un lessico troppo settoriale e difficilmente comprensibile a chi non è del settore.

## 1.2 Le possibili destinazioni editoriali di un saggio breve

Le principali destinazioni editoriali di un saggio sono:

- la rivista specialistica (i lettori sono tutti competenti nel settore);
- la rivista divulgativa (i lettori non hanno una competenza specifica);
- le pagine culturali di quotidiani e settimanali (i lettori possono essere sia esperti sia non esperti);
- le pubblicazioni di centri di ricerca e associazioni di settore (più facilmente il lettore è competente nel settore).

# 2 Uno schema operativo

Di seguito riportiamo uno schema operativo utile per la stesura di un saggio breve.

| | SCHEMA OPERATIVO DI ORIENTAMENTO PER LA STESURA DI UN SAGGIO BREVE |
|---|---|
| 1 | lettura della consegna e messa a fuoco dell'argomento |
| 2 | lettura e schedatura dei documenti |
| 3 | analisi dei documenti |
| 4 | definizione della tesi da sostenere e degli argomenti principali a suo sostegno |
| 5 | scelta della destinazione editoriale e prima ipotesi di titolo |
| 6 | stesura della scaletta |
| 7 | stesura del saggio breve |
| 8 | revisione finale e perfezionamento del titolo |

Nella prova d'esame è possibile scegliere tra quattro argomenti (e relativi dossier) appartenenti a quattro ambiti disciplinari artistico-letterario, storico-politico, socio-economico e tecnico-scientifico.
Seguiamo le fasi di lavoro necessarie alla redazione di un saggio breve, dalla lettura dei documenti alla stesura definitiva. Prendiamo, come esempio, un saggio breve di argomento artistico-letterario.

**150** LA SCRITTURA

# 1 Lettura della consegna e messa a fuoco dell'argomento

### Argomento
### Umano e divino nella concezione medievale del mondo

### Dossier

**documento I**

Agli occhi di tutte le persone capaci di riflessione [attorno al Mille], il mondo sensibile non appariva più che come una specie di maschera, dietro la quale avvenivano tutte le cose veramente importanti, oppure come un linguaggio destinato a esprimere per mezzo di segni una realtà più profonda. E poiché un tessuto di mera apparenza non offre per sé che scarso interesse, questo preconcetto conduceva generalmente a trascurare l'osservazione a profitto dell'interpretazione ... Si spiega così, in gran parte, la mediocre azione della scienza su di una natura che, in fondo, non sembrava meritasse molto che ci si occupasse di essa.

da M. Bloch, *La società feudale*, Einaudi, Torino 1949, p. 102

**documento II**

Gli uomini e le donne del Medioevo credevano che il visibile fosse compenetrato d'invisibile, che il soprannaturale fosse sempre pronto a manifestarsi sulla terra, che tra il visibile e l'invisibile non esistesse una frontiera netta, e tanto meno una cesura.

da J. Le Goff, *Il Medioevo. Alle origini dell'identità europea*, Laterza, Bari 1996.

**documento III**

La terra non è mai uno spazio soltanto geografico [...] Sulla terra i luoghi stessi possono essere più o meno «buoni» e le loro caratteristiche naturali sono interpretate come segni della loro qualità morale. Il viaggio è perciò spesso un pellegrinaggio: uno spostamento verso un luogo santo, cioè verso uno spazio geografico che si è caricato di significato religioso.

da R. Cesarani - L. De Federicis, *Il materiale e l'immaginario*, Loescher, Torino 1995, p. 268.

**documento IV**

I pensatori cristiani del Medioevo stimano tutti che la Provvidenza stabilisca dei confini alle attività degli uomini [...] Invece i mercanti scrittori della fine del Trecento si rivelano come i paladini della fede nel dio del caso. [...] Ma perché i mercanti scrittori accordano una tale importanza alla nozione di fortuna? [...] Indubbiamente durante il Medioevo gli affari [...] sono strettamente sottomessi a imprevedibili incidenti: tempeste, colpi di mano di pirati o predoni, periodi di abbondanza e di penuria [...] D'altra parte i mercanti accolgono tanto più volentieri la fortuna quanto essa permette loro, in nome del rischio, di giustificare, una volta ottenuti, benefici elevati e pratiche usuraie. In questo caso il richiamo alla fortuna è come una giustificazione pagana dell'arricchimento conseguito dai nostri mercanti, giustificazione tanto più necessaria in quanto l'etica cristiana [...] proibisce i guadagni eccessivi e la vendita del tempo. [...] Avere accolto la nozione di fortuna [...] è il segno che la Provvidenza non trova più posto nella coscienza mercantile [...] In breve, rinunciare alla Provvidenza per accettare la fortuna, significa rifiutare una concezione tragica dell'universo, quasi schiacciato da una volontà inesorabile, per adottare una visione drammatica del mondo inteso come lotta incessante ed eroica degli uomini contro il caso.

da C. Bec, *Les marchands écrivains. Affaires et humanisme à Florence. 1375-1434*, Parigi-L'Aia, Mouton 1967, pp. 309-313.

**documento V**

"O frati", dissi, "che per cento milia
perigli siete giunti a l'occidente,
a questa tanto piccola vigilia
d'i nostri sensi ch'è del rimanente

151

non vogliate negar l'esperïenza,
di retro al sol, del mondo senza gente.
Considerate la vostra semenza:
fatti non foste a viver come bruti,
ma per seguir virtute e canoscenza".
Li miei compagni fec'io sì aguti,
con questa orazion picciola, al cammino,
che a pena poscia li avrei ritenuti;
e volta nostra poppa nel mattino,
de' remi facemmo ali al folle volo,
sempre acquistando dal lato mancino.

da Dante, *Inferno*, XXVI, vv. 112-126.

**documento VI**

Currado Gianfigliazzi, sì come ciascuna di voi e udito e veduto puote avere, sempre della nostra città è stato nobile cittadino, liberale e magnifico, e vita cavalleresca tenendo continuamente in cani e in uccelli s'è dilettato, le sue opere maggiori al presente lasciando stare. Il quale con un suo falcone avendo un dì presso a Peretola una gru ammazzata, trovandola grassa e giovane, quella mandò a un suo buon cuoco, il quale era chiamato Chichibio e era viniziano; e sì gli mandò dicendo che a cena l'arrostisse e governassela bene. Chichibio, il quale come nuovo bergolo era così pareva, acconcia la gru, la mise a fuoco e con sollicitudine a cuocer la cominciò. La quale essendo già presso che cotta grandissimo odor venendone, avvenne che una feminetta della contrada, la qual Brunetta era chiamata e di cui Chichibio era forte innamorato, entrò nella cucina, e sentendo l'odor della gru e veggendola pregò caramente Chichibio che ne le desse una coscia. Chichibio le rispose cantando e disse: «Voi non l'avrì da mi, donna Brunetta, voi non l'avrì da mi». Di che donna Brunetta essendo un poco turbata, gli disse: «In fé di Dio, se tu non la mi dai, tu non avrai mai da me cosa che ti piaccia», e in brieve le parole furon molte; alla fine Chichibio, per non crucciar la sua donna, spiccata l'una delle cosce alla gru, gliele diede.

Essendo poi davanti a Currado e a alcun suo forestiere messa la gru senza coscia, e Currado maravigliandosene, fece chiamare Chichibio e domandollo che fosse divenuta l'altra coscia della gru. Al quale il vinizian bugiardo subitamente rispose: «Signor mio, le gru non hanno se non una coscia e una gamba». Currado allora turbato disse: «Come diavol non hanno che una coscia e una gamba? non vid'io mai più gru che questa?» Chichibio seguitò: «Egli è, messer, com'io vi dico; e quando vi piaccia, io il vi farò veder ne' vivi». Currado per amor dei forestieri che seco aveva non volle dietro alle parole andare, ma disse: «Poi che tu di' di farmelo vedere ne' vivi, cosa che io mai più non vidi né udi' dir che fosse, e io il voglio veder domattina e sarò contento; ma io ti giuro in sul corpo di Cristo che, se altramenti sarà, che io ti farò conciare in maniera, che tu con tuo danno ti ricorderai, sempre che tu ci viverai, del nome mio».

Finite adunque per quella sera le parole, la mattina seguente come il giorno apparve, Currado, a cui non era per lo dormire l'ira cessata, tutto ancor gonfiato si levò e comandò che i cavalli gli fosser menati; e fatto montar Chichibio sopra un ronzino, verso una fiumana, alla riva della quale sempre soleva in sul far del dì vedersi delle gru, nel menò dicendo: «Tosto vedremo chi avrà iersera mentito, o tu o io». Chichibio, veggendo che ancora durava l'ira di Currado e che far gli convenia pruova della sua bugia, non sappiendo come poterlasi fare cavalcava appresso a Currado con la maggior paura del mondo, e volentieri, se potuto avesse, si sarebbe fuggito; ma non potendo, ora innanzi e ora adietro e dallato si riguardava, e ciò che vedeva credeva che gru fossero che stessero in due piè. Ma già vicini al fiume pervenuti, gli venner prima che a alcun vedute sopra la riva di quello ben dodici gru, le quali tutte in un piè dimoravano, si come quando dormono soglion fare; per che egli, prestamente mostratele a Currado, disse: «Assai bene potete, messer, vedere che iersera vi dissi il vero, che le gru non hanno se non una coscia e un piè, se voi riguardate a quelle che colà stanno». Currado vedendole disse: «Aspettati, che io ti mostrerò che elle n'hanno due», e fattosi alquanto più a quelle vicino, gridò: «Ho, ho!», per lo qual grido le gru, mandato l'altro piè giù, tutte dopo alquanti passi cominciarono a fuggire; laonde Currado rivolto a Chichibio disse: «Che ti par, ghiottone? parti che elle n'abbian due?»

Chichibio quasi sbigottito, non sappiendo egli stesso donde si venisse, rispose: «Messer sì, ma voi non gridaste 'ho, ho' a quella d'iersera; ché se così gridato aveste ella avrebbe così l'altra coscia e l'altro piè fuor mandata, come hanno fatto queste». A Currado piacque tanto questa risposta, che tutta la sua ira si convertì in festa e riso, e disse: «Chichibio, tu hai ragione, ben lo doveva fare». Così adunque con la sua pronta e sollazzevol risposta Chichibio cessò la mala ventura e pacificossi col suo signore.

da G. Boccaccio, *Chichibio e la gru*, *Decameron* VI, 4.

**documento VII**

da A. Lorenzetti, *Effetti del buon governo nella città e nella campagna*, particolare. Palazzo Pubblico, Siena.

## 2 Lettura e schedatura dei documenti

Dopo una prima **lettura orientativa dei documenti**, è bene **rileggere il titolo**. Che cosa chiede? Il titolo chiede di concentrare l'attenzione sul rapporto tra umano e divino nella concezione del mondo medievale, così come è espressa nell'arte e nella letteratura e così come è stata interpretata e ricostruita dagli studiosi contemporanei.
Con questa prospettiva è utile fare una **schedatura dei documenti**, individuandone la tipologia e selezionandovi i concetti fondamentali.

- **I. Bloch**: intorno al Mille la realtà sensibile è concepita come mondo di apparenze che rimanda alla vera realtà, quella trascendente. Non importa l'osservazione della natura, ma l'interpretazione dei suoi segni.
- **II. Le Goff**: secondo gli uomini del Medioevo, il soprannaturale compenetrava in ogni sua manifestazione la vita terrena.
- **III. Ceserani-De Federicis**: la terra è uno spazio in cui gli uomini vivono un dramma morale (il viaggio e la vita stessa sono un pellegrinaggio).

# 3 Scrivere a scuola

**UNITÀ DI LAVORO 20** Il saggio breve

- **IV. Bec**: il concetto di fortuna sostituisce presso i mercanti trecenteschi quello di Provvidenza divina. La loro esperienza di viaggi, di affari e di instabilità delle fortune li induce a una visione più umana e terrena della vita.

- **V. Dante**: il poeta considera folle il viaggio di Ulisse perché la fame di conoscenza dell'eroe antico prescinde da una meta religiosa. Ulisse è il precursore dei moderni esploratori, di un modello di sapere lontano da quello dantesco, che pone come fine supremo Dio e la perfezione morale.

- **VI. Boccaccio**: i personaggi della novella si muovono in un orizzonte puramente umano, cercando di parare i colpi della sorte con le risorse del proprio ingegno. L'amore stesso tra Chichibio e Brunetta coinvolge i sensi naturali più che la spiritualità. La natura e la società sono rappresentate in forme realistiche.

- **VII. Lorenzetti**: le attività produttive sono in primo piano; i commerci occupano un posto importante nella vita della città: si svolgono nella piazza, che rappresenta il cuore dell'attività cittadina.

## 3 Analisi dei documenti

È il momento di **interrogare e confrontare i dati emersi** nella schedatura, per **individuare un nucleo tematico** e concettuale su cui fondare il saggio.

I documenti di Bloch, Ceserani-De Federicis e Dante insistono tutti sulla concezione teocratica della natura e della vita umana, dominante nel Medioevo.

Bec e Boccaccio mostrano invece l'emergere di una mentalità nuova, più laica e umana. I documenti non presentano fenomeni contraddittori, anche se talora la compresenza di umano e divino è vissuta in modo lacerante nella coscienza individuale, per esempio in Petrarca. È rintracciabile infatti nei documenti un ordine cronologico, che rimanda a un mutamento e a una evoluzione del contesto storico. Come si passa da una visione teocentrica a una nuova etica più umana e terrena? È la nuova società urbana e mercantile che, spinta dai propri interessi e dalle mutate condizioni di vita, elabora una concezione del mondo più aperta alla valorizzazione degli strumenti dell'operare umano, come si può vedere nei mercanti scrittori, in Boccaccio e nella rappresentazione delle attività produttive nella città comunale, nell'affresco di Ambrogio Lorenzetti.

## 4 Definizione della tesi da sostenere e degli argomenti principali a suo sostegno

Si può focalizzare l'attenzione sul tema dell'avventura e del valore dell'ingegno umano e, in particolare, sul modo diverso in cui questo tema viene trattato nei due testi letterari. Può essere utile riflettere prendendo degli **appunti** e facendo degli **schemi preparatori**, in modo da definire la tesi da sostenere.

Il personaggio di Ulisse ci appare in termini positivi, ma Dante lo pone nell'Inferno e condanna l'audacia del suo gesto, che sfida i limiti umani. Boccaccio invece rappresenta in termini del tutto positivi il suo personaggio Chichibìo, che riesce a rovesciare in positiva una situazione negativa grazie all'uso dell'ingegno e dell'intelligenza umana.

A questo punto è possibile mettere a punto la tesi:

Dante e Boccaccio rappresentano due diversi orizzonti culturali: legato alla teocratica medievale il primo; vicino alla **nuova concezione della vita come avventura** tipica della realtà borghese trecentesca il secondo.

**154** LA SCRITTURA

## 5 — Scelta della destinazione editoriale e prima ipotesi di titolo

La destinazione editoriale può essere quella di un fascicolo culturale di un'associazione di studenti. I primi destinatari sono dunque gli studenti. Si scrive, di conseguenza, per un lettore non specialista.
Prima ipotesi di titolo:

*Il rapporto tra umano e divino nel Medioevo*

## 6 — Stesura della scaletta

### Introduzione
La centralità del divino dominante nell'età feudale, con l'avvento della società urbana e mercantile, lascia sempre più spazio alla dimensione umana e terrena.

### Sviluppo dell'argomento per preparare e sostenere l'esposizione della tesi

- Nell'alto Medioevo, caratterizzato dalla statica società feudale e dall'egemonia culturale della Chiesa, Dio è al centro di tutto, la natura è una mera apparenza che rimanda al divino, la vita umana e la storia dipendono dalle leggi ferree della divina Provvidenza. La teologia è la scienza suprema.
  - Citazione da Le Goff: "Gli uomini e le donne del Medioevo credevano che il visibile fosse compenetrato d'invisibile, che il soprannaturale fosse sempre pronto a manifestarsi sulla terra".

- A partire dal XIII secolo, con il fiorire delle città mercantili, si sviluppa un nuovo ceto borghese, portatore di esigenze diverse da quelle della classe dirigente nobiliare e che a questa contesta il potere.
  - Riferimento all'affresco di Lorenzetti: vi è rappresentato il mercato cittadino.

- Il mercante viaggia, conosce nuovi spazi, allarga il suo orizzonte geografico e mentale; il tempo diventa prezioso nella produzione e negli scambi commerciali, comincia ad appartenere all'uomo. Nella concezione medievale il viaggio era inteso diversamente.
  - Citazione da Ceserani-De Federicis: "Il viaggio è perciò spesso un pellegrinaggio: uno spostamento verso un luogo santo, cioè verso uno spazio geografico che si è caricato di significato religioso."

- La vita avventurosa, esposta ai colpi della buona o cattiva sorte, fa sperimentare al mercante quanto conti il caso nelle vicende umane. La fortuna contende alla divina Provvidenza il dominio sulla vita terrena.
  - Citazione da Bec: "rinunciare alla Provvidenza per accettare la fortuna, significa rifiutare una concezione tragica dell'universo, quasi schiacciato da una volontà inesorabile, per adottare una visione drammatica del mondo inteso come lotta incessante ed eroica degli uomini contro il caso."

### Esposizione della tesi e argomentazione a sostegno

Tutto ciò comporta una valorizzazione dell'operare umano e una concezione della vita più laica e mondana, come mostra la novella di Boccaccio, che rivela una morale ormai lontana da quella dantesca. L'ingegno, nel senso pragmatico di sapersela cavare nelle situazioni difficili, va a sostituire una visione proiettata verso la perfezione morale e l'ascesa al divino.

Citazioni da Dante:

- non vogliate negar l'esperïenza,
  di retro al sol, del mondo senza gente.
  Considerate la vostra semenza:
  fatti non foste a viver come bruti,
  ma per seguir virtute e canoscenza".

- de' remi facemmo ali al folle volo,

## 3 Scrivere a scuola
**UNITÀ DI LAVORO 20** Il saggio breve

Citazioni da Boccaccio:

– Essendo poi davanti a Currado e a alcun suo forestiere messa la gru senza coscia, e Currado maravigliandosene, fece chiamare Chichibio e domandollo che fosse divenuta l'altra coscia della gru. Al quale il vinizian bugiardo subitamente rispose: «Signor mio, le gru non hanno se non una coscia e una gamba». Currado allora turbato disse: «Come diavol non hanno che una coscia e una gamba? non vid'io mai più gru che questa?» Chichibio seguitò: «Egli è, messer, com'io vi dico; e quando vi piaccia, io il vi farò veder ne' vivi».

– Ma già vicini al fiume pervenuti, gli venner prima che a alcun vedute sopra la riva di quello ben dodici gru, le quali tutte in un piè dimoravano, si come quando dormono soglion fare; per che egli, prestamente mostratele a Currado, disse: «Assai bene potete, messer, vedere che iersera vi dissi il vero, che le gru non hanno se non una coscia e un piè, se voi riguardate a quelle che colà stanno». Currado vedendole disse: «Aspettati, che io ti mostrerò che elle n'hanno due», e fattosi alquanto più a quelle vicino, gridò: «Ho, ho!», per lo qual grido le gru, mandato l'altro piè giù, tutte dopo alquanti passi cominciarono a fuggire; laonde Currado rivolto a Chichibio disse: «Che ti par, ghiottone? parti che elle n'abbian due?» Chichibio quasi sbigottito, non sappiendo egli stesso donde si venisse, rispose: «Messer sì, ma voi non gridaste 'ho, ho' a quella d'iersera; ché se così gridato aveste ella avrebbe così l'altra coscia e l'altro piè fuor mandata, come hanno fatto queste». A Currado piacque tanto questa risposta, che tutta la sua ira si convertì in festa e riso, e disse: «Chichibio, tu hai ragione, ben lo doveva fare». Così adunque con la sua pronta e sollazzevol risposta Chichibio cessò la mala ventura e paceficossi col suo signore.

### Conclusione

La vita urbana, riconoscendo più valore alla realtà terrena, si apre a una concezione della vita umana non più rigidamente regolata dalla divina Provvidenza, ma in cui gli uomini si impegnano in una lotta per la propria affermazione anche su questa terra. Le opere di due fra i massimi autori italiani lo mostrano bene: da Dante a Boccaccio muta la concezione dei rapporti tra umano e divino.

## 7 Stesura del saggio breve

È il momento di **sviluppare la scaletta** e di **integrare le citazioni**. Vediamo una possibile redazione definitiva del saggio breve:

La centralità del divino dominante nell'età feudale, con l'avvento della società urbana e mercantile, lascia sempre più spazio alla dimensione umana e terrena.
Nell'alto Medioevo, caratterizzato dalla statica società feudale e dall'egemonia culturale della Chiesa, Dio è al centro di tutto, la natura è una mera apparenza che rimanda al divino, la vita umana e la storia dipendono dalle leggi ferree della divina Provvidenza. Gli uomini e le donne del Medioevo vivevano con la convinzione che "il soprannaturale fosse sempre pronto a manifestarsi sulla terra" (J. Le Goff). A partire dal XIII secolo, con il fiorire delle città mercantili (come ben documenta l'affresco di Ambrogio Lorenzetti), si sviluppa invece un nuovo ceto borghese, portatore di esigenze diverse da quelle della classe dirigente nobiliare e che a questa contesta il potere.
Fino a questo momento il viaggio era stato concepito soprattutto come un pellegrinaggio, cioè uno spostamento verso uno spazio geografico caricato di significato religioso, un "luogo santo". Il personaggio dantesco di Ulisse è emblematico. Nei versi famosi in cui esorta i compagni al viaggio, Ulisse elogia l'intelletto umano ("fatti non foste a viver come bruti,/ma per seguir virtute e canoscenza"); ma nei versi che concludono l'episodio il suo viaggio è definito da Dante "folle volo": la conclusione tragica (la morte) ammonisce al rispetto dei limiti che Dio ha assegnato all'uomo. Ulisse ha sfidato i limiti spingendosi nel "mondo senza gente", cioè nella parte della terra che nel Medioevo si credeva fosse disabitata e interamente occupata dalle acque.
Al contrario il mercante viaggia, conosce nuovi spazi, allarga il suo orizzonte geografico e mentale, con spirito di avventura e curiosità. La vita avventurosa, esposta ai colpi della buona o cattiva sorte, fa spe-

**156** LA SCRITTURA

rimentare al mercante quanto conti il caso nelle vicende umane. Così la fortuna contende alla divina Provvidenza il dominio sulla vita terrena. Si tratta di un cambiamento molto importante: "rinunciare alla Provvidenza per accettare la fortuna, significa rifiutare una concezione tragica dell'universo, quasi schiacciato da una volontà inesorabile, per adottare una visione drammatica del mondo inteso come lotta incessante ed eroica degli uomini contro il caso." (C. Bec).

Tutto ciò comporta una valorizzazione dell'operare umano e una concezione della vita più laica e mondana, come mostra la novella di Boccaccio, che rivela una morale ormai lontana da quella dantesca. Chichibio risolve per ben due volte la propria situazione con l'aiuto del proprio ingegno. La battuta finale («Messer sì, ma voi non gridaste 'ho, ho' a quella d'iersera; ché se così gridato aveste ella avrebbe così l'altra coscia e l'altro piè fuor mandata, come hanno fatto queste.») lo riconcilia con il signore, che apprezza la sua intelligenza vivace e pronta: "A Currado piacque tanto questa risposta, che tutta la sua ira si convertì in festa e riso".

L'ingegno, nel senso pragmatico di sapersela cavare nelle situazioni difficili, va a sostituire una visione proiettata verso la perfezione morale e l'ascesa al divino.

Si può dunque concludere che la vita urbana, riconoscendo più valore alla realtà terrena, si apre a una concezione della vita umana non più rigidamente regolata dalla divina Provvidenza, ma dove gli uomini si impegnano in una lotta per la propria affermazione anche su questa terra. Le opere di due fra i massimi autori italiani lo mostrano bene: nel tempo che passa tra l'esperienza artistica di Dante e quella di Boccaccio muta profondamente la concezione dei rapporti tra umano e divino.

## 8 Revisione finale del testo e perfezionamento del titolo

Dopo aver completato la stesura, è importante procedere a una revisione attenta del testo e del titolo, per perfezionarlo. Il titolo di un saggio deve indicare il tema centrale del testo in maniera chiara e precisa.

In questo caso, il titolo definitivo potrebbe essere: .

*Il rapporto tra umano e divino nella letteratura medievale. Un confronto tra Dante e Boccaccio*

# Laboratorio

## Attivare un metodo

**Gli esercizi che seguono sono esercizi riepilogativi.**
**A partire dalla lettura dei documenti, scrivi un saggio breve per ciascuno dei dossier che seguono; attribuisci sempre un titolo e indica la destinazione editoriale.**
**Nel primo esercizio è fornita una traccia da seguire.**

**1** **Ambito tecnico-scientifico.**

ARGOMENTO: **Social network, Internet, new media** (Esame di Stato 2009)

**Dossier di documenti**

documento I   Immagino che qualcuno potrebbe dire: "Perché non mi lasciate da solo? Non voglio far parte della vostra Internet, della vostra civiltà tecnologica, o della vostra società in rete! Voglio solo vivere la mia vita!" Bene, se questa è la vostra posizione, ho delle brutte notizie per

**157**

# Scrivere a scuola
**UNITÀ DI LAVORO 20** | Il saggio breve

## Laboratorio

voi. Se non vi occuperete delle reti, in ogni caso saranno le reti ad occuparsi di voi. Se avete intenzione di vivere nella società, in questa epoca e in questo posto, dovrete fare i conti con la società in rete. Perché viviamo nella Galassia Internet.

(Da M. Castells, *Galassia Internet*, trad. it., Milano 2007)

**documento II** C'è una mutazione in atto ed ha a che fare con la componente "partecipativa" che passa attraverso i media. Quelli nuovi caratterizzati dai linguaggi dell'interattività, da dinamiche immersive e grammatiche connettive. [...] Questa mutazione sta mettendo in discussione i rapporti consolidati tra produzione e consumo, con ricadute quindi sulle forme e i linguaggi dell'abitare il nostro tempo. Questo processo incide infatti non solo sulle produzioni culturali, ma anche sulle forme della politica, sulle dinamiche di mercato, sui processi educativi, ecc. [...] D'altra parte la crescita esponenziale di adesione al social network ha consentito di sperimentare le forme partecipative attorno a condivisione di informazioni e pratiche di intrattenimento, moltiplicando ed innovando le occasioni di produzione e riproduzione del capitale sociale.

(da G. Boccia Artieri, "Le culture partecipative dei media. Una introduzione a Henry Jenkins", Prefazione a H. Jenkins, *Fan, Blogger e Videogamers. L'emergere delle culture partecipative nell'era digitale*, Milano 2008)

**documento III** Ciò che conosciamo, il modo in cui conosciamo, quello che pensiamo del mondo e il modo in cui riusciamo a immaginarlo sono cruciali per la libertà individuale e la partecipazione politica. Il fatto che oggi così tanta gente possa parlare, e che si stia raggruppando in reti di citazione reciproca, come la blogosfera, fa sì che per ogni individuo sia più facile farsi ascoltare ed entrare in una vera conversazione pubblica. Al contempo, sulla Rete ci sono un sacco di sciocchezze. Ma incontrare queste assurdità è positivo. Ci insegna a essere scettici, a cercare riferimenti incrociati e più in generale a trovare da soli ciò che ci serve. La ricerca di fonti differenti è un'attività molto più coinvolgente e autonoma rispetto alla ricerca della risposta da parte di un'autorità.

(da Y. Benkler, Intervista del 10 maggio 2007, in omniacommunia.org)

**documento IV** Siamo in uno stato di connessione permanente e questo è terribilmente interessante e affascinante. È una specie di riedizione del mito di Zeus Panopticon che sapeva in ogni momento dove era nel mondo, ma ha insito in sé un grande problema che cela un grave pericolo: dove inizia il nostro potere di connessione inizia il pericolo sulla nostra libertà individuale. Oggi con la tecnologia cellulare è possibile controllare chiunque, sapere con chi parla, dove si trova, come si sposta. Mi viene in mente Victor Hugo che chiamava tomba l'occhio di Dio da cui Caino il grande peccatore non poteva fuggire. Ecco questo è il grande pericolo insito nella tecnologia, quello di creare un grande occhio che seppellisca l'uomo e la sua creatività sotto il suo controllo. [...] Come Zeus disse a Narciso "guardati da te stesso!" questa frase suona bene in questa fase della storia dell'uomo.

(da D. De Kerckhove, *Alla ricerca dell'intelligenza connettiva*, Intervento tenuto nel Convegno Internazionale "Professione Giornalista: Nuovi Media, Nuova Informazione", Novembre 2001)

**documento V** Agli anziani le banche non sono mai piaciute un granché. Le hanno sempre guardate col cipiglio di chi pensa che invece che aumentare, in banca i risparmi si dissolvono e poi quando vai a chiederli non ci sono più. [...] È per una curiosa forma di contrappasso che ora sono proprio gli anziani, e non i loro risparmi, a finire dentro una banca, archiviati come conti correnti. Si chiama "banca della memoria" ed è un sito internet [...] che archivia esperienze di vita raccontate nel formato della videointervista da donne e uomini nati prima del 1940. [...] È una sorta di "YouTube" della terza età.

(da A. Bajani, *«YouTube» della terza età*, in «Il Sole 24 ore», 7 dicembre 2008)

**documento VI** Una rivoluzione non nasce dall'introduzione di una nuova tecnologia, ma dalla conseguente adozione di nuovi comportamenti. La trasparenza radicale conterà come forza di mercato solo se riuscirà a diventare un fenomeno di massa; è necessario che un alto numero di consumatori prendano una quantità enorme di piccole decisioni basate su questo genere di

**158** LA SCRITTURA

informazioni. [...] Grazie al social networking, anche la reazione di un singolo consumatore a un prodotto si trasforma in una forza che potrebbe innescare un boicottaggio oppure avviare affari d'oro per nuove imprese. [...] I più giovani sono sempre in contatto, attraverso Internet, come non è mai accaduto prima d'ora e si scambiano informazioni affidabili, prendendosi gioco, al contempo, di quelle fonti su cui si basavano le generazioni precedenti. Non appena i consumatori – specialmente quelli delle ultime generazioni – si sentono compiaciuti o irritati per la cascata di rivelazioni che la trasparenza offre sui prodotti, diffondono istantaneamente le notizie.

(da D. Goleman, "Un brusio in rapida crescita", in *Intelligenza ecologica*, Milano 2009)

1. Lettura del titolo, dei documenti, della consegna.
    – Che cosa chiede il titolo? Quale impostazione dare al saggio?

2. Lettura e schedatura dei documenti.
    – Individua la tipologia e annota i concetti fondamentali:

    Castells ..............................................................................................................................
    ............................................................................................................................................
    ............................................................................................................................................

    Boccia Artieri .......................................................................................................................
    ............................................................................................................................................
    ............................................................................................................................................

    Benkler ...............................................................................................................................
    ............................................................................................................................................
    ............................................................................................................................................

    De Kerckhove .......................................................................................................................
    ............................................................................................................................................
    ............................................................................................................................................

    Bajani ..................................................................................................................................
    ............................................................................................................................................
    ............................................................................................................................................

    Goleman ...............................................................................................................................
    ............................................................................................................................................
    ............................................................................................................................................

3. Analisi dei documenti.
    – Individua un nucleo tematico su cui fondare il saggio

    ............................................................................................................................................
    ............................................................................................................................................

4. Definisci una tesi e gli argomenti principali

    ............................................................................................................................................
    ............................................................................................................................................

# 3 Scrivere a scuola
UNITÀ DI LAVORO 20 Il saggio breve

## Laboratorio

5. Scegli una destinazione e un titolo

.........................................................................................................................................

.........................................................................................................................................

6. Stendi una scaletta seguendo lo schema:
   – Introduzione
   – Sviluppo dell'argomento per preparare e sostenere l'esposizione della tesi
   – Esposizione della tesi e argomenti a sostegno
   – Conclusione

**2** **Ambito storico-politico.**

ARGOMENTO: **La nascita dello Stato moderno tra XV e XVII secolo**
**Dossier di documenti**

documento I — Non è possibile parlare dello Stato cinquecentesco e secentesco, e perfino settecentesco, come di uno Stato nazionale nel senso del secolo XIX; né vedere nel patriottismo la leva morale su cui questo Stato si appoggia.
[…]
La potenza del re è, anzitutto, garantita dalla costituzione degli eserciti permanenti. Permanenti anche in tempo di pace, sia sotto forma di guarnigioni di castelli, passi di frontiera, località importanti; sia sotto forma di truppe mobili, pronte a essere spostate dove occorra, che costituiscono il nucleo attorno a cui riunire, se necessario, altre forze. E sono ormai fanterie mercenarie, dipendenti soltanto dal re e dal suo tesoro. […]
Ma anche al di là del problema militare noi assistiamo, tra la seconda metà del Quattrocento e il Cinquecento, a un profondo mutamento nella struttura interna dello Stato e nei suoi modi di azione. Anzitutto, la politica estera. Ecco, per la prima volta, l'organizzazione di una diplomazia "permanente". […] Ed ecco, in piena concomitanza con lo sviluppo europeo del sistema della diplomazia permanente, lo sviluppo, parimenti europeo, del principio dell'equilibrio, della bilancia di potere. […]
Ma, oltre all'esercito, oltre alla diplomazia, c'è un altro fatto caratteristico, decisivo: ed è il consolidamento e la crescente potenza degli "ufficiali" del principe – in termini odierni, della burocrazia statale.

(da F. Chabod, *Scritti sul Rinascimento*, Einaudi, Torino 1967)

documento II — Per erigere un tale potere comune, che sia capace di difenderli dalle invasioni degli stranieri e dai torti reciproci e, quindi, di renderli sicuri in modo che possano nutrirsi con le loro attività e con i frutti della terra e vivere felicemente, l'unica maniera è quella di conferire tutto il loro potere e la loro forza a un solo uomo o a un'assemblea di uomini, che possa ridurre tutte le loro volontà, con la pluralità di voci, a un'unica volontà. […] Così, tutti quanti sottomettono le proprie volontà alla sua volontà e i propri giudizi al suo giudizio.

(da T. Hobbes, *Leviatano*, XVII secolo; dall'edizione Bompiani, Milano 2001)

documento III — Tutti i politici sono d'accordo su questo: se i popoli fossero troppo liberi, sarebbe impossibile tenerli nelle regole dei loro doveri.
La loro caratteristica fondamentale è che, avendo minori cognizioni degli altri ordini dello Stato, molto più colti e istruiti di loro, difficilmente essi starebbero alle regole che sono loro prescritte dalla ragione e dalle leggi, se non vi fossero costretti da qualche necessità.
La ragione non permette di esentarli da ogni peso, perché perdendo in tal caso il marchio della loro soggezione perderebbero anche il ricordo della loro condizione, e perché se fossero esenti dai tributi penserebbero di esserlo anche dall'obbedienza.

(da Richelieu, *Testamento politico*, 1635-1638)

LA SCRITTURA

**3** Ambito socio-economico.

**ARGOMENTO: La figura del mercante e la circolazione del denaro tra Medioevo e Rinascimento**
**Dossier di documenti**

**documento I**
Nel Medioevo occorre tenere ben distinte due figure di mercanti. Vi è il "piccolo mercante" che ha un giro d'affari limitato per volume e per raggio geografico, ed è attivo soprattutto nel settore della distribuzione. [...] Vi è poi la figura del "grande mercante", fornito di grossi capitali e impegnato nel commercio a lunga distanza, attivo tanto sulle rotte marittime del Mediterraneo e del Mare del Nord, quanto sugli itinerari terrestri e sulle strade carovaniere che univano l'Europa scandinava col Medio ed estremo Oriente. [...]
Il mercante medievale tratta di tutto e cerca di guadagnare su tutto: dal commercio della lana e dei panni a quello delle armi e del bestiame, dal commercio dei generi più umili a quello dei beni più rari e preziosi. [...] il mercante medievale non è mai soltanto un mercante ma, allo stesso tempo, anche un imprenditore (soprattutto nel settore tessile: panni di lana, di fustagno, di seta), un trasportatore, un assicuratore, un impresario agricolo e, soprattutto, un operatore finanziario. L'attività del prestito a interesse a enti o privati, l'attività del deposito bancario, il finanziamento degli appalti e la vera e propria speculazione finanziaria (sui cambi delle monete, sui titoli del debito pubblico ecc.) sono infatti per il mercante medievale forme d'intervento sistematiche.

(da A.I. Pini, *La cultura del mercante: i luoghi e i modi*, 1986)

**documento II**
Alla fine del XV secolo e all'inizio del XVI cominciò a formarsi un tipo di economia che potremmo chiamare economia mondiale dell'Europa. Non era un impero, ma era grande come un impero e ne aveva alcune caratteristiche. Ma era diversa, e nuova. Era un tipo di sistema sociale che il mondo non aveva ancora conosciuto, e che costituisce la caratteristica particolare del moderno sistema mondiale. È un'entità economica ma non politica, diversa dagli imperi, dalle città-Stato e dalle nazioni-Stato. Di fatto, essa comprende dentro i suoi confini (non si può parlare di frontiere) imperi, città-Stato e le emergenti "nazioni-Stato". È un sistema mondiale non perché comprenda il mondo intero, ma perché va al di là di qualsiasi unità politica definita giuridicamente.

(da I. Wallerstein, *Il sistema mondiale dell'economia moderna*, Il Mulino, Bologna 1978)

**documento III**

(Q. Metsys, *Il cambiavalute e sua moglie*, 1514. Parigi, Louvre)

**4** Ambito tecnico-scientifico.

**ARGOMENTO: La scienza e la tecnica tra XVI e XVII secolo**
**Dossier di documenti**

**documento I**
I non scienziati hanno una radicata impressione che gli scienziati siano animati da un ottimismo superficiale e non abbiano coscienza della condizione dell'uomo. D'altra parte, gli scienziati credono che i letterati siano totalmente privi di preveggenza e nutrano un particolare disinteresse per gli uomini [...] Le ragioni dell'esistenza delle due culture sono mol-

**161**

# 3 Scrivere a scuola
**UNITÀ DI LAVORO 20** Il saggio breve

## Laboratorio

teplici, profonde e complesse […] Ma io voglio isolarne una. […] Si tratta di questo. A parte la cultura scientifica, la restante parte degli intellettuali occidentali non si sono mai sforzati, né hanno mai desiderato, o non sono mai stati in grado, di capire la rivoluzione industriale, ed ancor meno di accettarla.

(da C. Snow, *Le due culture*, Feltrinelli, Milano 1964)

**documento II** […] Dobbiamo riconoscere che la vera scienza si autolimita e non invade campi che esulano dalla giurisdizione dei rapporti causali e quantificabili. Significa anche che il sapere scientifico non ha validità rispetto ad alcune delle nostre maggiori ansie: quali scelte dobbiamo fare nella vita e con quali obiettivi? La scienza di certo dovrebbe allenare la nostra capacità di comprensione. Essa tuttavia non è abilitata a imporre delle scelte […]. Lo sviluppo della scienza implicava il riconoscimento dell'universalità della ragione umana. Si accompagnava ad un senso della dignità umana e ad una sempre crescente consapevolezza di una responsabilità nell'applicazione del sapere scientifico. Ma dignità e responsabilità non sono "fatti" che dipendono dalla dimostrazione scientifica, […] le scienze umane (filosofia, storia, scienza morale, giurisprudenza, pedagogia) devono dire la loro. Ma sarebbero inefficaci se mancasse loro la consapevolezza dei cambiamenti portati dalla scienza nel nostro mondo.

(da J. Starobinski, *Dentro le acque di scienza e poesia*, in «la Repubblica», 15 maggio 2002)

**documento III** Lo studio della condizione umana non dipende solo dalla riflessione filosofica e dalle descrizioni letterarie. Dipende anche […] dalla cosmologia, le scienze della Terra e l'ecologia. Queste scienze ci presentano un tipo di conoscenza che organizza un sapere precedentemente disperso e compartimentato. Fanno risorgere anche il mondo, la Terra, la natura, nozioni che non hanno cessato di provocare interrogazioni e riflessioni nella storia della nostra cultura, e risollevano, in modo nuovo, i problemi fondamentali: che cos'è il mondo, che cos'è la nostra Terra, da dove veniamo? Ci permettono di inserire e situare la condizione umana nel cosmo, nella Terra, nella vita […] Portiamo all'interno di noi stessi il mondo fisico, il mondo chimico, il mondo vivente, e nello stesso tempo ne siamo separati dal nostro pensiero, dalla nostra coscienza, dalla nostra cultura […].
L'apporto della cultura umanistica allo studio della condizione umana resta capitale. Innanzitutto, lo studio del linguaggio; questo, nella sua forma più compiuta, che è la forma letteraria e poetica, ci introduce direttamente al carattere più originale della condizione umana […] La lunga tradizione dei saggisti […] costituisce un patrimonio di contributi e di riflessioni sulla condizione umana. Ma anche il romanzo così come il cinema ci offrono ciò che è invisibile alle scienze umane [e naturali].

(da E. Monin, *La testa ben fatta*, Cortina, Milano 2000)

**documento IV** Anche tra le persone colte, anche tra le menti più raffinate resta l'idea che la scienza sia quella "conoscenza positiva" che scopre come stanno davvero le cose. Quando entra in campo la scienza il resto del mondo tace, perché è lei che ci dice le cose più "vere". Accanto a questa idea c'è però anche la concezione opposta, che spesso convive negli stessi ambienti: la scienza crea in realtà una falsa conoscenza, fintamente oggettiva, perché manca di indicare un "senso" alle cose che scopre. Mai si potranno capire con la scienza le emozioni, la storia, la politica, l'amore, l'arte o la moralità. Mai la scienza potrà indicare la strada da seguire. […] La scienza ne esce così come una disciplina fredda e oggettiva, priva di un cuore pulsante che renda "sensate" le sue scoperte… La colpa del fatto che gente intelligente pensi queste cose è in parte imputabile alla scienza stessa, che spesso ha voluto rappresentare così se stessa; in parte invece è da imputare all'antiscientismo idealista che, soprattutto in Italia, ha goduto di una quasi completa egemonia culturale dagli anni Venti agli anni Sessanta inoltrati del Novecento. Quando si parla di barriera tra le "due culture" si parla di questo, cioè del fatto che "scienziati" e "umanisti" si sentono parte di due comunità distinte e incapaci di comunicare tra loro. La barriera è però asimmetrica. … gli strali antiscientisti sono più numerosi e godono di maggior spazio nel panorama mediatico.

(da M. Luzzatto, *Le inossidabili due culture*, in «Linus», A. XLVI, n. 9, sett. 2010)

esercizi attivi

**162** LA SCRITTURA

# UNITÀ DI LAVORO 21
# Guida alla redazione dell'articolo di giornale

**OBIETTIVI**
- Migliorare la capacità di organizzare e comunicare contenuti.
- Rafforzare le competenze d'uso di una scrittura vincolata a una forma specifica.
- Consolidare le abilità di scrittura relative al genere "articolo di giornale".

## 1 L'articolo di giornale

### 1.1 Che cos'è un articolo di giornale

Un articolo è un testo non troppo esteso da pubblicare su un giornale. Al centro dell'attenzione c'è una **notizia** (un fatto di cronaca, un evento culturale o sportivo, un episodio politico, la ricorrenza di un anniversario, un fenomeno economico, una novità giuridica ecc.) di cui **informare** i lettori. La notizia deve essere data con **chiarezza** e **in maniera oggettiva**. Il punto di riferimento "classico" per raggiungere il maggior grado possibile di oggettività, chiarezza ed esaustività è la cosiddetta "**regola delle 5 W**" (spesso integrata con una "H": *How*, Come): *What?* (Che cosa), *Who?* (Chi), *When?* (Quando), *Where?* (Dove), *Why?* (Perché), che si usa in ogni ambito della comunicazione pubblica.

163

# 3 Scrivere a scuola
**UNITÀ DI LAVORO 21** Guida alla redazione dell'articolo di giornale

La notizia può essere **commentata**; nello spazio del commento il giornalista interpreta la notizia ed esprime le proprie **opinioni argomentandole** con riferimento a **documenti** o **dati oggettivi**.

In un articolo è fondamentale **tenere distinti il fatto e l'opinione** sul fatto. L'opinione non deve manipolare o alterare i fatti.

Lo stile deve puntare nello stesso tempo alla **chiarezza** comunicativa e al **coinvolgimento** emotivo dei lettori.

## 1.2 Le possibili destinazioni editoriali di un articolo

Le possibili destinazioni editoriali di un articolo sono molteplici. Vediamone alcune.

- Destinazione cartacea (testo + eventuali immagini):
  - quotidiano (è stampato ogni giorno e punta sulla diffusione delle principali notizie del giorno e sull'approfondimento dei temi di attualità stringente);
  - settimanale (è stampato una volta alla settimana e punta sulle inchieste e sull'approfondimento rispetto alle notizie della settimana e ai temi di attualità);
  - rivista settoriale (è stampata periodicamente: può essere mensile, trimestrale, quadrimestrale, semestrale o annuale; contiene notizie e approfondimenti relativi a un determinato settore culturale, scientifico, professionale; punta a divulgare i contenuti di una certa disciplina e/o ad aggiornare gli operatori del settore).
- Destinazione web (multimedia):
  - sito di news (è aggiornato continuamente);
  - sito "militante", di approfondimento politico, economico, culturale, con inchieste e denunce (è aggiornato di frequente);
  - sito di approfondimento culturale a tema, per esempio viaggi, arte, musica ecc. (è aggiornato periodicamente).

## 1.3 Le tipologie principali di articolo di giornale

Di seguito riportiamo le tipologie di articolo di giornale più diffuse.

- **Articolo di cronaca**: l'informazione oggettiva prevale sull'opinione. Testo informativo. Destinazione editoriale prevalente: quotidiano; sito di news.
- **Articolo d'opinione** (in prima pagina: editoriale o articolo di fondo): l'opinione prevale sull'informazione. Testo argomentativo. Destinazione editoriale prevalente: quotidiano, settimanale, sito "militante", sito di approfondimento culturale.
- **Recensione** (di un libro; di una mostra; di un disco; di uno spettacolo; di un evento sportivo, culturale, economico, scientifico, ludico ecc.). Destinazione editoriale prevalente: tutte, ma con taglio ed estensione diversi.
- **Intervista**: dialogo con un interlocutore. Destinazione editoriale prevalente: tutte.

# 2 Uno schema operativo

Di seguito riportiamo uno schema operativo utile per la stesura di un articolo di giornale.

| SCHEMA OPERATIVO DI ORIENTAMENTO PER LA STESURA DI UN ARTICOLO DI GIORNALE |
|---|
| **1**     lettura dei **documenti** e messa a fuoco dell'**argomento** |
| **2**     **scelta** della **destinazione editoriale** (e dunque dei destinatari) e della **tipologia** di articolo |
| **3**     ideazione /invenzione della **notizia** o dell'**evento** da cui far scaturire l'articolo |

**164** LA SCRITTURA

| | |
|---|---|
| **4** | **analisi** del dossier di **documenti**: individuazione dei diversi aspetti del tema, dei nessi causa-effetto, delle analogie, delle opposizioni, delle consequenzialità; isolamento dei passi fondamentali a cui fare riferimento e da citare |
| **5** | elaborazione di **schemi** e **appunti** per determinare una **scaletta** preparatoria alla stesura del testo |
| **6** | **stesura** dell'articolo |
| **7** | definizione del **titolo e precisazione della destinazione** |
| **8** | rilettura e **controllo**: coerenza del ragionamento, completezza ed esattezza delle informazioni, motivazione delle opinioni espresse, efficacia formale (chiarezza espositiva, correttezza ortografica e morfosintattica, punteggiatura adeguata) |

Vediamo come procedere alla redazione di un articolo a partire da un dossier di documenti, seguendo la scaletta proposta.

# 1 Lettura dei documenti e messa a fuoco dell'argomento

## Argomento
**L'acqua sempre più a rischio**

## Dossier

**documento I**

Siccità e desertificazione minacciano la sopravvivenza di due miliardi di persone, le regioni aride e semiaride del pianeta rappresentano quasi il 40% della superficie emersa (5,2 miliardi di ettari). Dai dati della Unep – *United nations environmental programme* – risulta che dei cinque miliardi di ettari utilizzati in agricoltura in aree semiaride o prospicienti ai deserti, ben il 70% è già degradato [...]. L'Organizzazione delle Nazioni Unite per l'alimentazione e l'agricoltura [...] prevede che per tenere il passo con la crescita demografica, la produzione alimentare mondiale, nei prossimi venti anni, dovrà crescere oltre il 75%.

*Bilancio idrico in Italia*
Il nostro è un Paese tra i più ricchi d'acqua del mondo. Ha una elevata capacità idrica:
– 155 mld di mc disponibilità annua teorica d'acqua per usi civili e produttivi;
– 2700 mc quota pro-capite per abitante;
– il 97% dell'acqua dolce in Italia è nelle falde acquifere;
– irregolarità dei deflussi e inefficienze riducono questa disponibilità a 110 mld di mc e a 2000 mc pro-capite;
– l'acqua effettivamente utilizzabile per tutti gli usi scende a 42 miliardi di mc ossia a 764 mc a persona equivalenti a 764 mila litri a persona l'anno a poco più di 2000 litri a persona al giorno;[...]
– l'acqua erogata ogni anno in Italia, nel recente passato da 7 mila enti e soggetti diversi, (ancora esistenti, nonostante la riforma del sistema idrico approvata dal Parlamento nel 1994), attraverso 13 mila acquedotti, è pari a 8 miliardi di metri cubi;
– un terzo dell'acqua disponibile in Italia (2 milioni di mc) si disperde dunque lungo le reti fatiscenti e corrose degli acquedotti. Ed è questo un problema tipicamente di programmazio-

# 3 Scrivere a scuola

**UNITÀ DI LAVORO 21** Guida alla redazione dell'articolo di giornale

ne e di gestione alla portata di una pubblica amministrazione che operi per risultati e non più per atti. Il 30% dell'acqua che entra nelle condotte idriche si perde per strada e non arriva nelle case.

da www.greencrossitalia.it

**documento II**

Il consumo dell'acqua dolce si è sestuplicato tra il 1900 e il 1995, più del doppio del livello di crescita della popolazione. Circa un terzo della popolazione mondiale già vive in Paesi considerati ad emergenza idrica. Questo accade quando il consumo supera del 10% il totale dell'offerta. Se questo trend dovesse continuare, due terzi della popolazione della terra vivrà in queste condizioni nel 2025.

da K. Annan, *I numeri dell'acqua*, «We are the people», 2000.

**documento III**

Attualmente il 30-40% delle disponibilità di prodotti agricoli a livello mondiale derivano dal 16% irrigato della superficie coltivata totale. I due terzi del valore delle esportazioni agricole sono imputabili ad un terzo della superficie coltivabile che è irrigata. Viene inoltre stimato che nei prossimi trenta anni l'80% delle disponibilità alimentari supplementari, necessari per nutrire la popolazione a livello mondiale, deriveranno dall'agricoltura irrigua. Ne consegue un legame crescente tra disponibilità alimentari e disponibilità idriche; legame sempre più stretto tenendo conto dei possibili sviluppi che l'agricoltura di irrigazione potrebbe avere in un futuro ormai prossimo. L'irrigazione in tal modo assume una natura duplice: da un lato è diventata un mezzo di produzione agricola rilevante e di crescente importanza nel prossimo futuro; dall'altro costituisce la principale forma di consumo delle risorse idriche dovuta all'uomo a livello planetario. Si ricordi che la stessa quantità d'acqua necessaria ad irrigare un ettaro di risiera basta a sostenere le necessità idriche di 100 famiglie urbane nell'arco di due anni.

Ma l'agricoltura presenta altri tipi di 'inconvenienti' rispetto alla risorsa idrica: contribuisce a renderla più scarsa e più inquinata. Come?
1. I processi di irrigazione causano la salinizzazione del suolo,
2. sprecano grandi quantità d'acqua,
3. svuotando eccessivamente fiumi, laghi e falde sotterranee (sovrasfruttamento idrico).
4. L'agricoltura intensiva fa grande uso di fertilizzanti e pesticidi che penetrano nel terreno unendosi all'acqua (pioggia o irrigazione), inquinandone così i ricettori (falde sotterranee, canali, fiumi, ecc.).

da *L'acqua*, a cura del Coordinamento Iniziative Popolari di Solidarietà Internazionale, http://www.segretariatosociale.rai.it

**documento IV**

1. L'Acqua del pianeta Terra appartiene a tutte le specie viventi e perciò non deve essere trattata come una merce: non può essere comprata, venduta e commercializzata per profitto come un qualsiasi bene economico. [La comunità internazionale e le comunità locali hanno la responsabilità primaria di garantire che l'acqua sia considerata e trattata come un bene e un patrimonio comune].
2. L'Acqua è un diritto umano fondamentale di tutti gli esseri viventi. Deve essere salvaguardata dalle autorità e dalle istituzioni pubbliche e dalle leggi nazionali ed internazionali. Il diritto all'Acqua in quantità e qualità sufficiente per la vita (40/50 litri al giorno per persona per uso domestico) è un diritto individuale e collettivo inalienabile che non può essere sottoposto a nessuna costrizione, né di natura sociale (di sesso, età, reddito), né di natura politica, religiosa o finanziaria.
3. [...] L'Acqua è un bene essenziale per la sicurezza delle nostre comunità e della società. Per questa ragione la proprietà, il controllo, e la gestione della risorsa idrica devono far parte dei compiti della pubblica amministrazione.

da K. Annan, *I numeri dell'acqua*, «We are the people», 2000.

**166** LA SCRITTURA

| documento V | Le nuove norme che il Parlamento ha approvato non hanno messo in discussione la proprietà pubblica della risorsa acqua (peraltro ribadita *ad abundantiam* dal testo di legge), ma le modalità di gestione del servizio. Se sarà accompagnata da un buon regolamento attuativo (spetta al ministro degli Affari regionali emanarlo entro l'anno), la riforma potrà contribuire a ridurre le numerose sacche di inefficienza di cui soffre da decenni un settore tanto complesso quanto sensibile per la vita dei cittadini: intere province afflitte da carenza di offerta, problemi di depurazione, sprechi di enormi quantità di acqua. <br><br> da www.loccidente.it, 19 novembre 2009. |
|---|---|
| documento VI | Centinaia di vertenze e mobilitazioni per la difesa dell'acqua pubblica hanno attraversato in questi anni tutto il territorio nazionale per contrastare i processi di privatizzazione della gestione dell'acqua che hanno messo a rischio non solo la salvaguardia di un bene comune indispensabile alla vita umana, ma il concetto stesso di democrazia. Trasformare l'acqua in merce, assoggettarla alle leggi del mercato e del profitto è un'operazione di rapina che lede un diritto universale di tutti gli esseri umani, senza distinzioni e discriminazioni. <br><br> dal Comunicato stampa del Forum toscano dei movimenti per l'acqua-Pisa, 3 marzo 2010. |
| documento VII | Vogliono semplicemente ucciderli. Togliendo loro l'acqua e la terra. [...] In Botswana i boscimani sono 50.000, la tribù più numerosa tra quelle che restano. [...] Per sopravvivere, si sono fatti da parte, hanno cercato i deserti, dove resistere sembrava impossibile. [...] La loro colpa è di vivere nella grande riserva del deserto del Kalahari, uno dei luoghi più aridi e inospitali del mondo. Ma che attira un turismo elitario, lussuoso e spendaccione. Soprattutto, è considerato la più grande riserva di diamanti del mondo. [...] La kimberlite, la roccia che segnala la presenza dei diamanti, è ovunque. Nuove concessioni sono pronte. [...] ma di mezzo ci sono questi primitivi, fermi all'età della pietra. Il governo vuole che se ne vadano, sono pronti dei campi di reinserimento, delle «riserve» ai bordi dell'area diamantifera. [...] I pozzi d'acqua sono stati chiusi, i permessi di caccia e di raccolta revocati. [...] Il governo che vieta ai boscimani l'uso dell'acqua ha contemporaneamente autorizzato l'apertura di un centro turistico con piscina. <br><br> da D. Quirico, *Boscimani senz'acqua. Il Botswana sigilla i pozzi per cacciarli*, in «La Stampa», 23 luglio 2010. |
| documento VIII | Il 12 e 13 giugno le italiane e gli italiani hanno conseguito una vittoria epocale: per la prima volta dopo 16 anni si supera nuovamente il quorum e con 2 chiari sì all'acqua bene comune. È una vittoria straordinaria come straordinaria è stata tutta la campagna referendaria: un lavoro capillare fatto e costruito dal basso, oscurato dai principali media e osteggiato dalle forze di governo. Una vittoria che ha un significato molto chiaro: fuori l'acqua dal mercato e fuori i profitti dall'acqua. Da oggi si apre una nuova pagina: il mercato deve fare un passo indietro mentre noi continuiamo insieme il lavoro per i Beni Comuni. <br><br> da www.referendumacqua.it, 16 giugno 2011. |

## 2 Scelta della tipologia di articolo e della destinazione editoriale

Questo tipo di dossier orienta la scelta verso l'articolo di opinione, che permette di informare e prendere posizione su fatti dibattuti a livello collettivo. L'articolo può essere pubblicato su una rivista che tratti in modo divulgativo anche argomenti di attualità; o anche su una rivista dedicata all'informazione dei problemi che riguardano la collettività e sensibile alla denuncia sociale.

# Scrivere a scuola

**UNITÀ DI LAVORO 21** | Guida alla redazione dell'articolo di giornale

La destinazione web potrebbe invece orientarsi anche sulla sezione di un quotidiano o di un periodico generalista on line; in questo caso, lo stile dovrà essere il più chiaro, conciso ed efficace possibile, e si dovrà lavorare maggiormente sulla creazione della notizia.

> **Attenzione**
>
> L'argomento e il tipo di articolo scelto potrebbero orientare la scelta anche verso un sito web "militante" o tematico. In questi casi bisogna considerare che il mezzo (carta o web) coinvolge profondamente lo stile che si sceglie di utilizzare: nel caso del web la scrittura sarà più snella, organizzata per punti e sezioni, indicizzata con paragrafi brevi; nel caso di una destinazione su carta, invece, la scrittura può essere più distesa e articolata, con citazioni anche lunghe e un'organizzazione del ragionamento più complessa.

## 3 Individuazione della notizia o della questione centrale

Quasi tutti i documenti, dislocati nell'arco di un decennio, presentano un panorama preoccupante. I documenti forniscono dati che mostrano:

- la generale tendenza alla riduzione della disponibilità di acqua, anche nei paesi, come l'Italia, che ne sono ricchi;
- l'aumento della forbice tra diminuzione delle riserve idriche e necessità di un forte aumento della produzione agricola, connessa all'incremento della popolazione mondiale;
- la tendenza alla privatizzazione e commercializzazione dell'acqua presentata, da una parte, come rimedio all'inefficienza dell'attuale gestione, dall'altra, come attentato al diritto, inalienabile, all'uso di un bene comune, che deve restare pubblico;
- la tendenza a un uso politico dell'acqua, che provoca soprusi e, aggiungiamo, vere e proprie guerre.

Qual è il problema?

> In un panorama così allarmante sul futuro dell'acqua, come quello delineato, che fare di un bene comune che, come l'aria, appartiene non solo a tutti gli uomini, ma a tutte le specie viventi e da cui dipende la vita dell'intera popolazione mondiale? È giusto e opportuno che l'acqua sia trasformata in merce di scambio, sia affidata ai meccanismi del mercato e alle leggi del profitto? Questa misura potrebbe risolvere o aggravare l'emergenza acqua che si profila?

Quali ipotesi emergono?

> a) La mobilitazione nazionale e internazionale dei cittadini attivi esprime un'opposizione massiccia all'attuale tendenza alla privatizzazione di un bene primario come l'acqua.
>
> b) Alcune posizioni ufficiali e governative, invece, tendono a vedere nella privatizzazione dell'acqua la soluzione di tutti i problemi.

## 4 Analisi del dossier di documenti e schedatura dei diversi aspetti del tema

- L'emergenza acqua presenta tre aspetti: a) enorme aumento del consumo idrico in agricoltura; b) sfruttamento eccessivo delle falde sotterranee; c) penetrazione dell'inquinamento di superficie nel sottosuolo.
- La desertificazione aumenta, si riducono le terre coltivabili, ma aumenta la popolazione e la produzione di cibo dovrà crescere nei prossimi vent'anni del 75%.

**168** LA SCRITTURA

- Il consumo di acqua cresce a ritmo doppio rispetto alla crescita demografica; un terzo della popolazione mondiale vive già in emergenza idrica.
- L'Italia è uno dei paesi più ricchi d'acqua del mondo, eppure la disponibilità di acqua diminuisce a vista d'occhio, aumentano sempre più i costi. Enorme la dispersione di acqua dalla corrosa rete idrica.
- Le comunità e associazioni convenute a Porto Alegre fin dal febbraio del 2002 hanno lanciato un appello per difendere il diritto all'acqua come bene di tutti, «che appartiene a tutte le specie viventi», chiedendo alle istituzioni pubbliche di tutelarne l'uso collettivo contro ogni forma di privatizzazione e commercializzazione.
- Il governo del Botswana sigilla i pozzi dei boscimani per cacciarli dalle zone diamantifere e lasciare libero corso alle compagnie minerarie.
- Il referendum del 2011 ha abolito gli articoli della legge che sancisce la trasformazione dell'acqua in merce, affidandone la gestione e il controllo a compagnie private. L'acqua deve restare un bene collettivo, garantito a tutti.
- Nessuno vuole alienare la proprietà dell'acqua, che resta pubblica. La gestione privata garantisce più efficienza contro gli sprechi.

# 5 Scaletta preparatoria

### Introduzione
L'acqua, risorsa indispensabile alla vita del pianeta, diventa un bene sempre più raro e sempre più prezioso, che fa gola al mercato.

### Argomentazione
**1.** Ragioni dell'allarme idrico:
- nei paesi ricchi
  - la crescita di produzione e consumi causa il supersfruttamento delle riserve idriche;
  - l'inquinamento degrada le falde acquifere;
  - gli sprechi in agricoltura e l'effetto serra le prosciugano;
- nei paesi poveri
  - avanza il deserto e aumenta la popolazione;
  - un terzo della popolazione mondiale vive in emergenza idrica;
  - aumenteranno i morti per mancanza di acqua potabile;
  - l'acqua diventa anche un'arma politica.

**2.** Un rimedio contestato: la privatizzazione dell'acqua.

**3.** La mobilitazione per la difesa della gestione pubblica dell'acqua come bene comune.

### Conclusione
Contro la tendenza a ridurla a merce, deve essere affermato il diritto individuale e collettivo di accesso all'acqua come bene comune e inalienabile.

# 6 Stesura dell'articolo

Il referendum del 2011 ha portato alla ribalta dei media italiani l'allarme per l'acqua. Un terzo della popolazione mondiale già oggi ha seri problemi a dissetarsi.
La disponibilità di acqua tende a ridursi ovunque, i costi sono in rapido aumento anche in Paesi, come il nostro, tra i più ricchi di acqua del mondo. Solo una diversa gestione dell'acqua, tesa a ridurre sprechi

# Scrivere a scuola

**UNITÀ DI LAVORO 21** Guida alla redazione dell'articolo di giornale

e un eccesso dei consumi, è ancora in tempo a fermare una crisi idrica di dimensioni planetarie. Una tale minaccia è invece aggravata dalla tendenza in atto a privatizzare una risorsa che comincia a fare gola a molti. Da un decennio se ne parla e ora si passa dalle parole ai fatti.

Il drastico impoverimento delle riserve d'acqua è infatti un fenomeno recente e procede rapidissimo. È diffuso sia nell'Occidente ricco, sia nei Paesi poveri, ma assume aspetti diversi.

Nel primo caso è la crescita incontrollata della produzione e dei consumi a causare l'eccessivo sfruttamento delle risorse idriche. Concimi, antiparassitari e diserbanti dalla superficie penetrano nel sottosuolo raggiungendo e inquinando le falde acquifere. Gli sprechi in agricoltura le prosciugano, tanto che lo spettro di un possibile futuro arido si affaccia anche per l'Italia, mentre un terzo dell'acqua disponibile si disperde attraverso le reti fatiscenti e corrose degli acquedotti.

Ben più grave è la situazione nei paesi poveri, soprattutto africani. Il deserto avanza inesorabilmente e le regioni aride e semiaride costituiscono già il 40% della superficie emersa. La siccità minaccia la sopravvivenza di due miliardi di persone e si calcola che nel 2025 due terzi della popolazione mondiale dovrà gestire gravi problemi dovuti alla scarsità di acqua. Essa aggrava inoltre il problema alimentare. Sempre più drammatica è la forbice tra la riduzione di disponibilità di acqua e di terra coltivabile e l'aumento della popolazione, con la conseguente necessità di un forte incremento della produzione di cibo.

Non solo l'acqua è un bene primario, la cui scarsità minaccia la sopravvivenza di intere popolazioni, ma proprio perché sempre più raro e prezioso può trasformarsi anche in un'arma puntata contro chi si ritiene nemico o comunque scomodo. Secondo una recente notizia il governo del Botswana ha sigillato i pozzi di acqua dei boscimani per cacciarli dalle zone ricche di diamanti e avere così mano libera nello sfruttamento minerario. Questo fatto apre una prospettiva inquietante sul possibile uso politico dell'acqua. Del resto fin dall'antichità le civiltà che riuscirono a gestire e distribuire l'acqua furono dominanti. E anche oggi lotte per l'acqua si combattono a lungo in varie zone del mondo. Impedire l'accesso all'acqua vuol dire impedire la vita; chi detiene il controllo dell'acqua ha potere di vita e di morte su chi è stato privato di questo diritto.

L'acqua sta diventando dunque un bene prezioso e quindi sempre più conteso. Per questo è tanto più necessario difenderne il carattere di bene comune, indispensabile alla vita, e difendere il diritto di tutti a usufruirne. Nel 2002 le comunità riunite a Porto Alegre lanciarono un appello in questo senso, e poiché l'acqua appartiene a tutte le specie viventi, chiedevano alle istituzioni pubbliche di tutelarne l'uso collettivo contro ogni forma di privatizzazione e commercializzazione. «Il diritto all'Acqua in quantità e qualità sufficiente per la vita [...] è un diritto individuale e collettivo inalienabile che non può essere sottoposto a nessuna costrizione, né di natura sociale (di sesso, età, reddito), né di natura politica, religiosa o finanziaria.»

Lo stesso principio ispira il referendum promosso nel nostro Paese da centinaia di associazioni, comitati, forum, da una vera mobilitazione popolare che ha attraversato tutto il territorio nazionale. Trasformare l'acqua in merce, assoggettarla alle leggi del mercato e del profitto è per una larga parte dell'opinione pubblica un'operazione che lede un diritto universale di tutti gli esseri umani, senza distinzioni e discriminazioni. E inoltre pensiamo che le battaglie condotte per la salvaguardia dell'ambiente, per l'uguaglianza e la solidarietà trovino nella battaglia per l'acqua pubblica un simbolo forte per affermare un modello di vita che metta al centro la soddisfazione dei diritti sociali e ambientali di tutti.

## 7 Definizione del titolo e precisazione della destinazione editoriale

### Titolo
*Emergenza acqua: l'acqua è di tutti*

### Destinazione editoriale
Rivista settimanale divulgativa di settore, in una rubrica dedicata all'attualità.

**170** LA SCRITTURA

| 8 | **Revisione** |

L'ultima fase prevede la rilettura del testo e il controllo finale della pertinenza del titolo, sia rispetto al contenuto che alla destinazione editoriale.

La rilettura del testo riguarda sia la **coerenza del contenuto** (uso corretto dei coesivi nei passaggi logici, completezza delle informazioni, uso appropriato degli argomenti) sia la **correttezza formale**, nell'ambito grammaticale, sintattico e ortografico.

# Laboratorio

## Attivare un metodo

**1** **Attribuisci un titolo a questo articolo di Paolo Di Stefano, tratto dal «Corriere della Sera».**

La discussione sulla poesia, avviata la scorsa settimana, è stata puntellata, domenica, dai dati nudi e crudi di Giuliano Vigini: escono in Italia ogni anno attorno ai 2400 titoli di poesia; la tiratura media è tra le 500 e le 700 copie; se un libro di versi supera le 1500 copie vendute va considerato un bestseller; in realtà oltrepassare le 250 è un miracolo. Si potrebbe concludere che tanto basta e ogni altro discorso sulla poesia, considerando questi elementi, non merita nessuna attenzione nel mondo dei grandi numeri dove un solo titolo di Dan Brown vende più dell'intera produzione poetica annuale.

Secondo Alfonso Berardinelli la poesia d'oggi va divisa in due tipi: quella incomprensibile e quella noiosa. Chissà quanti studenti di liceo considerano *Le occasioni* di Montale tutt'e due le cose insieme: incomprensibili e noiose al tempo stesso. Del resto, per un lettore esigente può essere incomprensibile e noioso anche *Il codice da Vinci*, che per tanti è invece avvincente e divertentissimo. Non solo incomprensibili e noiose le reazioni dei poeti alla discussione sulla marginalità della poesia nella nostra società (culturale, letteraria, editoriale, eccetera). Poche, per la verità, le osservazioni serene e costruttive, la netta maggioranza tra lo snobistico, l'irritato-aggressivo e il lagnoso-frustrato. Ecco il sunto di sette giorni «poeticamente sensibili» vissuti dietro le quinte del web e delle mail. Una buona parte dei poeti lamenta con meraviglia di non essere stata citata nel servizio di partenza e si proclama tra delusa e disgustata dalle ovvietà espresse dai colleghi interpellati («mi fa ridere X quando dice che...», «Y ha scoperto l'acqua calda...»). Alcuni constatano con una sorta di stupito risentimento che è stata ignorata la molto innovativa collana editoriale che dirigono o il premio che organizzano. Altri rivendicano la forza provocatoria della loro rivista (locale d'accordo, ma «si sa che le cose migliori oggi si fanno in provincia»). Altri ancora si dissociano da ogni tentativo di sfiorare un argomento così alto (la poesia) sui giornali (per definizione banalizzanti) e fanno valere il proprio isolamento come «ultima dignità possibile» contro i soprusi del mercato. Alcuni si dichiarano orgogliosi di avere optato per l'editoria a pagamento e confessano che non si rivolgerebbero mai a un medio o grande editore, perché «si sa benissimo con che criteri vengono scelti gli autori da pubblicare...». Tanti denunciano le consorterie editoriali da decenni sorde ai veri capolavori (tra cui i loro, va da sé) e accusano «i soliti noti» (niente nomi, «tutti sanno benissimo di chi stiamo parlando...») di difendere le proprie «posizioni di potere» all'interno del sistema. Pochi, ma molto scelti, denunciano «la guerra per bande» in atto da anni nel mondo poetico-critico-editoriale italiano, fatto di «privilegi», «corruzione», «mafie» e «connivenze». Per dieci copie in più, per un premio di provincia, per una presenza in antologia ci si accoltella. Girano interessi enormi: non soldi ma la gloria eterna. Tutto molto (poco) poetico.

**2** **Completa l'articolo che segue scrivendone l'incipit.**

… La realtà è che solo un terzo del pesce consumato in Italia proviene dal mercato interno. Il resto, il 64 per cento per essere precisi, è puro import: gamberi, calamari, tonno e merluz-

171

# 3 Scrivere a scuola

**UNITÀ DI LAVORO 21** Guida alla redazione dell'articolo di giornale

## Laboratorio

zo provenienti da 40 Paesi diversi. E questo, malgrado l'Italia abbia ottomila chilometri di coste e la prima flotta di pescherecci del Mediterraneo.

Insomma, a parte vongole, telline e poco altro, di prodotto italiano in vendita ce n'è poco. Molto arriva dalle altre coste del Mediterraneo, è vero. Ma la parte del leone la fa il prodotto congelato o lavorato che arriva dai quattro angoli del mondo: Sudest asiatico e Sudamerica, Africa e Oceania. È il mercato globale, che produce un export spesso travestito da "made in Italy" perché, a differenza del settore delle carni, qui non esiste la tracciabilità del prodotto, per cui ciascuno ti vende ciò che vuole. E la provenienza, quando è indicata, può non significare nulla: "Basti dire", spiega Silvio Greco, presidente del Comitato scientifico di Slow Fish, "che tutto il Mediterraneo, dallo stretto dei Dardanelli a quello di Gibilterra, è certificato come Zona Fao 37".

Di fatto, quindi il consumatore non ha armi per difendersi: "Visto che tre piatti di pesce su quattro sono frutto dell'import", chiarisce il responsabile di Coldiretti ImpresaPesca, Tonino Giardini "sarebbe bene conoscerne la provenienza effettiva". La filiera è lunga, la grande distribuzione detta le regole. E il fatto che i pesci sembrano ai profani un po' tutti uguali consente camuffamenti a tutto spiano da parte di pescherie e grossisti spregiudicati: halibut spacciati per sogliole, verdesche vendute come pesci spada e via di seguito.

(da P. Cagnan, *Pesce fresco, si fa per dire*, in «L'Espresso»)

**3** Completa l'articolo che segue scrivendone la conclusione.

Per Kahlil Gibran erano "liriche che la terra scrive sul cielo", per Joyce Kilmer le poesie di Dio, per Gandhi il simbolo della realizzazione di ogni sforzo umano. Idolatrati e martoriati, gli alberi sono sempre stati destinatari di molte parole e pochi fatti, soprattutto a livello di tutela. Il 21 novembre l'Italia ha deciso di dedicar loro una giornata nazionale, in memoria di Sandro Usai e di tutte le vittime delle alluvioni di tre settimane fa, dato che è stata anche la mancanza di gestione forestale ad aver provocato 18 morti fra Liguria e Toscana. Una ricorrenza simbolica che chiude l'"International Year of Forests - Anno Internazionale delle Foreste" e che servirà a far riflettere sull'importanza di questi "pilastri della terra" che ci sostengono producendo ossigeno, contenendo le piogge, ospitando e nutrendo gli animali e fortificando gli argini dei fiumi.

Malgrado l'urbanizzazione feroce e l'abusivismo edilizio siano piaghe diffuse, il nostro paese è ancora tapezzato da nord a sud di boschi splendidi e negli ultimi 50 anni la superficie forestale è addirittura raddoppiata. Un dato che da un lato è positivo, ma che dall'altro è sintomo dell'abbandono delle aree rurali da parte della popolazione e della riconquista da parte del bosco di quei territori che una volta erano coltivati o abitati. Secondo il Corpo Forestale dello Stato, gli alberi sul territorio sono 12 miliardi, quasi 200 per ogni italiano, 1360 per ettaro, e tra le specie più diffuse il primato spetta al faggio, con oltre un miliardo di esemplari che ricoprono quasi tutti gli Appennini. Il più "famoso" è invece l'abete rosso, il tradizionale albero di Natale, diffusissimo sulle Alpi.

L'intenzione di preservare questo patrimonio e gestirlo in modo sano è dimostrata dall'aumento esponenziale di boschi con marchio PEFC (*Programme for Endorsement of Forest Certification schemes*), il sistema di certificazione più diffuso al mondo, che attesta che una foresta è gestita in modo sostenibile. "Il concetto di sostenibilità è molto ampio – spiega Antonio Brunori, segretario generale PEFC Italia – e significa che quel legno proviene da una foresta controllata, che non sparirà mai, perché tutti gli alberi tagliati verranno sistematicamente sostituiti da altrettante piante. Non solo: il legno certificato proviene da foreste dove le persone lavorano nel rispetto dei diritti sociali e delle norme di sicurezza, quindi al vantaggio per l'ambiente si aggiunge quello per la società"...

(da S. Ficocelli, *Abbiamo 200 alberi a testa, ma bisogna trattarli meglio*, www.repubblica.it)

**4** Elabora tre articoli a partire dai dossier presentati negli esercizi per il saggio breve (Unità di lavoro precedente), lavorando molto sullo stile e sulla creazione della notizia.

**172** LA SCRITTURA

# UNITÀ DI LAVORO 22
# Il tema

**OBIETTIVI**
- Consolidare le capacità di rielaborare le conoscenze acquisite in forma scritta.
- Migliorare le abilità di organizzazione e scrittura relative alla tipologie di testo C e D nella prima prova scritta dell'esame di Stato.

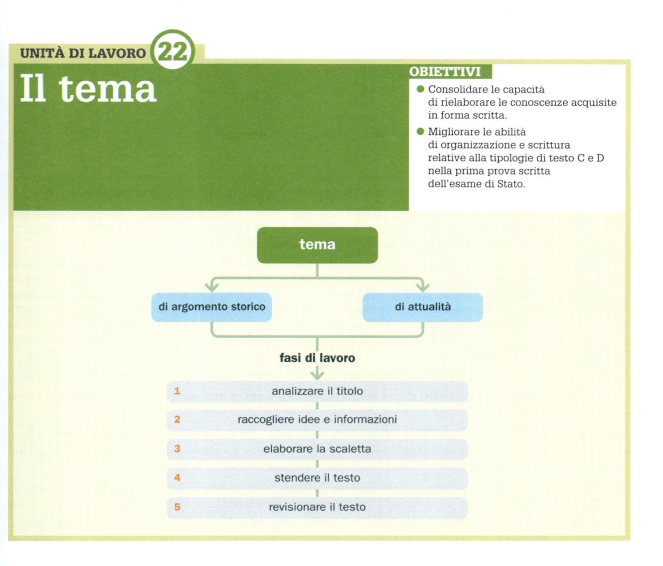

## 1 Che cos'è il tema

Il tema è una tipologia di testo che si usa soltanto a scuola: si tratta di un'**esercizio di scrittura su un soggetto assegnato**, con un titolo più o meno articolato, da svolgere senza l'appoggio di alcuna documentazione.
Attraverso il tema si valutano:

1. **le conoscenze** su un argomento (letterario, storico, culturale o d'attualità);
2. **le capacità** di esporre ed eventualmente di argomentare determinate idee e opinioni;
3. **le abilità** linguistiche e stilistiche.

Il tema ha in genere un taglio **informativo-espositivo** (volto soprattutto a dimostrare le conoscenze su un determinato argomento) o **argomentativo** (sostiene una tesi con ragioni convincenti, dati materiali e prove razionali).
È una delle tipologie testuali della prima prova dell'esame di Stato, in cui vengono proposte una traccia per un tema a carattere storico e una traccia per un tema d'ordine generale e d'attualità. Come abbiamo già detto il tema si distingue dal saggio breve perché:
– utilizza e rielabora soltanto conoscenze già acquisite (quando si scrive un tema non ci sono documenti da utilizzare);

# 3 Scrivere a scuola
UNITÀ DI LAVORO 22 Il tema

– può presentare digressioni o commenti assolutamente personali;
– il suo unico destinatario è l'insegnante, che attraverso il tema valuterà la preparazione e l'abilità espressiva.

## 2 Come si scrive un tema

Per svolgere un tema, a prescindere dall'argomento, ci sono alcune tappe da seguire.

- **Analizzare il titolo**. Può essere utile porsi le seguenti domande: la traccia richiede una semplice esposizione di fatti? o un'analisi e una spiegazione di fenomeni? o un confronto fra diverse spiegazioni storiografiche o posizioni ideologiche?

- Non scrivere di getto, ma **raccogliere tutte le idee e le informazioni** che si possiedono in materia. Poiché l'argomento da svolgere è stato già oggetto di studio, l'ideale sarebbe trovare subito un'**idea-guida** capace di rispondere sinteticamente alla traccia, ma questa può emergere anche in una seconda fase. Occorre allora procedere a un primo elenco disordinato, raccogliendo le idee così come affiorano alla mente e costruendo una mappa che tenga conto delle parole-chiave e delle diverse articolazioni dell'argomento suggerite dalla traccia.

- Stendere uno **schema grafico ordinato per punti** che sviluppi ordinatamente l'idea-guida.

- Passare alla **scaletta**, che dovrà prevedere sempre un'introduzione, uno sviluppo e una conclusione.

- Procedere alla **stesura del testo** sviluppando i punti della scaletta in diversi paragrafi.

- Prestare costante **attenzione al linguaggio**, affinché risulti corretto ed efficace (vedi Unità di lavoro 6).

- **Revisionare** infine il testo prodotto, controllando in particolare l'aderenza alla traccia, la coerenza e la coesione interne, il rispetto dell'ortografia e delle regole grammaticali, l'uso di una sintassi corretta e di un lessico adeguato (vedi Unità di lavoro 6, 7, 8).

Nella fase di revisione può essere utile l'abitudine a verificare (ed eventualmente correggere) una serie di errori, attraverso le domande indicate nella tabella che segue.

### RISPETTO DELLA TRACCIA E/O DELLE CONSEGNE

- Ho rispettato tutte le richieste della traccia?
- Ho rispettato soltanto alcune delle richieste?
- Ho ignorato le consegne?
- Ho centrato l'argomento?
- Ho ignorato l'argomento, dunque sono andato fuori tema?

- Mi sono allontanato dalla traccia in alcune parti del tema?
- Ho inserito divagazioni inutili rispetto alla traccia?
- Ho trattato l'argomento principale soltanto in modo marginale?

### QUALITÀ DEL CONTENUTO

- Ho approfondito il problema da trattare, senza inesattezze e approssimazioni?
- Ho affrontato la questione soltanto genericamente e in superficie perché non sapevo molto sull'argomento?
- Ho inserito inesattezze e/o informazioni imprecise sull'argomento da trattare?

- Sul tema proposto ho inserito spunti personali? Era richiesto?
- Sul tema proposto non sono riuscito a inserire spunti personali anche se mi veniva richiesto?
- L'argomento proposto rinviava a contenuti scolastici precisi? Li ho richiamati?

**174** LA SCRITTURA

## ORGANIZZAZIONE DEL CONTENUTO

- L'elaborato ha una struttura completa di introduzione e conclusione?
- La struttura dell'elaborato risulta incompleta?
- Ho espresso la mia tesi in modo pertinente e comprensibile?
- La tesi manca o è espressa in modo inappropriato?
- Ho motivato il mio punto di vista in modo coerente, con argomentazioni convincenti?

- Non ho motivato il mio punto di vista?
- Alcuni concetti sono ripetuti inutilmente?
- Ho riproposto troppo schematicamente nozioni e informazioni, senza alcuna rielaborazione personale?
- Il testo si presenta ben coeso e coerente logicamente?

## ESPOSIZIONE E ASPETTI FORMALI

- Lo stile e il registro linguistico sono adeguati?
- Ho commesso errori nella scelta del lessico (povertà, improprietà, inadeguatezza, ripetitività)?
- Ho commesso errori di ortografia?

- Ho commesso errori di grammatica (per esempio forme verbali o concordanze)?
- Ho commesso errori di sintassi (periodi troppo lunghi, scorretti o sospesi)?

**Attenzione** Bisogna ricordare che nel tema:
- manca un destinatario;
- l'argomentazione deve essere consequenziale e non può essere suddivisa in paragrafi autonomi;
- in assenza di documenti, si è forniti solo del bagaglio delle proprie conoscenze.

# 3 Il tema di argomento storico

### COME SI SCRIVE UN TEMA DI ARGOMENTO STORICO

Nella stesura del tema di storia assumono un'importanza fondamentale tre fattori:
- le **coordinate spazio-temporali** (quando e dove avvengono i fatti);
- l'**ordine cronologico** in cui essi si svolgono;
- i **rapporti di causa-effetto** (ricordiamo che si tratta di rapporti complessi; non esiste mai una sola causa di un fenomeno).

È importante utilizzare espressioni il più possibile precise (non si possono usare termini generici come i "poveri", i "ricchi"), usare un **linguaggio appropriato** e, se si ricordano, indicare le **fonti** della nostra informazione e interpretazione dei fatti storici.

Le fasi dello svolgimento non sono troppo diverse da quelle della relazione e del saggio breve. La differenza principale sta nel fatto che non si dispone, al momento della stesura del testo, di documenti da consultare. Bisogna perciò conoscere già molto bene l'argomento. Nella scrittura del tema inoltre, a prescindere dall'argomento, ci sono delle tappe da seguire, che riassumiamo di seguito.

### ANALIZZARE IL TITOLO

Le domande da porsi sono:
- che tipo di svolgimento si richiede?
  - una semplice esposizione di fatti?
  - un'analisi e una spiegazione di fenomeni?
  - un confronto fra diverse spiegazioni storiografiche?
- quale argomento devo trattare? in quale spazio? quanto tempo ho a disposizione?

175

### RACCOGLIERE E ORGANIZZARE LE IDEE

Poiché l'argomento da svolgere è stato già oggetto di studio, l'ideale sarebbe trovare subito un'**idea-guida** capace di rispondere sinteticamente alla traccia, ma questa può emergere anche in una seconda fase. Occorre allora procedere a un primo elenco disordinato, raccogliendo le idee così come affiorano alla mente. Questa raccolta si usa come base per la redazione di una **mappa concettuale**, che funziona meglio della lista delle idee, perché permette di stabilire più facilmente associazioni e collegamenti. Si raggruppano gli elementi raccolti separando cause ed effetti, distinguendo aspetti economici, politici e culturali, chiarendo i limiti cronologici entro cui si sviluppa il ragionamento o la descrizione del fenomeno. Emerge così l'idea-chiave su cui incentrare l'esposizione: la **tesi**.

### STENDERE LA SCALETTA

La tesi diviene l'asse dello svolgimento. Questo sarà articolato in una **scaletta** in cui si ordinano in sequenze gli elementi evidenziati nella mappa.

### SCRIVERE E RIVEDERE IL TESTO

Durante la fase di revisione **si rilegge accuratamente il testo** controllando che:
– non ci siano contraddizioni nelle idee espresse, nella logica dell'argomentazione e negli esempi e commenti, anche personali, riportati;
– la forma risponda ai consigli sullo stile forniti nell'Unità di lavoro 6.

---

#### Prova guidata 1

L'argomento dell'esempio che segue è *I cambiamenti nel modo di produrre, ma anche di vivere e di pensare, introdotti tra Sette e Ottocento in Europa dalla rivoluzione industriale*.

È un tema di argomento storico, che richiede attenzione alla cronologia (quando, dove e in che ordine avvengono i fatti) e accuratezza nella descrizione dei rapporti di causa-effetto. Il tema di ordine generale va costruito seguendo gli stessi passaggi, ricordando che anche questo tipo di svolgimento esige una conoscenza precisa del problema da trattare, se non si vuole cadere in luoghi comuni noiosi e poco efficaci. In entrambi i casi è importante motivare sempre le nostre affermazioni, interpretazioni e prese di posizione, stando attenti a non creare contraddizioni.

Il **titolo** chiede di caratterizzare e spiegare un fenomeno, la rivoluzione industriale, individuando le trasformazioni introdotte dalle macchine nell'organizzazione del lavoro e collegandole ai mutamenti sociali.

Raccogliamo le idee in uno **schema** (o in una semplice **lista**):

– La rivoluzione industriale meccanizza i processi di produzione e sfrutta nuove fonti di energia.
– Dai telai azionati a mano si passa alla filanda a vapore.
– Il lavoro svolto dai contadini nelle loro case è sostituito dal lavoro concentrato nella fabbrica, situata nei centri urbani.
– L'aumento vertiginoso della produzione innesca la rivoluzione dei trasporti (ferrovia).
– Il rapporto uomo-natura è sempre più mediato dalle macchine.
– Inizia il fenomeno dell'urbanesimo.
– Cambia la condizione di vita e di lavoro dei lavoratori, l'artigiano è sostituito dal salariato.
– Lo sradicamento dalla campagna e dalle abitudini contadine trasforma il rapporto con il tempo.
– Si impone il tempo della fabbrica, basato sulla dittatura dell'orologio.
– L'operaio deve adattarsi alla macchina, all'uniformità e alla costrizione degli orari.
– La disciplina del tempo di lavoro è subordinata unicamente alla produzione. Il tempo è denaro.
– L'orario di lavoro (16 ore) assorbe l'intera vita giornaliera e impone ritmi veloci e uniformi anche fuori della fabbrica.

- Cambia anche il rapporto con il passato: la tradizione perde valore dinanzi ai nuovi comportamenti richiesti dall'economia capitalista.
- Proprio il tempo (l'orario di lavoro) diventa ben presto terreno di lotta per conquistare condizioni di vita più umane.
- Gli operai, dapprima ridotti a semplici macchine, furono poi spinti dall'esperienza collettiva e alienata del lavoro industriale a pensare e a esigere una società moderna più libera e più giusta.

Una volta elaborate le idee è possibile organizzarle in una **mappa concettuale**.

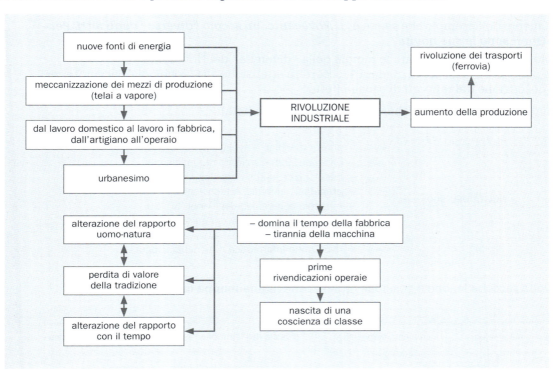

Gli ultimi due passaggi consistono nel costruire la **scaletta** dell'argomentazione e svilupparla in un tema lungo al massimo tre o quattro pagine di foglio protocollo.

### Scaletta

**INTRODUZIONE**
La rivoluzione industriale, cambiando il sistema di produzione e di lavoro, provoca mutamenti sociali e culturali fondamentali nell'età moderna.

**ARGOMENTAZIONE**
- Le macchine azionate dall'energia a vapore aumentano enormemente la produttività e la produzione.
- A ciò si collega la rivoluzione dei trasporti: tutto subisce un'accelerazione. Il centro della vita industriale diventa la città.
- Cambia il rapporto con il tempo: dal tempo circolare della natura al tempo del mutamento e della storia.
- La gestione del tempo diventa essenziale nella produzione industriale.
- La subordinazione del lavoratore alla macchina esige la tirannia dell'orologio. Il tempo di vita è fagocitato dal tempo di lavoro, l'uomo è subordinato alle esigenze dell'economia.
- Il tempo diventa anche il primo terreno di lotta dei lavoratori per la conquista di una condizione più umana.

# 3 Scrivere a scuola
**UNITÀ DI LAVORO 2.2** Il tema

> **CONCLUSIONE**
> La rivoluzione industriale tende a meccanizzare non solo il lavoro, ma anche la vita sociale e interiore dell'uomo. Tuttavia, rompendo l'immobilità e l'isolamento della società contadina, stimola la presa di coscienza politica della nuova classe operaia e la lotta per il cambiamento collettivo.

Una volta elaborata la scaletta, è possibile procedere alla **stesura del tema**.

## Prova guidata 2

L'argomento dell'esempio che segue è: *Il Novecento: un secolo "diverso" dagli altri. Perché? Quali sono le sue novità?*

Il **titolo** chiede di documentare le ragioni della "diversità" del Novecento.
Come per il tema della prova guidata 1, occorrerà attenzione alla cronologia e accuratezza nella descrizione dei rapporti di causa-effetto.

Raccogliamo le idee in uno **schema** (o in una semplice **lista**):

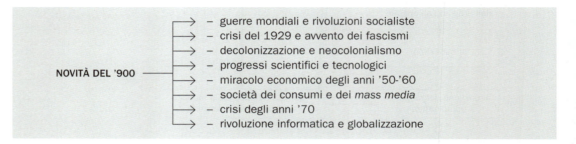

Una volta raccolte le idee è possibile organizzarle in una **mappa concettuale**.

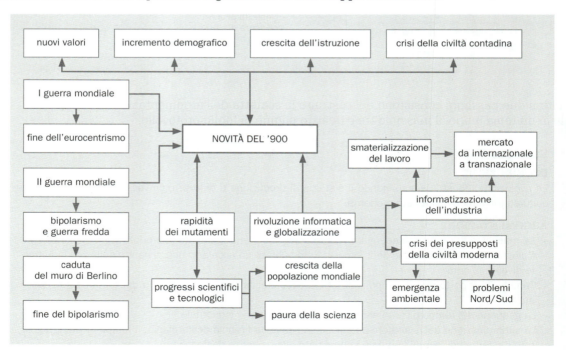

A questo punto possiamo stendere la **scaletta** e **svolgere il tema**.

LA SCRITTURA

# 4 Il tema d'attualità

Questo tipo di scritto è considerato più semplice da svolgere, come se fosse affidato all'improvvisazione. Invece anche il tema di attualità esige una conoscenza precisa del problema da trattare se non si vuole cadere in un elenco di luoghi comuni.

La traccia può formulare una tesi o un'interpretazione da discutere, oppure presentare un problema al quale rispondere con una personale presa di posizione. Se il problema posto è tale da sovrastare le nostre capacità di soluzione, non dobbiamo avventurarci a tutti i costi in affermazioni avventate.

Ecco due esempi di tracce d'ordine generale (sessioni d'esame 2008 e 2010).

> **Comunicare le emozioni**: un tempo per farlo si scriveva una lettera, oggi un sms o una e-mail. Così idee e sentimenti viaggiano attraverso abbreviazioni e acronimi, in maniera veloce e funzionale. Non è possibile definire questo cambiamento in termini qualitativi, si può però prendere atto della differenza delle modalità di impatto che questa nuova forma di comunicazione ha sulle relazioni tra gli uomini. Quanto quella di ieri era una comunicazione anche fisica, fatta di scrittura, odori, impronte e attesa, tanto quella di oggi è incorporea, impersonale e immediata. Discuti la questione proposta, illustrandone, sulla base delle tue conoscenze ed esperienze personali, gli aspetti che ritieni più significativi.

> «La musica – diceva Aristotele (filosofo greco del IV secolo a.C.) – non va praticata per un unico tipo di beneficio che da essa può derivare, ma per usi molteplici, poiché può servire per l'educazione, per procurare la catarsi e in terzo luogo per la ricreazione, il sollievo e il riposo dallo sforzo». Il candidato si soffermi sulla funzione, sugli scopi e sugli usi della musica nella società contemporanea. Se lo ritiene opportuno, può fare riferimento anche a sue personali esperienze di pratica e/o di ascolto musicale.

Le fasi di preparazione per la stesura del tema di attualità sono simili a quelle già indicate per il tema di storia. Tuttavia questo tipo di testo, facendo appello più direttamente all'esperienza individuale e alle opinioni personali, facilita l'individuazione della tesi. Possiamo quindi passare direttamente a scrivere la scaletta.

## Traccia

> Nel 1905 Albert Einstein, con la pubblicazione delle sue straordinarie scoperte, rivoluzionò la nostra visione del mondo. La notorietà di Einstein è legata in modo particolare alla teoria della relatività, ma anche alle sue qualità morali e ai valori ai quali ispirò la sua azione: fede, non violenza, antifondamentalismo, rispetto per l'altro, egalitarismo, antidogmatismo.
> Riflettendo sulla statura intellettuale e morale dello scienziato e sulla base delle tue conoscenze ed esperienze personali, discuti del ruolo della fisica e delle altre scienze quali strumenti per la esplorazione e la comprensione del mondo e la realizzazione delle grandi trasformazioni tecnologiche del nostro tempo.

## Scaletta

**INTRODUZIONE**
Per statura intellettuale e morale, Einstein è una delle maggiori personalità del Novecento.

**SVILUPPO**
- Nel campo della ricerca scientifica Einstein è noto soprattutto per la teoria della relatività, che ha rivoluzionato i concetti di spazio e tempo nel campo della fisica.
- Einstein s'impegna nella lotta contro la bomba atomica: il Manifesto di Einstein-Russell darà origine al movimento «Pugwash» contro le armi nucleari tutt'ora attivo.

# 3 Scrivere a scuola
**UNITÀ DI LAVORO 22** Il tema

– Dopo la seconda guerra mondiale il mondo si avviò rapidamente verso una nuova rivoluzione industriale, caratterizzata da un'alta complessità tecnologica, che cambia radicalmente la società.

**CONCLUSIONE**

La scienza può contribuire a migliorare il mondo a patto che si riconsideri il valore della conoscenza, svincolandolo da un approccio esclusivamente utilitaristico.

Possiamo ora procedere alla stesura del tema; gli elementi della scaletta sono sottolineati.

## Svolgimento

### INTRODUZIONE

In due passaggi, nel 1905 e nel 1916, il grande fisico tedesco (ma naturalizzato svizzero) Albert Einstein (premio Nobel per la fisica nel 1921) elaborò la teoria della relatività. Per le sue scoperte scientifiche ma anche per la sua statura morale, Einstein è considerato uno dei più grandi intellettuali del Novecento.

### SVILUPPO (TRE PASSAGGI)

Nel 1905 la prima formulazione della teoria della relatività mise in discussione l'idea di una scala temporale assoluta e ricondusse il concetto di simultaneità allo stato di moto dell'osservatore. Dopo oltre dieci anni Einstein elaborò nuovamente la teoria della relatività, precisando che spazio e tempo costituiscono una struttura unica (il cronotopo), che è sempre in stretta relazione con le masse in essa presenti. Proprio questo punto pone in discussione la teoria gravitazionale precedente, quella di Newton, poiché sostituisce la forza di gravità con una curvatura spazio-temporale che si modella sulla forma del campo attraversato dal corpo. Ogni fenomeno insomma è relativo a un campo specifico. Dai tempi di Einstein la fisica ha compiuto passi da gigante: qualunque opera vecchia anche solo di qualche anno è irrimediabilmente superata. Fa eccezione la teoria della relatività, che è rimasta tale e quale: anzi, il maggiore problema della fisica teorica contemporanea è appunto come riuscire a modificarla in modo da renderla compatibile con tutto il resto, e cioè con la teoria delle forze elettromagnetiche e nucleari.

Ma Einstein è considerato una delle maggiori personalità del XX secolo non solo per i suoi risultati nel campo della fisica. La sua ricerca scientifica andò infatti di pari passo con la riflessione etica. Einstein fu pacifista, ammiratore di Gandhi, oppositore del nazismo e sostenitore del disarmo nucleare. In realtà fu in principio favorevole alla costruzione della bomba atomica da parte degli americani: in una celebre lettera al presidente Roosevelt, metteva in guardia gli Stati Uniti sulla possibilità che i nazisti costruissero bombe di un tipo nuovo, estremamente potenti. Non sembra tuttavia che il suo ammonimento abbia avuto una particolare influenza sulla decisione di iniziare il cosiddetto "Progetto Manhattan", fortemente caldeggiato e sostenuto dallo scienziato Vannevar Bush. L'opposizione di Einstein all'atomica si esplicita invece nel 1955 quando, una settimana prima di morire, firma un manifesto inviatogli da Russel contro la costruzione e l'impiego di armi nucleari. Il Manifesto di Einstein-Russell ebbe una vasta risonanza e dette origine a un primo convegno a Pugwash pochi anni dopo. I temi trattati furono quelli che sarebbero poi divenuti l'agenda del futuro: i pericoli insiti nell'uso dell'energia atomica, il controllo da esercitare sugli armamenti nucleari e la responsabilità sociale degli scienziati. Visto il successo di quella prima riunione, si stabilì un'organizzazione permanente, che esiste ancora oggi. Il movimento Pugwash e il suo segretario Joseph Rotblat hanno condiviso il premio Nobel per la pace del 1995, per il loro impegno nel diminuire il ruolo giocato dalle armi nucleari nella politica internazionale, con l'obiettivo di riuscire a eliminarle. In un articolo di pochi anni fa Rotblat scriveva che, essendo l'unico ancora in vita tra i firmatari del manifesto che aveva dato origine al Pugwash, considerava un suo dovere continuare a diffondere il messaggio di Einstein. Quando Rotblat è morto, quel dovere è passato a noi tutti.

Proprio negli anni successivi agli sconvolgimenti della seconda guerra mondiale, quando la questione "bomba atomica" costringe l'umanità a riflettere sul ruolo della scienza e sull'utilizzazione delle sue scoperte, il mondo comincia ad avviarsi con grande rapidità verso una nuova rivoluzione industriale, caratterizzata da un'altissima complessità tecnologica: diventano importantissimi i settori legati a microelettronica, informatica, telecomunicazioni, chimica, che dipendono direttamente dalla ricerca scientifica. L'impatto di tutto ciò sulla vita degli esseri umani è stato gigantesco: in poco più di mezzo secolo sono

**180** LA SCRITTURA

mutate radicalmente l'organizzazione sociale, il modo e i tempi in cui gli esseri umani comunicano fra loro, il modo in cui si spostano e vivono, la trasmissione di esperienze fra le generazioni. Lo scrittore Pier Paolo Pasolini aveva parlato infatti di "mutazione antropologica". Questo grande cambiamento, legato essenzialmente all'innovazione tecnologica, ha riguardato direttamente i paesi a sviluppo avanzato, ma ha coinvolto anche gli altri, poiché molte produzioni e molte fasi di lavoro dei nuovi settori sono state spostate dai paesi più sviluppati in altri paesi cosiddetti "in via di sviluppo", a causa del basso costo della manodopera (cambiando profondamente anche il sistema dei trasporti).

### CONCLUSIONE

Oggi noi che viviamo immersi in questa situazione di continua innovazione tecnologica constatiamo spesso che il legame tra scienza e bene comune sembra ogni tanto spezzarsi. La ricerca scientifica può aiutarci davvero a costruire un futuro desiderabile, se solo riprendessimo a restituire valore alla conoscenza e alla ricerca in sé, senza interpretarle esclusivamente in chiave utilitaristica. Cercare di conoscere solo quello che ci può tornare immediatamente ed economicamente utile, infatti, è limitante. Il valore della conoscenza non può essere delegato al mercato; occorre considerare altri valori, anzitutto quelli dello sviluppo umano: fantasia, curiosità, esplorazione, comprensione dell'universo che ci circonda, nel quale ci muoviamo e costruiamo relazioni con gli altri. È questo il ruolo profondo della cultura scientifica, come di ogni altra cultura.

## Prova guidata 3

Il titolo del tema è: *La diffusione sempre più rapida delle tecnologie multimediali nella vita degli adolescenti ne cambia anche mentalità, abitudini e modi di pensare? Inquadra il problema ed esprimi la tua opinione in proposito*.

Una volta letta la **traccia** è utile porsi alcune domande, che ci aiutino a individuare le idee più importanti da sviluppare.

– Che cosa chiede la traccia?

> **Illustrare l'importanza dei nuovi media nella vita degli adolescenti.**

– Qual è il problema?

> **Le tecnologie multimediali cambiano la vita dei giovani? Come?**

A questo punto possiamo fare una **lista delle idee** che vorremmo sviluppare.

– Computer, video e Internet fanno concorrenza alla TV presso gli adolescenti.
– Si può rapidamente passare da un programma all'altro.
– Giocare ai videogame o alle consolle virtuali (come *Wii* o *Playstation*) allena a rispondere sempre più rapidamente agli stimoli esterni.
– È possibile navigare da casa nostra propria in tutto il mondo.
– I media mettono a contatto con un mondo virtuale.
– È difficile distinguere la realtà dalla sua immagine.

Proviamo ora ad avanzare una **tesi** che ci guidi nella stesura della scaletta e del testo. In questo caso possiamo dire che:

1. i media ci offrono nuovi modi di passare il tempo libero sostituendosi spesso all'esperienza diretta;
2. il nostro senso del tempo e dello spazio è diverso da quello dei nostri genitori;
3. simultaneità e simulazione aprono prospettive del tutto nuove nel nostro rapporto con la realtà: aumenta la comunicazione informatica o anche quella sociale?

181

# 3 Scrivere a scuola
**UNITÀ DI LAVORO 22** Il tema

Può essere usata come **introduzione** la formulazione della tesi, se è chiara e definita; oppure si può iniziare con una sintetica presentazione di come si è sviluppata la nostra riflessione, anche sotto forma di domande.

> "Nessuno può negare o minimizzare l'importanza dei media nella vita infantile e quindi sulla formazione degli adolescenti. Ma quali sono gli effetti? In quale senso questi modificano attitudini e comportamenti?"

La **conclusione** può essere di due tipi:

1. conclusione-bilancio, per esempio:

> "Da quanto è stato detto risulta chiara l'incidenza dei media sulla mentalità e sugli stili di vita dei giovani, anche se è difficile prevederne gli effetti sul lungo periodo"

2. conclusione aperta, che rilancia la questione su altri piani, aprendo nuove piste di riflessione:

> "Come valutare questo mutamento? Si va verso una cultura della superficialità, della fuga verso una realtà virtuale o verso una democrazia dell'informazione che darà a tutti il diritto di parola sulla scena del mondo? Non sappiamo se il nuovo uomo telematico sarà migliore e peggiore, certamente sarà diverso da quello attuale"

Costruisci ora tu la **scaletta** dell'argomentazione e sviluppala in un **tema** lungo al massimo tre o quattro pagine di foglio protocollo.

# Laboratorio

## Attivare un metodo

**1** Analizza le seguenti tracce di tema e indica se propongono (A) una semplice esposizione dei fatti, (B) una analisi di fenomeni oppure (C) un confronto fra tesi e posizioni diverse.

**TRACCIA 1** Quando comincia il Medioevo? Secondo alcuni studiosi la vera "rottura" con il mondo antico avviene a seguito delle invasioni barbariche del IV-V secolo; secondo altri – per esempio lo storico Henri Pirenne – l'evento che cambiò il volto dell'occidente fu la diffusione dell'Islam. Ripercorri i fatti e le posizioni degli storici.  [A] [B] [C]

**TRACCIA 2** Le principali manifestazioni, nel lavoro e nella vita quotidiana, di un fenomeno che ha cambiato il mondo contemporaneo: l'avvento della rete.  [A] [B] [C]

**TRACCIA 3** Nella società attuale, il lavoro diventa, in particolare (ma non solo) per i giovani, "precario". Si diffondono sempre più forme contrattuali diverse dal tradizionale impiego a tempo indeterminato. Alla luce delle tue conoscenze e dell'esperienza di persone che conosci, mostra le caratteristiche del fenomeno e le sue conseguenze.  [A] [B] [C]

**2** Ritorna sulla traccia 1 dell'esercizio precedente e sviluppa uno schema grafico e una scaletta del tema che vorresti scrivere.

182 LA SCRITTURA

## Laboratorio

**3** Svolgi la traccia secondo il percorso indicato, prestando particolare attenzione alla fase di revisione del testo.

TRACCIA   "Spesso tra 'l palazzo e la piazza è una nebbia sì folta o uno muro sì grosso che, non vi penetrando l'occhio degli uomini, tanto sa el popolo di quello che fa chi governa o della ragione perché lo fa, quanto delle cose che fanno in India. E però si empie facilmente el mondo di opinione erronee e vane." (Francesco Guicciardini, *Ricordi*, 1530).

Queste osservazioni possono essere valide ancora oggi? Rifletti sul rapporto attuale tra "palazzo" e "piazza".

**4** Ti proponiamo due tracce, una di storia e una di ordine generale. Per entrambe elenca la lista delle idee e sviluppa la mappa concettuale.

TRACCIA 1   Cittadinanza femminile e condizione della donna nel divenire dell'Italia del Novecento. Illustra i più significativi mutamenti intervenuti nella condizione femminile sotto i diversi profili (giuridico, economico, sociale, culturale) e spiegane le cause e le conseguenze. Puoi anche riferirti, se lo ritieni, a figure femminili di particolare rilievo nella vita culturale e sociale del nostro Paese. (*Esame di Stato 2008*)

TRACCIA 2   *«Nel futuro ognuno sarà famoso al mondo per quindici minuti».*
Il candidato, prendendo spunto da questa "previsione" di Andy Warhol, analizzi il valore assegnato alla "fama" (effimera o meno) nella società odierna e rifletta sul concetto di "fama" proposto dall'industria televisiva (*Reality* e *Talent show*) o diffuso dai social media (*Twitter, Facebook, YouTube, Weblog*, ecc.). (*Esame di Stato 2011*)

**5** Ora procedi alla stesura di entrambi i temi.

**6** Ti si propone una traccia e la formulazione di una tesi: sviluppala in una scaletta ragionata partendo dalle idee elencate in disordine nella lista.

### TEMA

TRACCIA   Spesso si sente dire dalle generazioni più anziane che oggi i giovani sono scarsamente inclini all'impegno nello studio e in generale al lavoro. A tuo parere tale accusa è fondata?

### Tesi

1. Non sono d'accordo: è il solito luogo comune. I giovani sono disposti a impegnarsi a fondo in ciò che li interessa.
2. Lo studio, non garantendo più un lavoro, non ha altra motivazione che il piacere e la scuola non è in grado di suscitarlo.
3. Il fatto poi che i giovani disertino certi lavori non significa che non hanno voglia di lavorare, ma che aspirano a una migliore qualità della vita.

### Lista delle idee

– L'impegno nello studio dipende dall'interesse per i contenuti e i metodi di insegnamento.
– I metodi di apprendimento su cui si basa la scuola non sono efficaci.
– Non vengono proposte motivazioni adeguate allo studio.
– I nostri genitori spesso hanno fatto del consumismo e della facilità la misura del valore.
– Vediamo che i nostri genitori spesso giudicano il valore delle persone dal lavoro che fanno.
– In generale i giovani cercano l'immediata soddisfazione dei desideri e sono capaci di impegnarsi a fondo solo su ciò che li interessa profondamente.

183

# Scrivere a scuola
UNITÀ DI LAVORO 22 — Il tema

## Laboratorio

- Spesso i giovani non si pongono il problema del futuro.
- Si scaricano sui giovani colpe non loro.
- È difficile pensare di dedicarsi a un lavoro non remunerativo, non appagante e poco considerato socialmente.

**7** Analizza il titolo del tema che segue. Prendendo poi spunto dalla pista di riflessione suggerita, formula la tua opinione (tesi) e sviluppa la scaletta.

**TEMA**

**TRACCIA** Crescere significa emanciparsi dalla tutela e dalla guida dei genitori e conquistare un'autonomia dalla famiglia. A tuo parere la scuola, la società, la famiglia stessa aiutano i giovani a diventare adulti?

**Lista delle idee**
- I genitori faticano spesso ad accettare l'autonomia dei figli.
- La mancanza di lavoro prolunga la dipendenza economica.
- L'età per diventare maggiorenni è 18 anni.
- Pur non condividendone i valori, la grande maggioranza dei giovani è contenta di vivere in famiglia.
- I giovani sono ugualmente liberi di fare quello che vogliono anche se restano con i genitori.
- Solo l'entrata nel mondo del lavoro e l'indipendenza economica garantiscono la libertà.
- La scuola non impone regole e modelli forti di responsabilità.
- Situazione contraddittoria dei giovani: si chiede loro di comportarsi da adulti, ma viene loro offerta una limitata responsabilità sociale e personale.

**8** Ora svolgi entrambi i temi proposti.

UNITÀ DI LAVORO 23

# Il percorso pluridisciplinare: la tesina e l'elaborato multimediale

**OBIETTIVI**

- Migliorare le capacità di svolgimento di un progetto autonomo di scrittura documentata o di ricerca.
- Consolidare le abilità di ricerca delle fonti.
- Rafforzare le abilità di organizzazione dei contenuti, anche attraverso documenti multimediali.

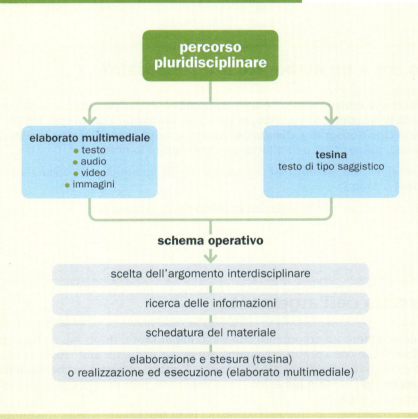

## 1 Tesina o elaborato multimediale?

All'inizio del colloquio d'esame, la propria esperienza di ricerca o di progetto può essere presentata anche in forma multimediale. Questo significa che si può scegliere di presentare la ricerca:

- sotto forma di testo scritto;
- sotto forma di elaborato multimediale;
- utilizzando entrambe le forme, affiancando alla stesura tradizionale alcune slide di presentazione oppure integrandola con spezzoni audio o video.

185

# 3 Scrivere a scuola

**UNITÀ DI LAVORO 23** Il percorso pluridisciplinare: la tesina e l'elaborato multimediale

## 2 | Che cos'è la tesina?

**Si tratta di un testo scritto di tipo saggistico in cui l'argomento, la selezione dei documenti e la lunghezza sono affidati all'autonomia dello studente.**
Scrivere una tesina per l'esame non è obbligatorio, ma può influenzare positivamente la prova orale, purché sia ben sviluppata ed esposta con chiarezza ed efficacia. È infatti prevista la possibilità di iniziare il colloquio con un argomento scelto dal candidato, meglio se basato su un'esperienza di ricerca, che si può esporre anche in forma multimediale. Poiché nel colloquio il tempo concesso per l'esposizione della tesina è limitato, bisogna saperne sintetizzare il contenuto mettendo in evidenza la **motivazione**, le principali **parole chiave** e la **conclusione**.

## 3 | Che cos'è un elaborato multimediale?

**L'"elaborato multimediale" è una trattazione dell'argomento svolta non soltanto attraverso la produzione di un testo, ma utilizzando anche altri mezzi: audio, video, immagini di vario tipo (fotografie, disegni, elementi grafici, icone fisse o animate).**
In sintesi, viene chiesto di effettuare e presentare la ricerca:

– basandosi non soltanto su documenti scritti, ma anche su documenti visivi (immagini, video) o sonori;

– utilizzando più mezzi, alternati in modo fluido e dinamico.

## 4 | La scelta dell'argomento

È bene scegliere un argomento che risponde ai propri interessi, o che in parte già si conosce. Discuterlo con i propri insegnanti serve per avere un aiuto nella valutazione della fattibilità o del grado di difficoltà della ricerca. È molto importante che l'argomento della tesina **non** sia **troppo vasto e generico**: l'argomento va ristretto a un ambito molto limitato e sviluppato fino in fondo.
Spesso le case editrici dei testi scolastici (e in particolare quella che pubblica quest'opera) forniscono molti materiali utilizzabili, sulle loro pagine web oppure off-line; per questo genere di ricerca sono utili poi i siti degli archivi televisivi e delle radio, quelli di archivi e musei, anche stranieri, e delle università. Queste ultime hanno specifici canali *YouTube* in cui è possibile accedere a molti video su diversi argomenti. In ogni caso è bene ricordare quanto detto sulla ricerca in rete nell'Unità di lavoro 3 e partire sempre da siti o canali attendibili.

È importante selezionare i documenti e costruire su di essi un ragionamento, decidendo anche in che modo utilizzarli:

– come accompagnamento? (per esempio: letture di testi e fotografie di un autore, oppure immagini e grafici relativi a una dimostrazione);

– come elaborato autonomo? (in questo caso il lavoro va presentato oralmente e occorre stare molto attenti al tempo: non si può assolutamente andare oltre i 5-7 minuti).

**186** LA SCRITTURA

# 5 Una tesina, molte discipline

La tesina deve essere **interdisciplinare**, cioè affrontare varie discipline (non "tutte" le discipline!) trattate a scuola.
Come collegare tra loro ambiti diversi? È importante ricordare che:

● i collegamenti tra discipline diverse devono essere motivati e attinenti;

● i collegamenti tra discipline diverse sono più frequenti e facili da individuare di quanto si creda, visto che le discipline non sono "scatole" separate, ma solo diversi modi di studiare lo stesso mondo in cui viviamo;

● l'errore più comune è quello di "affiancare" le varie discipline trattandole una per una, invece di intrecciarle a seconda degli aspetti che stiamo approfondendo;

● il "trucco" non è quello di trovare a tutti i costi un collegamento con "la storia", "la letteratura", "la scienza" ecc., ma di cercare di vedere come si può leggere l'argomento scelto *dal punto di vista* della storia, della letteratura, della scienza ecc.

# 6 La ricerca delle informazioni

Una volta individuato l'argomento, è consigliabile farsene un'idea generale per coglierne il quadro, gli aspetti più importanti e i problemi che implica. È perciò utile consultare in primo luogo i propri libri di testo, enciclopedie o dizionari enciclopedici.

La tappa successiva è la ricerca di una bibliografia specifica. Non occorre leggere molto, ma **individuare correttamente i libri o i documenti da leggere**. Nella selezione dei testi da utilizzare è prezioso il **consiglio dell'insegnante**.

# 7 Le fonti bibliografiche

In ogni biblioteca puoi trovare, oltre che libri, saggi e giornali, alcuni strumenti generali come per esempio:

● i repertori bibliografici previsti per i grandi autori e i movimenti letterari più importanti;

● i dizionari organizzati per voci. Per esempio il *Dizionario italiano del Novecento* diretto da A. Asor Rosa, Einaudi, Torino 1992; il *Dizionario dei temi letterari* a cura di R. Ceserani, M. Domenichelli e P. Fasano, Utet, Torino 2008; ma anche grandi dizionari enciclopedici dedicati a temi vari, non solo letterari;

● le collane di testi monografici (cioè dedicati a un solo autore o a un solo argomento) corredati da bibliografie (questo tipo di libri è pubblicato da molti editori come Mursia, La Nuova Italia, Palumbo, Laterza, A. Mondadori ecc.);

● per una rapida consultazione sono utili anche le piccole enciclopedie Garzanti di storia, letteratura, arte, musica, filosofia e i vari dizionari dei film (per esempio, *Il Mereghetti* di Baldini&Castoldi, periodicamente aggiornato).

# 3 Scrivere a scuola

**UNITÀ DI LAVORO 23** Il percorso pluridisciplinare: la tesina e l'elaborato multimediale

## 8 La bibliografia online

In rete si può accedere ai cataloghi delle maggiori biblioteche italiane e consultare siti in cui sono archiviati materiali inerenti ai più svariati temi. La quantità di informazioni rintracciabili in Internet è enorme; ciò pone il problema di **selezionare siti utili e certificati** (spesso legati a università, case editrici, riviste specializzate, centri studio).

I più importanti cataloghi in linea sono raggruppati sotto la sigla OPAC (*On line Pubblic Access Catalogue*). Il catalogo **OPAC italiano**, consultabile all'indirizzo www.sbn.it, è un catalogo collettivo di diverse biblioteche italiane, nel quale è possibile fare ricerche basate su diversi criteri. Solitamente si procede con una ricerca base su autore, titolo e soggetto (affiancati in alcuni casi anche da editore e anno). Inserendo il nome e il cognome dell'autore o il tema trattato nella mascherina di ricerca, otterremo una lista di titoli con i relativi dati bibliografici e le biblioteche italiane in cui sarà possibile reperire il libro che ci interessa.

Un'eventuale indagine nel campo della stampa quotidiana è abbastanza facile poiché **i giornali più importanti hanno una versione on-line e un archivio digitale** che conserva tutti gli articoli pubblicati (non sempre gli archivi storici dei giornali sono disponibili gratuitamente dal proprio computer, ma in genere sono accessibili dai computer delle biblioteche), per cui si può fare una ricerca per parole chiave.

## 9 La schedatura del materiale

Per scegliere, fra i testi rintracciati, quelli strettamente attinenti al nostro lavoro, occorre leggere con attenzione gli indici. Una volta selezionati e letti i testi interessanti, è utilissimo **preparare per ciascuno una scheda** (anche in formato digitale) che contenga:

– autore, titolo, anno e luogo di pubblicazione;

– indicazione dei capitoli e delle pagine che ci interessano;

– un loro breve riassunto;

– eventuali citazioni da usare (indicandone le pagine);

– osservazioni e giudizi personali.

## 10 L'elaborazione e la stesura

Il procedimento da seguire è simile a quello illustrato per la composizione del saggio breve, che simula infatti una piccola ricerca (vedi Unità di lavoro 20). Dalle informazioni, idee, documenti letti dovremo estrarre una nostra visione del problema studiato. Essa prende forma attraverso l'esame degli elementi raccolti e dalla riflessione sui rapporti che intercorrono tra gli elementi stessi. È utile in questa fase raccogliere il materiale schedato sotto una o più **mappe** e approdare alla stesura di un indice, che potrà in seguito anche essere modificato, ma che funziona da **scaletta** nella strutturazione della tesina.

Per la stesura del testo è utile seguire i passaggi previsti per il saggio breve (vedi Unità di lavoro 20).

**188** LA SCRITTURA

## 11 Le citazioni

Nella stesura del lavoro deve essere centrale la **rielaborazione personale**, nel modo di mettere in luce le relazioni individuate tra i dati raccolti, nell'espressione della propria valutazione in merito, nell'organizzazione del materiale in funzione della tesi che vogliamo sostenere. Una particolare attenzione merita perciò la documentazione che deve sostenere le nostre affermazioni. Nel nostro testo dobbiamo indicare non solo il documento, ma anche la **fonte** (cioè l'autore, il libro o il saggio da cui proviene) in una nota a piè di pagina o alla fine della citazione. La citazione si distingue racchiudendola tra **virgolette**.

**Attenzione**
Il copia-e-incolla dalla rete o il copiare brani interi dai libri che si consultano è una pratica inutile e una perdita di tempo. Ha poco senso soprattutto perché si può raggiungere un effetto di gran lunga migliore con maggiore velocità: riassumendo in 2-3 righe la parte che ci interessa e accompagnandola con una o più citazioni, anche di 6-8 righe, per i passaggi più importanti o più complessi.

## 12 L'elaborato multimediale: tipi di materiali e montaggio

Di seguito diamo un elenco indicativo che aiuti a mettere a fuoco i vari documenti multimediali utili al nostro scopo.

- **Audio**: brani musicali, anche eseguiti personalmente; letture di testi ad alta voce, anche eseguite personalmente (o fatte eseguire da qualcuno che conosciamo); interviste o trasmissioni radiofoniche; audio di lezioni, interviste o registrazioni di vario tipo eseguite personalmente.
- **Video**: clip musicali o pubblicitari, cortometraggi, film, lezioni, interviste, video di vario tipo anche eseguiti personalmente.
- **Immagini**: fotografie e disegni, anche eseguiti personalmente; riproduzioni di opere d'arte o di loro particolari; riproduzioni di immagini pubblicitarie; scansioni di pagine o copertine di libri; icone e gif animate, loghi, elementi grafici da utilizzare nelle slide (frecce, caratteri, colori, fumetti ecc.)

**Attenzione**
Gli audio e i video non vanno mai utilizzati per intero: bisogna selezionare le parti più significative e tagliarle, stando bene attenti al calcolo del tempo finale. Per tagliare e montare spezzoni di audio e video esistono molti software: se non ne abbiamo di adatti nel nostro computer, ce ne sono molti liberi, scaricabili gratuitamente dalla rete.
In genere si sceglie di fare una presentazione o *slideshow* (utilizzando Powerpoint o prodotti simili), in cui le slide fanno da contenitore dei vari materiali che possono essere inseriti all'interno (nel caso delle immagini) o linkati (per audio, video o altre risorse web).
Il testo può essere sviluppato a parte, come abbiamo detto, o essere direttamente inserito in una slide (per esempio una poesia o una lunga citazione), o avere soltanto una funzione di raccordo per indicare i collegamenti tra le immagini, gli audio e i video, i loro titoli e i nomi degli autori.
È bene comunque dedicare:
- una slide alla copertina, che deve indicare nome dello studente, classe e titolo della tesina;
- una all'introduzione, dove si spiegano brevemente le caratteristiche del percorso interdisciplinare;

# 3 Scrivere a scuola

**UNITÀ DI LAVORO 23** Il percorso pluridisciplinare: la tesina e l'elaborato multimediale

– una alle conclusioni, dove si riassume il "succo" del percorso, magari utilizzando una citazione e un'immagine significativa;

– una alla bibliografia, alla sitografia e all'elenco dei documenti utilizzati.

## 13 L'elaborato multimediale: realizzazione ed esecuzione

Di seguito forniamo alcuni consigli generali per la realizzazione dell'elaborato multimediale.

● Non appesantire troppo la forma multimediale e **calcolare bene il tempo** di presentazione: per esempio, non ci sarà tempo per un'intera canzone o uno spezzone di film. Tra audio e video, non è opportuno andare oltre i 6 documenti di una trentina di secondi.

● **Il testo** nelle slide non può essere troppo fitto né troppo piccolo; **deve essere grande e ben visibile** utilizzando colori a contrasto.

● I link da cliccare all'interno delle slide possono essere resi più gradevoli esteticamente associando l'indirizzo a un'icona, a un'immagine o a una frase.

● Elementi grafici come colori, frecce, caratteri particolari e icone vanno usati con parsimonia, altrimenti appesantiscono e confondono invece di evidenziare e facilitare la visione.

● **Prepararsi a "parlare sopra" l'elaborato**, per approfondire e illustrare, anche solo con brevi incisi e commenti, i passaggi logici, i collegamenti e i materiali. Se si è scelto di presentare uno *slideshow* automatico è necessario fare qualche prova preliminare, per calcolare bene i tempi.

● Predisporre la presentazione su un computer portatile o sulla lavagna multimediale (LIM) dell'aula; prima del colloquio, verificare il funzionamento di computer, proiettore, software prescelto, connessione di rete e soprattutto quello dei link.

## 14 La bibliografia

Alla fine del lavoro, nell'ultima pagina, va scritta la la bibliografia, ovvero l'**elenco di tutti i documenti e i materiali consultati** per la tesina (in genere in ordine alfabetico secondo il cognome dell'autore).

Normalmente si indicano l'autore, il titolo dell'opera in corsivo, l'editore, il luogo di stampa, l'anno di pubblicazione, le eventuali pagine di riferimento.

Di seguito è proposto un esempio di bibliografia contenente diversi tipi di documenti e materiali:

– E. Montale, *L'opera in versi*, a cura di R. Bettarini e G. Contini, Einaudi, Torino 1980 **[libro]**

– U. Carpi, *Analisi dell'Elegia di Pico Farnese*, in *Il poeta e la politica. Leopardi, Belli, Montale*, Liguori, Napoli 1978, pp. 342-438 **[saggio contenuto in un libro]**

– *Letteratura italiana. Le opere*, diretta da A. Asor Rosa, vol. IV – tomo I: *Il Novecento. L'età della crisi*, Einaudi, Torino 1995 **[volume di enciclopedia]**

– P. Boitani, *Dante preso alla lettera*, in «Il Sole 24 Ore», 4 ottobre 2009 **[articolo di giornale]**

– I. d'Aria, *Vuoi migliorarti? Vai online. Il MIT riabilita i social network*, www.repubblica.it, 30 Ottobre 2011 (consultato il 2 Dicembre 2011) **[articolo di giornale on-line]**

– J. Miró, *Cavallo pipa e fiore rosso*, 1920 (olio su tela) **[quadro]**

– J. Vigo, *L'Atalante*, 1934 **[film]**

190 LA SCRITTURA

## 15 Cinque proposte per il percorso pluridisciplinare

Come abbiamo accennato, **la scelta dell'argomento del percorso è libera**: in genere, per mettere a frutto più rapidamente quanto appreso, si cerca di rimanere entro i limiti cronologici previsti dal programma di studio dell'**ultimo anno di corso** (per la letteratura italiana, per esempio, secondo Ottocento e Novecento). Diversi suggerimenti e indicazioni possono essere forniti dai percorsi tematici contenuti in molte antologie, o da spunti particolari offerti nei libri di testo. Proponiamo di seguito, come possibili esempi, alcune piste di ricerca, con una breve traccia e un sintetico ventaglio di possibili letture.

### Proposta 1

## La "guerra democratica" contro il nazifascismo in Europa

**DISCIPLINE IMPLICATE** ● storia ● letteratura italiana ● arte ● letterature straniere

La realtà e l'immaginario delle due guerre mondiali hanno segnato profondamente la vita degli uomini del XX secolo. In particolare la seconda guerra mondiale ha sconvolto la vita quotidiana di tutti i paesi europei. Di fronte al dilagare dell'esercito nazista che voleva imporre la supremazia della razza ariana, la guerra si affermò in Europa come una necessità inderogabile. In questo contesto maturò il concetto di "**guerra democratica**", di una guerra cioè combattuta per difendere la libertà e la democrazia. Artisti come **Chaplin**, nel *Grande dittatore*, e **Picasso**, in *Guernica*, manifestarono la loro ribellione morale contro la brutalità dell'odio e della guerra nazista. Dinanzi alla bufera che imperversava in Europa, e nel mondo, gli intellettuali italiani, da Croce a Montale, si chiusero nella cittadella delle lettere e, pur pronunciando una ferma condanna del nazifascismo, si illusero di opporre alla minaccia fascista il baluardo della razionalità e della cultura umanistica. In **Montale** tuttavia si insinua il dubbio che essa sia inadeguata a resistere alla "bufera" (*Nuove stanze*). **Primo Levi**, invece, dall'esperienza diretta del lager, contro chi vorrebbe rimuoverne l'orrore, rivendica il dovere della memoria, che sola può scongiurare il pericolo sempre possibile di una nuova barbarie.

La guerra sostenuta dai governi contro il nazifascismo si intrecciò in molti Paesi alla guerra di Resistenza combattuta alla macchia contro gli invasori. In Italia, dopo l'8 settembre, essa prese la forma dello scontro armato tra italiani divisi da motivazioni opposte e da fronti opposti, quello fascista e antifascista, scontro che lo storico Claudio Pavone definisce guerra civile. I giovani che aderirono alla lotta partigiana tra il 1943 e il 1945 si trovarono così a combattere tre guerre, una guerra patriottica contro gli invasori tedeschi, una guerra civile contro i fascisti di Salò, una guerra di classe in nome della rivoluzione sociale. Questa posizione trova una conferma nella letteratura resistenziale, in cui gli scrittori, scongiurando ogni retorica celebrativa, furono capaci fin dall'immediato dopoguerra di interpretare una realtà complessa e contraddittoria, dalla lotta per il riscatto umano che anima *Il sentiero dei nidi di ragno* di **Calvino** all'utopia di giustizia e libertà inseguita dal partigiano Johnny, nel romanzo di **Fenoglio**, o da **Meneghello** nei *Piccoli maestri*.

### per l'inquadramento

E.J. Hobsbawm, *Il secolo breve* (cap. I, *L'età della catastrofe*), Rizzoli, Milano 1995

C. Pavone, *Una guerra civile. Saggio storico sulla moralità della Resistenza*, Bollati-Boringhieri, Torino 1991

### letteratura italiana

I. Calvino, *Il sentiero dei nidi di ragno*, 1947

B. Fenoglio, *I ventitré giorni della città di Alba*, 1952; *Il partigiano Johnny*, 1968

P. Levi, *Se questo è un uomo*, 1947

L. Meneghello, *I piccoli maestri*, 1964

E. Montale, *Nuove stanze*, ne *La bufera*, 1956

C. Pavese, *La casa in collina*, 1948

G. Pintor, *Doppio diario 1936-1943*, a cura di M. Serri, Einaudi, Torino 1978

# 3 Scrivere a scuola

**UNITÀ DI LAVORO 23** Il percorso pluridisciplinare: la tesina e l'elaborato multimediale

**letterature straniere**

E. Hemingway, *Per chi suona la campana*, 1949
Vercors, *Il silenzio del mare*, 1942

**arte**

R. Guttuso, *La fucilazione in campagna*, 1937-1938
P. Picasso, *Guernica*, 1937

**cinema**

C. Chaplin, *Il grande dittatore*, 1940
S. Kramer, *Vincitori e vinti*, 1961
R. Rossellini, *Roma città aperta*, 1945

---

### Proposta 2

## Come cambia la raffigurazione del lavoro nel Novecento: dall'alienazione alla precarietà

**DISCIPLINE IMPLICATE** ● storia ● letteratura italiana ● arte ● letterature straniere ● economia e diritto

Il tema del lavoro irrompe nell'immaginario nella sua cruda realtà a partire dalla rivoluzione industriale. Nell'Ottocento è il lavoro in miniera il simbolo dell'abbrutimento del lavoro, ma mentre in **Zola** (*Germinal*) la miniera è descritta come una realtà tra l'inferno e il riscatto, come luogo di sfruttamento bestiale, ma anche di una possibile presa di coscienza politica collettiva, per **Kafka** la miniera diventa il simbolo dell'alienazione dell'uomo moderno. Agli scrittori non sfugge il processo di dequalificazione del lavoro e di riduzione dell'operaio a semplice appendice della macchina, legato alla diffusione della grande fabbrica. Il loro punto di vista sull'industrializzazione in genere è negativo. **Pirandello** in *Serafino Gubbio operatore* contesta la mitologia della macchina, che riduce l'uomo a una semplice mano che gira la manovella.

L'alienazione del lavoro, se trova la sua massima espressione nella catena di montaggio della fabbrica moderna (come mostra **Chaplin** in *Tempi moderni*), con lo sviluppo della burocrazia e dei servizi nella società di massa, investe anche l'ufficio, dove il lavoro impiegatizio viene anch'esso massificato, uniformato e spersonalizzato come il lavoro di fabbrica. Gli anni del miracolo economico sono descritti con cattiveria dal narratore protagonista della *Vita agra*, giunto a Milano con l'intenzione di far saltare la sede della Montecatini per vendicare la morte di 43 minatori nella Maremma toscana (**Luciano Bianciardi**). Un esempio invece di riconciliazione con il lavoro si trova nella *Chiave a stella*, dove **Primo Levi** esprime la nostalgia del vecchio lavoro artigiano fonte di soddisfazione e di identità. **Nanni Balestrini** rappresenta infine un momento significativo delle lotte operaie dell'autunno caldo, in cui i lavoratori prendono la parola per rivendicare un potere all'interno della fabbrica e della società.

Negli anni Ottanta/Novanta la rivoluzione informatica e la robotizzazione dei processi produttivi modificano la concezione del lavoro. Non esiste più l'operaio alla catena di montaggio, ma l'*operatore* davanti allo schermo di un computer con mansioni di controllo sul lavoro svolto dalle macchine. Al mito della fabbrica si sostituisce il mito del mercato e della comunicazione. Di questa nuova forma immateriale, che assume il lavoro nell'epoca della globalizzazione, ci dà uno spaccato **Volponi** in *Le mosche del capitale*. I processi di ristrutturazione, frammentazione e dislocazione nei Paesi poveri della produzione industriale dell'Occidente ricco, accentuati dall'attuale crisi economica, hanno frantumato anche la forza-lavoro e reso sempre più precario, raro e mal pagato il lavoro. A metà del Novecento il lavoro era fonte di benessere, di libertà e dignità, oggi soprattutto a livello di bassa qualificazione, il lavoro avviene in condizioni umilianti e di nuova schiavitù. Ce lo mostrano vari film, tra cui quello sul *mobbing* di **Francesca Comencini** (*Mi piace lavorare*), in cui si racconta il modo in cui un'azienda può rendere la vita impossibile a un lavoratore non gradito o non abbastanza remissivo. "Come fai a sentirti sicuro e quale libertà esiste per te se il tuo destino oggi, la tua pensione domani, possono dipendere dalle scelte di un broker di Wall Street?" Così **Francesco Novara**,

**192** LA SCRITTURA

psicologo nei centri di medicina del lavoro, riflette sulle nuove forme del lavoro contemporaneo. È quello che ci racconta anche **Aldo Nove** nella sua inchiesta-reportage sul lavoro giovanile nell'Italia di oggi.

### per l'inquadramento

S. Bologna, *Ceti medi senza futuro*, 2007
C. Carboni, *Lavoro e culture del lavoro*, 1991
M. Revelli, *Oltre il Novecento. La politica, le ideologie e le insidie del lavoro*, 2001

### letteratura italiana

N. Balestrini, *Vogliamo tutto*, 1971
L. Bianciardi, *La vita agra*, 1962
P. Levi, *La chiave a stella*, 1978
M. Murgia, *Il mondo deve sapere*, 2006
A. Nove, *Mi chiamo Roberta, ho 40 anni, guadagno 250 euro al mese…*, 2006
G. Parise, *Il padrone*, 1965
P. Volponi, *Memoriale*, 1962; *Le mosche del capitale*, 1989

### letterature straniere

F. Kafka, *Visita in miniera*, nei *Racconti*, 1917
E. Zola, *Germinal*, 1885;

### arte

G. Chini, *Primo turno*, 1930-1935
F. Depero, *L'aratura (paesaggio al tornio)*, 1926
E. Hopper, *Pompa di benzina*, 1940

### cinema

C. Chaplin, *Tempi moderni*, 1936
F. Comencini, *Mi piace lavorare*, 2003
E. Petri, *La classe operaia va in paradiso*, 1971
P. Virzì, *Tutta la vita davanti*, 2007

### economia e diritto

*Donne e uomini nel mercato del lavoro atipico. La dimensione psicologica e di genere del lavoro precario e flessibile*, 2006
Legge 14 febbraio 2003, n. 30 di Delega al Governo in materia di occupazione e mercato del lavoro
Statuto dei lavoratori (legge 20 maggio 1970, n. 300)

---

**Proposta 3**

# Emigrazione e immigrazione in Italia: tra esilio e speranza, tra accoglienza e rifiuto

**DISCIPLINE IMPLICATE** ● storia ● letteratura italiana ● arte ● letterature straniere ● economia e diritto

Tra il 1846 e il 1924 il 12% della popolazione europea, circa 48 milioni di persone, lasciò il vecchio continente in gran parte alla volta dell'America. Proprio in questa epoca sul tema dell'emigrazione si concentra l'attenzione di artisti e scrittori. Già Manzoni, in un passo celebre dei *Promessi sposi* (l'"Addio ai monti", nel capitolo VIII) rappresenta l'emigrazione forzata di Renzo e Lucia, e il conseguente inurbamento, evocando il tema dell'esilio, dalla descrizione nostalgica del paesaggio alla paura della città, all'angoscia per l'avvenire incerto. Questo tema dell'emigrazione interna sarà ripreso nel Novecento da **Corrado Alvaro** nell'*Età breve* e da **Lucio Mastronardi** ne *Il meridionale di Vigevano*. La grande migrazione transoceanica è rappresentata invece da **De Amicis** che, in occasione del viaggio da Genova a Montevideo, scrisse *Sull'oceano*, il primo romanzo italiano sull'emigrazione, una carrellata di documenti umani rivolti ad attestare la miseria italiana. Ma già il libro *Cuore* contiene il lungo racconto *Dagli Appennini alle Ande*, a indicare quanto la tematica fosse sentita dagli scrittori più sensibili alla questione sociale. In un'ottica negativa è presentato, nei *Malavoglia*, il giovane 'Ntoni, costretto a emigrare a conclusione di un duplice fallimento, sociale ed esistenziale. Pure alcune poesie di **Pascoli** si ispirano al grande esodo, tra cui *Italy*, mentre *Lavandare* riprende il *topos* dell'emigrante assente, dell'abbandono della terra e della solitudine della donna. Nella *Grande proletaria si è mossa* l'emigrazione italiana è vissuta come una umiliazione e vergogna nazionale da superare con la conquista di nuove terre; l'emigrazione offre insomma un alibi in chiave populista all'espansione coloniale.

193

# Scrivere a scuola

**UNITÀ DI LAVORO 23** | Il percorso pluridisciplinare: la tesina e l'elaborato multimediale

Una immagine diversa dell'emigrante ci viene restituita invece da **Pirandello**: l'alienazione dell'emigrante dimentico di sé e di chi resta è al centro della novella *L'altro figlio*, che troverà una rielaborazione cinematografica nel film *Caos* (1984) dei **fratelli Taviani**. Il tema dell'emigrazione si fonde con quello del nomadismo in alcune liriche di **Ungaretti**, come *Girovago, In memoria, L'africano a Parigi*. All'emigrazione italiana in Belgio, Svizzera, Germania sono dedicate *Le parrocchie di Regalpietra* di **Sciascia** e alcuni romanzi di **Saverio Strati** tra cui *Gente in viaggio*.

Numerosi sono infine gli scrittori migranti, esuli, sradicati che rappresentano la dislocazione in Europa di genti provenienti dagli ex paesi colonizzati. Limitandoci alle opere in lingua italiana ricordiamo *Immigrato* del tunisino **S. Methnani**, *Va e non torna* dell'albanese **Ron Kubati**, che focalizzano il proprio passato attraverso il sogno oppure il ripensamento lucido e problematico. Non pochi sono anche i film che affrontano il tema dell'emigrazione, da quello ormai classico di **Pietro Germi** *Il cammino della speranza* a *Lamerica* di **Gianni Amelio** al più recente *Nuovomondo* di **Emanuele Crialese**.

### per l'inquadramento

M. Ghirelli, *Immigrati brava gente*, 1994
G.A. Stella, *L'orda. Quando gli albanesi eravamo noi*, 2003
*Storia dell'immigrazione italiana*, 2001

### letteratura italiana

C. Alvaro, *L'età breve*, 1946
E. De Amicis, *Sull'Oceano*, 1889
G. Pascoli, *Italy; Lavandare; La grande proletaria si è mossa*, 1911
L. Pirandello, *L'altro figlio*, in *Novelle per un anno*, 1922
L. Sciascia, *Le parrocchie di Regalpietra*, 1956
S. Strati, *Gente in viaggio*, 1980
G. Ungaretti, *Girovago; In Memoria; L'africano a Parigi*, in *L'allegria*, 1919
G. Verga, *I Malavoglia* (ultimo capitolo), 1881

### letterature straniere

R. Gary, *La vita davanti a sé*, 1975
R. Kubati, *Va e non torna*, 2000
S. Methnani, *Immigrato*, 1990
M. Satrapj, *Persepolis* [fumetto], 2003

### cinema

G. Amelio, *Lamerica*, 1994
E. Crialese, *Nuovomondo*, 2006
P. Germi, *Il cammino della speranza*, 1950

### economia e diritto

M. Biagi, *Politiche per l'immigrazione e mercato del lavoro nell'Europa degli anni '90*, 1992
Decreto del Presidente della Repubblica n. 179 del 14 settembre 2011 (disciplina dell'accordo di integrazione tra lo straniero e lo Stato italiano)
Legge 5 febbraio 1992, n. 91. Nuove norme sulla cittadinanza.
*L'immigrazione per lavoro in Italia: evoluzione e prospettive*, www.lavoro.gov.it, 2011
45° Rapporto annuale sulla situazione sociale del Paese, Censis 2011

---

### Proposta 4

# Raffigurazioni della città moderna e postmoderna

**DISCIPLINE IMPLICATE** ● storia ● letteratura italiana ● arte ● letterature straniere

È la città della rivoluzione industriale, invasa dalla folla e dal traffico tumultuoso, lampeggiante di luci elettriche, che entra prepotentemente nell'immaginario collettivo, diventando soggetto nei grandi romanzi. La Londra di *Oliver Twist* (1841), con le sue ciminiere e i suoi tuguri, appare a **Dickens** come luogo non di progresso, ma di emarginazione sociale. Più tardi nel 1922 il poeta **T.S. Eliot** vedrà in Londra una versione moderna dell'infernale città di Dite (*La Terra desolata*). La Parigi dei mercati generali, dei grandi magazzini, la città del consumo e dello spreco è la protagonista di due romanzi di **Zola**, *Il ventre di Parigi* e il

**194** LA SCRITTURA

*Paradiso delle signore*. Con le sue mirabili, slanciate architetture in ferro e vetro, le vetrine luccicanti, resta pur sempre un luogo di povertà e di ingiustizia sociale, un mostro che, insieme alla vecchia Parigi che sta scomparendo sotto il piccone della ristrutturazione di Hausmann, divora l'integrità umana. Nei *Fiori del male* Parigi affascina e traumatizza **Baudelaire**: è la città della modernità, ma anche dello choc, delle strade traboccanti di folla, dell'incontro casuale e fuggitivo (*A una passante*).

Nel Novecento tutti gli scrittori e gli artisti sono costretti a misurarsi, in modi diversi, con la nuova realtà della metropoli. Il **Manifesto futurista** (1909) esalta il «vibrante fervore notturno degli arsenali e dei cantieri, incendiati da violente lune elettriche». La città futurista trova un'espressione pittorica nell'esasperato dinamismo della *Città che sale* di **Umberto Boccioni**.

L'impatto con il nuovo ritmo dell'esistenza conduce per lo più allo spaesamento, al senso di solitudine che coglie l'individuo moderno intrappolato nella morsa di folle anonime. La città diventa un deserto di pietra, in *Esco dalla lussuria* di **Camillo Sbarbaro**, un mondo di automi in *Addii, fischi nel buio* di **Montale**, mentre gli artisti dell'Espressionismo tedesco dipingono la città come luogo di degradazione umana (si veda il senso di soffocante prigionia delle *Donne per strada* di **Ernst Kirchner** o lo scenario inquietante, pervaso da una luce sanguigna, della *Strada* di **George Grosz**). Anche il protagonista pirandelliano del *Fu Mattia Pascal* si sente sperduto nella vita fragorosa di Milano, con "quel rimescolio di gente e tutte quelle macchine così difficili e complicate", contrapponendosi al pover'uomo entusiasta del progresso, simboleggiato dal tram elettrico. Se Milano è la città dove la modernità trionfa, Roma, sempre in **Pirandello**, è invece una città morta, scissa tra il suo passato e il suo presente, un'acquasantiera trasformata in portacenere. La modernità, sotto la veste della speculazione edilizia, ha annientato la vecchia Roma, senza riuscire a trasformarla in una città industriale moderna. Questa Roma è l'esatto contrario della Roma celebrata nel *Piacere* di **D'Annunzio**, che trasforma le chiese barocche in pezzi di oreficeria, i palazzi patrizi in grandi clavicembali d'argento, in un'immagine insomma fascinosa e decadente.

La città assume toni fantasiosi e fiabeschi in *Marcovaldo* di **Calvino**, mentre *Le città invisibili* offrono immagini di città postmoderne, ideali o infernali, ma anche città anguste o invase dai rifiuti dove non sembra più esistere un vero spazio umano.

L'alienazione che produce la metropoli moderna è oggetto di riflessione anche nella produzione filmica, basti ricordare il bellissimo film *Metropolis* di **Fritz Lang**, dove i rapporti tra gli individui sono regolati da una sistematica repressione sociale.

Le contraddizioni della metropoli postmoderna trovano oggi espressione nella città simbolo del Novecento. Dopo la caduta del muro (1989), Berlino, nel tentativo di cancellare le tracce di un doloroso passato, è diventata il più grande cantiere d'Europa, luogo di sperimentazione dell'innovazione urbanistica, ma anche della speculazione edilizia, di una nuova utopia di città vivibile, ma anche di asservimento alla logica delle grandi multinazionali.

---

**per l'inquadramento**

*Europolis, La riqualificazione delle città in Europa*, 1990
A. Petrillo, *Villaggi, città, megalopoli*, 2006
A. Venturi, *Il Novecento visto da Berlino*, 2009

**letteratura italiana**

I. Calvino, *Marcovaldo*, 1963; *Le città invisibili*, 1972
G. D'Annunzio, *Il piacere*, 1889
*Manifesto del Futurismo*, 1909
E. Montale, *Addii, fischi nel buio*, ne *Le Occasioni*, 1939
L. Pirandello, *Il Fu Mattia Pascal*, 1903
C. Sbarbaro, "Esco dalla lussuria", in *Pianissimo*, 1914

**letterature straniere**

C. Baudelaire, *A una passante*; *Il Cigno*, ne *I Fiori del male*, 1857
C. Dickens, *Oliver Twist*, 1839
T.S. Eliot, *La terra desolata*, 1922
E. Zola, *Il ventre di Parigi*, 1873

**arte**

U. Boccioni, *La città che sale*, 1910-1911
G. Grosz, *La strada*, 1915
E. Kirchner, *Donne per strada*, 1914

**cinema**

F. Lang, *Metropolis*, 1926

# 3 Scrivere a scuola

**UNITÀ DI LAVORO 23** | Il percorso pluridisciplinare: la tesina e l'elaborato multimediale

### Proposta 5

## Dopo Hiroshima: l'idea della catastrofe e della fine del mondo

**DISCIPLINE IMPLICATE** ● storia ● letteratura italiana ● arte (cinema)
● letterature straniere

Temi catastrofici sono presenti fin dall'inizio del Novecento nella letteratura fantascientifica, come nella *Guerra dei mondi* di **H.G. Wells**. Ma sono gli sconvolgimenti del XX secolo a indurre gli scrittori a esprimere una visione apocalittica. Soprattutto nella seconda metà del Novecento si riaffaccia con insistenza nell'immaginario letterario e filmico il tema della catastrofe della specie umana legata all'avvento di un mondo 'altro'. Segna questa svolta la bomba di Hiroshima, alla fine della seconda guerra mondiale, che ispira numerose opere letterarie. Presente ne *La fine del mondo* dello scrittore giapponese **Fukunaga Takehiko**, il tema è ripreso nella poesia contemporanea da **Montale**, in *Piccolo Testamento* ne *La Bufera* (1956) e in *Ipotesi* nel *Quaderno dei quattro anni* (1977). L'antologia dei *Novissimi* (1961) contiene una poesia di **A. Porta** dedicata alla fine del mondo (*L'Europa cavalca un toro nero*). Né possiamo dimenticare, oltre a **Neruda**, la contestazione pacifista della guerra da parte dei poeti della *Beat Generation*, a cominciare da **Allen Ginsberg**.

Un altro filone, che talora si intreccia con la catastrofe nucleare, prende avvio dall'allarme ecologico scattato negli anni Settanta, conseguente agli eccessi consumistici, al saccheggio indiscriminato di risorse limitate e al degrado ambientale. Tutto ciò mette in crisi, con l'ottimismo scientifico, ogni sogno di conquista dello spazio e di dominio dell'uomo sulla natura. La scomparsa del genere umano è al centro del romanzo di **Guido Morselli**, *Dissipatio H. G.*, dove il protagonista, uscito salvo da un tentativo di suicidio, si accorge che l'umanità intorno a lui si è dissolta e che è rimasto l'unico uomo sulla terra. Nel film *Jurassic Park*, l'uomo è annientato da una feroce regressione biologica. La perdita di ogni controllo razionale ed etico sulle forze scatenate dalla scienza e dalla tecnologia libera le tendenze più violente e distruttive. Già nella *Coscienza di Zeno*, **Svevo** chiude il romanzo con l'immagine dell'esplosione della Terra e della distruzione dell'uomo, come unica possibilità di liberare il mondo dalla malattia che lo inquina alle radici. Più recentemente **Volponi**, nel *Pianeta irritabile*, disegna su uno scenario primordiale, devastato da un'esplosione atomica, quattro personaggi (tre animali e un nano) superstiti, in marcia verso la probabile regressione a una forma di esistenza naturale e animale. Una vicenda allegorica che ha come bersaglio polemico l'asservimento della ragione e della scienza alla logica del profitto, che ha condotto il mondo all'annientamento. Il personaggio del "Nano" allude alla tematica modernissima del divenire altro dell'uomo, di un "oltreuomo" in simbiosi con le trasformazioni del sistema ecologico. La regressione animale a mollusco, dinosauro, pesce, protozoo caratterizza il personaggio di *Ti con zero*, vigile testimone dei mutamenti della vita cosmica nelle *Cosmicomiche* di **Calvino**.

### per l'inquadramento

Rapporto Climate Change 2007
   dell'*Intergovernemental Panel on Climate Change*,
   www.ipcc.ch
Rapporti periodici sono pubblicati anche dal
   Wuppertal Institute für Klima, Umwelt, Energie
   www.wupperinst.org
State of the World, *Rapporto sullo stato del pianeta*, 2009

### letteratura italiana

C. Cassola, *Il superstite*, 1978
E. Montale, *La bufera*, 1956
G. Morselli, *Dissipatio H. G.*, 1977
S. Vassalli, *3012*, 1995
P. Volponi, *Il pianeta irritabile*, 1978

### letterature straniere

R. Bradbury, *Fahreneit 451*, 1953
T. Fukunaga, *La fine del mondo*, 1954
A. Huxley, *Il mondo nuovo*, 1932
J. London, *La peste scarlatta*, 1912
R. Matheson, *Io sono leggenda*, 1954
C. McCarty, *La strada*, 2007
G. Orwell, *1984*, 1949
J. Saramago, *Cecità*, 1995

### cinema

F. Coppola, *Apocalypse Now*, 1979
J. Hillcoat, *The road*, 2009
S. Kubrick, *Il dottor Stranamore*, 1961

LA SCRITTURA

# Laboratorio

## Attivare un metodo

**1** Prova a svolgere una parte della tesina "Emigrazione e immigrazione in Italia: tra esilio e speranza, tra accoglienza e rifiuto" (cfr. p. 193) come elaborato multimediale, selezionando brevissimi passaggi dei film segnalati (puoi trovarne alcune scene anche su *YouTube*).

- P. Germi, *Il cammino della speranza*, 1950;
- E. Crialese, *Nuovomondo*, 2006.

**Puoi inoltre aggiungere materiali selezionati a partire da:**

- http://www.bibliolab.it/sitografie/sitografie_emigrazione.htm (sitografie e percorsi didattici sull'emigrazione italiana);
- http://www.cestim.it (sitografie, filmografie, canti popolari e materiali didattici sull'emigrazione italiana);
- F. De Gregori, *L'abbigliamento di un fuochista* (*Titanic*, 1982).

## Autovalutarsi

**2** Leggi gli esempi di "collegamento" fra discipline diverse e riconosci quelli costruiti in modo convincente.

▶ a **1.** … comincia dunque la "guerra fredda": il termine, utilizzato per la prima volta dal giornalista americano Walter Lippman nel 1947, indica un lungo periodo del secondo dopoguerra caratterizzato dall'antagonismo di potere tra Stati Uniti e Unione Sovietica, le due superpotenze mondiali. Quello di Marx è stato il pensiero che più ha movimentato paure e consensi durante la guerra fredda: qui vogliamo analizzare due sue opere, *Il Capitale* e *Il manifesto. Il Capitale* è lo scritto della maturità di Marx …

**2.** … comincia dunque la "guerra fredda": il termine, utilizzato per la prima volta dal giornalista americano Walter Lippman nel 1947, indica un lungo periodo del secondo dopoguerra caratterizzato dall'antagonismo di potere tra Stati Uniti e Unione Sovietica, le due superpotenze mondiali. Fu un periodo di grande tensione, dove paure e consensi delle masse si raggrupparono e si orientarono in modo generalmente distorto in rapporto al "comunismo", interpretato come diretta applicazione politica del pensiero marxista, anche se il socialismo reale era in realtà distante dalla posizione teorica del filosofo Karl Marx espressa nel *Capitale*…

▶ b **1.** … Kennedy, durante la sua breve presidenza, proclamò come obiettivo nazionale degli USA quello di mandare un americano sulla Luna e farlo ritornare sano e salvo sulla Terra entro il 1970. L'obiettivo fu raggiunto in tempo: il 21 luglio 1969 l'Apollo 11 eseguì l'allunaggio nel Mare della Tranquillità. Nelle missioni lunari furono utilizzare e applicate le tecnologie più avanzate; il loro risultato più importante è stato indubbiamente il recupero diretto di materiale come rocce, sabbia e altri minerali. Dalle analisi di questi materiali lunari non sono state rinvenute tracce di vita (attuale o estinta); i composti organici semplici scoperti (carburi e metano) vengono attribuiti ad agenti esterni quali il vento solare e le meteoriti…

**2.** … Kennedy, durante la sua breve presidenza, proclamò come obiettivo nazionale degli USA quello di mandare un americano sulla Luna e farlo ritornare sano e salvo sulla Terra entro il 1970. L'obiettivo fu raggiunto in tempo: il 21 luglio 1969 l'Apollo 11 eseguì l'allunaggio nel Mare della Tranquillità. La Luna è l'unico "satellite naturale" del nostro pianeta, è anche il più interno fra tutti quelli del nostro sistema planetario; il primo che notiamo procedendo dal Sole verso l'esterno. La sua massa totale è 1/81 di quella della Terra, è privo di luce propria ed è costituito da materiali allo stato solido…

197

# 3 Scrivere a scuola

**UNITÀ DI LAVORO 23** Il percorso pluridisciplinare: la tesina e l'elaborato multimediale

## Laboratorio

**3** Leggi alcuni esempi di argomenti per tesine e riconosci se sono funzionali e ben centrati, segnandolo con un ☑.

- a  L'uomo e la donna nel Novecento ☐
- b  L'ironia ☐
- c  La legge, la giustizia e i diritti umani: come cambia la loro concezione dall'Ottocento al nostro secolo ☐
- d  La figura del giovane ☐
- e  "Gioventù bruciata": la giovinezza rappresentata come ribellione e sofferenza nel cinema della seconda metà del Novecento ☐
- f  L'emancipazione femminile e i suoi riflessi nella cultura europea del primo Novecento ☐
- g  I giovani e la droga ☐
- h  I giovani e i social network ☐
- i  Nuove reti sociali e nuove interazioni: nascita, uso e caratteristiche dei social network ☐

198 LA SCRITTURA

# SCUOLA & LAVORO

**1** L'alternanza scuola lavoro
e la discussione del project work

**2** Compiti autentici

**3** La comunicazione nel mondo
del lavoro: scrivere e parlare

# 1

# L'alternanza scuola lavoro e la discussione del project work

## Per cominciare

## Il diario di bordo del tirocinante

## La discussione del project work

# 1 L'alternanza scuola lavoro e la discussione del project work

# Per cominciare

**SITUAZIONE**

La tua scuola ha stretto una convenzione con un'impresa (un ente o un'istituzione) del territorio. Sei stato selezionato per un'attività di tirocinio. I tuoi genitori hanno già ricevuto dalla scuola una lettera di informazione e hanno deciso di aderire alla metodologia didattica dell'alternanza scuola lavoro. Ora è il momento di intraprendere questa avventura!

## L'alternanza scuola lavoro: la tua esperienza passo dopo passo

Cosa devi fare prima, durante e dopo il tirocinio? Percorriamo insieme passo dopo passo il tuo percorso formativo.

**PRIMO PASSO**

# Guardati intorno

○ Prima di iniziare concretamente la tua esperienza di alternanza scuola lavoro, acquisisci informazioni sulle imprese e sulle attività produttive disseminate nel tuo territorio. Quali sono le caratteristiche socio-economiche e le strutture produttive dell'ambiente in cui vivi? Documentati facendo una ricerca in rete e chiedendo informazioni ai docenti, agli amici e ai familiari.
Questa prima fase di orientamento ti aiuterà ad inquadrare in un contesto preciso l'esperienza che stai per vivere.

○ A questo punto puoi concentrare la tua attenzione sull'azienda, sull'ente o sull'istituzione pubblica che ti ospiterà. Puoi documentarti con una ricerca in rete, consultando il sito della struttura che ti ospiterà, e organizzando una visita aziendale. Così hai modo di guardare "dall'esterno" la realtà lavorativa in cui dovrai inserirti. Prendi nota di alcuni dati completando la scheda riportata di seguito.

## Scheda descrittiva

| Descrizione dell'azienda (dell'ente, dell'istituzione) | |
|---|---|
| Nome | ............................................................................ |
| Anno di nascita e informazioni sulla storia | ............................................................................ ............................................................................ ............................................................................ |
| Forma giuridica | ............................................................................ |
| Numero dei dipendenti | ............................................................................ |
| Sede | ............................................................................ |
| Settore economico | ............................................................................ |
| Mission aziendale | ............................................................................ |
| Descrizione degli spazi: la sede dell'azienda, dentro e fuori | ............................................................................ ............................................................................ |
| Eventuali strutture per i lavoratori (asilo nido aziendale, biblioteca, mensa, ecc.) | ............................................................................ ............................................................................ |
| Figure professionali | ............................................................................ ............................................................................ ............................................................................ |
| Compiti e mansioni delle diverse figure professionali | ............................................................................ ............................................................................ |
| Orari di lavoro | ............................................................................ |

○ Esponi in classe i risultati della tua osservazione, annotati nella scheda, e discutine con il docente.

203

# 1 L'alternanza scuola lavoro e la discussione del project work

**SECONDO PASSO**

## Rifletti sui tuoi punti di forza

○ Alla luce dell'attività di osservazione e descrizione che hai svolto, rifletti sulle conoscenze disciplinari e sulle competenze trasversali maturate a scuola che, a tuo avviso, potranno esserti utili durante il tirocinio.

| Disciplina | Le conoscenze che mi serviranno |
|---|---|
| .................................................. | .................................................. |
| .................................................. | .................................................. |
| .................................................. | .................................................. |
| .................................................. | .................................................. |

○ Sottolinea nell'elenco seguente le abilità e le competenze che, secondo te, potrebbero esserti richieste:

- collaborare
- progettare
- sviluppare soluzioni creative
- comunicare
- risolvere problemi
- acquisire informazioni
- fare ricerche
- agire in modo autonomo e responsabile
- produrre testi coesi e coerenti
- utilizzare e produrre strumenti multimediali
- leggere e interpretare un testo
- leggere e interpretare l'immagine
- comprendere globalmente messaggi scritti e visivi
- competenze organizzative e gestionali
- competenze linguistiche
- spirito di iniziativa e di imprenditorialità
- ......................................................................................................................
- ......................................................................................................................

Completa l'elenco inserendo altre eventuali abilità e competenze che potresti dover attivare nel tirocinio.

**204** SCUOLA & LAVORO

**TERZO PASSO**

# Confrontati con i tutor e firma il patto formativo

○ Durante il tirocinio avrai al tuo fianco due figure-guida:
  - il tutor scolastico;
  - il tutor aziendale.

  Prima di affrontare direttamente il mondo del lavoro, cerca il confronto con ciascuno dei due tutor.

  Il tutor scolastico può prepararti all'attività di tirocinio, illustrandoti il progetto, motivandone la funzione nel tuo percorso formativo, fornendoti informazioni e suggerimenti.

  Il tutor aziendale, invece, ha il compito di accompagnare il tuo inserimento in un ambiente che ti è nuovo, quello del lavoro, e sarà il tuo riferimento nel corso del tirocinio. Pianifica subito un incontro con il tutor aziendale: questi ti potrà illustrare le modalità, i contenuti, le regole e gli eventuali rischi connessi all'attività lavorativa.

○ Prima di incontrare il tutor aziendale, compila il tuo curriculum (trovi le indicazioni per compilare il curriculum a p. 268).

○ Durante l'incontro presentati al tutor, esponi le tappe del tuo percorso scolastico e le tue competenze, fornendo copia del curriculum (e curandoti di inviarne una copia elettronica via mail).

○ Dopo aver parlato con entrambi i tuoi tutor, puoi stipulare in modo consapevole il patto formativo. Nella pagina successiva riportiamo un facsimile del patto formativo.

# 1 L'alternanza scuola lavoro e la discussione del project work

## Fac-simile del patto formativo dello studente
## Modulo di adesione ai percorsi di alternanza scuola lavoro

scarica il file modificabile

Logo dell'Istituto

**PATTO FORMATIVO DELLO STUDENTE**
**MODULO DI ADESIONE ALLE ATTIVITÀ DI ALTERNANZA SCUOLA LAVORO**

Il/a sottoscritto/a ............................................... nato/a ..................... il .....................

residente a ............................................... in via/piazza .........................................

frequentante la classe ............... sez. ............... dell'istituto .........................................

in procinto di frequentare attività di alternanza scuola lavoro nel periodo dal ................... al ...............

presso la struttura ospitante ...............................................................................

### DICHIARA

- di essere a conoscenza che le attività che andrà a svolgere costituiscono parte integrante del percorso formativo;
- di essere a conoscenza che la partecipazione al progetto di alternanza scuola lavoro non comporta alcun legame diretto tra il sottoscritto e la struttura ospitante in questione e che ogni rapporto con la struttura ospitante stessa cesserà al termine di questo periodo;
- di essere a conoscenza delle norme comportamentali previste dal C.C.N.L., le norme antinfortunistiche e quelle in materia di privacy;
- di essere stato informato dal Tutor formativo esterno in merito ai rischi aziendali in materia di sicurezza sul lavoro, di cui al D.Lgs. 81/08 e successive modificazioni;
- di essere consapevole che durante i periodi di alternanza è soggetto alle norme stabilite nel regolamento degli studenti dell'istituzione scolastica di appartenenza, nonché alle regole di comportamento, funzionali e organizzative della struttura ospitante;
- di essere a conoscenza che, nel caso si dovessero verificare episodi di particolare gravità, in accordo con la struttura ospitante si procederà in qualsiasi momento alla sospensione dell'esperienza di alternanza;
- di essere a conoscenza che nessun compenso o indennizzo di qualsiasi natura gli è dovuto in conseguenza della sua partecipazione al programma di alternanza scuola lavoro;
- di essere a conoscenza che l'esperienza di alternanza scuola lavoro non comporta impegno di assunzione presente o futuro da parte della struttura ospitante;
- di essere a conoscenza delle coperture assicurative sia per i trasferimenti alla sede di svolgimento delle attività di alternanza scuola lavoro che per la permanenza nella struttura ospitante.

### SI IMPEGNA

- a rispettare rigorosamente gli orari stabiliti dalla struttura ospitante per lo svolgimento delle attività di alternanza scuola lavoro;
- a seguire le indicazioni dei tutor e fare riferimento ad essi per qualsiasi esigenza o evenienza;

- ad avvisare tempestivamente sia la struttura ospitante che l'istituzione scolastica se impossibilitato a recarsi nel luogo del tirocinio;
- a presentare idonea certificazione in caso di malattia;
- a tenere un comportamento rispettoso nei riguardi di tutte le persone con le quali verrà a contatto presso la struttura ospitante;
- a completare, in tutte le sue parti, l'apposito registro di presenza presso la struttura ospitante;
- a comunicare tempestivamente e preventivamente al coordinatore del corso eventuali trasferte al di fuori della sede di svolgimento delle attività di alternanza scuola lavoro per fiere, visite presso altre strutture del gruppo della struttura ospitante, ecc.;
- a raggiungere autonomamente la sede del soggetto ospitante in cui si svolgerà l'attività di alternanza scuola lavoro;
- ad adottare per tutta la durata delle attività di alternanza le norme comportamentali previste dal C.C.N.L.;
- ad osservare gli orari e i regolamenti interni dell'azienda, le norme antinfortunistiche, sulla sicurezza e quelle in materia di privacy.

Data ............................................   Firma studente ............................................

Il sottoscritto ............................................................................ soggetto esercente la patria potestà
dell'alunno ............................................................................ dichiara di aver preso visione di quanto riportato
nella presente nota e di autorizzare lo/la studente/ssa ............................................................................
a partecipare alle attività previste dal progetto.

Firma ............................................

**QUARTO PASSO**

# Guarda dentro te stesso

○ Hai svolto tutti i passaggi preparatori. Ora sei sul punto di iniziare il tirocinio.
Cosa provi di fronte a questa avventura che stai per cominciare? Quali sono le tue emozioni? Cosa ti spaventa e cosa ti entusiasma? Cosa ti aspetti da questa esperienza?
Scrivi una mail ad una persona cara in cui descrivi il tuo stato d'animo e le tue aspettative, raccontando tutte le procedure che hai compiuto finora e descrivendo la struttura che ti ospiterà.

## 1. L'alternanza scuola lavoro e la discussione del project work

# Il diario di bordo del tirocinante

**SITUAZIONE**

Hai finalmente cominciato l'attività di alternanza scuola lavoro. Hai descritto il tuo percorso formativo e le tue competenze al tutor aziendale, che ha collaborato al tuo inserimento nella nuova realtà, spiegandoti quali mansioni e quali compiti dovrai svolgere personalmente e a quali dovrai assistere.

Per affrontare il tirocinio, hai bisogno di due strumenti che ti serviranno a monitorare l'attività: il registro delle presenze e il diario di bordo.

Non dimenticare di tenerne una copia sempre con te, di averne cura e di compilarne le pagine via via.

Ora che hai assemblato la tua "cassetta degli attrezzi", finalmente puoi metterti alla prova. Buon lavoro!

SCUOLA & LAVORO

**LA CASSETTA DEGLI ATTREZZI**

# Il registro delle presenze

○ Il registro è un documento che attesta la tua presenza in azienda, conservando traccia quotidiana dell'attività svolta (orari di ingresso e di uscita, assenze, ecc.). Non dimenticare di compilarlo giornalmente: il registro è la testimonianza dell'impegno che hai profuso. Chiedi al tutor scolastico se nel tuo istituto è in uso un modello già predisposto di registro delle presenze e procuratene una copia. Viceversa puoi utilizzare il modello riportato di seguito.

**scarica il file modificabile**

## Registro delle presenze

Nome e cognome dello studente .................................................................................

Classe .................................................................................

Azienda/ente/istituzione .................................................................................

Tutor scolastico .................................................................................

Tutor aziendale .................................................................................

Durata in ore del del tirocinio .................................................................................

| Data | Orario di entrata | Firma | Orario di uscita | Firma | Totale ore |
|------|-------------------|-------|------------------|-------|------------|
|      |                   |       |                  |       |            |
|      |                   |       |                  |       |            |
|      |                   |       |                  |       |            |
|      |                   |       |                  |       |            |
|      |                   |       |                  |       |            |
|      |                   |       |                  |       |            |
|      |                   |       |                  |       |            |
|      |                   |       |                  |       |            |
|      |                   |       |                  |       |            |
|      |                   |       |                  |       |            |
|      |                   |       |                  |       |            |
|      |                   |       | Totale delle ore del tirocinio | |  |

Firma dello studente                              Firma del tutor aziendale

.................................                    .................................

# 1 L'alternanza scuola lavoro e la discussione del project work

## LA CASSETTA DEGLI ATTREZZI

# Il diario di bordo

○ Il diario di bordo è il tuo "compagno di viaggio" in questa avventura. Si tratta di un utile strumento formativo che ti può aiutare a riflettere sull'esperienza che stai vivendo. Nel diario metti per iscritto il tuo vissuto nella sua complessità di processo che coinvolge le relazioni sociali, le emozioni, le conoscenze e le abilità.

Il diario è una forma di scrittura in "presa diretta", in cui registri con immediatezza, pagina dopo pagina, spesso giorno dopo giorno, le tue impressioni e gli avvenimenti esterni. Costituisce quindi un documento steso "a caldo", carico degli umori e delle emozioni della vita concreta. Redigere il diario di bordo e rileggerlo a distanza di tempo sono buone pratiche per esercitare le competenze di scrittura, le attitudini all'osservazione, alla riflessione, alla rielaborazione e all'autovalutazione.

## Il diario di bordo del tirocinante

scarica il file modificabile

| Nome e cognome dello studente | |
|---|---|
| Classe | |
| Istituto | |
| Azienda/ente/istituzione presso cui si opera | |
| Tutor scolastico | |
| Tutor aziendale | |
| Durata in ore del del tirocinio | |

### Struttura e articolazione del tirocinio

| Durata complessiva del tirocinio (numero di ore) | |
|---|---|
| Periodo di svolgimento | |
| Orari di servizio | |
| Sede del tirocinio | |
| Compiti e mansioni del tirocinante | |
| Obiettivi del tirocinio | |
| Moduli concordati con i tutor (campo facoltativo) | |

210    SCUOLA & LAVORO

## Diario giornaliero
(da compilare quotidianamente)

| GIORNO 1 | Data:................................................................................................... |
|---|---|
| **Attività e compiti che ho svolto** | |
| **Attività cui ho assistito** | |
| **Figure professionali con cui ho collaborato** | |
| **Strumenti/attrezzature utilizzate** | |
| **Spazi in cui sono state svolte le attività (laboratori, sale riunioni, uffici, reparti, aule...)** | |
| **Le difficoltà che ho incontrato** | |
| **La conoscenze disciplinari che mi sono state utili** | |
| **Le competenze che ho attivato** | ☐ comunicare<br>☐ progettare<br>☐ utilizzare strumenti multimediali<br>☐ collaborare<br>☐ agire in modo autonomo<br>☐ ascoltare<br>☐ risolvere problemi<br>☐ scrivere testi adatti a diversi contesti<br>☐ competenze organizzative<br><br>Altro (segnalare le altre competenze attivate): |

# 1 L'alternanza scuola lavoro e la discussione del project work

| In una scala da 1 (scarso) a 5 (eccellente) assegna un voto alle tue attitudini comportamentali, relazionali e professionali (compila solo i campi che riguardano le attitudini di cui hai dato prova oggi) | | | | | | |
|---|---|---|---|---|---|---|
| Puntualità | 1 | 2 | 3 | 4 | 5 | |
| Laboriosità | 1 | 2 | 3 | 4 | 5 | |
| Capacità organizzativa | 1 | 2 | 3 | 4 | 5 | |
| Capacità di lavorare in gruppo | 1 | 2 | 3 | 4 | 5 | |
| Capacità di analisi | 1 | 2 | 3 | 4 | 5 | |
| Capacità di sintesi | 1 | 2 | 3 | 4 | 5 | |
| Curiosità per l'attività svolta | 1 | 2 | 3 | 4 | 5 | |
| Autonomia nello svolgimento del compito | 1 | 2 | 3 | 4 | 5 | |
| Flessibilità e capacità di correggere gli errori | 1 | 2 | 3 | 4 | 5 | |
| Spirito critico | 1 | 2 | 3 | 4 | 5 | |
| Gestione degli imprevisti | 1 | 2 | 3 | 4 | 5 | |
| Gradimento dell'attività svolta | 1 | 2 | 3 | 4 | 5 | |

**Il lessico del lavoro: oggi hai imparato nuove parole? Quali?**

| PAROLE | SIGNIFICATO |
|---|---|
| ............................... | ............................... |
| ............................... | ............................... |
| ............................... | ............................... |
| ............................... | ............................... |
| ............................... | ............................... |
| | |

**Le mie riflessioni sulla giornata di lavoro appena trascorsa**

......................................................................................
......................................................................................
......................................................................................
......................................................................................
......................................................................................
......................................................................................
......................................................................................
......................................................................................
......................................................................................
......................................................................................
......................................................................................

# La discussione del project work

**SITUAZIONE**

Hai concluso il tirocinio. È giunto il momento di valutare l'esperienza che hai svolto. Il tutor aziendale stende una relazione in cui valuta il tuo comportamento, la qualità del lavoro e il livello di competenza che hai raggiunto. Alla scuola spetta invece il compito di valutare il tuo apprendimento in relazione al raggiungimento degli obiettivi indicati nel progetto del tirocinio. In base a questa valutazione ti verranno rilasciati dei crediti formativi.

Ora sta a te giudicare il valore di questa esperienza e l'impatto che ha avuto nella tua formazione, confrontando le tue aspettative di partenza con i risultati conseguiti. Valutare il proprio operato richiede consapevolezza. Per tracciare un bilancio dell'attività di alternanza scuola lavoro, in primo luogo rileggi il diario di bordo. Rileggere a distanza di tempo quanto hai annotato "in presa diretta" ti aiuterà infatti a rielaborare con spirito critico l'esperienza vissuta.

Un attento bilancio di questa esperienza ti prepara alla prova orale concernente la discussione del progetto di lavoro (project work) sviluppato nel corso del tirocinio.

# 1 L'alternanza scuola lavoro e la discussione del project work

**PRIMA FASE**

# Compila il questionario di gradimento e di valutazione

○ Compila il questionario di gradimento e di valutazione del tirocinio, per incominciare a riflettere sul valore formativo che assegni all'esperienza svolta.

**scarica il file modificabile**

**Questionario di gradimento e di valutazione delle attività di alternanza scuola lavoro**

Nome e cognome dello studente ....................................................................................

Classe ................................... Anno scolastico ...............................................

1 **Hai scelto di intraprendere un'attività di alternanza scuola lavoro per** *(scegli una sola risposta)***:**

☐ decisione della famiglia
☐ suggerimento degli insegnanti
☐ curiosità
☐ aumentare le possibilità di inserimento nel mondo del lavoro
☐ rafforzare le tue competenze

2 **Questa esperienza ti ha permesso di** *(scegli al massimo tre risposte)***:**

☐ acquisire nuove conoscenze
☐ acquisire nuove competenze
☐ acquisire autonomia
☐ scoprire nuove cose di te
☐ imparare a lavorare in équipe
☐ mettere alla prova le tue capacità
☐ verificare le tue attitudini
☐ orientarti sulla strada da intraprendere al termine del tuo percorso scolastico
☐ verificare l'utilità di ciò che hai appreso a scuola
☐ altro, da specificare: .................................................................................
☐ niente

Motiva le tue risposte:

....................................................................................................................

....................................................................................................................

....................................................................................................................

....................................................................................................................

3 **I tutor si sono mostrati disponibili?**

☐ molto disponibili     ☐ disponibili     ☐ poco disponibili

214   SCUOLA & LAVORO

**4** **Secondo te questa esperienza è stata:**

☐ facile / ☐ difficile ☐ utile / ☐ inutile

☐ importante / ☐ non importante ☐ formativa / ☐ poco formativa

☐ indimenticabile / ☐ da dimenticare

**5** **L'ambito e i contenuti del tirocinio sono stati attinenti al tuo percorso formativo?**

☐ nessuna attinenza ☐ qualche attinenza ☐ piena attinenza

**6** **In seguito a questa esperienza come pensi sia migliorato il tuo rapporto:**

– con te stesso/a: ....................................................................................................

– con i tuoi compagni: ....................................................................................................

– con la tua famiglia: ....................................................................................................

– con i tuoi insegnanti: ....................................................................................................

**7** **Durante questa esperienza hai incontrato delle difficoltà:**

☐ nel rispettare gli orari di lavoro

☐ nel lavorare in équipe

☐ nell'inserirti in un contesto nuovo

☐ nel comprendere le dinamiche lavorative

☐ nel rispettare le attrezzature e gli strumenti di lavoro

☐ per la ripetitività delle azioni richieste

☐ per la scarsa disponibilità del tutor aziendale

☐ per la mancanza di interesse nei riguardi dei compiti assegnati

**8** **Questa esperienza ti è stata utile per capire come funziona il mondo del lavoro?**

☐ no ☐ in parte ☐ abbastanza ☐ molto

**9** **Il clima di lavoro è stato stimolante e collaborativo?**

☐ no ☐ in parte ☐ abbastanza ☐ molto

**10** **Questa esperienza ti ha chiarito le idee sulla strada da prendere al termine del tuo percorso scolastico?**

☐ no ☐ in parte ☐ abbastanza ☐ molto

**11** **Sei soddisfatto dell'esperienza di tirocinio?**

☐ no ☐ in parte ☐ abbastanza ☐ molto

**12** **Consiglieresti ai tuoi compagni di svolgere il tuo stesso tirocinio?**

☐ sì ☐ no

**Osservazioni e suggerimenti:**

....................................................................................................................................

....................................................................................................................................

....................................................................................................................................

○ Consegna al tuo docente il questionario compilato.

# 1 L'alternanza scuola lavoro e la discussione del project work

**SECONDA FASE**

# Stendi la relazione

○ Scrivi una relazione finale sull'attività svolta, mettendo in evidenza le competenze attivate e formulando un giudizio sul valore dell'esperienza vissuta.
Di seguito riportiamo un elenco di domande-stimolo che possono guidarti nella stesura della relazione (tieni conto solo delle domande che ritieni più utili per descrivere l'attività svolta).
A p. 328 puoi reperire tutte le indicazioni per la stesura della relazione di tirocinio.

## Domande-stimolo per la stesura della relazione finale

- **Quali sono le caratteristiche e la mission dell'azienda (ente/istituzione) in cui hai svolto il tirocinio?**

- **Quali conoscenze apprese a scuola ti sono state più utili durante il tirocinio?**

- **Quali regole sei stato tenuto a rispettare?**

- **Hai avuto difficoltà nel comprendere le dinamiche lavorative?**

- **Hai utilizzato un linguaggio specifico?**

- **Quali sono le caratteristiche dell'ambiente fisico in cui hai operato?**

- **Quali difficoltà hai incontrato e come sei riuscito a superarle?**

- **Sei riuscito a stabilire buone relazioni con le figure professionali presenti nella struttura?**

- **Hai lavorato prevalentemente in gruppo o individualmente?**

- **Che rapporto hai stabilito con il tutor scolastico e il tutor aziendale?**

- **C'è qualche episodio in particolare che ti piacerebbe raccontare?**

- **Hai notato dei miglioramenti in itinere delle tue capacità?**

- **Cosa ti resta di questa esperienza?**

- **Come valuti il progetto di alternanza scuola lavoro?**

**216** SCUOLA & LAVORO

**TERZA FASE**

# La discussione del progetto di lavoro (project work)

Prepara una prova orale, concernente il progetto di lavoro (project work) sviluppato nel corso del tirocinio, illustrando in modo argomentato la tua valutazione sull'attività che hai svolto.
Per preparare l'esposizione orale, stendi una scaletta per punti in cui elenchi l'ordine e gli argomenti che intendi affrontare.
Fai attenzione ad utilizzare un lessico pertinente e a non perdere il filo principale del discorso. Metti subito a fuoco i punti chiave della questione, organizzati in una scansione che ne evidenzi collegamenti e nessi logici.

Organizzare un'esposizione è un banco di prova che permette di sperimentare e di mettere a punto le tecniche per vincere l'ansia e comunicare efficacemente: pianificare il discorso, stendere una scaletta da visualizzare rapidamente, stabilire una gerarchia, un ordine e una connessione logica tra gli argomenti, memorizzare alcune parole-chiave, avere chiaro il punto d'arrivo del discorso, ripetere a casa più volte e ad alta voce l'argomento. Queste strategie ti aiutano a gestire la tensione e a parlare in pubblico in modo chiaro e coinvolgente per gli ascoltatori.

Per condividere l'esperienza puoi anche proiettare alla LIM immagini, fotografie e altri materiali che ritieni importanti per illustrare l'attività di alternanza scuola lavoro.

# Compiti autentici

 Cercare lavoro

 Drammatizzazione: Boccaccio in scena

 Una sfilata di moda a tema Rinascimento

 Saperi e sapori: a tavola con Renzo e Lucia

 L'itinerario di viaggio: la Sicilia degli scrittori

## ② Compiti autentici

# Cercare lavoro

**SITUAZIONE**

Hai appena concluso gli studi, è il momento di trovare lavoro. Segui le tre fasi in cui è suddiviso questo Laboratorio per condurre questa ricerca.

| CONSEGNA | Preparare un curriculum e sostenere un colloquio di lavoro. |
|---|---|
| COMPETENZE ATTIVATE | • Fare ricerche in rete • Agire in modo autonomo<br>• Esercitare le competenze di sintesi • Risolvere problemi<br>• Esercitare le competenze di scrittura • Utilizzare strumenti multimediali<br>• Dialogare e collaborare |
| OBIETTIVI | • Sapersi muovere nell'ambito della ricerca di lavoro<br>• Riconoscere i propri punti di forza così da metterli in risalto<br>• Sostenere un colloquio in modo convincente |
| FASI OPERATIVE | Il laboratorio prevede tre fasi operative. |

SCUOLA & LAVORO

**PRIMA FASE**

# Raccogliere informazioni

Raccogli maggiori informazioni possibili sui servizi dedicati alla ricerca di lavoro:
- i siti dei centri per l'impiego;
- i siti delle agenzie per il lavoro;
- i siti dei giornali (riportano in genere tutte le offerte di lavoro che compaiono nell'edizione stampata più altre presenti solo su web);
- i siti che raggruppano le offerte di lavoro di agenzie e privati (vedi sotto: *Indirizzi utili*);
- il sito **garanzia-giovani.it** in cui si trovano molte offerte riservate ai giovani che si sono appena diplomati.

Annota le offerte interessanti e analizzale riportando per iscritto le caratteristiche di ognuna. Poi iscriviti al servizio di e-mail alert; sfruttando questa funzione riceverai una notifica in posta elettronica ogni volta che saranno pubblicati nuovi annunci per le figure professionali che ti interessano.

**INDIRIZZI UTILI**

| | | |
|---|---|---|
| www.jobrapido.it | www.indeed.com | www.careerjet.it |
| www.motorelavoro.it | www.jooble.org | www.jobisjob.it |
| www.lavoro.trovit.it | www.jobcrawler.it | www.mrlavoro.com |

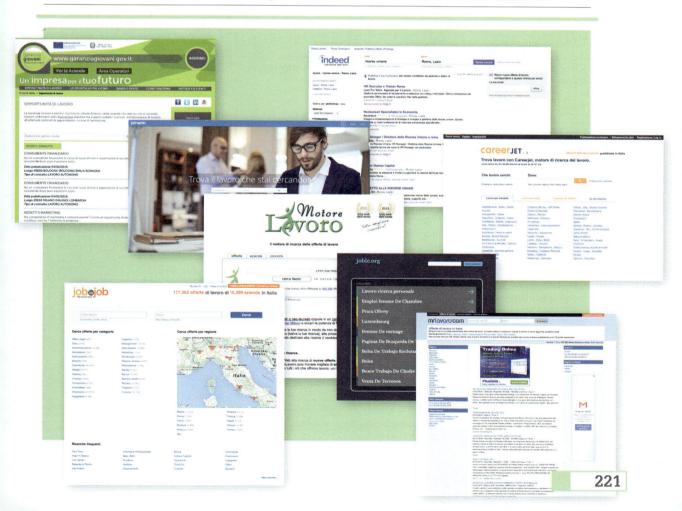

## 2 Compiti autentici___Cercare lavoro

**SECONDA FASE**

# Ragionare su se stessi

**A.** Completa questa griglia sui tuoi obiettivi e le tue aspettative in campo professionale e privato. Riflettendo sul grado di importanza che le varie opzioni elencate hanno per te, acquisirai maggiore consapevolezza di te stesso e di quello che ti aspetti dal futuro.

| Obiettivi e aspettative | Importanza | | | |
|---|---|---|---|---|
| | MOLTA | MEDIA | POCA | NESSUNA |
| Svolgere un'attività interessante che mi permetta di lavorare con piacere | ☐ | ☐ | ☐ | ☐ |
| Avere un posto di lavoro sicuro | ☐ | ☐ | ☐ | ☐ |
| Crescere professionalmente e avere buone possibilità di formazione e di specializzazione | ☐ | ☐ | ☐ | ☐ |
| Lavorare in autonomia e poter realizzare le mie idee | ☐ | ☐ | ☐ | ☐ |
| Superare sempre nuove sfide professionali | ☐ | ☐ | ☐ | ☐ |
| Avere possibilità di crescita e di carriera | ☐ | ☐ | ☐ | ☐ |
| Guadagnare molto denaro | ☐ | ☐ | ☐ | ☐ |
| Lavorare a contatto con il pubblico | ☐ | ☐ | ☐ | ☐ |
| Lavorare all'aria aperta / Svolgere un lavoro che richiede attività fisica | ☐ | ☐ | ☐ | ☐ |
| Avere poco stress | ☐ | ☐ | ☐ | ☐ |
| Lavorare in team | ☐ | ☐ | ☐ | ☐ |
| Acquisire un elevato prestigio sociale grazie alla professione svolta | ☐ | ☐ | ☐ | ☐ |
| Lavorare vicino a casa | ☐ | ☐ | ☐ | ☐ |
| Essere il capo di me stesso, non lavorare come dipendente | ☐ | ☐ | ☐ | ☐ |
| Viaggiare molto per lavoro | ☐ | ☐ | ☐ | ☐ |
| Poter organizzare autonomamente l'orario di lavoro | ☐ | ☐ | ☐ | ☐ |
| Avere molto tempo libero per coltivare hobby e amicizie o da dedicare ad attività associative e/o di volontariato | ☐ | ☐ | ☐ | ☐ |
| Fare un lavoro che permetta di non trascurare i rapporti di coppia, di avere una famiglia e dei figli | ☐ | ☐ | ☐ | ☐ |
| Svolgere un lavoro a favore dell'ambiente | ☐ | ☐ | ☐ | ☐ |

(adattamento da Federazione Cooperative Raiffeisen, Bank The Future PLUS. Formazione e percorsi professionali, 2008)

SCUOLA & LAVORO

**B.** Rifletti ora sulle tue competenze rispondendo alle domande elencate di seguito. Trai poi dalle tue risposte le seguenti informazioni: quali sono i tuoi punti di forza? Quali le tue debolezze? Infine, confronta le debolezze e i punti di forza emersi con i requisiti della professione che vorresti esercitare.

- Che competenze linguistiche hai?
- Che competenze matematiche e informatiche hai?
- Che competenze tecniche hai?
- Hai attitudine per i lavori manuali?
- Hai attitudini artistiche?
- Hai competenze organizzative?
- Hai spirito di iniziativa?
- Sai lavorare in gruppo?
- I cambiamenti ti spaventano?
- Sai comunicare con gli altri e gestire le relazioni interpersonali?

**C.** Riunisci tutte le informazioni che hai raccolto in questa seconda fase: adesso puoi scrivere il tuo curriculum vitae, accompagnato da una lettera di presentazione, secondo le modalità che abbiamo indicato a p. 268.

223

**2** Compiti autentici ___ Cercare lavoro

**TERZA FASE**

# Simulazione: sostenere un colloquio di lavoro

VIDEO
Il colloquio di lavoro

Adesso, con l'aiuto dei tuoi compagni, esercitati a sostenere un colloquio di lavoro secondo le modalità indicate a p. 103.

Immagina di incontrare il selezionatore di un'azienda per la quale ti piacerebbe lavorare. Comportati esattamente come ti comporteresti nella realtà, sii te stesso. Prima di iniziare la simulazione del colloquio prepara una scaletta in cui annotare quali sono i lati di te che vuoi far risaltare e quali domande vorresti invece porre a chi ti sta facendo il colloquio. Di seguito, riportiamo alcuni consigli per aiutarti a riepilogare le idee prima di iniziare il colloquio simulato.

| Sì | No |
|---|---|
| Preparativi mirati al colloquio | Ridotta fiducia in se stessi, mancanza di entusiasmo |
| Comportamento curato e sicuro | Masticare la gomma, dondolarsi o muoversi sulla sedia, giocare con il biglietto da visita dell'interlocutore |
| Abbigliamento consono alla professione | Nervosismo e insicurezza che perdurano oltre i primi minuti del colloquio |
| Guardare negli occhi l'interlocutore | Guardare l'orologio durante il colloquio, aver pianificato poco tempo |
| | Lasciare acceso il cellulare e/o rispondere a una chiamata |
| | Incapacità di esprimere la propria opinione (eccessiva riservatezza, tentativo di rappresentare tutte le opinioni possibili o, al contrario, nessuna opinione) |
| | Mettersi in mostra eccessivamente, vantarsi delle proprie capacità |
| | Tenere monologhi |

da www.provinz.bz

Una volta concluso il colloquio i tuoi compagni lo valuteranno dando un voto da 0 a 10 alle voci presenti nella griglia sottostante.

| | |
|---|---|
| Partecipazione, operatività, capacità di relazione, personalità | ......./10 |
| Competenze professionali, capacità e attitudine al ruolo, motivazione, flessibilità | ......./10 |
| Chiarezza e proprietà espositive, argomentazione | ......./10 |
| Comunicazione non verbale | ......./10 |

### AUTOVALUTAZIONE

◆ **Una volta ultimato il laboratorio rispondi alle domande del seguente questionario.**

| | MOLTO | ABBASTANZA | POCO | PER NIENTE |
|---|---|---|---|---|
| Questo laboratorio è stato utile per imparare come e dove reperire informazioni utili per la ricerca di un lavoro? | ☐ | ☐ | ☐ | ☐ |
| Questo laboratorio è stato utile per imparare come e dove iscriverti a servizi utili per la ricerca di un lavoro? | ☐ | ☐ | ☐ | ☐ |
| Questo laboratorio è stato utile per acquisire maggiore consapevolezza di te, delle tue attitudini e delle tue competenze? | ☐ | ☐ | ☐ | ☐ |
| Questo laboratorio è stato utile per acquisire maggiore consapevolezza dei tuoi desideri e delle tue aspettative per il futuro? | ☐ | ☐ | ☐ | ☐ |
| Hai rispettato le fasi di lavoro previste dal laboratorio? | ☐ | ☐ | ☐ | ☐ |
| Valuti positivamente i risultati raggiunti? | ☐ | ☐ | ☐ | ☐ |
| Ti sembra che le strategie comunicative messe in atto nel curriculum, nella lettera di presentazione e nel colloquio si siano rivelate efficaci? | ☐ | ☐ | ☐ | ☐ |
| Hai saputo saputo individuare le risorse corrette da impiegare durante la simulazione del colloquio di lavoro? | ☐ | ☐ | ☐ | ☐ |
| Ritieni di essere riuscito a valorizzare le tue capacità e le tue competenze? | ☐ | ☐ | ☐ | ☐ |
| Ti è stato utile il tuo bagaglio di conoscenze? | ☐ | ☐ | ☐ | ☐ |

## 2 Compiti autentici

# Drammatizzazione: Boccaccio in scena

**SITUAZIONE**

Quest'anno la manifestazione culturale "Boccaccio Fest", organizzata dal comune di Certaldo, ha organizzato un agone teatrale aperto alle scuole di tutta Italia.
Il responsabile del laboratorio teatrale della vostra scuola vi comunica che l'istituto ha deciso di partecipare mettendo in scena una delle novelle più divertenti ed esemplari del *Decameron*, la novella di Chichibìo, rileggendola in chiave contemporanea. Tocca alla vostra "compagnia teatrale" allestire uno spettacolo che rappresenti la scuola al "Boccaccio Fest" con originalità e professionalità.

**CONSEGNA**

Lavorando in gruppo, progettate e realizzate la messa in scena di uno spettacolo teatrale basato sulla novella di Chichibìo. Non vi limitate a una semplice "riscrittura" per la scena. Provate invece ad attualizzare il testo, puntando sulle analogie e soprattutto sulle differenze che emergono dal confronto tra la realtà sociale rappresentata nella novella e il mondo contemporaneo.

**COMPETENZE ATTIVATE**

- Fare ricerche in rete
- Dialogare e collaborare
- Agire in modo autonomo
- Sviluppare soluzioni creative
- Risolvere problemi
- Esercitare le competenze di sintesi
- Esercitare le competenze di scrittura
- Stabilire nessi tra il passato e la contemporaneità
- Utilizzare strumenti multimediali

**OBIETTIVI**

- Comunicare in maniera efficace
- Mettere in atto capacità creativa e spirito d'iniziativa
- Acquisire consapevolezza degli strumenti linguistici da usare in funzione di uno scopo comunicativo definito e specifico
- Elaborare proposte praticabili
- Suggerire soluzioni efficaci ai problemi incontrati

**FASI OPERATIVE**

Il laboratorio prevede quattro fasi operative.

**PRIMA FASE**

# Riflessione

In primo luogo riflettete sul progetto che intendete realizzare. Rileggete insieme la novella di Chichibìo e riflettete con attenzione sui seguenti aspetti:

- l'ambientazione: la Firenze di inizio Trecento;
- i personaggi: il nobile Currado e il cuoco Chichibìo;
- l'emergere dei mutamenti nell'assetto sociale dell'Italia trecentesca con l'affermazione della borghesia mercantile;
- il trionfo di una nuova etica laica, di una morale aperta in cui è possibile rinegoziare i propri valori.

Adesso è tempo di documentarsi: cercate in rete informazioni su alcune delle più famose e originali trasposizioni teatrali delle novelle del *Decameron*; potranno essere un utile spunto per il vostro progetto. Ora concentratevi sul vostro obiettivo: la novella di Chichibìo è estremamente divertente, ma come potete renderla attuale sulla scena? Potete intervenire sull'ambientazione, sui personaggi, sulla vicenda, persino sulla morale espressa dalla novella nella vostra rivisitazione.

Esprimete le vostre proposte ed ascoltate con attenzione quelle degli altri. Vagliate criticamente tutte le soluzioni e scartate quelle che sembrano inadeguate o meno efficaci. Tra le soluzioni che ritenete efficaci, infine, scegliete le più stimolanti e, tra queste, quelle effettivamente praticabili per poi rielaborarle in una proposta condivisa dall'intera "compagnia teatrale"

**AUTOVALUTAZIONE**

◇ Alla fine della prima fase, fermatevi a riflettere sul modo in cui avete lavorato e sulle abilità che avete messo in campo. Rispondete individualmente al seguente questionario, segnando con una crocetta il livello di ciascun indicatore.

| | | MOLTO | ABBASTANZA | POCO | PER NIENTE |
|---|---|---|---|---|---|
| **Collaborare e partecipare** | Sei intervenuto attivamente nella discussione? Sei riuscito a dialogare con gli altri nel rispetto dei diversi punti di vista e senza perdere di vista l'obiettivo? Hai saputo gestire gli eventuali diverbi in modo da contribuire alla discussione generale? | ☐ | ☐ | ☐ | ☐ |
| **Comunicare** | Sei riuscito a esprimere le tue idee in modo chiaro ed efficace? | ☐ | ☐ | ☐ | ☐ |
| **Sviluppare soluzioni creative** | Hai avuto delle buone idee e hai saputo trovare delle soluzioni percorribili? | ☐ | ☐ | ☐ | ☐ |
| **Acquisire ed interpretare l'informazione** | Sei stato in grado di valutare criticamente le idee emerse? Hai saputo individuare le proposte più efficaci? | ☐ | ☐ | ☐ | ☐ |

## 2 Compiti autentici — Drammatizzazione: Boccaccio in scena

**SECONDA FASE**

# Organizzazione

Allestire uno spettacolo è un'operazione complessa e articolata, perciò cercate di organizzare bene il lavoro.
In primo luogo assegnate i ruoli e definite i tempi a disposizione. Dovrete individuare varie figure indispensabili alla realizzazione del progetto.

- Un gruppo di **sceneggiatori** si occuperà di preparare la sceneggiatura dello spettacolo, "riscrivendo" la novella in chiave contemporanea e adattandola per la rappresentazione scenica.

- Il **regista** e l'**aiuto regista** avranno il difficile compito di fare il *casting* per scegliere gli attori che interpreteranno Chichibìo, Currado e Brunetta, ma anche i personaggi che eventualmente gli sceneggiatori potrebbero aver inserito nella loro "riscrittura" della novella per la scena – e poi di dirigere gli attori e coordinare il set.

- Un gruppo di **scenografi** curerà l'aspetto visivo dello spettacolo, ideando e progettando le scenografie.

- I **costumisti/truccatori** saranno responsabili dell'ideazione e della creazione della scenografia, degli abiti di scena e del trucco.

- Il **responsabile della musica** potrà occuparsi di selezionare la musica più adatta alle varie parti della messa in scena. La musica potrà essere eseguita dal vivo – e in questo caso il responsabile della musica avrà cura di coordinare i **musicisti** – o riprodotta in modo meccanico.

Grandissima importanza ha il cosiddetto **team organizzativo**, cui compete l'individuazione dei tempi e dei luoghi in cui svolgere le prove, nonché la stesura di un piano delle spese necessarie a mettere in piedi lo spettacolo e la gestione delle risorse. Potrebbe essere utile, a questo proposito, trovare uno *sponsor* che finanzi la vostra partecipazione alla manifestazione certaldese e – perché no? – lo *sponsor* potrebbe essere proprio la vostra scuola. Un altro compito fondamentale del team organizzativo è approntare il materiale pubblicitario (la locandina, un articolo di giornale da pubblicare sul giornale della scuola e uno da inviare al sito che pubblicizza il "Boccaccio Fest"...).

SCUOLA & LAVORO

**TERZA FASE**

# Al lavoro!

Una volta individuati i ruoli, ognuno di voi potrà lavorare alla parte di progetto che gli è stata assegnata. In primo luogo è necessario che approntiate la sceneggiatura e individuiate gli spazi di lavoro.

Una volta approntata la sceneggiatura, si può procedere alla produzione vera e propria dello spettacolo: il regista e l'aiuto regista possono procedere al *casting*, gli scenografi e i costumisti possono progettare e realizzare le scenografie e i costumi, il team organizzativo può occuparsi di trovare uno *sponsor* e poi di approntare il materiale per pubblicizzare lo spettacolo.

Ricordate: è fondamentale che ognuno di voi rispetti il ruolo e i tempi assegnati, perché il risultato sia un successo.

**AUTOVALUTAZIONE**

◆ Fermatevi a riflettere sul modo in cui avete lavorato e sulle abilità che avete messo in campo. Rispondete individualmente al seguente questionario, segnando con una crocetta il livello di ciascun indicatore.

|  |  | MOLTO | ABBASTANZA | POCO | PER NIENTE |
|---|---|---|---|---|---|
| **Progettare** | Hai contribuito attivamente alla progettazione del lavoro? Hai rispettato le priorità? Valuti positivamente il risultato raggiunto? | ☐ | ☐ | ☐ | ☐ |
| **Comunicare** | I linguaggi utilizzati si sono rivelati efficaci? Le scelte comunicative si sono rivelate adeguate agli obiettivi? | ☐ | ☐ | ☐ | ☐ |
| **Collaborare e partecipare** | Sei riuscito a interagire nel rispetto dei diversi punti di vista? Le tue capacità sono state valorizzate? Hai saputo gestire gli eventuali diverbi in modo da contribuire alla realizzazione del progetto? | ☐ | ☐ | ☐ | ☐ |
| **Agire in modo autonomo e responsabile** | Hai rispettato tempi e ruoli? Hai saputo riconoscere i bisogni e le esigenze dei tuoi interlocutori? | ☐ | ☐ | ☐ | ☐ |

## ② Compiti autentici — Drammatizzazione: Boccaccio in scena

**QUARTA FASE**

# In scena!

Dopo tanto lavoro è finalmente arrivato il momento di andare in scena. Avete lavorato tanto per arrivare a questo momento. Certo, portare uno spettacolo davanti al pubblico è un'esperienza intensa. Non lasciatevi sopraffare dall'emozione o dall'ansia. È vero che non sempre tutto va esattamente come programmato, ma anche la gestione degli imprevisti fa parte del "mestiere".

**AUTOVALUTAZIONE**

◆ Alla fine della messa in scena, fermatevi a riflettere sul modo in cui avete lavorato e sulle abilità che avete messo in campo. Rispondete individualmente al seguente questionario, segnando con una crocetta il livello di ciascun indicatore.

|  |  | MOLTO | ABBASTANZA | POCO | PER NIENTE |
|---|---|---|---|---|---|
| **Progettare** | Lo spettacolo si è svolto secondo quanto avevi progettato? Valuti positivamente il risultato raggiunto? | ☐ | ☐ | ☐ | ☐ |
| **Comunicare** | Sulla base della reazione del pubblico, ritieni che le scelte comunicative si siano rivelate efficaci? | ☐ | ☐ | ☐ | ☐ |
| **Collaborare e partecipare** | Sei riuscito a valorizzare le tue capacità e quelle degli altri? | ☐ | ☐ | ☐ | ☐ |
| **Agire in modo autonomo e responsabile** | Hai rispettato tempi e ruoli? Hai saputo riconoscere i bisogni e le esigenze dei tuoi "colleghi"? | ☐ | ☐ | ☐ | ☐ |
| **Risolvere problemi** | Hai saputo individuare le risorse corrette per risolvere i problemi che si sono presentati? Hai saputo fare uso del tuo bagaglio di conoscenze per proporre soluzioni? | ☐ | ☐ | ☐ | ☐ |

# Una sfilata di moda a tema Rinascimento

**SITUAZIONE**

Fai parte di una società che si occupa di pubbliche relazioni nel settore della moda. Il tuo team di lavoro è stato incaricato di organizzare una sfilata per un grande marchio italiano. Lo stilista vi comunica che la sua collezione punta sul rapporto tra stile, eleganza e tradizione, ed è declinata sul tema del Rinascimento in chiave contemporanea, tra fasto e geometrie: abiti e bluse arricchiti da *ruche volant*, *chiffon* e pizzi, corpetti attillati, gonne vaporose, paltò con ritagli in pelle. Per realizzare l'evento, dovrete dunque utilizzare il Rinascimento come *intangibile asset* ('capitale immateriale') e strumento di promozione.

**CONSEGNA**

Lavorando in gruppo, progettate l'organizzazione di una sfilata di moda di un marchio italiano, giocando sull'associazione tra lo stile della collezione e la tradizione del Made in Italy che affonda le radici nel Rinascimento. La sfilata, oltre a presentare i capi della collezione, deve comunicare una dimensione estetica e di valori che deciderà il successo della nuova linea.

**COMPETENZE ATTIVATE**

- Dialogare e collaborare
- Agire in modo autonomo
- Risolvere problemi
- Acquisire e interpretare le informazioni
- Spirito di iniziativa e imprenditorialità
- Stabilire nessi tra la letteratura e le altre discipline
- Stabilire nessi tra il passato il presente
- Competenza digitale
- Esporre

**OBIETTIVI**

- Progettare, in modo autonomo, l'organizzazione di un evento, strutturandone il progetto, definendone le modalità e le fasi di esecuzione
- Valutare l'impatto coreografico dell'evento con le esigenze di mercato
- Valorizzare i caratteri estetici e i punti di forza di un prodotto a partire da un *concept* predefinito
- Esercitare le competenze trasversali e la creatività.

**FASI OPERATIVE**

Il laboratorio prevede tre fasi operative.

Collezione 2016 dello stilista Emilio Pucci.

231

## Compiti autentici — Una sfilata di moda a tema Rinascimento

**PRIMA FASE**

# Analizzare il problema e individuare una soluzione creativa

Una sfilata è un vero e proprio *show*. Fate una ricerca in rete per documentarvi su cos'è e come si svolge una sfilata e sul pubblico che assiste all'evento. In particolare raccogliete informazioni e immagini relative a due o più sfilate recenti che si sono tenute nelle "settimane della moda" di New York, Londra, Milano, Parigi. Confrontate i diversi allestimenti scenografici discutendone l'efficacia e la creatività.

Ora concentratevi sul compito che vi è stato affidato: organizzare una sfilata che abbia per tema il Rinascimento. Il Rinascimento, o piuttosto il "mito del Rinascimento", ha offerto all'industria della moda italiana un potente strumento di promozione commerciale e, allo stesso tempo, una identità culturale forte e riconoscibile sul piano internazionale.
Il vostro obiettivo è quello di rivitalizzare l'associazione "Rinascimento-*Made in Italy*" per valorizzare la collezione. Come farlo? Come articolare in un progetto concreto questa idea-chiave?

Per affrontare e risolvere il problema, fate un *brainstorming*:

1 scegliete tra i componenti del gruppo un "segretario";
2 liberate la vostra creatività: esponete senza vincoli intuizioni, associazioni e idee, accogliendo quelle degli altri con la massima apertura. Nel frattempo il segretario annota su un foglio o su una lavagna gli spunti emersi dalla "pioggia di idee";
3 valutate con senso critico i risultati del *braistorming*: mettete ordine nel caos, organizzando le idee in una mappa, scartando le soluzioni inadeguate, approfondendo le intuizioni più stimolanti e trasformandole in soluzioni pratiche;
4 rielaborando le idee emerse dal *brainstorming*, individuate insieme la soluzione condivisa dal gruppo.

232 SCUOLA & LAVORO

**AUTOVALUTAZIONE**

◆ Prima di procedere oltre, fermatevi a riflettere sul modo in cui avete lavorato e sulle abilità che avete messo in campo. Rispondete individualmente a queste domande-stimolo. Sbarrate con una crocetta il livello di ciascun indicatore.

| | | MOLTO | ABBASTANZA | POCO | PER NIENTE |
|---|---|---|---|---|---|
| **Collaborare e partecipare** | Sei intervenuto attivamente nella discussione? Sei riuscito a dialogare con gli altri nel rispetto dei diversi punti di vista? Hai saputo gestire gli eventuali diverbi in modo da contribuire alla discussione generale? | ☐ | ☐ | ☐ | ☐ |
| **Comunicare** | Hai saputo esprimere le tue idee in modo chiaro ed efficace? | ☐ | ☐ | ☐ | ☐ |
| **Sviluppare soluzioni creative** | Hai avuto delle buone idee e hai saputo trovare delle soluzioni percorribili? | ☐ | ☐ | ☐ | ☐ |
| **Acquisire ed interpretare l'informazione** | Sei stato in grado di valutare criticamente le idee emerse? Hai saputo individuare le proposte più funzionali? | ☐ | ☐ | ☐ | ☐ |

◆ A questo punto compilate il questionario in modo collaborativo per giudicare insieme l'efficacia del lavoro del gruppo.

| | | MOLTO | ABBASTANZA | POCO | PER NIENTE |
|---|---|---|---|---|---|
| **Collaborare e partecipare** | Tutti i componenti del gruppo hanno partecipato attivamente alla discussione? Siete riusciti a dialogare con gli altri nel rispetto dei diversi punti di vista? Avete saputo gestire gli eventuali diverbi in modo da contribuire alla discussione generale? | ☐ | ☐ | ☐ | ☐ |
| **Comunicare** | Avete saputo esprimere la vostra idea e dialogare in modo costruttivo? | ☐ | ☐ | ☐ | ☐ |
| **Sviluppare soluzioni creative** | Avete deciso come articolare il progetto? Avete trovato soluzioni percorribili? | ☐ | ☐ | ☐ | ☐ |
| **Acquisire ed interpretare l'informazione** | Siete stati in grado di valutare criticamente le idee emerse? Avete saputo individuare le proposte più funzionali? | ☐ | ☐ | ☐ | ☐ |

◆ Confronta la valutazione che hai eseguito sul tuo operato con quella relativa al lavoro di tutto il gruppo. Rifletti sui punti di forza e sui punti di debolezza che hanno contraddistinto il tuo modo di partecipare alla discussione comune.

233

# ② Compiti autentici___Una sfilata di moda a tema Rinascimento

**SECONDA FASE**

## Strutturare il progetto

A questo punto occorre trasformare l'idea in un progetto coerente e articolato.
Il progetto va strutturato sotto forma di una presentazione multimediale, fatta di testo e immagini.
La prima slide deve ospitare un'immagine e uno slogan che riassuma l'idea-chiave associata al brand e il modo in cui verrà sviluppata.
Le slide successive devono esporre il progetto in modo dettagliato, illustrando con chiarezza almeno questi elementi:
- la data e la location;
- la piantina con l'organizzazione degli spazi;
- la coreografia e l'allestimento (il *set up*);
- le luci e le musiche;
- il pubblico da invitare alla sfilata;
- la selezione delle opere d'arte e dei testi della letteratura rinascimentale da proporre in modo originale per creare un'"atmosfera" d'epoca.

Per lavorare in modo più rapido, può essere utile assegnare compiti differenti ai componenti del gruppo, valorizzando le abilità e le peculiarità di ciascuno.

Per realizzare una presentazione multimediale che risulti efficace, ricordate:
– di non proporre un numero eccessivo di slide per non produrre in chi ascolta una sensazione di affaticamento e sovraccarico;
– di non affastellare troppi contenuti in un'unica slide;
– di utilizzare, se necessario, elenchi puntati e schemi per facilitare la fruizione della presentazione;
– di utilizzare una grafica chiara, evitando i caratteri troppo piccoli o poco leggibili e usando possibilmente un unico font;
– di non usare troppi effetti perché potrebbero distrarre l'attenzione dell'ascoltatore dai contenuti della presentazione;
– di prevedere una slide di apertura, che funzioni al modo di una "locandina" per presentare la sfilata, e una di chiusura.

## AUTOVALUTAZIONE

Strutturando il progetto, avete avuto modo di indossare i panni dell'esperto nell'organizzazione di sfilate di moda. Si tratta di un profilo professionale che ha un ruolo centrale nella filiera della moda e lavora a stretto contatto con lo stilista e con altri soggetti, come ad esempio il *cool hunter* (il "cacciatore di tendenze": un altro mestiere strategico, sempre più ricercato).

Di seguito riportiamo un rapido elenco delle competenze e delle abilità che l'esperto nell'organizzazione delle sfilate di moda deve possedere. Quali di queste competenze e attitudini possiedi anche tu? Sottolineale nell'elenco.

- creatività e capacità di innovare
- gusto estetico
- capacità di strutturare una comunicazione commerciale per target differenziati di compratori
- capacità di valutare l'impatto coreografico della sfilata con le esigenze di mercato
- capacità di risolvere problemi

- spirito di iniziativa e di imprenditorialità
- competenze linguistiche (deve conoscere una o più lingue straniere, perché è probabile che entri a contatto con un pubblico internazionale)
- competenze digitali
- capacità di lavorare in equipe
- competenze organizzative e gestionali
- pazienza

Per realizzare concretamente il progetto, avete dovuto individuare opere d'arte e testi rinascimentali. Per raggiungere l'obiettivo, avete fatto ricorso alle conoscenze apprese a scuola. Valutate individualmente la "spendibilità" delle vostre conoscenze disciplinari, compilando lo schema riportato sotto.

| MATERIE | Nella stesura del progetto ho fatto ricorso a opere, autori, saperi attinenti a queste discipline? Quali conoscenze mi sono state utili per svolgere il lavoro? | Quanto mi sono state utili le conoscenze relative a questo ambito disciplinare? | | | |
|---|---|---|---|---|---|
| | | MOLTO | ABBASTANZA | POCO | PER NIENTE |
| Letteratura italiana | | ☐ | ☐ | ☐ | ☐ |
| Storia dell'arte | | ☐ | ☐ | ☐ | ☐ |
| Storia | | ☐ | ☐ | ☐ | ☐ |
| Letterature straniere | | ☐ | ☐ | ☐ | ☐ |

## 2 Compiti autentici ___ Una sfilata di moda a tema Rinascimento

**TERZA FASE**

# Presentare il progetto

Una volta steso, il progetto va illustrato al committente. L'esposizione deve valorizzarne l'originalità, la funzionalità e l'efficacia.

Individuate un relatore. A questi spetta il compito di illustrare oralmente la presentazione multimediale elaborata lavorando in modo cooperativo, esponendo al docente i risultati e le modalità del lavoro svolto.

Durante l'esposizione, il relatore può tenere sotto mano una copia stampata delle slide (meglio se concentrate in un unico foglio) per non perdere il filo del discorso e per sapere sempre quale sarà la slide successiva.

Alla fine dell'esposizione del relatore, gli altri componenti del gruppo possono intervenire per fare delle precisazioni, contribuire all'esposizione, mettere in luce i punti di forza del progetto.

## AUTOVALUTAZIONE

◇ Dopo aver steso il progetto sotto forma di presentazione multimediale, è stato necessario illustrarlo tramite un'esposizione orale. Esporre un argomento con il supporto di una presentazione multimediale, illustrare idee e informazioni sulla base di una scaletta, parlare di fronte ad un pubblico: queste attività comuni nella pratica didattica sono esercizi che ci torneranno molto utili in futuro, quando dovremo dar prova di noi all'università o in una situazione lavorativa. Organizzare un'esposizione per parlare alla classe è un banco di prova che permette di sperimentare e di mettere a punto le tecniche per vincere l'ansia e comunicare efficacemente: pianificare il discorso, stendere una scaletta da visualizzare rapidamente, stabilire una gerarchia, un ordine e una connessione logica tra gli argomenti, memorizzare alcune parole-chiave, avere chiaro il punto d'arrivo del discorso, ripetere a casa più volte e ad alta voce l'argomento. Queste strategie aiutano a gestire la paura e ci abituano a parlare in pubblico in modo chiaro e coinvolgente per gli ascoltatori.

● Come prepari un'esposizione in classe? Quali sono le strategie che adotti per illustrare oralmente un argomento di fronte al docente e ai compagni? Riassumile in un elenco per punti.

● Ora valutate insieme l'efficacia della presentazione multimediale e la chiarezza dell'esposizione del progetto, assegnando il voto che ritenete più adeguato ai due indicatori riportati sotto.

VOTO

**1 Attinenza alla consegna iniziale e scelta dei materiali della presentazione multimediale con il progetto della sfilata.**

| | |
|---|---|
| VOTO **5** | Il prodotto multimediale non rispetta le indicazioni date e i materiali hanno scarsa attinenza con il tema della sfilata. |
| VOTO **6** | Il prodotto multimediale rispetta la consegna, ma i materiali scelti per illustrare il progetto sono generici e poveri. |
| VOTO **7** | Il prodotto multimediale rispetta la consegna e il contenuto è appropriato. |
| VOTO **8** | Il prodotto multimediale rispetta pienamente la consegna e il progetto è abbastanza funzionale. |
| VOTO **9** | Sono stati sviluppati in modo approfondito tutti gli spunti della consegna con una selezione di materiali ricca ed attinente: il progetto emerge in modo chiaro e risulta ben fatto. |
| VOTO **10** | Sono stati sviluppati tutti gli spunti della consegna. Il progetto è funzionale e insieme creativo e/o originale, con una selezione di materiali ricca ed attinente. |

**2 Chiarezza e organicità espositive.**

| | |
|---|---|
| VOTO **5** | Esposizione poco chiara in diversi passaggi / esposizione non coerente. |
| VOTO **6** | Esposizione non sempre chiara / organicità minima. |
| VOTO **7** | Esposizione in prevalenza chiara, organica e coerente. |
| VOTO **8** | Esposizione adeguatamente chiara, organica e coerente. |
| VOTO **9** | Esposizione chiara, organica e coerente in ogni sua parte. |
| VOTO **10** | Esposizione chiara, organica, coerente e originale. |

◇ Infine rifletti sul lavoro svolto: cosa hai imparato di nuovo da questa attività? Ti è piaciuto lavorare in squadra? Come hai sfruttato le tue conoscenze disciplinari in una situazione che simula la vita lavorativa? Quali abilità e competenze hai messo a frutto? Il mondo della moda ti ha incuriosito? Ti sei imbattuto in profili professionali che prima non conoscevi?
Condividi le tue impressioni con i compagni discutendone in classe.

## 2 Compiti autentici — Una sfilata di moda a tema Rinascimento

Ecco alcuni suggerimenti di lettura e alcuni film per approfondire la tua conoscenza del mondo della moda.

### TESTI

- Ugo Foscolo, *Lettera sulla moda*, in *Prose varie d'arte*, a cura di M. Fubini, Firenze, Le Monnier, 1951, p. 315.

  In questo testo Foscolo stabilisce una sorta di equazione tra essere alla moda ed essere mortali: «mi venne in capo che le cose vedute per curiosità sono lasciate per noia e che questa è una delle ragioni della morte di tutte le mode – e ch'io era alla moda e mortale».

- Giacomo Leopardi, *Dialogo della Moda e della Morte*, in *Operette morali*.

  Leopardi fa dialogare la Moda e la Morte, che sono entrambe figlie della Caducità. Il potere della moda è tale che essa finisce per diventare l'incarnazione più emblematica della modernità, della sua decadenza rispetto al mondo antico.

- Carlo Maria Benfanti, *Rinascimento e Made in Italy. L'invenzione di un'identità culturale per l'industria della moda*, in «Allegoria», n. 68, luglio/dicembre 2013, pp. 32-46.

  Questo articolo spiega come la manipolazione e la reinvenzione della memoria del Rinascimento hanno costituito un valore aggiunto e un fattore fondamentale per il successo internazionale della moda italiana.

- Giorgio Riello, *La moda. Una storia dal Medioevo a oggi*, Laterza, Bari-Roma 2012.

  Una storia della moda agile e interessante, per temi e questioni, piena di spunti di riflessione.

- Tim Edward, *La moda*, Einaudi, Torino 2012.

  Cos'è la moda? Il libro risponde a questa domanda mettendo la moda in rapporto con la vita psichica e sociale di una collettività.

### FILM

- *Blow up*, di Michelangelo Antonioni. Con David Hemmings, Sarah Miles, Vanessa Redgrave, Jane Birkin e Peter Bowles. Gran Bretagna, Italia 1966.

  La vicenda è quella di un fotografo di moda che crede di aver assistito ad un delitto e si aggira per le strade di Londra nel tentativo di risolvere il mistero. [1]

- *Appunti di viaggio su moda e città*, di Wim Wenders. Con Yohji Yamamoto, Wim Wenders. Titolo originale *Aufzeichnungen zu Kleidern und Städten*. Giappone, Germania, Francia 1989.

  Incaricato dal Centro George Pompidou di girare un documentario sulla moda, il regista dedica un film-intervista allo stilista giapponese Yohji Yamamoto. [2]

- *Prêt-à-Porter*, di Robert Altman. Con Sophia Loren, Julia Roberts, Marcello Mastroianni e Jean-Pierre Cassel. Usa 1994.

  Un film corale, ambientato nella Parigi delle sfilate, che denuncia la vacuità del mondo della moda. [3]

- *Il diavolo veste Prada*, di David Frankel. Con Meryl Streep e Anne Hathaway. Usa, 2006.

  Una commedia romantica che tratteggia una graffiante rappresentazione del mondo della moda e del giornalismo. [4]

- *Coco avant Chanel - l'amore prima del mito*, di Anne Fontaine. Con Audrey Tautou, Alessandro Nivola, Benoît Poelvoorde, Marie Gillain, Emmanuelle Devos. Francia 2008.

  Il film ripercorre gli anni della formazione di Coco Chanel, una delle principali stiliste del Novecento. [5]

SCUOLA & LAVORO

# Saperi e sapori: a tavola con Renzo e Lucia

**SITUAZIONE**

Siete arrivati alla fine dell'anno scolastico e volete organizzare una cena di classe, per ringraziare e salutare i docenti in vista delle vacanze.

**CONSEGNA**

La classe deve organizzare una cena letteraria, che abbia per tema i *Promessi sposi*. L'obiettivo è quello di far "gustare" il romanzo attraverso la proposta di piatti che evocano le suggestioni e i personaggi del libro.
In particolare siete chiamati a stabilire la location, definire il menu, preparare e distribuire gli inviti, selezionare dei brevi e "gustosi" brani manzoniani da leggere tra una portata e l'altra, stabilire il budget e fare la spesa, allestire la tavola a tema, trasformare il progetto in esperienza (cucinare, servire le pietanze, partecipare alla cena).

**COMPETENZE ATTIVATE**

- Dialogare e collaborare
- Agire in modo autonomo
- Risolvere problemi
- Acquisire e interpretare le informazioni
- Leggere e interpretare
- Produrre testi di vario tipo in relazione ai differenti scopi comunicativi

**OBIETTIVI**

- Progettare, in modo autonomo, e organizzare una cena a tema, strutturandone il menu
- Trasformare la lettura in esperienza
- Leggere e interpretare il testo letterario
- Esercitare le competenze trasversali e la creatività.

**FASI OPERATIVE**

Il laboratorio prevede quattro fasi operative.

## ② Compiti autentici___Saperi e sapori: a tavola con Renzo e Lucia

**PRIMA FASE**

# Progettate l'evento

Preparare una cena per tante persone con un tema da rispettare alla lettera è una vera e propria impresa che, per essere portata a compimento, necessita di un'attenta programmazione.

Per prima cosa occorre discutere insieme per prendere delle decisioni condivise. Per avviare la discussione comune, è utile ripartire i ruoli all'interno del gruppo-classe seguendo questi passaggi:

- nominare rapidamente un compagno che faccia da **moderatore**: il suo compito è quello di stabilire l'ordine degli interventi, di fissare e far rispettare il tempo massimo a disposizione per ciascun intervento, di guidare ed orientare la discussione;
- scegliere un compagno che faccia da **osservatore**: il suo compito è quello di osservare

---

**AUTOVALUTAZIONE**

◇ La discussione in classe è un momento importante per avviare il progetto e, insieme, per mettere alla prova le vostre capacità di dialogo e di collaborazione.

Di seguito è riportato un elenco delle competenze che avete attivato in questa prima fase del lavoro. Completate la tabella appuntando a fianco delle competenze indicate i momenti della discussione in cui ciascuna di essa è stata attivata ed è entrata in gioco. Quindi assegnate un punteggio alle vostre "prestazioni".

Valutare il proprio lavoro non è semplice: per giudicare il vostro operato dovete imparare a distanziare criticamente il proprio io, a considerare con oggettività ciò che si è fatto e ad elaborare in un clima cooperativo una valutazione condivisa. Il componente del gruppo che ha il svolto il compito di osservatore guiderà la classe nel processo di autovalutazione, ponendo le domande e indirizzando la discussione.

| COMPETENZE CHIAVE | COMPETENZE DI CITTADINANZA (trasversali) | In quale momento della discussione abbiamo esercitato questa competenza? | Valutiamo le nostre abilità e le nostre competenze |
|---|---|---|---|
| Relazione con gli altri | **1 Comunicare**<br>– saper comunicare (comprendere e rappresentare) in modo efficace, coerente e corretto, usando vari tipi di linguaggi, in relazione al contesto e allo scopo<br>– saper gestire momenti di comunicazione complessi, in situazione, tenendo conto dell'emotività e della interiorizzazione delle conoscenze | .................................................. .................................................. .................................................. .................................................. .................................................. .................................................. .................................................. | Siamo stati in grado di comunicare in modo efficace?<br>☐ sì<br>☐ abbastanza<br>☐ non abbastanza<br>☐ no |
| Relazione con gli altri | **2 Collaborare e partecipare**<br>– saper interagire in gruppo, comprendendo i diversi punti di vista, valorizzando le proprie e le altrui capacità, gestendo la conflittualità, contribuendo all'apprendimento comune ed alla realizzazione delle attività collettive, nel riconoscimento dei diritti fondamentali degli altri | .................................................. .................................................. .................................................. .................................................. .................................................. .................................................. .................................................. .................................................. | Siamo stati in grado di comunicare in modo efficace?<br>☐ sì<br>☐ abbastanza<br>☐ non abbastanza<br>☐ no<br>**Come potremmo migliorare?**<br>.................................................. .................................................. |

SCUOLA & LAVORO

dall'esterno le strategie e la modalità della discussione, senza prendervi parte direttamente, per poi comunicare alla classe le sue osservazioni.

Quindi, per rendere produttiva la discussione, può essere utile tener conto di due semplici regole:

- parlare a turno, in modo pertinente, senza dilungarsi troppo;
- ascoltare attentamente gli interventi degli altri compagni, senza interrompere chi sta parlando.

La discussione ha l'obiettivo di definire alcuni elementi, che condizionano la scelta del menu:

– il numero dei partecipanti, che deve comprendere l'intera classe e gli insegnanti;

– la location (la mensa della scuola? la casa di uno dei membri della classe?);

– il budget;

– la data di svolgimento della cena.

| Relazione con gli altri | 3 Agire in modo autonomo e responsabile<br>– sapersi inserire in modo attivo e consapevole nella vita sociale<br>– riconoscere e rispettare i limiti, le regole, le responsabilità personali e altrui | | Siamo stati in grado di agire in modo autonomo e responsabile?<br>☐ sì<br>☐ abbastanza<br>☐ non abbastanza<br>☐ no<br>**Tutti i componenti del gruppo sono intervenuti nella discussione?** |
| --- | --- | --- | --- |
| Rapporto con la realtà naturale e sociale | 4 Risolvere problemi<br>– saper affrontare situazioni problematiche, formulando ipotesi di soluzione<br>– stabilire le risorse necessarie da utilizzare, i dati da organizzare e le soluzioni da proporre<br>– proporre soluzioni creative ed alternative | | Siamo stati in grado di affrontare la situazione, stabilendo le risorse e proponendo delle soluzioni? |
| Costruzione del sé | 5 Progettare<br>– saper utilizzare le proprie conoscenze per fissare obiettivi realmente raggiungibili e di complessità crescente<br>– formulare strategie di azione, distinguendo tra le più e le meno efficaci | | Siamo stati in grado di formulare delle strategie efficaci e di raggiungere gli obiettivi della discussione, riuscendo a definire quanto necessario?<br>☐ sì<br>☐ abbastanza<br>☐ non abbastanza<br>☐ no |

# 2 Compiti autentici — Saperi e sapori: a tavola con Renzo e Lucia

**SECONDA FASE**

## Definite il menu

A questo punto occorre definire tutti insieme il menu, ossia stabilire la sequenza di piatti che saranno serviti alla cena di classe. Per costruirlo basta non avere troppa fretta e rispettare alcune regole della tradizione culinaria. Ci sono due possibili modelli: nel primo i piatti devono essere serviti in un crescendo di sapori, dal più delicato al più intenso; nel secondo tutte le diverse portate devono affiancare e saper "dialogare" con un piatto forte principale, che dà lo stile al menu. Questo piatto importante sarà il primo ad essere scelto, e da questa scelta deriveranno tutte le altre.
Ma non è finita: ai cibi vanno abbinate le bevande. Inoltre va assegnato un titolo al menu.

Il vostro lavoro di progettazione è reso più complesso e coinvolgente dalla presenza del tema letterario. Per individuare i piatti ispirati al romanzo manzoniano potete dividervi in tre team.

- Il primo team rileggerà alcuni passi del romanzo andando a caccia dei cibi che effettivamente fanno la loro comparsa tra le pagine dei *Promessi sposi* (tra questi ci sono, ad esempio, le polpette che Renzo mangia all'osteria, i capponi che regala ad Azzeccagarbugli, la polenta di Tonio, ecc.). Poi, a partire dalle sollecitazioni ricavate dalla lettura, la squadra compone una propria ipotesi di menu.

- Il secondo team analizzerà i personaggi del romanzo, passandone in rassegna le caratteristiche e la vicenda. L'obiettivo è quello di predisporre una bozza di menu costruita per suggestione, proponendo dei piatti che "rispecchiano" i tratti caratterizzanti dei personaggi manzoniani.

- Il terzo team, invece, svolgerà una ricerca per indagare la storia e la geografia dei piatti da includere nel menu. Quali sono i piatti tipici della Lombardia? Cosa si mangiava nel Seicento? Quali pietanze sarebbero state proposte al banchetto di nozze di Renzo e Lucia? Il team dovrà rispondere a queste domande con l'obiettivo di proporre un'ipotesi di menu che sia attento alla varietà regionale e tenga conto anche della storia dell'alimentazione.

Giuseppe Arcimboldo, *L'avvocato*, 1566. Stoccolma, Nationalmuseum.

Ciascuno dei tre team elegge al suo interno un relatore. Questi ha il compito di esporre all'intera classe il menu elaborato dalla propria squadra, motivandolo e illustrandone i punti di forza.

Al termine delle tre esposizioni la classe discute insieme per mettere a punto un menu condiviso che prenda il meglio dalle ipotesi presentate dai team. Eventualmente è anche possibile selezionare anche solo una delle tre proposte, qualora venisse approvata da tutto il gruppo-classe.

Annibale Carracci, *Bottega del macellaio*, 1585 circa. Fort Worth, Texas, Kimbell Art Museum.

### AUTOVALUTAZIONE

◇ In questa fase del lavoro avete esercitato ancora una volta le competenze collaborative, comunicative e progettuali, già attivate nella discussione iniziale. In questa seconda esperienza di discussione cooperativa come è cambiato il vostro approccio al dialogo? Siete riusciti a migliorare le modalità di lavoro e avete evitato gli errori e i problemi emersi nella discussione precedente? Aver già riflettuto insieme sulle modalità e sulle competenze attivate nella discussione, secondo voi, può aver facilitato il lavoro?
Rispondete a queste domande confrontando le impressioni che avete ricavato da questa seconda esperienza di dialogo partecipato.

◇ Oltre ad esercitare competenze già attivate, ne avete anche messe in campo di nuove. Quali? Ricostruite i tre team di lavoro e, discutendo all'interno del gruppo, sottolineate nell'elenco le abilità di cui avete dovuto dar prova.

- Collaborare
- Progettare
- Sviluppare soluzioni creative
- Comunicare
- Risolvere problemi
- Acquisire informazioni
- Fare ricerche
- Agire in modo autonomo e responsabile
- Produrre testi coesi e coerenti

- Utilizzare strumenti multimediali
- Leggere e interpretare un testo
- Comprendere globalmente messaggi scritti e visivi
- Competenze organizzative gestionali
- Competenze linguistiche
- Spirito di iniziativa e di imprenditorialità
- ..............................................................
- ..............................................................

Completate l'elenco inserendo altre eventuali abilità e competenze attivate nel corso di questa attività.

243

## 2 Compiti autentici — Saperi e sapori: a tavola con Renzo e Lucia

**TERZA FASE**

# Distribuite compiti e ruoli. E ora... all'opera!

Progettare, mettere a punto ed eseguire una cena di classe è un lavoro collettivo. Per la buona riuscita dell'evento, ognuno deve fare la propria parte nei tempi concordati, collaborando con gli altri. È necessario avere una visione d'insieme delle azioni da svolgere per ripartire adeguatamente i ruoli e le mansioni.
Dialogando insieme dovete quindi preoccuparvi di:
- definire una scaletta di massima con le diverse azioni da svolgere e le fasi di esecuzione del progetto;
- suddividere i compiti all'interno del gruppo.

Il lavoro va organizzato tenendo conto delle abilità, dei gusti e delle predisposizioni di ciascuno. Di conseguenza il gruppo classe sarà suddiviso in piccole squadre, ognuna delle quali si occuperà di svolgere un compito preciso. Di seguito trovate una lista di controllo delle professionalità e dei passaggi principali in gioco nell'organizzazione e nello svolgimento di una cena. Si tratta di suggerimenti di massima che vanno di volta in volta calibrati, personalizzati e adattati alla situazione reale.

| Lista di controllo: le squadre di lavoro e i compiti da svolgere | |
|---|---|
| **Il team dei grafici** | • Predisporre graficamente gli inviti<br>• Strutturare graficamente i menu |
| **Il team degli studiosi** | • Selezionare i brani dai *Promessi sposi* da proporre durante la cena<br>• Individuare dei modi creativi per proporre i brani all'attenzione dei commensali |
| **Il team degli economi** | • Sulla base del menu, in collaborazione con i cuochi, compilare una lista della spesa<br>• In collaborazione con i party planner, definire una lista dell'utensileria e delle dotazioni per l'allestimento del set e per il servizio<br>• Tenere conto del budget e amministrarlo oculatamente<br>• Fare la spesa e reperire tutto il necessario per la cucina, per l'allestimento e per il servizio |
| **Il team dei party planner** | • Coordinare l'organizzazione della cena<br>• Definire le modalità del servizio<br>• Distribuire gli inviti<br>• Allestire un'"architettura effimera", curando l'apparecchiatura della tavola e la presentazione scenografica del set della cena (addobbi, distribuzione e disposizione dei tavoli, presentazione delle vivande, selezione delle musiche di sottofondo per creare una "atmosfera manzoniana", ecc.) |

SCUOLA & LAVORO

| Il team dei cuochi | • Cucinare e presentare i piatti previsti dal menu<br><br>**Attenzione!** Cucinare un menu per molte persone è un'operazione che richiede tempi lunghi, pazienza, capacità organizzativa e creatività. Un solo giorno di lavoro potrebbe non bastare: mettete in conto che potrebbe essere necessario preparare le basi e alcune pietanze già il giorno prima della cena. |
|---|---|
| L'intera classe: servizio e riordino | • Servire le pietanze<br>• Riordinare e pulire, al termine della cena<br><br>Tutti i componenti della classe devono contribuire al servizio e si impegnano a pulire e a riassettare a fine serata. |

### AUTOVALUTAZIONE

◆ Mentre state svolgendo il lavoro che vi è stato assegnato, riservatevi un attimo per fermarvi a riflettere.
Appuntate individualmente su un foglio di carta:
- le difficoltà che state incontrando nello svolgimento del compito;
- i punti di forza e i punti di debolezza che contraddistinguono il vostro modo di partecipare al lavoro comune;
- gli elementi di divertimento e di gratificazione.

◆ Alla fine del lavoro confrontate la valutazione che avete eseguito da soli con quelle elaborate dagli altri componenti del gruppo.

## Compiti autentici — Saperi e sapori: a tavola con Renzo e Lucia

**QUARTA FASE**

# Il dado è tratto

Siamo arrivati al momento tanto atteso. Gli invitati sono arrivati. La cena ha inizio. I piatti del vostro menu, preparato con fatica ma anche con passione e creatività, sono finalmente in tavola. Rilassatevi, divertitevi e gustate quello che avete preparato. Non state in ansia e non crucciatevi se qualcosa non va come avete programmato: il successo di una cena perfetta dipende in primo luogo dall'allegria dei commensali, è frutto del piacere di stare insieme. E ora… buon appetito!

### AUTOVALUTAZIONE

◆ Avete mangiato, avete chiacchierato, avete "gustato" i *Promessi sposi*, avete imparato a lavorare in squadra. Adesso riflettete in modo individuale sul risultato del lavoro che avete eseguito.

◆ Indossate le vesti del critico gastronomico: scrivete un articolo in cui descrivete e giudicate ognuno dei piatti che sono stati proposti. Chiudete l'articolo tracciando un bilancio della cena e commentando la riuscita della serata.

Di seguito proponiamo alcuni suggerimenti di lettura e alcuni film per approfondire gli spunti nati durante l'organizzazione di questa cena "manzoniana".

### TESTI

- Camilla Baresani, Allan Bay, *La cena delle meraviglie*, Feltrinelli, Milano 2007.
  Questo libro è la storia di un'esperienza reale: una cena per dieci dal menu favoloso preparata in soli quattro giorni e raccontata in modo avvincente da un grande esperto di cucina e da una scrittrice che si occupa anche di recensioni gastronomiche.

- Aa.Vv., *Banchetti letterari. Cibi, pietanze e ricette nella letteratura da Dante a Camilleri*, a cura di G.M. Anselmi e G. Ruozzi, Carocci, Milano 2011.
  Questa raccolta di saggi indaga il tema del cibo nella letteratura italiana, dal Medioevo alla contemporaneità. Ogni saggio si propone come un "assaggio" per stimolare il desiderio di nuove letture.

- M. Montanari, *L'identità italiana in cucina*, Laterza, Roma-Bari 2011.
  Il saggio ripercorre con vivacità la storia alimentare della nostra Penisola, mettendo in luce il contributo fornito dalle diverse tradizioni regionali alla "invenzione" dell'identità mista e plurale della cucina italiana.

### FILM

- *Il pranzo di Babette*, di Gabriel Axel. Con Bibi Andersson, Stéphane Audran, Jarl Kulle, Lisbeth Movin, Bendt Rothe. Danimarca 1987.
  Questo film, tratto da un romanzo di Karen Blixen, racconta l'organizzazione di un pranzo favoloso, imbastito dalla cuoca francese Babette, che ha il potere di sanare tutte le discordie che dividono gli abitanti di un piccolo paese scandinavo.

- *Chocolat*, di Lasse Hallström. Con Juliette Binoche, Leslie Caron, Alfred Molina, Johnny Depp, Lena Olin. Regno Unito - USA 2000.
  Questa commedia romantica ruota intorno al cioccolato, proposto nelle forme e nelle ricette più intriganti dalla protagonista femminile, Vianne.

- *Ratatouille*, di Brad Bird, Jan Pinkava. Animazione. USA 2007.
  Il topolino Ratatouille vuole diventare chef. Per riuscire nell'impresa dovrà vincere i pregiudizi, conquistare la fiducia di un timido sguattero, sbarazzarsi di un crudele ristoratore e infine convincere del suo valore il più feroce tra i critici culinari francesi, Anton Ego.

# L'itinerario di viaggio: la Sicilia degli scrittori

## SITUAZIONE

Siete i consulenti di un'agenzia di viaggi. Una scuola secondaria di secondo grado vi ha incaricati di predisporre un progetto di viaggio sulle tracce dei più importanti scrittori siciliani. I destinatari sono gli studenti dell'ultimo anno.

Una commissione composta dai rappresentanti degli studenti, dai docenti accompagnatori, dal vicepreside e da un membro della segreteria parteciperà all'incontro di presentazione delle proposte, in cui saranno illustrati, insieme al vostro, anche altri progetti redatti da altre agenzie. La scuola sceglierà il progetto che avrà ottenuto la migliore valutazione da parte della commissione. È dunque importante che predisponiate una presentazione accattivante e completa di informazioni volte a suscitare interesse verso la meta del viaggio, valorizzandone l'aspetto culturale e formativo.

**CONSEGNA**

Lavorando in piccoli gruppi e avvalendovi delle vostre competenze informatiche, artistiche e organizzative, ideate un progetto di viaggio sulle tracce dei luoghi descritti nelle opere dei più importanti scrittori siciliani che avete studiato e letto. Quindi realizzate una presentazione multimediale che illustri l'itinerario artistico-culturale proposto.

Fate in modo che la presentazione sia convincente e accattivante.

**COMPETENZE ATTIVATE**

- Fare ricerche in rete
- Dialogare e collaborare
- Agire in modo autonomo
- Sviluppare soluzioni creative
- Risolvere problemi
- Esercitare le competenze di sintesi
- Esercitare le competenze di scrittura
- Stabilire nessi tra il testo letterario e il paesaggio
- Stabilire nessi tra il passato e la contemporaneità
- Utilizzare e produrre strumenti multimediali

**OBIETTIVI**

- Comunicare in maniera efficace
- Mettere in atto capacità creativa e spirito d'iniziativa
- Acquisire consapevolezza degli strumenti linguistici da usare in funzione di uno scopo comunicativo definito e specifico
- Elaborare proposte praticabili
- Suggerire e mettere in atto soluzioni efficaci ai problemi incontrati
- Realizzare una presentazione multimediale

**FASI OPERATIVE**

Sono previste in totale tre fasi operative.

247

# 2 Compiti autentici — L'itinerario di viaggio: la Sicilia degli scrittori

**PRIMA FASE**

## Brainstorming

Per prima cosa dovete decidere quali saranno i grandi autori sulle orme dei quali impostare l'itinerario di viaggio. Riflettete con attenzione su autori e opere studiati a scuola o letti autonomamente. In questa fase può essere utile usare la tecnica del *brainstorming* per far emergere liberamente le idee, senza vergogna, reticenze, censure. Nominate all'interno del vostro gruppo un segretario che prenda nota (in una lista o in una mappa mentale) delle idee che via via emergono.
Naturalmente i nomi che si imporranno prepotentemente su tutti gli altri saranno Verga e Pirandello, quindi è verosimile che questi due grandi autori rappresentino il punto di partenza del vostro itinerario di viaggio. Insieme ai loro nomi, probabilmente, ne affioreranno altri: De Roberto, Vittorini, Tomasi di Lampedusa, Sciascia, Camilleri…

Attraverso una ricerca in rete associate i nomi e le opere degli autori emersi nella fase del *brainstorming* a dei luoghi geografici precisi: quelli delle loro biografie, ma anche quelli descritti nelle loro opere (la Girgenti di Pirandello, oggi Agrigento; il paesino di Aci Trezza e la Catania di Verga; la Palermo di Tomasi di Lampedusa e la sua immaginaria Donnafugata, nella quale si riconoscono luoghi realmente esistenti a Palma di Montechiaro e a Santa Margherita Belice…). Incrociate i dati emersi dal *brainstorming* con le informazioni ricavate attraverso la ricerca in rete e selezionate gli autori e i luoghi più significativi che costituiranno le tappe del vostro itinerario.

[1] La Valle dei Templi ad Agrigento.
[2] I faraglioni (o isole dei Ciclopi) ad Acitrezza.
[3] Leonardo Sciascia a Racalmuto nella parrocchia di Sant'Anna. Foto di Ferdinando Scianna del 1964.

SCUOLA & LAVORO

[4] La Casa Museo di Luigi Pirandello ad Agrigento, in contrada Caos.

[5] Il museo Casa del Nespolo ad Acitrezza.

[6] Il museo del Gattopardo a Santa Margherita Belice (Agrigento), realizzato all'interno del Palazzo Filangeri-Cutò appartenuto alla famiglia Tomasi di Lampedusa.

## AUTOVALUTAZIONE

◆ Alla fine della prima fase, fermatevi a riflettere sul modo in cui avete lavorato e sulle abilità che avete messo in campo. Rispondete individualmente al seguente questionario, segnando con una crocetta il livello di ciascun indicatore.

|  |  | MOLTO | ABBASTANZA | POCO | PER NIENTE |
|---|---|---|---|---|---|
| **Collaborare e partecipare** | Sei intervenuto attivamente nella discussione? Sei riuscito a dialogare con gli altri nel rispetto dei diversi punti di vista e senza perdere di vista l'obiettivo? Hai saputo gestire gli eventuali diverbi in modo da contribuire alla discussione generale? | ☐ | ☐ | ☐ | ☐ |
| **Comunicare** | Sei riuscito a esprimere le tue idee in modo chiaro ed efficace? | ☐ | ☐ | ☐ | ☐ |
| **Sviluppare soluzioni creative** | Hai avuto delle buone idee e hai saputo trovare delle soluzioni percorribili? | ☐ | ☐ | ☐ | ☐ |
| **Acquisire ed interpretare l'informazione** | Sei stato in grado di valutare criticamente le idee emerse? Hai saputo individuare le proposte più efficaci? | ☐ | ☐ | ☐ | ☐ |

# 2 Compiti autentici — L'itinerario di viaggio: la Sicilia degli scrittori

**SECONDA FASE**

## Raccogliere informazioni

Ora che avete selezionato gli autori e le opere di riferimento e, di conseguenza, le varie tappe del viaggio, ricercate in rete o su guide cartacee informazioni sui luoghi di interesse storico e artistico – chiese, palazzi, musei, fontane... – e sulle bellezze naturali da scoprire durante il viaggio. Create il vostro itinerario.

Reperite attraverso una ricerca online anche le immagini dei luoghi di maggiore interesse che fanno parte dell'itinerario scelto e scrivete una didascalia per ciascuna di esse.

Potrebbe essere utile rintracciare, inoltre, nelle opere degli autori selezionati, i passi più significativi in cui compaiono delle descrizioni geografiche e paesaggistiche da utilizzare poi per accompagnare le immagini.

Scicli, nella provincia di Ragusa, dove sono stati girati diversi episodi della serie televisiva *Il commissario Montalbano*, tratta dai romanzi di Andrea Camilleri.

**AUTOVALUTAZIONE**

Alla fine della seconda fase, fermatevi a riflettere sul modo in cui avete lavorato e sulle abilità che avete messo in campo. Rispondete individualmente al seguente questionario, segnando con una crocetta il livello di ciascun indicatore.

| | | MOLTO | ABBASTANZA | POCO | PER NIENTE |
|---|---|---|---|---|---|
| **Collaborare e partecipare** | Hai partecipato attivamente alla fase di ricerca? | ☐ | ☐ | ☐ | ☐ |
| **Comunicare** | Nella redazione delle didascalie sei riuscito a esprimerti in modo chiaro ed efficace? | ☐ | ☐ | ☐ | ☐ |
| **Sviluppare soluzioni creative** | Hai avuto delle buone idee nella scelta dell'itinerario? Hai saputo trovare delle soluzioni percorribili? | ☐ | ☐ | ☐ | ☐ |
| **Acquisire ed interpretare l'informazione** | Sei stato in grado di reperire le informazioni sui luoghi di interesse storico e artistico e sulle bellezze naturali che fanno parte dell'itinerario scelto? Hai saputo valutare criticamente le informazioni raccolte? | ☐ | ☐ | ☐ | ☐ |

SCUOLA & LAVORO

**TERZA FASE**

# Realizzare una presentazione

È arrivato il momento di organizzare il materiale raccolto in una presentazione che contenga l'itinerario artistico culturale che avete intenzione di proporre alla scuola. Ricordate che la presentazione deve essere completa e allo stesso tempo accattivante. Ecco pochi semplici consigli per realizzare una presentazione efficace:

- cercate di sintetizzare al meglio le informazioni in modo da offrire un quadro completo senza però appesantire la comunicazione;

- fate in modo che le parti di testo siano facilmente leggibili;

- accompagnate il testo con elementi visivi (immagini, schemi, grafici) che siano funzionali alla presentazione;

- laddove necessario molto testo, usate le animazioni per visualizzarne una parte alla volta durante la vostra esposizione.

Infine scegliete un relatore che esponga il vostro progetto di viaggio alla commissione usando come supporto la presentazione multimediale.

**AUTOVALUTAZIONE**

Alla fine della terza fase, fermatevi a riflettere sul modo in cui avete lavorato e sulle abilità che avete messo in campo. Rispondete individualmente al seguente questionario, segnando con una crocetta il livello di ciascun indicatore.

| | | MOLTO | ABBASTANZA | POCO | PER NIENTE |
|---|---|---|---|---|---|
| **Collaborare e partecipare** | Sei intervenuto attivamente nella realizzazione della presentazione? Sei riuscito a dialogare con gli altri nel rispetto dei diversi punti di vista e senza perdere di vista l'obiettivo? Hai saputo gestire gli eventuali diverbi in modo da contribuire alla realizzazione del lavoro? | ☐ | ☐ | ☐ | ☐ |
| **Comunicare** | Nella redazione delle parti di testo inserite nelle slides sei riuscito a esprimerti in modo chiaro ed efficace? Se hai svolto il ruolo di relatore del tuo gruppo, la tua esposizione è stata scorrevole, rigorosa, ricca, ben articolata e corretta? Hai usato un lessico efficace e originale? | ☐ | ☐ | ☐ | ☐ |
| **Sviluppare soluzioni creative** | Hai avuto delle buone idee per la realizzazione della presentazione? Hai saputo trovare delle soluzioni percorribili? | ☐ | ☐ | ☐ | ☐ |

# 3
# La comunicazione nel mondo del lavoro: scrivere e parlare

- Il testo professionale

**per presentarsi**
- L'inserzione di lavoro
- La lettera e il curriculum vitae
- Il colloquio di lavoro
   video  Il colloquio di lavoro

**per scrivere e comunicare**
- La lettera formale
- L'e-mail
- L'abstract
- Il dépliant
- Il verbale
- La scheda cliente
- La relazione tecnica
- La relazione di stage o tirocinio
- La presentazione con slide
   video  La relazione orale
- La scrittura per il web
- Il blog
- La telefonata di lavoro
- Il brief

**APPENDICE**
- Corso di dizione
   Corso di dizione

# 3 La comunicazione nel mondo del lavoro: scrivere e parlare

# Il testo professionale

## 1 Dall'"antilingua" al testo professionale

Nel 1965, in un articolo sul quotidiano «La Stampa», Italo Calvino parla di "antilingua": un modo di esprimersi che "complica le cose semplici", «quell'italiano surreale che ha contagiato il nostro linguaggio quotidiano».
Cominciamo la nostra riflessione sulla lingua professionale leggendo una parte di quel famoso articolo.
Un tale si presenta dai carabinieri e dà notizia di un reato:

> Il brigadiere è davanti alla macchina da scrivere. L'interrogato, seduto davanti a lui, risponde alle domande un po' balbettando, ma attento a dire tutto quel che ha da dire nel modo più preciso e senza una parola di troppo:
> «Stamattina presto andavo in cantina ad accendere la stufa e ho trovato tutti quei fiaschi di vino dietro la cassa del carbone. Ne ho preso uno per bermelo a cena. Non ne sapevo niente che la bottiglieria di sopra era stata scassinata».
> Impassibile, il brigadiere batte veloce sui tasti la sua fedele trascrizione:
> «Il sottoscritto, essendosi recato nelle prime ore antimeridiane nei locali dello scantinato per eseguire l'avviamento dell'impianto termico, dichiara d'essere casualmente incorso nel rinvenimento di un quantitativo di prodotti vinicoli, situati in posizione retrostante al recipiente adibito al contenimento del combustibile, e di aver effettuato l'asportazione di uno dei detti articoli nell'intento di consumarlo durante il pasto pomeridiano, non essendo a conoscenza dell'avvenuta effrazione dell'esercizio soprastante».
>
> Ogni giorno, soprattutto da cent'anni a questa parte, per un processo ormai automatico, centinaia di migliaia di nostri concittadini traducono mentalmente con la velocità di macchine elettroniche la lingua italiana in un'antilingua inesistente. Avvocati e funzionari, gabinetti ministeriali e consigli d'amministrazione, redazioni di giornali e di telegiornali scrivono parlano pensano nell'antilingua.
>
> (Italo Calvino, *L'antilingua*, in *Una pietra sopra*, Einaudi, Torino 1980)

I due passi evidenziati all'interno dell'articolo raccontano lo stesso avvenimento, ma con caratteristiche di stile del tutto diverse: nel testo in rosso (le parole pronunciate direttamente dall'interrogato) i fatti sono esposti in modo chiaro e conciso con termini vicini all'uso quotidiano della lingua; il testo in blu, invece, è un esempio di "burocratese", un tipo di linguaggio che appartiene alla categoria dei "finti" linguaggi professionali e che ben rappresenta quella che Calvino chiama l'"antilingua".

Se mettiamo a confronto le due parti del testo, possiamo capire meglio che cosa non dovrebbe caratterizzare i testi professionali.

254 SCUOLA & LAVORO

| l'interrogato | il brigadiere |
|---|---|
| lessico del linguaggio quotidiano | lessico "burocratese" |
| – stamattina presto | – nelle prime ore antimeridiane |
| – cantina | – locali dello scantinato |
| – accendere la stufa | – avviamento dell'impianto termico |
| struttura del discorso | struttura del discorso |
| tre frasi con poche subordinate | unico lungo periodo ricco di subordinate |

Puoi continuare da solo l'analisi dal punto di vista del lessico e della struttura sintattica.

**I testi professionali "buoni" non sono scritti in "antilingua".**

## 2 Il testo professionale

Per **testi professionali** si intendono tutti quei testi che circolano nel mondo del lavoro: rapporti, relazioni, curriculum vitae, e-mail, ma anche testi pubblicitari, articoli per riviste, questionari, interviste, ecc.

Negli ultimi anni sono stati prodotti molti manuali dedicati proprio alla redazione di questo tipo di documenti. Anche la pubblica amministrazione affronta il problema dell'efficacia della comunicazione scritta: nel 2013 è stata redatta la norma UNI 11482:2013 *Elementi strutturali e aspetti linguistici delle comunicazioni scritte delle organizzazioni*, testo che definisce alcune regole utili e utilizzabili nelle organizzazioni pubbliche e private.

L'idea centrale è che si debba evitare l'**eccesso informativo** (*information overload*), puntando invece a rendere questi documenti il più sintetici e semplici possibile: il tempo è prezioso, la quantità di carta che circola nelle aziende e negli enti pubblici e privati è sovrabbondante, chi sa comunicare il proprio messaggio in forma breve e incisiva risulterà efficace e sarà apprezzato.

L'intento di chi produce testi destinati al mondo del lavoro è perciò quello di realizzare **comunicazioni chiare e sintetiche**, l'opposto di certi "ingorghi linguistici" tipici del linguaggio burocratico.

Facciamo un esempio:

> "Servizio gratuito. È stata raggiunta una numerazione non attiva. Si prega di riappendere e di selezionare nuovamente solo dopo aver ricevuto il segnale di libero e aver accertato l'esattezza del numero da chiamare"

E pensare che si tratta di una comunicazione orale (un messaggio registrato)! In parole semplici il testo potrebbe essere:

> "Il numero da lei chiamato non corrisponde a nessun abbonato. Prima di ripetere la chiamata, controlli se il numero è esatto"

La scrittura professionale insegna i criteri che occorre seguire per produrre testi e documenti specificamente rivolti all'ambito lavorativo. **«La chiarezza [...] è la condizione della scrittura professionale»** (Bruni, Fornasiero, Tamiozzo Goldmann, *Manuale di scrittura professionale. Dal curriculum vitae ai documenti aziendali*, Zanichelli, Bologna 2002).

255

# 3 La comunicazione nel mondo del lavoro: scrivere e parlare
## Il testo professionale

## 3 Le caratteristiche del testo professionale

Passiamo adesso a parlare delle caratteristiche principali del testo professionale, intervallate da alcuni estratti da *Sette regole rapide per scrivere un documento efficace* (www.carlalattanzi.it).

### 1. Attenzione alla situazione comunicativa

- **Il destinatario** può essere interno (un superiore, un collega) o esterno (clienti, associazioni, giornali): questo influenzerà la scelta e l'ordine delle informazioni, nonché il linguaggio.

**A chi stai scrivendo? Mettiti nei suoi panni.**
Qualcuno ha detto che un buon testo professionale non è solo un esercizio di regole sintattiche e grammaticali, è **un atto di relazione tra umani**.
Mettiti nei panni della persona o delle persone che leggeranno. Il contesto gli è chiaro? Sarà facile per loro capire i tuoi obiettivi? Se citi altri documenti, sono noti anche a loro? Il loro livello culturale è adeguato alle scelte lessicali che hai fatto?
Ricorda: un buon comunicatore è innanzitutto uno che ama l'umanità.

- **Lo scopo** deve essere ben definito; questi gli obiettivi prevalenti:
  - professionali: *informare, esporre, descrivere*, con una relazione, un resoconto sintetico di una riunione, una sintesi di documenti letti, ecc.;
  - argomentativi: *convincere, sviluppare un ragionamento*, con una proposta di vendita al cliente o di acquisto alla propria azienda, con un progetto o un testo pubblicitario, ecc.;
  - tecnici: *informare, regolare, prescrivere* fornendo istruzioni per l'uso, protocolli di comportamento, ecc.

**Metti ordine nei tuoi pensieri. Dove vuoi arrivare?**
Se non hai tempo di scrivere una scaletta, fai questa operazione almeno mentalmente. Che obiettivo mi pongo con questo testo? Cosa voglio che l'altro capisca? Concluso questo passaggio, ti sarà più chiaro il modo di organizzare il testo: inizio, argomentazione, conclusioni, argomenti che non puoi tralasciare.

- **L'argomento**: è necessario circoscrivere l'argomento scegliendo le informazioni pertinenti.

**Le 5 W non tramontano mai. Tienile a mente, sempre.**
Le 5 W sembrano così ovvie, ma non sempre ci si ripensa.
La W è la lettera iniziale delle parole inglesi: Who, What, Where, When, Why. Chi, Cosa, Dove, Quando e Perché. È un modello giornalistico e significa che un testo, anche di sole tre righe, deve sempre contenere l'indicazione di chi ha fatto cosa, quando dove e perché. Se provi ad esercitarti su testi già scritti, ti accorgerai che le "5 W" sono trascurate più spesso di quello che pensi. Qualcuno dice che il testo perfetto dovrebbe includere 5 W + H, che sta per How (= Come).

### 2. Forte strutturazione del testo

Se lo scopo del messaggio è quello di **informare**, si avrà un testo espositivo che si sviluppa con ordine spaziale o cronologico a seconda dell'opportunità.

Se lo scopo è **persuasivo**, in generale il testo proporrà un parere motivato o la soluzione del problema.

In ogni caso, le componenti del testo professionale sono:

- <u>esordio</u>: introduzione al tema, indicazione del messaggio principale e dei criteri seguiti nell'esposizione;
- <u>trattazione</u>: esposizione di fatti e argomentazioni a favore del messaggio;
- <u>conclusioni</u>: riproposizione sintetica degli argomenti principali. Ulteriori proposte, se opportune.

La pianificazione ha l'obiettivo di produrre una comunicazione il più possibile comprensibile a tutti i destinatari del testo. Sta alla mia competenza scegliere la struttura più idonea allo scopo che perseguo.

### 3. Cura del piano linguistico

I testi professionali devono puntare alla **massima leggibilità**, queste sono le attenzioni da prestare in fase di stesura:

- impiegare una **sintassi semplice**, prediligendo il costrutto frase principale + una coordinata o una subordinata, così da formare frasi brevi di 20-30 parole;
- esprimere **un solo concetto in ogni frase**;
- usare **modi e tempi verbali semplici**, così da creare frasi leggibili e facili da memorizzare;

**La sintassi. Più è semplice, meglio è.**
Chissà chi, e chissà quando, deve aver spiegato agli italiani che le frasi devono essere roboanti e affastellate, per darsi importanza.
Chi vuole scrivere testi professionali sappia invece che **la sintassi (cioè l'ordinamento dei vari membri della frase) deve essere semplice**. Ovvero prevedere la frase principale, e al massimo una frase coordinata o subordinata. Le frasi composte da tre, quattro o cinque subordinate, magari incastonate una dentro l'altra, non si addicono alla scrittura professionale, confondono il lettore e minacciano la sua buona volontà.

**Ogni frase, un concetto, e vai al sodo.**
Strettamente collegata con la precedente, è la regola che consiglia di inserire un solo concetto forte per ogni frase. Se vuoi dire altro, fermati, fa' una pausa, metti il punto, e ricomincia. Ogni frase avrà un suo preciso valore e una sua logica. Anche la sintassi sarà di conseguenza più semplice, se eviterai di accumulare concetti uno sopra all'altro.

# 3. La comunicazione nel mondo del lavoro: scrivere e parlare
**Il testo professionale**

- curare **il lessico**: preferire, quando non richiesto espressamente dall'argomento affrontato nel testo, le parole comuni e semplici ai termini tecnici ed evitare l'uso di parole altisonanti e dal significato poco concreto;

**Limita le parole astratte, gli inglesismi, le parole altisonanti.**
Non saranno certo i paroloni ad ingannare il nostro lettore. Se il testo è inconsistente, se ne accorgerà. **Usa parole semplici, non banali ma concrete, che possano evocare nella sua mente qualcosa di reale.**
Evita dunque gli eccessi di parole astratte, sostituiscile con dei verbi all'infinito o con espressioni di significato equivalente ma più vive.
Anche l'inglese va usato con moderazione.

- mantenere uno **stile oggettivo**, ma anche vivace, attraverso l'uso di verbi attivi anziché passivi e di espressioni positive invece che negative.

### 4. Presentazione visiva

È importante che un testo professionale risponda anche a caratteristiche di tipo visivo, così che se ne possa capire il senso anche a colpo d'occhio. Gli elementi più importanti sono:
- impaginazione chiara;
- suddivisione in paragrafi;
- titoli, sottotitoli o numerazione dei paragrafi;
- uso di sottolineature o altre evidenziazioni;
- uso di simboli (frecce, asterischi, ecc.) che agevolino la lettura.

**Anche l'occhio vuole la sua parte.**
Allora metti un titolo efficace, usa il sottotitolo per condensare il contenuto del testo, oppure scrivi l'oggetto come fosse l'occhiello di un quotidiano, in modo che catturi la sua attenzione.
**Componi una pagina ariosa**, che abbia dei margini ampi. **Stacca i paragrafi** con il rientro della prima riga, oppure inserendo una riga tra uno e l'altro. Scegli i caratteri più semplici.
**Marca con il grassetto** le parole più importanti nel corpo del testo, in modo che scorrendo con l'occhio i paragrafi si capisca già dove vanno a parare.

**per presentarsi**

# L'inserzione di lavoro

**OBIETTIVI**
- Acquisire le competenze necessarie per scrivere un'inserzione di lavoro corretta ed efficace
- Saper riconoscere un'inserzione di lavoro valida
- Saper rispondere in modo corretto ad un'inserzione di lavoro

---

### CERCASI

Società leader nel settore antincendio, prevenzione e sicurezza sul lavoro, ricerca e seleziona in tutta Italia persone determinate e intraprendenti da inserire nel ruolo di:

**AGENTE DI VENDITA**

per promuovere prodotti e servizi esclusivi del marchio.
I candidati, di entrambi i sessi, devono inviare idoneo CV specificando la provincia di interesse.

**La nostra offerta**
- Formazione e affiancamento
- Inquadramento a termini di legge
- Contributo economico all'avviamento
- Zona in esclusiva
- Portafoglio clienti
- Elevato livello di provvigioni
- Incentivi e premi

**I requisiti richiesti**
- Età: 23 - max 30 anni, diploma o laurea
- Residenza nella zona operativa, mezzo proprio, disponibilità full-time
- Non indispensabili esperienze di vendita precedenti
- Capacità di relazione, dinamismo, curiosità, entusiasmo
- Capacità di organizzazione e pianificazione

I candidati interessati sono invitati a inviare il proprio CV con autorizzazione al trattamento dei dati personali, citando il riferimento CC2012.

---

### OFFRESI

GEOMETRA libero professionista
e IMPRESA EDILE ottimi prezzi!!
Comune: Formigine

Mi offro come geometra (per qualsiasi pratica sia comunale sia catastale, certificazioni energetiche, studi di ristrutturazioni e nuove costruzioni in spazio tridimensionale, ecc.) con anche impresa edile per eseguire lavori di ristrutturazione in genere, sia per edifici abitativi sia agricoli-industriali.
Offerta promozionale per rifacimento bagno veramente interessante!!

**Cappotti isolanti termici
con garanzia 10 ANNI!!
Preventivi GRATUITI!!**

---

Hai letto due esempi di inserzioni di lavoro: la prima per ricerca di personale, la seconda per ricerca di lavoro. Leggendo questo Laboratorio potrai capire se l'impostazione delle due inserzioni è corretta ed efficace.

Il mercato del lavoro, in Italia come negli altri paesi sviluppati, si è profondamente modificato negli ultimi anni, a seguito di leggi che lo hanno reso "flessibile" e che prevedono contratti diversi da quello tradizionale a tempo indeterminato: lavoro interinale (o in affitto: il lavoratore è assunto da agenzie che lo "cedono" per periodi di tempo alle imprese); apprendistato; contratti a tempo determinato di vario genere. Nel mercato del lavoro, in cui si sono fatte strada forme sempre più accentuate di precarietà, sono intervenute molte agenzie di intermediazione il cui *business* è promuovere l'incontro di domanda e di offerta di lavoro. Queste agenzie hanno investito nelle strategie di marketing per farsi conoscere dai lavoratori e dalle aziende, riuscendo a raggiungere in pochi mesi tutti i mezzi di comunicazione, specialmente il web.

# 3 La comunicazione nel mondo del lavoro: scrivere e parlare

per presentarsi | L'inserzione di lavoro

**L'inserzione di lavoro è dunque lo strumento per mettere in contatto domanda e offerta di lavoro.**

Riflettiamo su due tipi di inserzione:

● cercasi: ricerca di personale da parte di un'azienda o di un'agenzia interinale (società di ricerca del personale);

● offresi: ricerca di lavoro da parte di un privato, che scrive l'inserzione per mettersi sul mercato.

## 1 L'inserzione per la ricerca di personale

Questo tipo di inserzione serve all'azienda per mettere in circolazione le proprie offerte di impiego. Saper rispondere correttamente a un'inserzione di ricerca del personale significa godere di una possibilità di accesso al mercato del lavoro.

### 1. Come leggere un'inserzione di ricerca di personale

Per la ricerca del lavoro è molto utile leggere le inserzioni che le aziende in cerca di personale pubblicano, oltre che sui siti delle agenzie interinali, anche sui giornali (quotidiani nazionali o locali) e sulle riviste specializzate in annunci.

Per riuscire a capire se l'inserzione è veramente affidabile, questa dovrà contenere almeno le seguenti informazioni:

– qual è l'azienda che offre un lavoro e in quale settore opera. Non ci si può fidare delle inserzioni anonime. Il nome dell'azienda o quello della società di selezione del personale deve essere sempre identificabile;

– che cosa si richiede al candidato all'assunzione. Si deve capire subito di quale lavoro si parla e qual è la posizione ricercata (il titolo di studio, la qualifica e le competenze professionali);

– che cosa viene offerto, ossia la mansione proposta, la sede di lavoro, l'inquadramento (il tipo di livello previsto dai contratti, la remunerazione), se il lavoro è a tempo determinato o indeterminato;

– come si svolge la selezione dei candidati.

### 2. Come selezionare le inserzioni

È utile imparare a selezionare le inserzioni. Per farlo possono essere utilizzati alcuni criteri che consentono di evitare perdite di tempo o rischi di truffa:

– valutare con attenzione se i requisiti richiesti corrispondono alla mansione; a volte, infatti, anche per posizioni piuttosto importanti viene specificato che non occorrono né titoli di studio particolari né esperienza precedente: una cosa un po' sospetta;

– individuare le inserzioni che continuano a comparire anche a distanza di mesi: difficilmente intendono proporre un lavoro serio, piuttosto vogliono attirare persone giovani o inesperte e spesso rasentano la truffa;

– "controllare" la serietà delle inserzioni attraverso la consultazione di guide che contengono le principali informazioni sulle aziende (ad esempio la *Guida Monaci* o la *Guida Kompass*): è utile consultarle anche prima di presentarsi in azienda per un colloquio di selezione.

Quando non si è in possesso dei requisiti richiesti, rispondere ad un'inserzione di lavoro è una perdita di tempo.

**260** SCUOLA & LAVORO

### 3. Come rispondere a un'inserzione

Una volta verificata la serietà della proposta e la compatibilità tra quanto richiesto e le qualità che si possono mettere in campo, e dopo aver accertato l'identità dell'interlocutore, si potrà rispondere nella maniera prevista dall'inserzione: le aziende richiedono solitamente di essere contattate o telefonicamente o per iscritto, inviando il curriculum vitae insieme a una lettera di accompagnamento via posta, via fax o via e-mail.

Come prima cosa, **prendiamo in mano il curriculum per farne una attenta rilettura ed eventualmente una revisione che lo renda più "mirato"**; ecco una possibile sequenza di operazioni:

- chiarire prima di tutto a se stessi quali sono le caratteristiche del candidato ideale per il lavoro proposto;
- cercare nel proprio curriculum le attività/esperienze che hanno a che fare con le competenze richieste nell'inserzione. Possono emergere anche attitudini ed esperienze fatte al di fuori dell'ambito lavorativo, ma interessanti per il ruolo proposto;
- sviluppare il nuovo curriculum sui punti ritenuti interessanti e pertinenti.

Fatto ciò, è il momento di **scrivere la lettera di accompagnamento**. Queste righe di presentazione devono dare al destinatario almeno una valida motivazione per leggere il curriculum allegato.

Se inviata per posta (non per posta elettronica), la lettera di accompagnamento deve avere il formato di una vera e propria lettera. Dovrà quindi contenere l'indirizzo del mittente, l'indirizzo del destinatario (possibile datore di lavoro), la data, ecc. Se invece è inviata per e-mail, basterà specificare l'indirizzo del mittente e il nome del destinatario. Si dovranno inoltre indicare le specifiche dell'inserzione a cui si risponde (mansione richiesta, giornale o sito su cui è stata pubblicata, data di uscita e eventuale codice di riferimento, se indicato nell'annuncio).

La lettera di presentazione deve essere sintetica, precisare il motivo per cui inviate la vostra candidatura (cioè che lavoro state cercando) e sottolineare i vostri punti forti, dal punto di vista sia professionale sia personale. Se siete in possesso di requisiti che assicurano vantaggi economici al datore di lavoro (come ad esempio l'iscrizione al Centro per l'impiego da oltre 24 mesi, oppure l'iscrizione alle liste di mobilità) segnalateli.

Dal punto di vista dello **stile**, il testo deve essere ben organizzato a livello di linguaggio con frasi brevi e corrette, deve avere assoluto rispetto delle regole ortografiche, grammaticali e sintattiche e un lessico appropriato.

Anche l'impostazione grafica richiede la solita attenzione: suddivisioni chiare del contenuto e font chiari che agevolino la lettura.

## 2      L'inserzione per la ricerca di lavoro

Questo secondo tipo di inserzione serve a cercare lavoro, a proporsi sul mercato, dando una buona immagine di sé.

L'inserzione può essere pubblicata sui quotidiani nazionali o locali e, ovviamente, sul web, dove esistono molte possibilità: tutti i siti dedicati alla ricerca del lavoro propongono modelli da compilare che saranno poi inseriti in banche dati o pubblicati direttamente sull'account personale che è possibile creare nei vari siti.

### 1. Come scrivere un'inserzione per la ricerca di lavoro

L'inserzione deve essere chiara, precisa e sintetica: chi legge deve farsi da subito un'idea precisa riguardo alla persona che l'ha scritta.

L'inserzione deve contenere:

- i <u>dati personali</u>: età, patente/automunito, titolo di studio, ecc.;
- le <u>aspettative professionali</u>;

**261**

# 3 La comunicazione nel mondo del lavoro: scrivere e parlare

**per presentarsi** · L'inserzione di lavoro

- l'eventuale <u>conoscenza di programmi informatici o di altri strumenti operativi</u>; è consigliato specificare soltanto i settori, la specializzazione, i software e i sistemi operativi di cui si è realmente esperti;
- la <u>conoscenza di lingue straniere</u>;
- il <u>tipo di lavoro ricercato</u>;
- se chi scrive non è al primo impiego, l'inserzione deve contenere anche l'<u>indicazione del lavoro che si sta svolgendo</u> e del ruolo che si vorrebbe andare a ricoprire in futuro.

---

**in sintesi**

### Per scrivere una buona inserzione di lavoro

Tra migliaia di annunci è importante cercare di risaltare inserendo informazioni accurate e precise, che suscitano curiosità. Leggete con attenzione i seguenti suggerimenti.

☺ **IL TITOLO** Il titolo deve riassumere il senso dell'annuncio in una sola frase. Evita dunque titoli troppo generici come *Cerco lavoro di babysitter*. Una frase di questo tipo non invoglia gli utenti a leggere il tuo annuncio. Inserisci nel titolo la tua "carta vincente" come il tuo curriculum, il prezzo del servizio o una qualità del tuo carattere. Esempio: *Babysitter laureata in psicologia allegra e solare 10 euro l'ora!*

Indica dove svolgi la tua attività, città e quartiere. Ti aiuterà a essere più visibile sui motori di ricerca. Esempio: *Babysitter laureata in psicologia allegra e solare 10 euro l'ora Roma Monteverde.*

☺ **IL TESTO** Il testo deve essere chiaro e contenere tutte le caratteristiche che possono incuriosire e invogliare gli utenti a contattarti. Inserisci le seguenti informazioni:

- il prezzo del servizio (tariffa a ore, su prestazione, su preventivo, ecc.);
- le tue disponibilità, cioè gli orari o i giorni della settimana in cui puoi lavorare, se cerchi un impiego part time o full time, se necessiti di vitto e alloggio, se sei disposto a lavorare la sera e durante i week end, ecc.;
- dove svolgi la tua attività. Ricordati di indicare i quartieri serviti se lavori da casa o offri il servizio a domicilio come, per esempio, i servizi di babysitting.

☺ **IL TUO MARKETING** Cerca di essere creativo per distinguerti dalla concorrenza e conquistare la fiducia dei clienti!

Pubblica ad esempio una tua bella fotografia: gli annunci con fotografia ricevono maggiore attenzione da parte degli utenti. Racconta qualcosa di te, puoi parlare, ad esempio, dei tuoi hobbies o interessi o di qualsiasi altra informazione che vorresti condividere. Con queste informazioni sul tuo profilo dimostri di essere una persona autentica e affidabile e aiuti gli utenti a conoscerti e a fidarsi di te!

☺ **LO STILE** L'inserzione deve avere una struttura piuttosto rigida e un linguaggio semplice, chiaro e comprensibile:

- frasi brevi e senza subordinate;
- verbi in forma impersonale (cercasi, offresi, ecc.);
- frequente omissione di articoli e congiunzioni;
- uso di termini chiari. Limita i termini stranieri, a meno che non siano di uso comune o specifico di un'area professionale;
- qualche fotografia può aggiungere valore al testo.

☺ **PER FINIRE** Valuta attentamente il mezzo di comunicazione da utilizzare; oltre ai quotidiani, può essere utile selezionare alcune riviste specializzate destinate agli imprenditori che operano negli ambiti produttivi, in cui si ritiene che la propria professionalità possa essere meglio utilizzata (esempio: l'inserzione di un agronomo raggiungerà un pubblico sicuramente più interessato se pubblicata su una rivista specializzata destinata alle imprese agricole).

SCUOLA & LAVORO

# Attività

**1** Analizza la prima inserzione riportata in apertura del Laboratorio e verifica se risponde a tutti i punti raccolti nella seguente tabella, trai poi la tua conclusione sulla validità o meno dell'inserzione. 10 min.

| | SÌ | NO |
|---|---|---|
| ▶ Nome e indirizzo dell'azienda | ☐ | ☐ |
| ▶ Interlocutore per le candidature | ☐ | ☐ |
| ▶ Informazioni rese dall'azienda su se stessa | ☐ | ☐ |
| ▶ Offerta dell'azienda | ☐ | ☐ |
| ▶ Denominazione della professione/posizione | ☐ | ☐ |
| ▶ Attività/mansioni da assolvere | ☐ | ☐ |
| ▶ Requisiti che il candidato deve soddisfare | ☐ | ☐ |
| ▶ Requisiti non essenziali ma che costiuiscono preferenza ("si gradisce", "sono utili", ecc.) | ☐ | ☐ |
| ▶ Modalità di invio della candidatura (e-mail, posta ordinaria, ecc.) | ☐ | ☐ |

**2** Esamina le seguenti inserzioni e poi valuta per ciascuna se sono o meno presenti i requisiti elencati nella tabella che segue. Motiva poi le tue scelte sul quaderno con precisi riferimenti ai testi. 20 min.

▶ Inserzione a.

**AZIENDA DI SERVIZI** di Bologna cerca laureato/a discipline economico-finanziarie con esperienza di 3-4 anni maturata presso società di revisione contabile. Il candidato si occuperà del controllo di gestione curando la predisposizione budget annuale di esercizio, sovraintendendo la consuntivazione dei risultati e l'analisi scostamenti rispetto ai budget, predisponendo report e statistiche per il monitoraggio processi. Completano l'attività la gestione finanziaria e di tesoreria. Inviare curriculum vitae.

▶ Inserzione b.

## ANIMATORI
### ANCHE PRIMA ESPERIENZA

*First animazione*, con sede operativa e legale a Rimini, ricerca personale addetto all'animazione turistica **anche senza esperienza** da inserire presso strutture turistiche sia in Italia che all'estero.
Per la stagione invernale in corso, ricerchiamo:
– animatore miniclub (intrattenimento per bambini)
– animatore fitness (aerobica, fitness)
– animatore sportivo (tornei, sport)
– animatore contatto (pubbliche relazioni)
– ballerini e coreografi

– **animatori** polivalenti e figure specifiche come dj, scenografi, hostess e ragazze immagine.
Partenze anche immediate, destinazioni: nord Italia, Spagna, Egitto.
Criteri di ricerca: dai 16 ai 31 anni, predisposizione al lavoro di gruppo, solarità, pazienza, è gradita la conoscenza di lingue straniere.
Se sei alla **prima esperienza** e vuoi entrare a far parte di uno dei nostri staff di animazione, fallo in maniera professionale e mettiti alla prova.
Possibilità di inquadramento annuale (con continuità fra la stagione estiva e quella invernale).
Per proporre la propria candidatura: **inviare cv possibilmente con foto**.
I candidati scelti verranno gratuitamente invitati ad uno dei nostri stage di selezione a livello nazionale a Rimini a metà dicembre 2014.

▶ Inserzione c.

## AGENTI DI COMMERCIO
### Azienda leader in Europa nei sistemi di sicurezza cerca: venditori.

Il nostro candidato dovrà rispondere ai seguenti requisiti:
– intraprendente;
– orientato al risultato e al cliente;
– capacità di negoziazione;
– capacità di gestione del cliente;
– esperienza nella vendita di prodotti o servizi;
– network sul territorio.

Ti offriamo:
– commissioni ai più elevati livelli di mercato;
– unicità di prodotto e di business model;
– supporto aziendale (lead, eventi, marketing);
– opportunità di carriera;
– smartphone e ticket.

▶ Inserzione d.

## MULTINAZIONALE
### settore assicurativo/finanziaria

ricerca, per sviluppo propria rete territorio italiano, agenti e subagenti plurimandatari e promotori finanziari motivati a sviluppare il proprio pacchetto Clienti con prodotti innovativi e vincenti garantiti da anni di esperienza internazionale nel settore.

Siamo pronti a dare: *know-how*, formazione. Inviare curriculum vitae.

# 3 La comunicazione nel mondo del lavoro: scrivere e parlare

**per presentarsi** L'inserzione di lavoro

| | affidabilità | chiarezza sulla professionalità richiesta | chiarezza dell'offerta | requisiti richiesti (obbligatori e facoltativi) |
|---|---|---|---|---|
| ▶ Inserzione a | ☐ | ☐ | ☐ | ☐ |
| ▶ Inserzione b | ☐ | ☐ | ☐ | ☐ |
| ▶ Inserzione c | ☐ | ☐ | ☐ | ☐ |
| ▶ Inserzione d | ☐ | ☐ | ☐ | ☐ |

**3** **Ogni inserzione indica due tipi di requisiti: requisiti palesi e requisiti nascosti. Riuscire a individuarli entrambi permette di verificare se si è realmente interessati alla posizione offerta o se invece non fa al caso nostro.**
**Esamina i due esempi proposti poi svolgi la stessa indagine sui requisiti per la terza inserzione.** 15 min.

▶ 1° esempio

> **Azienda Informatica** con sede in Rovereto cerca Ragioniere per assistenza clienti. Inviare dettagliato curriculum a C.P. 203, Via Alfieri 38100 Trento.

**Requisiti palesi**

▶ azienda informatica
▶ diploma di ragioniere
▶ mansione affidata: assistenza clienti

**Requisiti nascosti**

▶ necessità di avere conoscenze informatiche abbastanza approfondite
▶ predisposizione ai contatti interpersonali
▶ preferibile esperienza pregressa

▶ 2° esempio

> **EDIL 3 S.P.A.**, importante azienda produttiva di getti di alluminio, leader nel proprio settore, presente sul mercato italiano ed europeo, ricerca, per il potenziamento dell'Ufficio Tecnico
> ### DISEGNATORI TECNICI
> Costituirà titolo preferenziale l'aver maturato esperienza nel settore stampi, conchiglia, attrezzature meccaniche con il sistema CAD. Le condizioni di inserimento saranno correlate alle esperienze maturate.
> La sede di lavoro è tra Trento e Verona. Gli interessati sono pregati di inviare dettagliato curriculum presso CORRIERE 263-DV – Milano.

**Requisiti palesi**

▶ grande azienda
▶ settore tecnico-commerciale
▶ conoscenza CAD
▶ preferibile esperienza pregressa nel settore

**Requisiti nascosti**

▶ disponibilità a muoversi
▶ preferibile conoscenza lingue
▶ lavoro di staff
▶ lavoro di progettazione pezzi meccanici con utilizzo di sistemi computerizzati

**264** SCUOLA & LAVORO

*Entra nella rete B•Controller: diventa anche tu BankingController, entra nel business che fa bene ai clienti e ti fa guadagnare*
- **chiunque può partecipare** a questo business.
- **IoImpresa sarà al vostro fianco**, in ogni momento dall'avvio e nel proseguo del vostro lavoro, per aiutarvi a centrare tutti gli obiettivi di successo che vi ponete aderendo al nostro programma.

**B•Controller**, una proposta chiara **per risultati all'altezza delle vostre attese.**

**Entra in un grande team**
Diventa **titolare di agenzia nel progetto B•Controller** ed entra a far parte di un grande team che sarà sempre con te per centrare gli obiettivi dei clienti: **lavorare contro le anomalie bancarie e far recuperare soldi che le banche hanno percepito illecitamente.**

**Cosa chiediamo?** Cerchiamo **persone fortemente motivate a muoversi in un campo finora sottostimato**, capaci di relazionarsi con i clienti per accompagnarli nel **loro impegno per un credito giusto, equo e libero da truffe**. Un corso di formazione adeguato, supporto continuo di un funzionario in sede, servizi e strumenti per aiutarti a lavorare fin da subito guadagnando in tempi rapidi, un **capitale alla portata di tutti (anche non tutto disponibile immediatamente)**, sono gli elementi della nostra proposta.

Il tuo impegno si svolgerà **nella tua zona di competenza**, che conosci meglio e in cui sai come muoverti: il contatto quotidiano con i clienti, il lavoro di informazione e analisi che fornirai loro sarà alla base del tuo successo.

I **servizi che offrirai ai clienti** sono la miglior referenza per entrare in contatto con altre aziende, nuovi clienti, altre opportunità di lavoro e di business. Per te ma anche per tutti i tuoi clienti.

*da www.ioimpresa.net*

**Requisiti palesi**
- ...........................................................
- ...........................................................
- ...........................................................
- ...........................................................

**Requisiti nascosti**
- ...........................................................
- ...........................................................
- ...........................................................
- ...........................................................

**4** Valuta le tre offerte di collaborazione che seguono e riconosci per ciascuna punti di forza e punti di debolezza. 15 min.

▶ **1° offerta**

Sono Stefania 49 anni, mi piacerebbe dedicare un po' del mio tempo x assistenza ad una persona anziana, compagnia, accompagnamento visite mediche, piccoli lavori domestici e preparazione pasti. Sono automunita ed assicuro massima serietà. Inviare email.

▶ **2° offerta**

**Assistente di Direzione**

Assistente di Direzione, esperienza ultraventennale in contesti multinazionali, 47 anni, offresi.
– Conoscenza ottimo inglese, francese buono;
– Utilizzo strumenti informatici: MS Office e internet;
– gestione corrispondenza ed archivio elettronico, agenda AD, organizzazione viaggi ed eventi, compilazione note spese e gestione piccola cassa. Inviare e-mail.

▶ **3° offerta**

**Dog sitter con esperienza a prezzi veramente modici**

Veramente con esperienza e portato nei rapporti con i cani, offresi come dog sitter a prezzi modici. Non è solo per lavoro, ma è la passione per i nostri piccoli amici che mi spinge a mettere questo annuncio. Dispongo di molto tempo libero e per me, che ho sempre avuto i cani, è un piacere accoglierli a casa mia in centro e portarli naturalmente a passeggiare nei parchi per farli socializzare con i loro amici.
Potete affidarmi senza pensieri il vostro cucciolo per week end, settimane intere o mezze giornate e lo tratterò nel migliore dei modi come se fosse della mia famiglia. Le mie esperienze sono: nell'infanzia e adolescenza ho sempre avuto un cane come compagno di giochi, poi ho fatto volontariato al canile della mia città e ho avuto anche 2 cani (un labrador maschio e una femmina incrocio tra maremmano e setter).

**5** Pensa a un lavoro che potresti svolgere a studi conclusi e, dopo aver raccolto tutte le informazioni necessarie, scrivi sul quaderno un'inserzione da pubblicare su un sito di lavoro o su una rivista specializzata. 30 min.

265

**3** La comunicazione nel mondo del lavoro: scrivere e parlare

**per presentarsi**

# La lettera e il curriculum vitae

**OBIETTIVI**
- Consolidare le abilità comunicative legate alla scrittura
- Acquisire competenze specifiche di autopresentazione in ambiente professionale

---

## 1 Che cos'è la lettera

**La lettera è un testo che un mittente (chi scrive) compone indirizzandolo a uno o più destinatari reali.** Può avere diverse funzioni: informativa, persuasiva, espressiva. In base al contenuto e al destinatario si possono individuare vari tipi di lettera.

Gli elementi formali fissi di una lettera sono:
- l'indicazione di data e luogo;
- le formule di apertura e di chiusura;
- la firma.

**Attenzione** Nel caso dei romanzi epistolari (come le *Relazioni pericolose* di Choderlos de Laclos o le *Ultime lettere di Jacopo Ortis* di Ugo Foscolo) oppure di lettere contenute in romanzi, le lettere hanno una funzione narrativa particolare e mittente o destinatario sono personaggi del romanzo.

### 1. Tipologie di lettera

- **La lettera privata**: è rivolta a parenti e ad amici, spazia su argomenti vari e usa un linguaggio libero e confidenziale. Spesso l'esposizione delle informazioni ha carattere narrativo. Le lettere private dei grandi scrittori sono spesso pubblicate e, oltre a costituire una fonte preziosa di informazione biografica, assumono spesso anche un valore letterario. Oggi al posto della lettera cartacea, inviata usando il sistema postale tradizionale, si utilizzano spesso le sue varianti digitali: e-mail o messaggi sui social network.

- **La lettera aperta**: inviata da un lettore al curatore di una rubrica o al direttore di un giornale, è una tipologia molto diffusa su quotidiani e su riviste ed equivale a un articolo di opinione: vuole attirare l'attenzione su una questione di attualità per chiederne o proporne una soluzione. Il registro varia secondo l'argomento e lo scopo di chi scrive.

- **La lettera pubblica**: è rivolta a enti, associazioni, istituzioni, autorità, o in ogni caso a destinatari che non si conoscono personalmente. Serve per chiedere o dare informazioni, presentarsi, formulare richieste o un invito, ecc. È una lettera formale, soggetta a criteri di organizzazione standard; ricorre a un linguaggio in genere piuttosto stereotipato, neutro o burocratico. Anche questa in parte può essere sostituita dalle e-mail, specie per comunicare con le pubbliche amministrazioni (tramite lo strumento della posta certificata).

**266** SCUOLA & LAVORO

## 2. La lettera di presentazione

Un esempio di lettera pubblica è la lettera di presentazione (detta anche "lettera motivazionale" o "di accompagnamento") che accompagna in genere l'invio di un curriculum vitae e che ha lo scopo di procurarsi un colloquio di lavoro. Può trattarsi della risposta a un annuncio oppure di un'autocandidatura, ossia di una autonoma proposta di qualcuno che aspira al posto di lavoro. Nel primo caso, ovviamente, è importante che pervenga nelle forme richieste (lunghezza, mezzo, tipo di informazioni).

Nel secondo caso, è bene ricordare che:

- nella lettera devono essere indicati tutti i propri recapiti (indirizzo, telefono, cellulare, e-mail);
- non bisogna superare la lunghezza di una pagina;
- se si decide di utilizzare un registro burocratico e indicare l'oggetto della lettera, questo va scritto in modo molto chiaro (vedi esempio);
- nella lettera vanno indicate sinteticamente le ragioni dell'interesse per uno specifico posto di lavoro e le motivazioni per le quali l'azienda dovrebbe prendere in considerazione la candidatura;
- è molto importante indirizzarla personalmente a chi è responsabile della selezione del personale; per avere informazioni precise su nome e cognome del destinatario si può ricorrere ai siti ufficiali o telefonare direttamente all'azienda.

Di seguito forniamo un esempio di lettera di presentazione, tratto dalla *Guida alla ricerca del lavoro* della Regione autonoma Valle d'Aosta (www.regione.vda.it).

---

Anna Vallini
Via Vigevano, 4
10100 Torino
Tel. 011 198615236
Cell. 3380547894123
E-mail anna.vallini@xyz.it

Alla c.a. Dott.ssa Marziani
Cooperativa Sociale Veliero
Via Oltremare 6
10100 Torino

Torino, 25 novembre 2002

Oggetto: Autocandidatura in qualità di addetta ai servizi per l'infanzia

Gentile Dott.ssa Marziani,

sono fortemente interessata a lavorare a contatto con bambini, in qualità di animatrice d'infanzia o assistente d'infanzia. Vi contatto perché so che la vostra Cooperativa gestisce attività di gioco, animazione e cura fisica di bambini, in centri educativi e centri estivi.

Negli ultimi dieci anni, ho svolto diverse e prolungate esperienze di lavoro a contatto con bambini (doposcuola, babysitter, animazione) che mi hanno permesso di sviluppare passione e competenze spendibili professionalmente. Sono in grado di prendermi cura dei bambini, anche neonati, di farli giocare e divertire, perché io per prima mi diverto con loro. Ho imparato ad ascoltare e a leggere i loro bisogni, a organizzare feste per gruppi, raccontare favole, cantare e disegnare. Possiedo conoscenze mediche di base avendo svolto un corso di primo soccorso. Ho facilità di relazione, capacità di operare in équipe e mi adatto facilmente alle esigenze della struttura in cui lavoro.

▶

# 3 La comunicazione nel mondo del lavoro: scrivere e parlare

**per presentarsi** La lettera e il curriculum vitae

Vi comunico infine la mia più ampia disponibilità in rapporto alla definizione degli orari di lavoro, della tipologia di contratto e di periodi di formazione, inoltre posso essere assunta con le agevolazioni previste dalla Legge 407/90.

Ringraziandovi per l'attenzione dedicatami, sono a disposizione per un colloquio informativo.

Con i migliori saluti<br>*Anna Vallini*

Allego curriculum vitae

## 2 Che cos'è il curriculum vitae

**Il curriculum vitae (abbreviato CV) è il testo che serve a presentare le nostre capacità e competenze sul mercato del lavoro**: è, in sintesi, una "carta di identità" professionale.
Il curriculum deve riuscire a catturare l'attenzione di chi seleziona il personale, che nel caso di piccole aziende è direttamente molto spesso il datore di lavoro. Per questo il CV è un testo che deve essere ben articolato, per permettere anche una lettura rapida, in modo che a colpo d'occhio il selezionatore si faccia un'idea delle competenze che gli vengono sottoposte e valuti se contattare la persona per un colloquio di approfondimento.

- Nel caso di una persona senza esperienza lavorativa, il CV contiene le informazioni anagrafiche, quelle scolastiche e linguistiche e quelle relative agli interessi e alle disponibilità del soggetto.
- Nel caso di chi ha già lavorato è focalizzato soprattutto sulle esperienze pregresse.

### 1. Elementi fondamentali del curriculum vitae

| | |
|---|---|
| Informazioni anagrafiche e di contatto | Nome, cognome, data di nascita, indirizzo (residenza/domicilio), numero di telefono e/o cellulare, e-mail. Talvolta si aggiunge anche il codice fiscale. In genere questi dati si mettono per primi nella pagina, in alto a sinistra. |
| Esperienze professionali | Le esperienze professionali si citano all'inverso (sempre prima le attività più recenti), indicando per ognuna: periodo di assunzione (da... a...), nome dell'azienda o dell'ente e tipologia o settore di attività, qualifica e ruolo ricoperto, attività svolte e responsabilità, eventuali contatti a cui richiedere referenze. |
| Formazione | Per le persone che hanno appena terminato gli studi e sono in cerca di prima occupazione si consiglia di mettere subito in evidenza la formazione. Bisogna indicare il titolo scolastico conseguito e gli eventuali corsi di formazione e specializzazione; la formazione universitaria con date e titoli acquisiti (anche non conclusa, se considerata significativa); la formazione professionale tramite specializzazioni o corsi anche aziendali; gli stage o tirocini. Le lingue straniere e la conoscenza di programmi informatici vanno indicati in una sezione a parte. Anche i titoli di formazione si citano all'inverso. |

| | |
|---|---|
| Competenze linguistiche | Per ogni lingua conosciuta va indicato il livello di lettura, comprensione, espressione orale. Di norma la scala di valutazione comprende questi livelli:<br>– madrelingua, ottimo: scrittura ed espressione fluenti;<br>– buono: sostenere una conversazione, scrivere con l'aiuto di un dizionario, leggere testi complessi;<br>– discreto: espressione e comprensione accettabili;<br>– scolastico: rudimenti della lingua.<br>Vanno indicati in questa sezione gli eventuali soggiorni all'estero e i diplomi e gli attestati di lingua che si possiedono, ovviamente indicando la data di conseguimento e l'ente che li ha concessi. |
| Competenze informatiche | Capacità di usare determinati linguaggi di programmazione e sistemi operativi; capacità di utilizzo dei principali pacchetti software; esperienze specifiche su programmi grafici, gestionali o database, ecc.<br>Vanno indicati i corsi di formazione frequentati e le eventuali attestazioni ottenute (per esempio patente europea del computer ECDL). |
| Capacità e competenze professionali | Capacità e competenze di tipo relazionale (lavoro di gruppo, ambiente multiculturale, ecc.), organizzative (coordinamento e amministrazione di persone, progetti o bilanci; *problem solving*, ecc.), tecniche (gestione di attrezzature specifiche, macchinari, computer e reti, ecc.). |
| Attività extraprofessionali e interessi | Attività di volontariato, attività culturali e sociali, pratiche sportive, hobby, progetti per il futuro. Si tratta di una sezione da utilizzare con cautela: deve essere molto breve e utilizzata per dare un'idea della propria personalità. Può essere utile anche per chi è in cerca di prima occupazione, perché indica comunque un'esperienza concreta in determinati settori. |
| Dati generali | Altri dati che si ritengono importanti (per esempio capacità o competenze artistiche, oppure patenti di guida particolari). Disponibilità a trasferimenti, a trasferte, a frequentare corsi di formazione (da citare anche nella lettera di presentazione). |
| Consenso al trattamento dei dati personali | Autorizzazione all'utilizzo dei dati in base al decreto legislativo 196/03. |

# 3 La comunicazione nel mondo del lavoro: scrivere e parlare

per presentarsi | La lettera e il curriculum vitae

**in sintesi**

## Nello scrivere il CV bisogna evitare di:

☹ dimenticare le informazioni personali e i dati anagrafici;

☹ dimenticare i contatti (e-mail e numero di telefono);

☹ descrivere esperienze e studi con commenti personali e dettagli non significativi;

☹ esagerare o essere troppo generici nel descrivere le proprie competenze;

☹ dimenticare il consenso al trattamento dei dati personali;

☹ inviare un curriculum non aggiornato;

☹ commettere errori di ortografia.

Per verificare se il CV funziona, si può rivederlo cercando di rispondere ad alcune domande:

– il selezionatore può trovare rapidamente le informazioni più concrete?

– che tipo di informazioni emergono di più: competenze, profilo, esperienza? sono effettivamente quelle che valorizzano meglio i miei punti di forza?

– i punti di forza per l'offerta di lavoro alla quale sto rispondendo o per il tipo di posizione che cerco sono sufficientemente evidenti?

– il testo è di facile lettura?

– si distinguono bene le diverse sezioni? I diversi punti sono differenziati?

– i miei punti di forza sono evidenziati con un utilizzo efficace dello spazio e della grafica?

– questa prima lettura potrebbe motivare il selezionatore a proseguire l'esame della mia candidatura?

### 2. Curriculum diversi per proposte diverse

È molto importante che il CV sia "calibrato", cioè personalizzato:

● a seconda dell'azienda o ente a cui ci si rivolge;

● rispetto al profilo o alla posizione che si cerca di ottenere.

Per valorizzare la propria esperienza è quindi importante saperla sintetizzare con efficacia, ma anche presentare in qualche modo una risposta interessante rispetto ai bisogni e alle esigenze specifiche del destinatario. Questo ovviamente implica dare maggior peso e spazio ad alcune esperienze rispetto ad altre, o anche evitare di parlare di quelle non pertinenti, specie se si vuole colpire il destinatario con un curriculum particolarmente centrato su una competenza.

In genere, quindi, non bisogna pensare di preparare "un" curriculum, ma diversi: uno per ogni diversa richiesta, magari con cambiamenti minimi, e sempre aggiornati.

## 3 Il *Curriculum Vitae Europeo*

Il *Curriculum Vitae Europeo* è uno degli strumenti che possono essere utilizzati per **facilitare** e **favorire** la mobilità delle persone. Modelli (compilabili) del *Curriculum Vitae Europeo* sono reperibili in rete, ad esempio sul sito europass.cedefop.europa.eu.

Ancora oggi, malgrado la **libera circolazione** sia ormai definita in termini di condizioni giuridiche e diritti costituiti, il cittadino europeo rischia di non vedere riconosciute le proprie qualifiche e competenze in un paese diverso da quello in cui sono state acquisite.

La situazione è ulteriormente complicata dalla proliferazione di titoli a livello mondiale e dai continui cambiamenti nei sistemi nazionali delle qualifiche, negli ordinamenti scolastici ed universitari.

SCUOLA & LAVORO

Per risolvere questo problema, negli ultimi anni l'Unione Europea ha proposto vari strumenti volti a favorire la trasparenza e il riconoscimento delle qualifiche, dei titoli accademici e professionali, in modo da consentire ai cittadini di presentare e utilizzare le proprie competenze in Europa, indipendentemente dal luogo e dal contesto nel quale sono state acquisite.

Il *Curriculum Vitae Europeo* costituisce un'opportunità importante:

- per l'**individuo** che aspira a trovare un posto di lavoro, e/o proseguire il suo percorso di formazione, in quanto permette di valorizzare e dare notorietà anche ai percorsi di apprendimento non formali;
- per le **aziende** e gli **istituti di istruzione/formazione** che hanno la possibilità di riconoscere con maggiore chiarezza il possesso di conoscenze, abilità e competenze, indipendentemente dalle modalità con cui sono state acquisite e dalle qualifiche o titoli professionali posseduti dai singoli cittadini.

Il *Curriculum Vitae Europeo* costituisce un **modello comune di riferimento** per fornire e reperire informazioni sui percorsi formativi compiuti e sulle esperienze lavorative capitalizzate nel tempo.

L'obiettivo è quello di consentire a tutti i cittadini europei di **riconoscere** e **valorizzare** le proprie competenze per proporsi o riproporsi sul mercato del lavoro e della formazione con un curriculum più trasparente e spendibile in tutto il territorio dell'Unione.

Il *Curriculum Vitae Europeo* accoglie in pieno le indicazioni politiche proposte dall'Unione Europea in tema di sviluppo delle risorse umane, che vanno dalla necessità di considerare l'intera esperienza di una persona in una logica di **formazione per tutta la durata della vita**, alla visibilità delle competenze ritenute utili per lavorare nella società attuale.

Il *Curriculum Vitae Europeo*, infatti, prende in considerazione:

- sia la **formazione** iniziale, sia le **esperienze** di vita e di lavoro;
- sia le competenze maturate a scuola o in un ambiente **formativo**, sia quelle acquisite nella **vita professionale** e **sociale**;
- sia le competenze **tecnico-professionali** tradizionali, sia quelle utili nelle nuove forme di **organizzazione del lavoro** e nelle nuove **professioni** (competenze relazionali, organizzative ecc.).

Il *Curriculum Vitae Europeo* è uno **strumento** a disposizione di tutti i cittadini. Non è un certificato, bensì una **dichiarazione** autocertificata e volontaria.

L'adozione di un formato *standard* per tutti i paesi elimina le barriere poste dai diversi metodi istituzionali e nazionali di riconoscimento delle competenze, permettendo alle persone di **esprimere** la propria **storia** ed **esperienza** in modo **comprensibile** per tutti.

---

## A chi serve il *Curriculum Vitae Europeo*

Il **CVE** è uno strumento utile a diversi livelli.

- Ai **cittadini europei**, giovani e meno giovani che:
  - desiderano lavorare in un paese europeo diverso da quello d'origine;
  - hanno acquisito un titolo di studio all'estero;
  - hanno avuto esperienze di lavoro in diversi paesi europei;
  - hanno acquisito competenze in ambiti diversi da quello formativo, non documentate da titoli e certificati, e vogliono renderle note per trovare un lavoro adatto alle proprie capacità e inclinazioni;
  - desiderano continuare il proprio percorso formativo anche in un paese europeo diverso da quello d'origine valorizzando non solo i titoli di studio e professionali, ma le competenze acquisite e le esperienze effettuate.
- Agli **istituti scolastici** e alle **strutture formative** che, attraverso il CVE, possono disporre di informazioni utili all'inserimento delle persone nei diversi percorsi formativi.

Il **Punto Nazionale di Riferimento Italia**, istituito presso l'ISFOL, è la struttura incaricata dal Ministero del Lavoro e delle Politiche Sociali e dall'Unione europea di fornire informazioni di carattere generale sul CVE.

# 3. La comunicazione nel mondo del lavoro: scrivere e parlare

**per presentarsi** — La lettera e il curriculum vitae

Il modello che segue illustra il modo in cui dovrebbe essere compilato un CV in formato europeo.

## Curriculum Vitae Europass

### Informazioni personali

| | |
|---|---|
| Nome | **Luisa Rossi** |
| Indirizzo | Viale E. Pistocchi, 73 – 50137 FIRENZE |
| Telefono(i) | 055 603856 - cell. 335 1887032 |
| E-mail | luisaros@xyz.com |
| Cittadinanza | Italiana |
| Data di nascita | 11.10.1982 |
| Sesso | Femminile |

| | |
|---|---|
| **Occupazione desiderata / Settore professionale** | Editoria, media, marketing, pubbliche relazioni |

### Esperienze professionali

| | |
|---|---|
| Date | **28/01/2010 a oggi** |
| Lavoro o posizione ricoperti | Redattrice editoriale |
| Principali attività e responsabilità | editing<br>ricerca iconografica<br>lettura redazionale |
| Nome e indirizzo del datore di lavoro | Palumbo Editore<br>Viale Alessandro Volta 78/80, Firenze |
| Tipo di attività o settore | Editoria |
| Date | **giugno 2009 – ottobre 2009** |
| Lavoro o posizione ricoperti | Traduttrice/Correttore di bozze/Addetta alla promozione |
| Principali attività e responsabilità | Traduzione dall'inglese all'italiano di contenuti multimediali quali siti web, newsletter e annunci pubblicitari online<br>Addetta alla pubblicità di alcune delle offerte proposte dall'azienda |
| Nome e indirizzo del datore di lavoro | Winsy Technologies, 220 Camden place NW1 0EG<br>London (UK) |
| Tipo di attività o settore | Promoter/Traduttrice |
| Date | **giugno 2008 – maggio 2009** |
| Lavoro o posizione ricoperti | Redazione/Segreteria editoriale (stage) |
| Principali attività e responsabilità | Editing e correzione di bozze. Addetta a mansioni di segreteria editoriale (richieste di autorizzazioni immagini e campagne fotografiche a enti pubblici e privati, rassegna stampa, gestione della posta elettronica ecc.) |
| Nome e indirizzo del datore di lavoro | Paciotti Editore Spa, piazza dei Miracoli, Pisa |
| Tipo di attività o settore | Editoria |
| Date | **giugno 2007 – aprile 2008** |
| Lavoro o posizione ricoperti | Vendita e assistenza clienti |
| Principali attività e responsabilità | Addetta alle vendite dei prodotti offerti dall'agenzia, principalmente: appartamenti in affitto, spostamenti in autobus, scuole di inglese, gite turistiche nella capitale inglese e zone limitrofe<br>Addetta al servizio clienti (di varie nazionalità, in maggioranza inglesi, francesi e italiani) |
| Nome e indirizzo del datore di lavoro | You 4 London<br>London (UK) |
| Tipo di attività o settore | Marketing – Turismo |
| Date | **marzo 2006 – maggio 2007** |
| Lavoro o posizione ricoperti | Insegnante presso le attività di doposcuola alla Scuola Media Inferiore Gianbattista Vico di Grosseto |
| Principali attività e responsabilità | Ripetizioni di tutte le materie a studenti di scuola secondaria di primo grado |
| Nome e indirizzo del datore di lavoro | Scuola media Gianbattista Vico, viale Uranio, 58100 Grosseto |
| Tipo di attività o settore | Istruzione |

### Istruzione e formazione

| | |
|---|---|
| Date | **dicembre 2005 – settembre 2008** |
| Titolo della qualifica rilasciata | Laurea specialistica in Competenze testuali per l'editoria e i media |
| Principali tematiche/competenza professionali possedute | Letteratura italiana e straniera, tecniche editoriali, linguistica e storia della lingua, teoria e pratica della traduzione |
| Nome e tipo d'organizzazione erogatrice dell'istruzione e formazione | Università per stranieri di Siena |

| | |
|---|---|
| Livello nella classificazione nazionale o internazionale | Laurea magistrale<br>Tesi di laurea dal titolo: *Tradurre e interpretare Alice Munro. Tre storie di donne da "Something I've been meaning to tell you".*<br>Relatore: Prof. Tiziana De Rogatis; Correlatore: Prof. Pietro Cataldi<br>Votazione: 110/110 e lode |
| Date | **settembre 2001 – novembre 2005** |
| Titolo della qualifica rilasciata | Laurea triennale in Lettere moderne |
| Principali tematiche/competenza professionali possedute | Letteratura italiana e straniera, linguistica e storia della lingua, lingue straniere: inglese e spagnolo. |
| Nome e tipo d'organizzazione erogatrice dell'istruzione e formazione | Università degli studi di Siena |
| Livello nella classificazione nazionale o internazionale | Laurea triennale<br>Tesi di laurea dal titolo: *Connessioni intertestuali nell'"Autobiografia" e nei "Prigioni" di Umberto Saba.*<br>Relatore: Prof. Stefano Carrai<br>Votazione: 106/110 |
| Date | **settembre 1996 – luglio 2001** |
| Titolo della qualifica rilasciata | Diploma di maturità classica |
| Nome e tipo d'organizzazione erogatrice dell'istruzione e formazione | Liceo classico "Carducci-Ricasoli", Grosseto |
| Livello nella classificazione nazionale o internazionale | Diploma scuola media superiore |

**Capacità e competenze personali**

Madrelingua | **Italiano**

Altre lingue
Autovalutazione
*Livello europeo (*)*

| | Comprensione | | | Parlato | | | | Scritto | |
|---|---|---|---|---|---|---|---|---|---|---|
| | Ascolto | | Lettura | | Interazione orale | | Produzione orale | | Scritto | |
| **Inglese** | C2 | Avanzato | C2 | Avanzato | C2 | Avanzato | C2 | Avanzato | C2 | Avanzato |
| **Spagnolo / Castigliano** | A2 | Elementare | A2 | Elementare | A2 | Elementare | A2 | Elementare | A2 | Elementare |

(*) Quadro comune europeo di riferimento per le lingue

| | |
|---|---|
| Capacità e competenze sociali | Ottime capacità relazionali, gestionali e di scrittura |
| Capacità e competenze organizzative | Tutte le mie esperienze lavorative hanno migliorato e forgiato le mie capacità gestionali e organizzative. Sono in grado di gestire un team e di amministrare un settore, come di lavorare sotto scadenza. Tutte le esperienze lavorative dal 2006 al 2008 sono state svolte durante il mio percorso di studi. |
| Capacità e competenze tecniche | Ottime capacità di interazione e relazione pubblica |
| Capacità e competenze informatiche | Internet e Posta Elettronica: ottima competenza<br>Pacchetto Office: buona competenza<br>Outlook: ottima competenza<br>Windows XP / Mac: ottima competenza<br>Microsoft Front Page: buona competenza<br>Quark Express: competenza base<br>In Design: competenza base<br>CERTIFICAZIONE EUROPEA PER L'USO DEL COMPUTER **"ECDL FULL"** (N. IT-778942) |
| Capacità e competenze artistiche | Abilità in scrittura creativa e giornalistica, conoscenze musicali sia pratiche (pianoforte) che teoriche (storia della musica e solfeggio) |
| Altre capacità e competenze | Gestisco un sito web e sono molto esperta di navigazione e ricerca tramite Internet. Amo la musica. Sono una persona attiva e volenterosa sempre pronta ad acquisire nuove capacità e competenze. |
| Patente | Patente di guida tipo B – Mezzo proprio (in Italia) |

Il sottoscritto è a conoscenza che, ai sensi dell'art. 26 della Legge 15/68, le dichiarazioni mendaci, la falsità negli atti e l'uso di atti falsi sono puniti ai sensi del Codice Penale e delle Leggi Speciali. Inoltre, il sottoscritto autorizza al trattamento dei dati personali, secondo quanto previsto dalla DLgs 196/2003.

*Luisa Rossi*

# 3 La comunicazione nel mondo del lavoro: scrivere e parlare

per presentarsi La lettera e il curriculum vitae

## 4 Il video curriculum

### 1. Che cos'è il video curriculum

Accanto al **curriculum vitae cartaceo**, che rimane sempre indispensabile, tanto nella sua versione più tradizionale che in quella del formato europeo, si fa strada con sempre maggiore successo il **video curriculum**.

Il **video curriculum** è una presentazione, tramite videocamera, di colui che è in cerca di un impiego e vuole proporsi ad un'azienda. Da tempo presente all'estero, soprattutto negli Stati Uniti, il video curriculum comincia ad affermarsi anche in Italia, rivelandosi una risorsa ricca di potenzialità. Particolarmente utile in un momento in cui è fondamentale sapersi muovere nel modo più efficace per trovare un'occupazione soddisfacente, farsi notare dalle aziende o dagli addetti alla selezione di personale.

Il video curriculum è diffuso via internet, principalmente attraverso i siti dedicati alle offerte/domande di lavoro o sul portale Youtube.

### 2. I vantaggi del video curriculum per le aziende

Per ciò che riguarda la fase di selezione, visionare i video curriculum consente all'azienda di avere delle informazioni aggiuntive del candidato rispetto a quanto trasmesso nel curriculum testuale. Ovviamente oltre alle competenze del candidato, la presentazione video mette in risalto anche la personalità, l'atteggiamento, la dialettica del soggetto. Attraverso il video curriculum l'azienda può testare anche le competenze tecniche o pratiche e il grado di conoscenza di una lingua straniera del candidato. Tutto ciò facilita e accorcia i tempi della fase di preselezione, diminuendo il numero di colloqui dal vivo che l'azienda organizza nella successiva fase di selezione.

### 3. Cosa deve contenere il video curriculum

Requisito fondamentale è la **brevità**: è importante non essere dispersivi, perché altrimenti si finisce per annoiare e confondere chi ascolta. Per i selezionatori uno dei vantaggi principali del video curriculum è infatti la possibilità di valutare un candidato attraverso una sorta di **anteprima** di quello che potrebbe essere un colloquio dal vivo, riducendo l'impegno organizzativo ed economico che la gestione di colloqui di tipo tradizionale comporta. Bisogna perciò essere in grado di fornire **informazioni sintetiche** sui **dati più rilevanti** che compongono il proprio profilo anagrafico e professionale.

### 4. Come deve essere il video curriculum

Anche la **forma** di un video curriculum è già di per sé un messaggio per chi lo vede: può rivelare la creatività, l'originalità o le doti di affidabilità e concretezza di un candidato.

Il risultato finale può essere molto vario. Si può realizzare un video curriculum **tradizionale**, che ricrea l'ambientazione neutra di un colloquio standard, o **creativo**, basato su una sorta di sceneggiatura, in cui il montaggio e l'inserto di vari elementi del linguaggio visivo o musicale possono avere un peso determinante. Può essere un'**autopresentazione** o può essere strutturato come una **simulazione di colloquio**, con una voce fuori campo che propone le domande. Può avere un'intonazione seria, **formale** oppure può avere un'impronta ironica, **divertente**, spiazzante.

La scelta della modalità di realizzazione va valutata naturalmente sulla base delle proprie competenze e soprattutto del tipo di lavoro a cui si aspira.

Sarà sufficiente effettuare una ricerca sul web per reperire consigli ed esempi per creare un video curriculum.

SCUOLA & LAVORO

# Attività

## Attività per l'autovalutazione

**1** Scegli le espressioni più appropriate da utilizzare in questa lettera di presentazione. 8 min.

**Marco Neri**
P.zza Mazzini 1
62100 Macerata (MC)
Tel. 07331234567, Cell. 3687753354
E-mail: marconeri@xyz.it

Gentile Dott. Mario Rossi<br>
Marcheware Srl<br>
P.zza Cavour 24<br>
60100 Ancona

Macerata, 25 marzo 2007

Gentile dott. Rossi,

*sono un neolaureato in Scienze della comunicazione / mi sono appena laureato con entusiasmo in Scienze dalla comunicazione* e la mia forte passione per l'informatica mi ha spinto negli ultimi mesi a cercare informazioni per definire un obiettivo professionale che possa integrare i miei studi e la mia passione. *Mi hanno detto / Ho scoperto / Sto leggendo sempre più spesso nelle riviste di settore* che il commercio elettronico è un campo in pieno sviluppo e che in qualche modo nei prossimi anni stravolgerà il commercio a livello mondiale.

Parlando con il vostro responsabile marketing, il dott. Verdi, sono venuto a sapere che i piani aziendali per il prossimo anno prevedono un investimento in questo ambito. Ho pensato che *la mia esperienza / la mia formazione / la mia validità*, il mio entusiasmo e l'interesse nel settore dell'abbigliamento *possano contribuire allo / possano interessarvi nell'ottica dello* sviluppo di questo nuovo servizio.

Sarei lieto di conoscerla e presentarle personalmente le mie competenze. Mi permetterò quindi di contattarla nei prossimi giorni, *nella speranza di ottenere / per fissare* un breve colloquio conoscitivo.

*Un cordiale saluto / Le porgo distinti saluti* e spero di incontrarla al più presto.

*Marco Neri / Dott. Marco Neri*

(da http://cetril.unimc.it/placement, Centro tirocini e rapporti con il mondo del lavoro, Università di Macerata)

**2** Abbiamo "messo in disordine" le sezioni di un curriculum. Prova a riordinarle, seguendo le indicazioni del paragrafo 2.1 "Elementi fondamentali del curriculum vitae" e segnando l'ordine corretto nei quadratini. 10 min.

▶ a Presto consenso al trattamento dei dati personali ai sensi della D.lgs. 196/03 ☐

▶ b INTERESSI PERSONALI E ATTITUDINI ☐
Dedico la maggior parte del mio tempo libero all'attività fisica, insegno just pump e fit boxe. Svolgere il mio lavoro in palestra ha sicuramente facilitato lo sviluppo di capacità relazionali. Viaggio molto, amo suonare la chitarra e le percussioni nei momenti di relax. Nutro una grande passione per il motociclismo e per il pattinaggio.

▶ c CAPACITÀ E COMPETENZE RELAZIONALI E ORGANIZZATIVE ☐
Capacità di lavorare in gruppo maturata durante le molteplici esperienze di progetti universitari volti all'organizzazione di eventi e seminari presso la Facoltà di Lettere e Filosofia e in molteplici situazioni in cui era indispensabile la collaborazione tra figure diverse e la cooperazione tra collaboratori e subordinati.
Capacità comunicative legate all'esperienza d'insegnamento e di guida didattica.
Puntualità nel rispettare gli impegni lavorativi acquisita durante i mesi di tirocinio e durante gli studi.

▶ d ESPERIENZE PROFESSIONALI ☐
ottobre-gennaio 2006
*Tirocinio* post-lauream presso la CoopSociale *ARTE* di Lamezia Terme negli ambiti della **Psicologia Evolutiva** e della **Psicologia Sociale** (somministrazione di un questionario sulla soddisfazione lavorativa, valutazione e modifica del processo di selezione)
agosto- settembre 2005
*Oviesse S.r.l*, via L. da Vinci, Roma, contratto a tempo determinato full-time.
Ruolo: *addetta alla cassa e commessa di reparto.*

275

# 3 La comunicazione nel mondo del lavoro: scrivere e parlare

**per presentarsi** La lettera e il curriculum vitae

**marzo-giugno 2005**
*Istruttrice* di Just Pump presso la palestra "Body Building Center" di Cosenza.

**maggio-giugno 2003**
*Creazione e Immagine*, via G. Garibaldi, Terni.
**Progettazione ed erogazione di corsi di formazione** professionale e **organizzazione di eventi culturali**.
Presso l'ufficio stampa dello studio ho contribuito a promuovere l'organizzazione del progetto di Modamovie, giunto ormai alla nona edizione, che fonde arte, cinema e moda, scrivendo articoli tramite posta elettronica ed inviandoli presso le redazioni delle testate giornalistiche locali.

▶ e COMPETENZE INFORMATICHE ☐
Buona conoscenza e utilizzo del pacchetto Office e dei principali software di gestione della posta elettronica. Ottima capacità di navigare in Internet per acquisire informazioni ed effettuare ricerche.
Corso di formazione per il conseguimento della ECDL della durata di 60 ore presso l'Università degli Studi di Siena.

▶ f LINGUE STRANIERE ☐
Inglese – Ottima conoscenza della lingua inglese parlata e scritta
**2004**
Certificato del Trinity presso il Trinity Academy Club di Via Roma, Cosenza.

Spagnolo – Buona conoscenza della lingua spagnola parlata e scritta

**luglio-agosto 2002**
Soggiorno in Spagna nella Città di Zaragoza (Jaca) e corso di cultura spagnola per stranieri presso la *Universidad de Zaragoza*.

▶ g CORSI DI FORMAZIONE PROFESSIONALE/SPECIALIZZAZIONE ☐
**ottobre-gennaio 2006**
Master in **Amministrazione e Gestione delle Risorse Umane** della durata di 400 ore c/o *Gestioni e Management*, Roma.

▶ h TITOLI DI STUDIO ☐
**30 novembre 2004**
Laurea in **Scienze della Comunicazione** presso *Università degli Studi di Siena*, con votazione 110 e lode. Titolo della tesi: "La comunicazione nelle zone di Guerra"
**A.S. 1999 - 2000**
Diploma Liceo Scientifico presso Istituto "G.B. Scorza", Cosenza, con votazione 98/100.

▶ i CURRICULUM VITAE DI MARIA PALLA ☐

▶ l DATI PERSONALI ☐
Luogo e data di nascita: Cosenza, 30/06/1983
Residenza: Corso Vittorio, 23 Cosenza
Domicilio: Via Prenestina, 23 Roma
Tel/Fax: 09841234567
Cell. 340456789
e-mail: m.palla@xyz.it
C.F.: POIYUHBFGHJJJJ

(tratto dalla *Guida alla ricerca attiva del lavoro*, a cura del Placement Office dell'Università degli Studi di Siena)

## Proviamo a scrivere

**3** **Riscrivi in modo più convincente questa lettera di accompagnamento.** 15 min.

Egregio Signore,
vorrei sottoporre alla Vostra cortese attenzione il mio interesse a un'eventuale assunzione nella Vostra Azienda, leader nel settore.
Ho un particolare interesse per l'area commerciale, nella quale ho già maturato una prima conoscenza professionale. Come potete vedere dal curriculum vitae che allego, dopo aver conseguito il diploma di ragioniere perito commerciale ho frequentato un corso per approfondire le conoscenze informatiche e parlo abbastanza bene il tedesco e l'inglese. Ritengo di essere una persona socievole, dinamica, volenterosa e desiderosa di imparare.
Sono disponibile fin da subito anche per un'assunzione a tempo determinato o con contratto di Formazione e Lavoro. Sono altresì disponibile a frequentare eventuali corsi di formazione e a fare trasferte anche all'estero. Spero pertanto che vorrete considerare la mia candidatura.
In attesa di poter avere un colloquio con Voi, ringrazio per l'attenzione riservatami e porgo distinti saluti.

(da www.orientamento.unipa.it, Centro orientamento e tutorato, Università degli Studi di Palermo)

**4** **Immagina di dover presentare il tuo CV per candidarti a due profili professionali differenti. Per entrambi i profili prova a scrivere il CV in due versioni, calibrando le informazioni in modo diverso.** 1 ora

**276** SCUOLA & LAVORO

**per presentarsi**

# Il colloquio di lavoro

**OBIETTIVI**
- Acquisire le competenze per prepararsi al meglio ad un colloquio di lavoro
- Saper affrontare un colloquio di lavoro con successo

 video | Il colloquio di lavoro

Il colloquio rappresenta una tappa decisiva per ottenere il lavoro e, di solito, è l'ultima occasione per proporre le **proprie competenze** e la **propria professionalità** all'impresa nella quale si aspira a entrare. Arrivare a parlare di fronte al datore di lavoro o al selezionatore delle risorse umane è già un successo, significa che si sono superate le altre tappe della selezione e che l'azienda è interessata a noi. È quindi fondamentale trasmettere una buona immagine di sé, delle proprie **competenze professionali**, **capacità relazionali**, motivazioni e interessi.

Ogni colloquio di lavoro va affrontato con l'obiettivo di dimostrare a chi si occupa della selezione che si trova di fronte non solo ad un buon candidato per quel posto, ma al migliore. Non esistono copioni validi per tutti, ma in questo Laboratorio troverai una serie di accorgimenti che ti aiuteranno ad affrontare con successo un colloquio di lavoro.

## 1 Lo svolgimento

Prepararsi ad un colloquio prevede generalmente **tre fasi**: quella precedente al colloquio, quella del colloquio vero e proprio e quella successiva all'incontro. Vediamole nel dettaglio.

# 3. La comunicazione nel mondo del lavoro: scrivere e parlare
**per presentarsi** — Il colloquio di lavoro

**Attenzione**

Il momento del colloquio riveste un'importanza fondamentale non solo per gli aspiranti, ma anche per il selezionatore, che ha il delicato compito di scegliere quale tra i candidati (che nelle grandi aziende possono essere centinaia) sia il più idoneo al ruolo proposto. Anche per il selezionatore dunque il momento del colloquio può essere stressante: se la sua scelta dovesse rivelarsi sbagliata, infatti, andrebbe a gravare sul rendimento dell'azienda.

Dopo un'attenta analisi dei curricula, il selezionatore userà il momento del colloquio per approfondire gli aspetti del candidato che lo hanno maggiormente interessato e chiarire eventuali riserve.

Di seguito proponiamo una serie di domande che il selezionatore si pone di solito prima di esaminare un candidato: elaborare mentalmente delle possibili risposte ti aiuterà a risultare preparato durante il colloquio e quindi ad aggiudicarti il posto di lavoro.

- Come si inserisce questo candidato nella ditta e in un eventuale team?
- Ha doti di impegno, serietà, motivazione, adeguatezza?
- Riuscirà a superare eventuali problemi e a trovare le giuste soluzioni?
- Come si rapporterà con i suoi colleghi e i suoi superiori?
- Desidera sufficientemente questo posto di lavoro?
- Potrà aiutare l'azienda a crescere, elaborando nuove proposte e apportando adeguati stimoli?
- Manifesta interesse ed entusiasmo per il posto che è chiamato a ricoprire?
- Ha attitudine per superare le sfide che lavorare in questa azienda potrà porgli?
- Possiede la professionalità e le competenze per svolgere al meglio i compiti assegnati?
- È motivato a rimanere in azienda o considera questo incarico provvisorio?
- Pensa solo a guadagnare denaro e a "fare carriera" oppure è capace di assumere anche il punto di vista dell'azienda?

### 1. Prima del colloquio

Ecco alcuni suggerimenti da seguire nella fase precedente al colloquio:
- la sera prima rilassati e non prendere impegni. Vai a letto presto, è importante presentarsi ad un colloquio freschi e riposati;
- decidi con attenzione che tipo di abbigliamento indossare. Anche in questo caso rifletti: se si tratta di un incarico molto formale indossa capi classici, se si tratta di un ruolo creativo potranno essere indicati anche capi meno formali e più eccentrici. L'aspetto deve essere comunque ordinato e rassicurante, senza esagerazioni;
- porta con te una copia del tuo curriculum e, se richiesti, assicurati di avere a portata di mano documenti quali portfolio, ecc;

- cerca di arrivare al colloquio con informazioni sul selezionatore: nome, cognome, ruolo ricoperto in azienda, ecc.;
- visita il sito internet della ditta e prendi accurate informazioni sui prodotti di cui si occupa e sui servizi che propone;
- arriva al colloquio in leggero anticipo così da non rischiare di essere in ritardo e presentati in modo cortese;
- trasmetti entusiasmo e serietà e non dimenticarti di sorridere;
- prima del colloquio spegni il telefonino (o togli la suoneria);
- prima di entrare rilassati e respira, scaricando il più possibile la tensione.

### 2. Durante il colloquio

Una volta di fronte al selezionatore, ricorda di:
- salutare garbatamente e stringere la mano in modo franco;
- usare un tono di voce chiaro e scandire bene le parole;
- rivolgerti al selezionatore in modo formale, usando il "Lei" e non il "tu";
- rispondere alle domande in modo adeguato: non con monosillabi, ma neppure usando troppi giri di parole;
- riflettere prima di parlare;
- argomentare sempre le tue risposte in modo convincente;
- partecipare attivamente al colloquio ponendo anche tu qualche domanda senza interrompere il tuo interlocutore;
- non mentire, sii propositivo e sincero e rispondi in modo spigliato e sicuro anche a domande inaspettate e personali. Tra le finalità di un colloquio c'è anche quella di verificare se sei flessibile e sai reagire in modo positivo agli imprevisti;
- reagire alle possibili critiche al tuo curriculum in modo propositivo, per esempio mostrando disponibilità a migliorare le tue competenze;
- parlare delle tue esperienze di lavoro precedenti evidenziando gli aspetti positivi ed evitando critiche nei confronti degli ex datori di lavoro;
- prestare attenzione al linguaggio non verbale della persona con cui stai parlando: le espressioni del volto, la postura, eventuali sorrisi o smorfie, ecc.

# 3. La comunicazione nel mondo del lavoro: scrivere e parlare
per presentarsi · Il colloquio di lavoro

### 3. Al termine del colloquio

Una volta terminato il colloquio, prima di andartene, saluta in modo garbato e ringrazia.

Prenditi poi un attimo di tempo per ripensare a come è andata: cerca di individuare eventuali errori commessi e se ci sono cose che avresti potuto aggiungere, dire in maniera diversa, ecc. Fai un bilancio sia positivo sia negativo, ti sarà utile per i prossimi colloqui. Fai tesoro delle esperienze passate per migliorare, senza perdere mai la fiducia in te stesso, ma considerando l'esperienza come un trampolino necessario per futuri successi!

> **Attenzione** — **Lo stile comunicativo**
>
> Come in un vero e proprio esame, occorre fare attenzione allo stile comunicativo, che dovrà essere formale e adeguato allo scopo. È consigliabile usare un lessico appropriato, termini specialistici precisi e professionali. La sintassi deve essere sciolta e le espressioni pertinenti. Attenzione poi ai verbi: usare e scegliere correttamente tempi e modi verbali è segno di una buona formazione scolastica e personale!

## 2 Le domande più frequenti

Quali sono le domande più frequenti in un colloquio di lavoro? Eccone alcune sulle quali prepararsi e riflettere.

### 1. Domande di tipo personale

Le domande di tipo personale sono quelle che di solito **aprono il colloquio**. Apparentemente servono a "rompere il ghiaccio", ma in realtà possono essere parte di una strategia del selezionatore per valutare la partecipazione, le capacità relazionali e le attitudini del candidato. È dunque importante essere consapevoli di queste finalità "nascoste" e saper rispondere in modo adeguato, mettendo in luce i lati migliori del proprio carattere.

Eccone alcune tra le più frequenti.

- Quali sono i suoi obiettivi professionali?
- Quali sono le sue qualità e i suoi difetti?
- Quali sono i suoi migliori successi?
- Ritiene di aver vissuto dei fallimenti? Se sì, quali?
- Quale sarebbe, per Lei, il lavoro ideale?
- È fidanzato o sposato? Ha figli? // Intende sposarsi o fare dei figli in futuro?
- Ci sono state occasioni nelle quali è entrato in conflitto con altre persone?
- In che modo riesce a prendere una decisione importante?
- Come vede il suo futuro?
- Quali sono i suoi programmi tv, libri o musica preferiti?
- Quali sono i suoi hobbies?

**Convincere con la propria personalità**
Secondo dei sondaggi d'opinione il criterio decisivo di selezione in un colloquio di presentazione è la personalità del candidato (70%). Nella fase di selezione dei futuri apprendisti il 20% delle aziende presta attenzione alla motivazione, mentre solo nel 10% dei casi sono determinanti le conoscenze tecniche. Un segno positivo per chi esce da scuola, in quanto normalmente non può contare su particolari conoscenze tecniche. Per gli studenti è quindi importante presentarsi in maniera simpatica e sicura, convincendo il futuro capo con la propria motivazione.
(da Anke Helle, in «FOCUS-SCHULE»)

### 2. Esperienza, professionalità, motivazione

Una volta superato lo step iniziale, si passa alle domande più specifiche, indirizzate a conoscere **le esperienze del candidato in ambito professionale**.

Saper rispondere in modo convincente a queste domande equivarrà ad aver superato la parte più difficile del colloquio.

Nell'elenco proposto di seguito sono incluse alcune domande "scomode" come "perché non ha terminato gli studi?" o "come mai è stato licenziato?", ecc. Di fronte a domande come queste non assumete atteggiamenti difensivi nel rispondere e non fatevi prendere dal panico: per il selezionatore lo scopo principale è quello di verificare la vostra onestà. Rispondete in modo maturo, argomentando efficacemente e brevemente e senza trasmettere nervosismo.

- Potrebbe riassumere le esperienze più significative elencate nel suo curriculum vitae?
- Come giudica il suo percorso di studi? È soddisfatto?
- Quali sono secondo lei i punti deboli e i punti forti della sua formazione?
- Come mai non ha terminato gli studi?
- A quali fattori imputa la sua bocciatura durante gli studi?
- Quali sono state le materie di studio che ha preferito?
- Se dovesse ricominciare a studiare, quale corso di studi sceglierebbe?
- Che cosa si aspetta da questo lavoro?
- Mi parli dell'impiego precedente: perché ha accettato il suo ultimo lavoro?
- Che cosa pensa del suo attuale o ultimo datore di lavoro? E dei suoi colleghi?
- Come mai è stato licenziato dal suo precedente datore di lavoro?

### 3. L'offerta di lavoro

Infine, vi sono le domande rivolte a capire se il candidato può effettivamente ricoprire il ruolo per il quale sta sostenendo il colloquio. Si tratta di un passaggio delicato, che richiede la **capacità di mettere a fuoco la propria personalità e la propria professionalità**, facendo risaltare i punti di forza idonei alla posizione da rivestire. È inoltre sconsigliabile – affinché il selezionatore prenda in considerazione la candidatura – parlare di stipendi, ferie, contratti e regole dell'assunzione fino a quando non se ne prospetterà effettivamente la possibilità.

- Che cosa conosce e apprezza della nostra azienda?
- Per quali motivi pensa di essere adatto a questo lavoro?
- Pensa di aver bisogno di ulteriore formazione o esperienza in questo campo?
- Conosce adeguatamente una o più lingue straniere?
- Quali sono le sue competenze informatiche?
- È disponibile a viaggiare?
- Quanto guadagna adesso o quanto guadagnava col suo precedente impiego?

# 3 La comunicazione nel mondo del lavoro: scrivere e parlare

**per presentarsi** Il colloquio di lavoro

## Attività

**1** Riportiamo di seguito un elenco di alcuni tra i requisiti più spesso richiesti dalle aziende ai candidati negli annunci di lavoro. Compila sul tuo quaderno una tabella come quella proposta in cui spieghi perché rispondi a determinate qualità, adducendo anche esempi concreti tratti dalla tua vita. Aggiungi infine tre ulteriori attitudini personali sulle quali faresti leva durante un colloquio di lavoro. 30 min.

| Requisiti | Esempi |
|---|---|
| Capacità di lavorare in team | |
| Capacità di comunicare | |
| Affidabilità | |
| Impegno | |
| Perseveranza | |
| Autonomia | |
| Capacità organizzativa | |
| Attitudine 1 | |
| Attitudine 2 | |
| Attitudine 3 | |

*Per svolgere gli esercizi 2-4 è necessario dividere la classe in gruppi di cinque: due studenti svolgeranno il ruolo di selezionatore e candidato, gli altri tre assolveranno il compito di valutazione e controllo. Il colloquio – della durata di 20 minuti – è per la seguente ricerca di personale.*

Una piccola impresa commerciale con ca. 20 dipendenti vende prodotti alimentari di tipo biologico a negozi e supermercati.

L'azienda è alla ricerca di un nuovo collaboratore/una nuova collaboratrice per assistere i clienti raccogliendo reclami, indicazioni e per fornire informazioni sui prodotti.

Il collaboratore/La collaboratrice sarà formato/a in azienda sulle caratteristiche tecniche dei prodotti, ma deve avere una buona cultura generale. Non è necessario che abbia già maturato esperienza nel settore.

Il collaboratore/La collaboratrice deve:
– essere disposto/a a imparare;
– avere buona capacità di entrare in relazione con gli altri;
– saper lavorare in squadra.

La conoscenza dell'inglese è un requisito preferibile, così come la capacità di usare gli applicativi MS-Office per la raccolta e l'archiviazione dei dati.

**2** Sulla base dell'offerta di lavoro, chi svolge il ruolo di selezionatore prepari e poi ponga al candidato una lista di domande attenendosi alla seguente scaletta. 10 min.

▶ Domande di tipo personale:

..................................................................................
..................................................................................
..................................................................................
..................................................................................

▶ Domande su professionalità e motivazione:

..................................................................................
..................................................................................
..................................................................................
..................................................................................

▶ Domande sul ruolo e sull'azienda:

..................................................................................
..................................................................................
..................................................................................
..................................................................................

**3** Chi svolge il ruolo di candidato, dopo avere studiato l'offerta di lavoro, prepari una breve lista di argomenti in base ai quali convincere il selezionatore che possiede i requisiti psicologici e professionali adeguati per essere "il miglior candidato". 10 min.

▶ argomento 1: ..................................................
..................................................................................
▶ argomento 2: ..................................................
..................................................................................
▶ argomento 3: ..................................................
..................................................................................

**4** Il gruppo di studenti designato alla valutazione e al controllo prenda appunti durante il colloquio e, al termine, compili la seguente griglia di valutazione del candidato, attribuendo a ciascuna voce un punteggio. 25 min.

| Qualità | Votazione |
|---|---|
| Partecipazione, operatività, capacità di relazione, personalità | .../10 |
| Competenze professionali, capacità e attitudine al ruolo, motivazione, flessibilità | .../10 |
| Chiarezza e proprietà espositive, argomentazione | .../10 |

**282** SCUOLA & LAVORO

## per scrivere e comunicare

# La lettera formale

**OBIETTIVI**

- Riconoscere e comprendere le caratteristiche di una lettera formale
- Scrivere lettere formali rispettando lo scopo e la struttura

---

**Lettera di disdetta del contratto con l'impresa di pulizie**

Modena, 20 giugno 2014

Ruggero Malagoli
Titolare Lampo sas
Via Curie 8
41126 Modena

**Oggetto: disdetta incarico**

Con la presente Vi comunichiamo l'intenzione di rinunciare alla vostra collaborazione per la pulizia del condominio, sito a Modena in Via Allegri 15.

Siamo pervenuti a questa decisione dopo le ripetute lamentele dei condomini relativamente alla scarsa pulizia degli ambienti comuni.

Nonostante i ripetuti inviti a un miglioramento del servizio e nonostante i nostri regolari pagamenti, la pulizia dei locali rimane al di sotto delle nostre attese e di quanto a nostro giudizio avevamo concordato.

Per questa ragione vi comunichiamo l'interruzione del nostro rapporto di lavoro a partire dal 30 giugno 2014.

Distinti saluti,

Francesca Augugliaro
amministratore del condominio Olimpia di Via Allegri 15, Modena

---

Avete letto un esempio di lettera formale: la disdetta di un contratto di lavoro.

---

## 1    Che cos'è la lettera formale

La lettera è un testo scritto in prima persona in cui il **mittente** (colui che scrive) comunica qualcosa (oggetto) al **destinatario** (colui che riceve) in ambito sia privato sia pubblico.

Chi scrive una lettera ha sempre uno scopo: chiedere e dare informazioni, raccontare episodi accaduti, esprimere stati d'animo, protestare, avanzare richieste, fare proposte, ecc.

Se lo scambio epistolare (dal latino *epistola* = lettera) è tra amici o persone legate da comuni interessi o parentela si parla di **lettera informale** e in questo caso la struttura e il linguaggio sono liberi da regole fisse. Sono lettere informali quelle per mandare gli auguri, le congratulazioni, le condoglianze, gli inviti, ecc. Quelle mandate in ambito professionale sono invece lettere formali.

**La lettera formale è lo strumento più utilizzato nelle comunicazioni ufficiali**, per esempio in quelle lavorative o commerciali.

283

# 3 La comunicazione nel mondo del lavoro: scrivere e parlare

**per scrivere e comunicare** La lettera formale

## 1. Lo scopo e il destinatario

Ecco alcuni tra i principali **scopi** della lettera formale:

– stabilire un rapporto con organismi pubblici e privati;

– comunicare informazioni in ambito professionale o lavorativo;

– avanzare richieste o sporgere reclami;

– chiudere un contratto;

– presentare una candidatura;

– accompagnare un curriculum.

Il **destinatario** di solito è un'azienda, un ente pubblico, un professionista, in genere è estraneo al mittente o non ha con lui un rapporto confidenziale.

Questo tipo di lettera ha anche valore di documentazione, in quanto attesta nel tempo l'avvenuta comunicazione.

## 2. La struttura

La struttura della lettera formale prevede in genere il seguente impianto, dallo schema abbastanza fisso:

Mittente

Luogo, data
Destinatario

Riferimenti
Oggetto

Formula di apertura

Corpo della lettera

Formula di chiusura

Firma

Allegati
Iniziali autore

Vediamo nel dettaglio il significato dei diversi termini usati nello schema.

- **Mittente**: sono i dati di chi invia la lettera, come privato (nome, cognome, telefono, indirizzo, e-mail) o a nome di un'azienda (logo, nome, indirizzo, telefono, fax).

- **Luogo e data**: indicano da dove e quando la lettera è stata scritta. Si trovano in alto a destra o a sinistra e vanno sulla stessa riga, separati da una virgola.

- **Destinatario**: sono i dati di chi riceve la lettera (il nome – o la ragione sociale – e l'indirizzo). Vanno sotto il luogo e la data, con lo stesso allineamento. Prima di nome e cognome del destinatario possono comparire anche titolo professionale e qualifica aziendale.

- **Riferimenti**: soprattutto nelle lettere commerciali, indicano precedenti comunicazioni tra mittente e destinatario. Per esempio, si può scrivere "Ns. rif." oppure "Vs. rif.", entrambi seguiti dal codice o dalla sigla del riferimento.

- **Oggetto**: va scritto in alto a sinistra sopra il corpo del testo e sintetizza il contenuto della lettera.

**284** SCUOLA & LAVORO

- **Formula di apertura**: è l'inizio della lettera formale, si scrive a sinistra e si conclude con una virgola. La formula di apertura si può omettere se nella sezione del destinatario si è già posta la formula "alla cortese attenzione di" oppure se si sta scrivendo genericamente a un'azienda.

- **Corpo della lettera**: è il contenuto del messaggio che trasmettiamo. Ricordate che l'efficacia della comunicazione passa attraverso la leggibilità e l'agevole comprensione di questa parte centrale.

- **Formula di chiusura**: è la parte finale con i ringraziamenti e i saluti e va messa in basso a sinistra.

- **Firma**: si pone sempre in basso a destra e può essere completata da indirizzo, numero di telefono ed e-mail del mittente (quando non inseriti nel campo iniziale).

- **Allegati**: sono gli eventuali documenti allegati alla lettera, di cui si dovrà specificare anche la tipologia.

- **Iniziali autore**: si indicano solo quando si scrive una lettera commerciale, vanno in fondo a sinistra, in maiuscolo, seguite da una barretta o dai due punti.

---

**in sintesi**

## Per scrivere bene una lettera formale

☺ **COME RIVOLGERSI AL DESTINATARIO:** evitare aggettivi antiquati quando ci si rivolge al destinatario (p. es. pregiatissimo, esimio, stimatissimo, ecc.), basta un Gentile dottor/ragioniere/ingegnere/signor Rossi.

☺ **DALLO SCOPO ALLA STRUTTURA:** tenere sempre presente lo scopo che si persegue. Da questa consapevolezza deriva la struttura del corpo della lettera che di solito è tripartito in:
  - esordio, introduzione al tema e indicazione del messaggio principale: andiamo subito al sodo per colpire l'attenzione del lettore;
  - trattazione, esposizione di fatti e argomentazioni a favore del messaggio: tre o quattro paragrafi, ciascuno con una o due frasi semplici, pochissime subordinate e un concetto per frase;
  - conclusione: sintesi degli argomenti principali ed eventuali proposte.

☺ **COME CONCLUDERE:** usare formule di chiusura corrette, come ad esempio: distinti saluti, cordialità, cordiali saluti, in attesa di un Suo riscontro, voglia gradire i miei più cordiali saluti, La ringrazio per l'attenzione e La saluto cordialmente.

☺ **LO STILE:** usare una sintassi lineare, modi e tempi verbali semplici, preferire l'uso di verbi attivi ai passivi e le espressioni positive alle negative; inserire parole tecniche solo se necessario, limitare l'uso degli avverbi, scrivere frasi leggibili e facili da memorizzare.

☺ Curare anche l'aspetto visivo creando una pagina ben scandita in parti e paragrafi, con poche e significative evidenziature, caratteri tradizionali chiari e dalle dimensioni leggibili.

☺ **CONTROLLO FINALE:** rileggere la lettera prima di inviarla: controllare prima la lunghezza – e dunque effettuare eventuali tagli – poi l'ortografia, per non incorrere in banali errori. Una lettura ad alta voce ci farà cogliere l'armonia del nostro prodotto e ci consentirà di intervenire nei punti di criticità individuati (frasi troppo lunghe, ripetizioni, suoni ripetitivi, rime impreviste, ecc.).

# 3 La comunicazione nel mondo del lavoro: scrivere e parlare

per scrivere e comunicare **La lettera formale**

## 2 La lettera formale di tipo commerciale

La lettera commerciale è largamente impiegata dagli uffici che si occupano di marketing perché consente di presentare la propria azienda in modo professionale.

Il target del messaggio che si vuole inviare va individuato in base ad un attento studio, questo tipo di comunicazione è infatti ben efficace solo se ritagliata sulle esigenze del destinatario.

Sono lettere commerciali quelle che intercorrono tra produttore/fornitore e acquirente e riguardano:

- la richiesta di offerta presentata da chi ha interesse per il prodotto o il servizio per ottenere informazioni;
- l'offerta fornita in risposta con tutte le informazioni richieste;
- l'ordinativo inviato dal compratore al venditore per chiedere la fornitura del prodotto o l'erogazione del servizio secondo quanto proposto nell'offerta;
- la conferma di spedizione del prodotto richiesto, fatta dal venditore, e la comunicazione della somma da pagare espressa nella fattura allegata;
- la richiesta di dati;
- il reclamo.

Anche in questi casi ritroviamo lo schema fisso della lettera formale, di solito con modelli predisposti dalle aziende. Per quanto riguarda il linguaggio, è consueto l'uso di un lessico appropriato legato sia al campo specifico dell'azienda sia alla terminologia convenzionale delle lettere formali, senza ovviamente dimenticare quei criteri di chiarezza e brevità che devono essere utilizzati per ogni testo professionale.

286 SCUOLA & LAVORO

# Attività

**1** Ti proponiamo una parte di alcune lettere formali: riconosci il destinatario e lo scopo di ciascuna. 8 min.

▶ a Le comunico che sta per scadere il suo abbonamento alla palestra Equilibra.
Dal mese prossimo potrà scegliere tra abbonamento normale o scheda a orario ridotto.
La invito a chiamare il numero verde 80002001 per fissare un appuntamento con la nostra segreteria e scegliere il suo nuovo abbonamento.

Destinatario: ..................................................
Scopo: ..................................................

▶ b Con la presente siamo a chiedervi l'invio nei tempi il più possibile ravvicinati del vostro materiale illustrativo. Sarà nostra cura trasmetterlo con la massima sollecitudine ai clienti che ce ne hanno fatto richiesta.

Destinatario: ..................................................
Scopo: ..................................................

▶ c Allegata alla presente, Le inviamo la documentazione indicata in calce, relativa al Suo contratto di abbonamento alla Rete Telefonica Generale. Per definire la pratica, La preghiamo di inviarci al più presto la polizza di abbonamento allegata debitamente sottoscritta e gli altri documenti richiesti. La invitiamo inoltre a controllare la correttezza di quanto riportato sul modello "Dati dell'Impianto", facendo particolare attenzione all'intestazione, al recapito fattura e all'eventuale dicitura da pubblicare nell'elenco ufficiale degli abbonati al telefono.

Destinatario: ..................................................
Scopo: ..................................................

**2** Riconosci nella seguente lettera formale la struttura analizzata nel paragrafo 1. 8 min.

---

**GIOVANNI ROSSI & C.**
PRODUZIONE E FORNITURA MATERIALI GHIAIOSI CONGLOMERATI BITUMOSI - LAVORI STRADALI
via Alessandro Manzoni 15 - Modena telefono 059-123456 Codice Fiscale e Partita IVA 00000000000

CORRISPONDENZA VIA FAX

Modena, 30 giugno 2014

**SPETT.LE** Bianchi s.n.c. **C/A**
**SIG.** Giuseppe Bianchi

**Oggetto:** preventivo-offerta per opere diverse da eseguire nell'area cortiliva Vs. stabilimento

Facciamo seguito al cortese invito a presentare offerta per le opere che di seguito andiamo a descrivere, ed al sopralluogo effettuato dal ns. tecnico, per riportare a Vs. conoscenza le migliori quotazioni :

– Scavo di risanamento, eseguito con mezzo meccanico per una profondità di cm.40, trasporto a rifiuto del materiale di risulta, tombamento cavo residuo con stabilizzato 40/70 e sua rullatura, fornitura e posa in opera di conglomerato baider 0/20, steso a mano per uno spessore medio finito di cm.8, rullatura finale

al mq. € 40.

– Fornitura e posa in opera di canaletta di raccolta acque piovane in c.l.s., realizzata in opera compreso l'innesto alla pubblica fognatura, mediante posa in opera di tubo in p.v.c. 0 200, su letto in calcestruzzo ed idoneo rinfianco, tombamento cavo residuo in stabilizzato 0/20, nonché telaio e griglioni in ghisa sferoidale della luce netta di cm.30

al mi. € 200

– Fornitura di conglomerato tappeto 0/9 steso con vibrofinitrice per uno spessore medio finito di cm.3, rullato con idoneo compressore, previa sparsa di emulsione bituminosa d'attacco

al mq. € 38.

Le quotazioni su esposte avranno validità a tutto il 31.07.14.
Le condizioni di pagamento verranno concordate dalle parti in sede di contratto.

Fiduciosi che quanto sopra riportato incontri parere favorevole, restiamo in attesa di ambita conferma dell'ordine e con l'occasione porgiamo i più cordiali saluti.

Giovanni Rossi

287

# 3 La comunicazione nel mondo del lavoro: scrivere e parlare

**per scrivere e comunicare** La lettera formale

**3** **Esamina con cura la lettera formale proposta e poi rispondi alle domande che seguono.** 15 min.

---

**BIANCHI S.N.C**

Collecchio (Pr) – 11/4/14

Spett.le
Giovanni Rossi & C.
Via Manzoni 15,
Modena

Con riferimento alla preg. Vs richiesta, siamo lieti di sottoporvi con la presente la ns. migliore offerta per l'eventuale fornitura dei ns. impianti a seguito specificati, alle condizioni in calce elencate.

Certi della Vs. cortese attenzione, restiamo a Vs. disposizione per qualsiasi delucidazione in merito.

Nella speranza di essere favoriti da una Vs. gradita ordinazione, cogliamo l'occasione per salutarvi ben distintamente.

BIANCHI S.N.C

**OFFERTA** ti. 940.54
**VALIDITÀ** 60.-39.;
**CONSEGNA CIRCA** 30 gg. dall'ordine
**SPEDIZIONE** mezzo Vostro
**RESA** franco ns. stabilimento di Collecchio(Pr)
**MONTAGGIO** escluso
**IMBALLO** escluso
**PAGAMENTO** da convenire
**CORRENTE ELETTRICA (VOLTAGGIO)** 380/50. HZ
**ALLEGATI**
N.L MISCELATORE PER POLVERI MOD. MP6/10, IN ACCIAIO INOX La macchina si compone di:
– Un serbatoio cilindrico verticale terminante in basso a forma tronco-conica della capacità usufruibile di circa lt.1100;
– Una spirale a coclea verticale posta all'interno del serbatoio comandata da un motoriduttore da MP.4, (giri 450 circa);
– Motoriduttore da HP.3, per la rotazione delle pale poste all'interno del serbatoio;
– Basamento di sostegno in ferro con piedi di appoggio;
– Una scaletta di accesso al portello di carico.
Quadro elettrico composto da:
• teleavviatore di marcia con relè termico di protezione;
• trasformatore per comando circuito ausiliario a bassa tensione;
Quadro di comando composto da:
• pulsanti;
• spie di segnalazione;
• interruttori;

– Gruppo di filtro riduttore aria compressa con manometro per controllo bassa pressione.
– Bocchettone manuale di scarico.

Prezzo         € 18.000 + IVA

---

▶ a  Che cosa noti sul piano linguistico nell'introduzione?

▶ b  Qual è l'oggetto di questa comunicazione?

▶ c  Sai riconoscere quali delle voci elencate nello sche-

ma al paragrafo 1 sono presenti in questa lettera?

▶ d  Che caratteristiche presenta sul piano linguistico il corpo della lettera?

288     SCUOLA & LAVORO

**4** Nella seguente lettera Paolo racconta ad un amico ciò che accade a scuola. Trasforma la lettera da informale a formale, immaginando di scrivere al dirigente della scuola stessa. Lavora soprattutto sullo stile, per renderlo adatto alla nuova situazione comunicativa. 15 min.

Caro Paolo,

ti scrivo per sfogare un poco la mia rabbia. Questa scuola sta diventando un peso troppo grosso per me perché arrivo sempre tardi. La colpa è dell'autobus che va troppo piano e anche se corro quando scendo, arrivo che la campanella è già suonata… se suonasse cinque minuti dopo sarei a posto! Ma figurati!

Poi pensa cosa ho scoperto, che quest'anno si fa solo una gita di un giorno! Ti sembra giusto? In terza media tre giorni in Francia e adesso una gita in una città vicina e nient'altro.

Credo che solo la mia scuola faccia così… eppure noi studenti vorremmo cambiare le cose e anche i nostri genitori sono d'accordo (almeno credo).

Per non parlare poi della folla che corre al banchetto delle merende. Se non ti sbrighi e arrivi tra i primi ti puoi scordare la tua merenda.

Forse andremo a parlare con il dirigente scolastico, che è poi il preside, e speriamo che qualcosa possa cambiare.

**5** Immagina di essere il dirigente di una scuola: scrivi una lettera di richiamo a un ragazzo che si è comportato male durante l'ultima assemblea, chiarisci i comportamenti scorretti e i provvedimenti adottati. La lettera è destinata ai genitori. 15 min.

**6** Completa la seguente lettera formale, scrivendo le parti mancanti e correggendo gli errori che individui. 10 min.

Giuseppe Rossi
Addetto alla manutenzione

Dottor. Carlo Gentiloni
Responsabile personale

Modena, 13 gennaio 2015

Gent. Gentiloni

Ho lavorato sulla manutenzione degli impianti per cinque anni e da un po' di tempo sento che non sto lavorando al massimo delle mie possibilità e non voglio continuare a fare errori che dipendono da me e non voglio non soddisfare i requisiti di produzione a causa della mia mancanza di comprensione del lavoro che sto facendo. Vorrei chiedere una formazione complementare sulle mie funzioni di lavoro. Mi sento come se nella mia formazione originale ho perso un po' di informazioni vitali o frainteso qualcosa, perché il mio lavoro quotidiano è diventato più difficile…

Gradirei qualsiasi momento di formazione, e penso che potrei essere molto più produttivo, con un po' di aiuto in questo settore.

La ringrazio molto, caro Gentiloni.

Giuseppe Rossi

**7** Scrivi una lettera formale in cui dai la disdetta del tuo contratto telefonico. 10 min.

**8** Scrivi una lettera formale al sindaco della tua città in cui chiedi che venga costruito un nuovo parcheggio nella tua zona. 15 min.

289

## 3 La comunicazione nel mondo del lavoro: scrivere e parlare

### per scrivere e comunicare

# L'e-mail

**OBIETTIVI**
- Scrivere correttamente un'e-mail
- Sviluppare la capacità di scrivere una e-mail efficace

---

**A**
Indirizzi di posta elettronica dei destinatari principali

**Cc**
Indirizzi di posta elettronica dei destinatari in Copia Conoscenza

**Ccn**
Indirizzi di posta elettronica dei destinatari in Copia Conoscenza Nascosta

**Oggetto**
Oggetto del messaggio

---

**Nuovo messaggio**

Invia  Chat  Allega  Rubrica  Font  Colori  Registra bozza    Browser foto  Mostra modelli

**A:** dottorbianchi@progettiedili.it

**Cc:** miosocio@email.it

**Ccn:** carlo@email.it; lucia@email.it; giovanni@email.it; teresa@email.it;

**Oggetto:** Proposta di collaborazione

Gentile Dottore,

con la presente desidero porre alla Sua cortese attenzione un'interessante proposta di collaborazione.

L'attività della Ditta da me rappresentata consiste nella fornitura di materiali e accessori eco-compatibili per l'industria edile, la ditta opera da circa 20 anni e conta su un robusto parco clienti da lungo tempo a noi affezionati in Emilia Romagna.

Dopo aver raccolto alcune informazioni sulla Sua azienda, sul catalogo prodotti e sulla particolare nicchia di mercato alla quale vi rivolgete e alla quale anche la nostra azienda è interessata, ho pensato di contattarLa per valutare una possibile collaborazione commerciale.

La proposta riguarda l'assunzione di un eventuale rapporto di agenzia con rappresentanza monomandataria.

A tale scopo Le propongo un incontro, in occasione dell'Eco-Building-Forum che si terrà a Milano il prossimo 10 Novembre, per poter meglio valutare la mia proposta.

Resto in attesa di un Suo riscontro e nel frattempo Le trasmetto i miei più cordiali e sinceri saluti.

– –

Modena, 11 settembre 2014
Luciano Casolari
Socio e Amministratore
(Firma autografa)

Luciano Casolari & Figli S.n.c.
www.nostrositoweb.com
mailto: indirizzo@email.it
via Amici 76
41100 MODENA

---

Avete letto un esempio di e-mail formale.

## 1 Che cos'è una e-mail

L'e-mail (*electronic mail* = posta elettronica) è un servizio che permette di scambiarsi messaggi ai quali è possibile allegare materiali di diverso tipo (file di testo, immagini, file audio, ecc.). Per ricevere e inviare e-mail sono necessari una connessione a Internet e un account di posta elettronica. L'accesso al servizio di posta elettronica può essere di due tipi:

SCUOLA & LAVORO

- Pop mail: (spesso a pagamento) permette di leggere i messaggi dal computer, dal tablet o dallo smartphone nel quale è stato installato il programma scelto per l'invio della posta, che è chiamato solitamente *client* (ad esempio Outlook Express, Mozilla Thunderbird, ecc.);
- Web mail: (di solito gratuito) consente di crearsi un account direttamente su Internet tramite servizi di posta elettronica quali Gmail, Hotmail, ecc.

Per inviare e ricevere messaggi di posta elettronica serve un account, ovvero un insieme di funzionalità fornite da un provider che consentono di usufruire del servizio. È possibile anche utilizzare più account, ad esempio uno per i messaggi personali, un altro per quelli di lavoro. Un account si crea scegliendo e registrando sulla pagina del servizio di posta elettronica:
- **username** (nome utente): che può essere il vero nome, una sigla, un soprannome;
- **password** (parola chiave): una sequenza alfanumerica e priva di spazi che rappresenta un codice d'accesso.

L'username comparirà nella prima parte dell'indirizzo e-mail, quella che precede l'@ (*at* o chiocciola), mentre la seconda parte sarà identificata dal nome del provider utilizzato, ad esempio **mariorossi@yahoo.it**.

### 1. A che cosa serve l'e-mail

Chiunque possiede un indirizzo e-mail può:
- inviare messaggi a un altro utente tramite Internet, anche se in quel momento il destinatario non è connesso alla rete (il messaggio potrà infatti essere letto successivamente);
- inviare e ricevere allegati (*attachment*) come file di testo, grafici, presentazioni, immagini, file audio e video, permettendo ad esempio a persone che lavorano allo stesso progetto di ricevere il medesimo materiale contemporaneamente;
- archiviare i messaggi/materiali inviati e ricevuti memorizzandoli in cartelle. Questo permetterà di reperirli con molta facilità grazie alla funzione "cerca". Le e-mail possono essere indicizzate in base alla data, al mittente, all'ordine alfabetico o al destinatario;
- creare una rubrica dei contatti per conservare gli indirizzi di posta elettronica;
- creare mailing list in cui raggruppare più indirizzi e-mail a cui poter inviare uno stesso messaggio di posta elettronica contemporaneamente. Un'azienda può ad esempio creare una mailing list con gli indirizzi di posta dei propri clienti per inviare loro informazioni su un nuovo prodotto, oppure impostare un servizio di **newsletter** per tenerli informati sulle attività e le novità che riguardano l'impresa;
- comunicare in tempo reale: i messaggi raggiungono destinatari molto lontani nel giro di alcuni secondi.

### 2. Come si scrive una e-mail

Per scrivere un'e-mail è necessario compilare innanzitutto i campi vuoti, alcuni dei quali obbligatori, e cioè:
- l'indirizzo del destinatario (A...);
- gli indirizzi di eventuali destinatari da aggiungere in copia conoscenza (Cc...). Gli indirizzi inseriti in questa sezione saranno visibili a tutti i destinatari;
- gli indirizzi di eventuali destinatari da aggiungere in copia conoscenza nascosta (Ccn...). In questo caso gli indirizzi non saranno visibili ai destinatari;
- l'oggetto dell'e-mail, che deve essere preferibilmente breve e conciso ed esprimere nel minor numero di parole possibile qual è il motivo per il quale è stato inviato il messaggio;
- il corpo dell'e-mail, contente il messaggio che si vuole comunicare.

# 3. La comunicazione nel mondo del lavoro: scrivere e parlare

**per scrivere e comunicare** L'e-mail

### 3. Che cosa fare quando si riceve un'e-mail

Se siamo noi i destinatari di una e-mail, una volta letta possiamo compiere le seguenti operazioni:

- **rispondere al destinatario**: selezionado questa opzione il messaggio ricevuto sarà contenuto nel testo della nuova e-mail sotto forma di citazione, l'oggetto della e-mail resterà invariato, ma preceduto dalla sigla "Re:";
- **rispondere a tutti**: si può scegliere di inviare la propria risposta, oltre che al mittente, anche agli eventuali altri desinatari da lui inseriti in copia;
- **inoltrare l'e-mail**: questa funzione consente di inviare a un terzo destinatario il contenuto di una e-mail ricevuta, anche in questo caso l'oggetto resterà invariato, ma preceduto dalla sigla "Fw:";
- **cancellare** l'e-mail.

### 4. Registro e linguaggio

Il registro da utilizzare cambia a seconda del tipo di e-mail che vogliamo inviare (personale, formale o per il marketing) e a chi sono i destinatari.

È importante avere ben presente che l'e-mail è sì un mezzo di comunicazione molto efficace, ma se usato in modo inadeguato può rivelarsi controproducente.

Ecco dunque alcuni consigli da seguire riguardo allo stile e al linguaggio da usare.

Occorre in primo luogo **essere sintetici**. È buona norma che il testo non occupi più di una schermata, così da permettere al destinatario di leggere la comunicazione in tempi brevi senza stancare la vista. Spesso l'e-mail è preceduta o seguita da una telefonata, quindi è nutile dilungarsi in particolari, sarà il ricevente a chiedere ulteriori chiarimenti se li riterrà necessari.

Se si tratta di **comunicazioni formali** il registro e il linguaggio non variano rispetto a quanto già suggerito per la compilazione di una lettera formale (cfr. p. 109) fatta eccezione per la data, l'ora e l'indirizzo che nel caso dell'e-mail vengono inserite automaticamente al momento della compilazione.

Della marketing e-mail parleremo tra poco.

Per quanto concerne le e-mail personali di carattere informale il messaggio può essere personalizzato con l'uso di immagini e di emoticon o smiley, "faccine" usate per comunicare le nostre emozioni.

**Le regole di Netiquette**

Tra i fruitori di Internet sono circolate nel tempo dieci regole di comportamento che prendono il nome di "regole di Netiquette" (*Net Etiquette* = regole della Rete).

1. Se ti registri in un newsgroup o in una lista di distribuzione, leggi i messaggi per due settimane prima di inviare i tuoi.
2. Invia messaggi brevi, definendo chiaramente problema e oggetto.
3. Non inviare i tuoi messaggi a tutti i destinatari della tua rubrica (*broadcast*).
4. Quando rispondi a un messaggio sintetizza o cita le parti importanti senza riportare interamente il messaggio originale.
5. Non usare la rete per diatribe personali o guerre di opinione (con botta e risposta), ma risolvi la controversia in corrispondenza privata.
6. Non pubblicare il contenuto di e-mail senza il permesso dell'autore.
7. Nell'ambito di un forum o di una discussione non inviare messaggi non pertinenti, ma informati, leggendo prima le FAQ (*Frequently Answered Questions*).
8. Non inviare mai messaggi pubblicitari a chi non li ha espressamente richiesti.
9. Non commettere errori grammaticali o sintattici, pretendi che il testo sia chiaro e corretto.
10. Non inviare allegati troppo "pesanti" o con estensioni non comuni.

**in sintesi**

### Consigli per scrivere una e-mail

- ☺ Compila sempre il campo "oggetto".
- ☺ Se hai bisogno di approfondire l'argomento, scrivi più messaggi.
- ☺ Se il messaggio si presta a più interpretazioni, usa gli smiley (ma solo nell'ambito di una comunicazione informale).
- ☺ Non scrivere in caratteri maiuscoli (nella comunicazione web equivale a urlare).
- ☺ Non utilizzare caratteri accentati o speciali: potrebbero non essere visualizzati correttamente dal destinatario.
- ☺ Chiudi sempre l'e-mail salutando il destinatario in modo cortese ed apponendo la tua firma.

## 2 La marketing e-mail e la posta certificata

**1. Che cos'è una marketing e-mail**

L'e-mail è uno strumento molto efficace per pubblicizzare un'azienda, un sito o dei particolari prodotti. Spesso le aziende di piccole/medie dimensioni programmano operazioni di e-mail marketing per promuovere le proprie offerte, utilizzando un database di clienti. C'è un settore del marketing che affida la creazione e il mantenimento della relazione con il cliente all'invio di e-mail per favorire il contatto o stimolare un'azione (per esempio scaricare un allegato o cliccare su un link).

Anche in questo caso, però, ci sono errori da evitare affinché la strategia sia efficace. Di seguito alcuni suggerimenti :

– <u>sincerità</u>: può sembrare un consiglio inopportuno per chi deve il convincere un cliente del valore del prodotto che gli sta offrendo, ma saper promuovere un prodotto significa soprattutto puntare sulla sua qualità, con l'ausilio di una comunicazione sintetica, veritiera e convincente. Promesse esagerate ottengono solo il risultato di insospettire i possibili clienti;

– <u>sintesi e precisione</u>: l'oggetto della mail deve essere indicato in modo sintetico e preciso per invogliare il destinatario alla lettura del contenuto, il testo deve essere breve e conciso e deve ben disporre a una lettura integrale;

# 3. La comunicazione nel mondo del lavoro: scrivere e parlare

**per scrivere e comunicare** — L'e-mail

- <u>curare il sommario</u>: è consigliato inserire all'inizio dell'e-mail poche righe di sommario dove sono riepilogate le caratteristiche del prodotto o del servizio che si vuole promuovere. Si passa poi al corpo della mail che deve contenere un'efficace presentazione della ditta o del prodotto (4-5 righe). La lunghezza della comunicazione non deve essere eccessiva: 25 righe da 60 battute l'una sono di solito il massimo consentito;
- <u>saper concludere</u>: il successo di una campagna di e-mail marketing dipende dalla qualità del prodotto/servizio pubblicizzato, ma anche dall'efficacia della comunicazione che si mette in atto. Dopo la firma, ad esempio, è bene inserire (anche in modo automatico) tutti i dati che riguardano la ditta: ragione sociale, indirizzo completo di CAP e di sigla della nazione (nel caso di abituali contatti con l'estero), telefono, fax, e-mail, PEC e sito Internet, numero di cellulare, ecc.

Ecco alcune formule e abbreviazioni utili quando si scrive una e-mail formale, indirizzata a un privato, a un'azienda o a un Ente pubblico.
- "Spett. le + il nome dell'azienda o dell'Ente", è l'abbreviazione dell'aggettivo "spettabile" che significa "rispettabile";
- "Alla cortese attenzione di …" che può anche essere abbreviato in "Alla C.A. di… o Alla C. Att. ne di…";
- prima del nome della persona a cui ci stiamo rivolgendo, scriviamo anche il suo titolo, per esempio: Avv. (avvocato); Ing. (ingegnere); Dott. (dottore). Se non conosciamo il titolo, possiamo utilizzare un generico Sig./Sig.ra/Sig.na (signore – signora – signorina).
Nella prima riga scriveremo dunque: "Alla cortese attenzione del + titolo e nominativo della persona". Oppure, "Egr. (egregio) – Gent.le (gentile) – Gent. mo (gentilissimo) – Gent.ma (gentilissima) + il titolo della persona o un generico Sig. – Sig.ra – Sig.na".
- Le scrivo perché…, Le scrivo per… → "In risposta alla Sua / Vostra lettera – mail": se si tratta di una risposta a una precedente comunicazione; → "Come da accordi", "Come anticipato via telefono/mail/fax": se ci si era accordati in precedenza sull'invio di una lettera/mail; → "In riferimento alla Sua/Vostra richiesta": se si tratta di rispondere a una richiesta fatta in precedenza; → "Con la presente si comunica quanto segue"; → "In allegato invio": se insieme alla lettera dobbiamo spedire un documento in allegato;
- "Per eventuali comunicazioni, contattare il sottoscritto (nome e cognome) al numero di telefono/indirizzo e-mail";
- "RingraziandoLa anticipatamente per l'attenzione", "La ringrazio anticipatamente per l'attenzione", "Nell'attesa di una Sua/Vostra gentile risposta", "Attendo una Sua/Vostra risposta", "Le porgo Distinti saluti", "La saluto cordialmente", "Cordiali saluti", "Cordialmente, Firma".

(adattamento da http://www.slideshare.net/)

## 2. La posta elettronica certificata

La Posta Elettronica Certificata (PEC) è il sistema che – come stabilito dalla normativa D.P.R. 11 febbraio 2005 n. 68 – consente di inviare un'e-mail con lo stesso valore legale di una raccomandata con ricevuta di ritorno. Pur presentando molte somiglianze con il servizio tradizionale di Posta Elettronica, la PEC garantisce agli utenti la certezza dell'invio e della consegna al destinatario.

Un'altra importante garanzia per il mittente sta nell'impossibilità di modificare il contenuto sia per quanto concerne il testo del messaggio sia degli allegati. La certificazione offerta dal gestore della PEC con data ed ora convalida, attraverso vere e proprie ricevute, che il messaggio è stato inviato e consegnato e che non è stato alterato. Un errore riguardante una delle fasi del processo viene immediatamente segnalato all'utente. Il gestore, inoltre, conserva per un mese la traccia informatica dell'operazione, consentendo al mittente di riprodurla in caso di smarrimento delle ricevute.

# Attività

**1** La seguente e-mail presenta un'offerta a dei potenziali clienti. Leggila e poi compi le seguenti operazioni: 15 min

– riscrivi le parti scorrette e/o poco chiare, controlla registro, sintassi ed ortografia
– completa le parti mancanti

Il tramonto del mio settore, mi ha portato ad accettare un incarico di Buyer Mandate, in un nuovo lavoro nell'agro alimentare, sperando di trovare di nuovo L'Alba.
I prodotti che rappresento sono: Salumi con tartufo, Tartufi freschi e salse tartufate in genere sottolio Extra Vergine di Oliva, vini, olio, la fascia di prezzo è medio alta, sicuro che i prodotti sono di altissimo livello, il mio obbiettivo è di raggiungere e presentare il mio prodotto, ad Importatori, Grossisti, e Holding, nei vari paesi nel mondo, cioè fare Esportazione, che conosco molto bene.
Il mio grande problema è che il fuco del mio cammino, stà diventando cenere, e non credo di avere molto tempo prima che esso si spenga definitivamente. Per evitare di non essere convincente nella presentazione dei prodotti sopra elencati, Vi chiedo in modo Caritatevole, Dall'alto della Vs. conoscenza e Maestria, un Aiuto nella compilazione di una lettera efficace per la presentazione di tali prodotti.
Sperando in un Vs. gradito intervento,

(da www.iopc.it)

**2** Prepara una e-mail da inviare ad un/una amico/a sulle "regole di Netiquette", indica l'oggetto e inserisci nel testo una breve spiegazione delle regole. Invia il messaggio, inventa poi alcuni messaggi ricevuti e dai loro una risposta. 45 min

**3** Compi le seguenti operazioni: 45 min

– apri il tuo account di posta elettronica;
– componi un messaggio per invitare al cinema i tuoi amici;
– definisci l'oggetto;
– scegli il film che vuoi andare a vedere, il cinema e l'orario;
– scarica da internet una recensione del film, leggila e riassumila in un file word da allegare all'e-mail;
– crea una mailing list "Amici del cinema" e invia il messaggio;
– supponi di ricevere da uno degli amici invitati la richiesta di spostamento di orario e invia a tutti i destinatari la nuova proposta.

**4** Compi le seguenti operazioni: 45 min

– componi un messaggio di avviso da inviare ai condomini circa una possibile riunione;
– scrivi l'oggetto: Convocazione assemblea;
– salva il messaggio nella cartella "Bozze";
– allega al messaggio il file relativo alle spese condominiali;
– stabilisci la data dell'incontro, mettila bene in evidenza nel corpo del messaggio e poi invia il messaggio alla mailing list "Condomini";
– invia in copia nascosta il messaggio al precedente amministratore del condominio.

**5** Invia una mail formale con la quale comunichi ad un gruppo di lavoro da te individuato: 45 min

– la convocazione per una riunione di lavoro che si terrà il giorno 13 dicembre 2015;
– l'informazione relativa ad un Convegno che si terrà il giorno 20 settembre 20.

**3** La comunicazione nel mondo del lavoro: scrivere e parlare

## per scrivere e comunicare

# L'abstract

**OBIETTIVI**
- Saper distinguere le varie parti di cui è composto un abstract
- Sviluppare le capacità per scrivere un buon abstract

| Titolo e autori | **VALUTAZIONE SOCIO-ECONOMICA DELLA PERCEZIONE DEL RISCHIO DI INCIDENTE STRADALE**<br>Autori<br>*C. Sartini (1), V. Giovanardi (1), P. Lauriola (1), M. Gambini (1), S. Ansaloni (2), M. Gianotti (2), F. Tosatti (3)*<br>(1) ARPA Emilia-Romagna - Struttura tematica di Epidemiologia Ambientale, Modena (2) Comune di Modena (3) Provincia di Modena |
|---|---|
| Introduzione | In questo studio si è analizzata la percezione del rischio di incidente stradale di un campione di giovani del comune di Modena prima e dopo il conseguimento della patente di guida, indagando il piano cognitivo, quello emotivo e quello comportamentale. |
| Metodologia | Il disegno dello studio ha previsto, per i giovani che si apprestavano a frequentare le lezioni di guida, la somministrazione di un questionario ed un Driver Test (batteria computerizzata di test psicoattitudinali). Il questionario è stato somministrato all'inizio dei corsi teorici nelle autoscuole in modo da valutare il livello percettivo nei confronti del rischio di soggetti che non avevano mai guidato l'auto. Ad un anno di distanza, i rispondenti sono stati nuovamente intervistati telefonicamente, ma con un numero di domande ridotto, con l'obiettivo di individuare un'eventuale variazione della percezione del rischio tra i giovani dopo l'esperienza della scuola guida. I dati sono stati elaborati attraverso l'utilizzo di particolari tecniche statistiche di analisi. |
| Risultati ottenuti | Risultati statisticamente significativi emergono dal confronto tra le risposte fornite dai giovani prima e dopo l'esperienza della scuola guida. Ad un anno di distanza la loro percezione del rischio risulta chiaramente cambiata: ad esempio attribuiscono meno importanza all'estetica, agli accessori e alla marca dell'automobile mentre assegnano circa la stessa importanza ai dispositivi di sicurezza. Associano sempre più il concetto di "velocità" a quello di "pericolo". È stato anche possibile individuare categorie di soggetti più a rischio di incidente stradale rispetto ad altre. |
| Conclusioni | Sebbene le campagne di sensibilizzazione sull'argomento abbiano raggiunto i destinatari, dai risultati dello studio sembra emergere la necessità di un maggiore investimento sull'educazione, possibilmente nelle scuole medie e superiori, per incidere maggiormente sul livello di consapevolezza e percezione del rischio dei futuri patentati. |

Hai appena letto l'abstract di una relazione sui rischi di incidente stradale condotta dall'Agenzia Regionale per la Protezione Ambientale Emilia Romagna.

SCUOLA & LAVORO

# 1 Che cos'è l'abstract

La parola inglese *abstract* deriva dal latino *abtrahere*, letteralmente 'estrarre da', e indica "l'estratto", cioè la sintesi di un documento più lungo. Corrisponde al termine italiano *estratto*, usato però solo in poche accezioni per indicare una sintesi (estratto conto, estratto dell'atto di nascita, ecc.).

L'abstract può essere definito come una «Breve e accurata sintesi del contenuto di un documento, generalmente senza note aggiuntive di interpretazione o critica. L'autore si limita in pratica a condensare fedelmente, in un certo numero di parole, gli aspetti sostanziali del documento esaminato» (G. Vigini, *Glossario di biblioteconomia e scienza dell'informazione*).

### 1. Lo scopo

L'abstract è tradizionalmente usato in ambito accademico e scientifico con l'obiettivo di portare all'iscrizione a un convegno o di aiutare una ricerca. Poiché negli ultimi anni il numero di informazioni presenti sul web è sempre più rilevante, l'abstract può servire a selezionare le informazioni di interesse. Internet ha dato quindi nuova vita all'abstract, che condensa il contenuto di articoli in poche righe nella home page di quotidiani e riviste online o sintetizza la presentazione di un libro di cui si propone l'acquisto su siti come Amazon o portali web di case editrici: qualcuno lo ha definito una «invitante porta d'ingresso nella rete» (www.ilmestierediscrivere.com).

### 2. Le tipologie

Nella pratica dell'abstract si possono individuare **due tipologie:** abstract **informativo** e abstract **indicativo**.

L'**abstract informativo** sintetizza le idee essenziali di un documento così come le ha esposte l'autore, senza alcun intervento personale. Cita lo scopo, i metodi, i risultati, le conclusioni e le raccomandazioni ed è utilizzato di solito per documenti strutturati, come un articolo, un romanzo, una relazione di ricerca, una tesi di laurea o di dottorato.

L'**abstract indicativo** riguarda invece i testi discorsivi (p.es. una conferenza) o molto diversificati nei contenuti (una ricerca bibliografica, gli atti di un convegno con molte comunicazioni diverse, una raccolta di opere diverse di uno stesso autore). In questo caso l'abstract consisterà piuttosto in una scaletta, o in un indice, o in un inquadramento generale. In ogni caso fornisce al lettore una guida e un primo orientamento.

# 2 Come scrivere un abstract

Per scrivere un abstract bisogna naturalmente leggere e comprendere il documento di partenza in modo da averne un'idea complessiva: si deve prestare attenzione ai punti salienti, che negli articoli scientifici e nelle relazioni tecniche sono di solito posti all'inizio o al termine dei capitoli o dei paragrafi. Quando presenti, è utile concentrarsi sui paragrafi del testo di partenza, che sintetizzano essi stessi le informazioni o le tesi principali.

Mentre si studia il documento è opportuno stilare una lista di argomenti e redigere una scaletta del testo. Sulla base degli appunti, si passa quindi a redigere una prima stesura dell'abstract prestando attenzione alla forma e alla struttura.

### 1. La struttura

La struttura tipica dell'abstract di una relazione o di una ricerca scientifica sperimentale è la seguente:

# 3. La comunicazione nel mondo del lavoro: scrivere e parlare
### per scrivere e comunicare — L'abstract

- <u>obiettivi</u>: scopi, motivi e ipotesi alla base del documento;
- <u>metodologia</u>: metodi, tecniche e fonti utilizzate;
- <u>risultati</u>: risultati ottenuti e loro interpretazione;
- <u>conclusioni</u>: elementi significativi che emergono da esperienze, riflessioni e indagini esposte nel testo;
- <u>informazioni eventuali</u>: appendici, bibliografie, fonti, carte, questionari.

Testi di tipo diverso, per esempio un romanzo, suggeriscono abstract con strutture diverse (è infatti ovvio che un romanzo non ha precisamente un "obiettivo", una "metodologia", ecc.)

## 2. Lo stile

Lo stile dell'abstract si caratterizza per **brevità, chiarezza, concisione e oggettività**.

Lessico e sintassi devono essere in linea con quelli del testo originario e comunque si privilegia l'uso di periodi brevi e forme verbali attive.

È poco consigliabile riportare nell'abstract tabelle, grafici, formule; tuttavia può essere utile segnalarne la presenza nel documento.

Chi scrive un abstract deve sempre rimanere fedele al documento originario, evitando ogni interpretazione o commento personale.

## 3. Consigli per la scrittura

**Lunghezza**: la lunghezza media è di 200/250 parole, nel caso di abstract brevi non si dovrebbero superare le 100 parole (per contare le parole al computer si utilizza l'opzione "conteggio parole" sotto la voce "strumenti" del menu). La prima frase dovrebbe consentire al lettore di farsi un'idea del contenuto complessivo.

**Parole chiave**: sono le parole che definiscono il contenuto concettuale del documento. Spesso compaiono nel titolo o in altra parte del documento. Le parole chiave risultano utili per la visibilità sul web e sono indispensabili in un archivio informatizzato per il recupero del documento stesso.

**Rilettura**: ultimo ma decisivo passaggio è quello della rilettura. Controlla il numero delle parole, la struttura delle frasi e la presenza delle parole chiave.

Se si tratta di un abstract informativo, controlla che sia chiaro e conciso e che si legga in modo simile all'articolo. Se si tratta di un abstract informativo, che sia riassunto con rigore.

Valuta infine il linguaggio utilizzato: probabilmente i lettori saranno persone che conoscono l'ambito trattato e il suo linguaggio specifico, ma è comunque bene che la lettura sia il più semplice possibile.

Nel suo "<u>vademecum per redattori</u>" il sito exibart.com presenta queste indicazioni:
- l'abstract deve essere **accattivante**, deve utilizzare un linguaggio semplice, diretto, anche provocatorio e stuzzicante, magari pubblicitario o televisivo;
- deve contenere almeno tre o quattro periodi;
- deve avere ritmo e dev'essere di **200 parole**;
- deve **far venir voglia** a chi lo legge di andare avanti e di leggere tutto l'articolo. Deve contenere delle "esche";
- sono assolutamente **da evitare** gli abstract che ripetono i titoli.

SCUOLA & LAVORO

# Attività

**1** Esamina il seguente abstract di una tesi di laurea e poi completa lo schema seguente in base a quanto studiato in questo Laboratorio.

---

**L'associazionismo delle donne senegalesi fra Dakar e Bologna: un'analisi antropologica**

Questa tesi di laurea tratta l'argomento dell'associazionismo delle donne senegalesi nel nuovo ambiente urbano d'immigrazione, con particolare riferimento a due associazioni, ovvero la *tontine* e la *dahira*, in quanto è una strategia socio-culturale, la quale rispecchia il modo di affrontare le esigenze della quotidianità incontrate dalle donne.

L'associazione si colloca nella sfera informale del tessuto urbano ed è creata da un gruppo di persone che si incontra regolarmente e su base volontaria. Ad alcuni membri sono affidati diversi compiti, come per esempio il ruolo della tesoriera o della segretaria e ciò lascia intravedere una struttura gerarchica all'interno con la presidentessa come figura più autorevole per garantire la trasparenza delle azioni. L'associazione si basa sull'amicizia dei suoi membri, i quali hanno allargato la loro rete sociale alla quale possono attingere in caso di necessità.

In questo senso la fiducia e il legame sociale fra i membri sono fondamentali e creano il vincolo della reciprocità, in quanto ogni membro può essere debitore o creditore verso le altre partecipanti.

Questi due elementi producono la base per il controllo sociale e perciò per il funzionamento dell'associazione. In questo modo tale comportamento socialmente condiviso e trasmesso si è trasformato in aspetto culturale e si inserisce nella nozione di cultura dell'antropologo Clifford Geertz, il quale la descrive come modo di vita.

Tale aspetto, in quanto bagaglio culturale accompagna necessariamente le protagoniste nei loro spostamenti e ciò giustifica il fatto di dedicare il primo capitolo alla situazione delle donne senegalesi nel loro luogo d'origine, Dakar. L'associazionismo fiorente in Senegal presenta un investimento socio-culturale di sopravvivenza e di affermazione sociale e femminile e si inserisce in tutti i contesti della vita quotidiana. In questo senso si tenta di trarre un collegamento fra spazio urbano e spazio sociale, mostrando come alcune pratiche sociali e associative abbiano influenzato il primo, trasformandolo in spazio informale, il quale presenta il terreno fertile dell'economia informale, che si può descrivere come fatto sociale totale.

Per tale motivo si fa riferimento alle diverse associazioni all'interno della famiglia estesa per poi passare alla sfera pubblica delle associazioni economiche dei diversi mestieri e dei quartieri e a quella religiosa con due esempi: uno si riferisce all'associazionismo muride e l'altro al legame fra guaritore e paziente.

---

| Obiettivo | |
|---|---|
| **Metodo** | |
| **Conclusioni** | |
| **Parole chiave** | |

# 3 La comunicazione nel mondo del lavoro: scrivere e parlare

**per scrivere e comunicare** **L'abstract**

**2** Leggi con attenzione il testo che segue. Si tratta di una lettera inviata al Presidente del Consiglio Enrico Letta nel 2013 da Associazioni ambientaliste e di categoria, ordini professionali, sindaci, tecnici ed esperti del settore, per fermare le tragedie causate dal dissesto idrogeologico. Scrivi poi due abstract: uno di 100 parole e uno di 250.
Data l'attualità del tema, decidi tu quale potrebbe essere la destinazione dei tuoi lavori.

---

**Oggetto: La mitigazione del rischio idrogeologico, una priorità per l'Italia**

Egregio presidente,
anche l'autunno 2013 ha drammaticamente riportato all'attualità il problema del rischio idrogeologico, a partire da quanto avvenuto in Sardegna nei giorni scorsi. Un'immensa tragedia per cui purtroppo non ci saranno mai interventi o risorse economiche sufficienti a colmare il vuoto delle vittime e il disagio umano e sociale che ha colpito i cittadini di Olbia e degli altri territori sardi. Prima di quest'ultimo caso però, anche altri fenomeni, sempre purtroppo con vittime, avevano colpito altre regioni come la Toscana, la Liguria, la Puglia e la Basilicata, la Calabria, la Sicilia, le Marche e l'Umbria. Ma quanti altri territori dovranno essere ancora interessati? Quanto dovremo aspettare perché il dissesto idrogeologico e il rischio connesso con le frane e le alluvioni diventi nel nostro Paese una priorità, la prima vera grande opera pubblica da mettere in campo?
Precipitazioni sempre più intense e frequenti per i cambiamenti climatici in atto, un territorio che ogni anno è reso più vulnerabile dal consumo di suolo, una politica di mitigazione del rischio idrogeologico che continua a basarsi su pochi interventi di somma urgenza invece che su un'azione di prevenzione e manutenzione diffusa su tutto il territorio, sono le cause del problema. Purtroppo, nonostante i disastri e le tragiche conseguenze di questi fenomeni su tutto il territorio nazionale, si continuano a favorire progetti di occupazione di suoli naturali o agricoli, invece che salvaguardarne la destinazione d'uso. Occorre allora scongiurare interventi normativi che prevedano la costruzione di nuovi milioni di metri cubi di case, uffici, alberghi in aree oggi inedificabili o persino sottoposte a vincolo idrogeologico e archeologico, quali proposte che ancora vengono avanzate in parlamento persino nel dibattito sulla legge di stabilità. Interventi che aggraverebbero ancora di più un rischio che già oggi è estremamente diffuso, riguardando l'82% dei Comuni italiani e oltre 6 milioni di cittadini che ogni giorno vivono o lavorano nelle aree considerate ad alto rischio idrogeologico.
La difesa del suolo e le politiche di prevenzione del rischio sono urgenti, come ricordato anche nelle recenti risoluzioni approvate al Senato e alla Camera – in cui si impegnava il Governo a considerare questo tema una priorità del Paese, in quanto finalizzata a garantire la sicurezza dei cittadini – e dal suo stesso discorso programmatico in cui affermava che "*abbiamo un impegno alla prevenzione, con un piano di manutenzione contro il dissesto idrogeologico*". Alla luce di tutto questo è dunque evidente che quanto previsto dalla legge di stabilità su questo tema sia assolutamente inadeguato. L'articolo 5 infatti prevede come nuovi fondi solo 30 milioni per l'anno 2014, 50 milioni per l'anno 2015 e euro 100 milioni per l'anno 2016 contro il dissesto idrogeologico. Eppure, per l'autotrasporto sono previsti 330 milioni di euro in discussione nella legge di stabilità.
Per questo, in quanto rappresentanti delle principali associazioni ambientaliste e di categoria, dei Consigli nazionali degli ordini professionali del settore, dei Sindaci e del mondo dei tecnici e della ricerca, le scriviamo affinché a partire dalla legge di stabilità, le politiche per la prevenzione e la mitigazione del rischio idrogeologico, diventino la prima grande opera pubblica per l'Italia. A partire da due richieste puntuali:

– la deroga al patto di stabilità per consentire alle amministrazioni locali di mettere in campo gli interventi previsti dai Piani di bacino (PAI - Piani di assetto idrogeologico, ecc.) e dalla pianificazione di settore per la mitigazione del rischio idrogeologico nei loro territori. Azione questa prioritaria e richiamata a gran voce anche in questi giorni. Infatti, le spese di Regioni e Comuni relative alla mitigazione del rischio idrogeologico vanno considerate come veri e propri investimenti, in quanto più efficaci di qualsiasi intervento in emergenza e in grado di prevenire danni per cifre ben superiori a quelle così investite.

– aumentare la somma prevista dall'attuale legge di stabilità (che prevede 180 milioni di euro per i prossimi tre anni) stanziando almeno 500 milioni di euro all'anno da destinare ad un'azione nazionale di difesa del suolo che rilanci la riqualificazione fluviale, la manutenzione ordinaria e la tutela del territorio come elementi strategici delle politiche di prevenzione, abbandonando la logica del ricorso a sole opere strutturali e di somma urgenza, coerentemente con gli obiettivi della direttiva comunitaria 2007/60/CE sulla gestione del rischio alluvioni.

**SCUOLA & LAVORO**

Dopo anni di risorse virtuali e di finanziamenti erogati sulla base di schemi emergenziali, occorre oggi una scelta politica forte. Con l'auspicio che Lei voglia rispondere alla nostra sollecitazione e consapevoli che oggi non è più possibile rimandare le azioni necessarie a fermare i disastri e le tragedie che ogni anno si ripetono nel nostro Paese a causa di frane e alluvioni, le porgiamo cordiali saluti.

I presidenti delle seguenti associazioni ambientaliste e di categoria
e consigli nazionali degli ordini professionali
*Legambiente, Coldiretti, Anci, Consiglio nazionale dei geologi, Consiglio nazionale degli architetti, Consiglio nazionale dei dottori agronomi e forestali, Consiglio nazionale degli ingegneri, Consiglio nazionale dei geometri, Inu, Ance, Anbi, WWF, Touring Club Italiano, Slow Food Italia, Cirf, Aipin, Sigea, Tavolo nazionale dei contratti di fiume Ag21 Italy, Federparchi, Gruppo183, Arcicaccia, Alta Scuola, FAI, ItaliaNostra, CTS, Società italiana dei territorialisti, Lipu, Cai, Aiab, Federazione nazionale Pro Natura*

**Vigili del fuoco impegnati in operazioni di salvataggio ad Olbia dopo l'alluvione in Sardegna nel 2013.**

# 3. La comunicazione nel mondo del lavoro: scrivere e parlare

## per scrivere e comunicare
# Il dépliant

**OBIETTIVI**
- Saper distinguere i vari tipi di dépliant
- Acquisire la capacità di creare contenuti visuali e testuali per un dépliant

Etichette: Istituti partecipanti; Loghi degli sponsor; Titolo; Sottotitolo; Luogo e data; Immagine simbolo della manifestazione; Promotore dell'evento; Logo del promotore; Collaboratori

Etichette: Immagini monumentali di Modena; Ripresa del Titolo; Programma

SCUOLA & LAVORO

# 1   Che cos'è il dépliant

Il dépliant (parola francese che significa 'pieghevole') è un **foglio di carta o cartoncino a più facce, che può essere di varie dimensioni e si piega in due o più parti**. Contiene una comunicazione scritta, arricchita da illustrazioni e/o immagini. La redazione di un dépliant può avere diversi scopi, tra i più frequenti ci sono:

- **scopo pubblicitario**, per propagandare prodotti o informare in merito ad attività di vario genere, commerciali aziendali;

- **scopo di comunicazione sociale o istituzionale**, per sensibilizzare i cittadini su temi e problemi sociali, modificarne i comportamenti in senso positivo, spingerli a partecipare ad iniziative di tipo ambientale, a cui fa riferimento l'immagine del dépliant che segue:

303

# 3 La comunicazione nel mondo del lavoro: scrivere e parlare
**per scrivere e comunicare** Il dépliant

– **scopo culturale**, per promuovere eventi, mostre e manifestazioni culturali in generale, di interesse sia locale sia nazionale, sui temi più disparati: rassegne cinematografiche, festival musicali, mostre pittoriche, ecc.

## 2 A cosa serve e come è fatto un dépliant

Il dépliant è uno **straordinario strumento di divulgazione**. Nonostante le sue piccole dimensioni (di solito in formato tascabile) è uno strumento in grado di comunicare una grande quantità di informazioni in modo sintetico ed efficace e – se ben realizzato – di stimolare interesse e curiosità.

**La stesura di un dépliant richiede abilità e competenza** a livello sia grafico sia testuale. Il messaggio che si intende comunicare deve essere sintetico e chiaro, immediatamente comprensibile dal lettore, tramite immagini, grafica e testi adatti alle finalità. I destinatari (*target*) cambiano a seconda dello scopo e sono spesso individuati attraverso sondaggi e ricerche di mercato. A differenza di altri strumenti di comunicazione come il manifesto o la locandina, il dépliant, e quindi il suo stile comunicativo, è più "tarato" su un particolare tipo di destinatario: sarà raffinato se reclamizza un prodotto di lusso; più "urlato" e popolare per un prodotto di massa. Tanto più che il dépliant si rivolge alla singola persona ed è pensato per essere letto individualmente e conservato.

### 1. Come si scrive

Uno dei pregi del dépliant è quello di riuscire a combinare in modo interessante e originale, seppure in uno spazio piuttosto limitato, sia immagini sia testi che risultino significativi ai fini della comunicazione.

I pieghevoli, pur cambiando a seconda del contenuto, dell'oggetto e dello scopo, presentano nella struttura alcune caratteristiche comuni generali:

– una <u>copertina accattivante</u>, commisurata al target;
– l'<u>indicazione del referente</u>, cioè il prodotto, la manifestazione, l'attività commerciale o culturale che si intende promuovere;
– l'<u>illustrazione delle specificità e dei punti di forza</u> che caratterizzano il referente (oggetto, prodotto o evento);
– l'<u>uso mirato delle immagini</u>, per stimolare e incuriosire il target, portandolo a soffermarsi sulle didascalie.

### 2. Com'è organizzato

La buona riuscita comunicativa del dépliant dipende, in larga misura, dal livello di gradevolezza, chiarezza e fruibilità che si riuscirà a realizzare, dosando sapientemente la parte testuale con quella grafica, fatta anche di grafici e illustrazioni.

Non bisogna dimenticare, inoltre, che le informazioni contenute in un dépliant vincolano chi lo produce a precise responsabilità normative. Ad esempio, in un dépliant turistico-informativo occorre sia fornire informazioni precise, sia non ingannare il potenziale turista sulla natura dei luoghi o sulle caratteristiche delle strutture alberghiere proposte, ecc.

Di seguito sono elencati alcuni elementi a cui prestare particolare attenzione.

- La **disposizione** e la **strutturazione** del testo che, secondo criteri di logica e coerenza, deve contenere informazioni, supportate da news, dati, tabelle ed elementi persuasivi per convincere il lettore della qualità dell'oggetto, dell'evento e dell'attività che si intende promuovere.

- La **chiarezza** e la **sintesi** delle parti testuali, che devono essere scritte all'insegna della brevità, della pertinenza e della rispondenza alle attese del target.

- L'**articolazione testuale** che dovrà essere così organizzata:
  - titolo (*headline*), molto importante perché dall'inizio può suscitare un'impressione favorevole. Generalmente è scritto in caratteri grandi e sintetizza il messaggio che si vuole trasmettere. Gli esperti suggeriscono di usare uno slogan (dal gaelico antico *slaughghaim*, letteralmente 'grido di guerra') affinché colpisca l'immaginazione dell'utente, lo incuriosisca e gli fornisca fin da subito una sintesi delle informazioni e dei contenuti che troverà all'interno del dépliant;
  - corpo del testo (*body copy*), di solito posto subito dopo il titolo, rappresenta la parte descrittiva del dépliant e ha come scopo principale quello di spiegare il messaggio contenuto nel titolo. Questa parte informativa o esplicativa è scritta in caratteri più piccoli rispetto al titolo. In alcuni casi può anche non esistere, la lunghezza consigliata si è via via ridotta negli anni ed ora, di solito, non supera le due-tre righe;
  - chiusura, la frase riassuntiva, sintetica che caratterizza il messaggio del dépliant condensando in poche parole le informazioni che si vogliono trasmettere agli utenti.

- Il **prospetto informativo**, che deve illustrare in modo dettagliato le caratteristiche del referente mediante dati di qualità tecnica (affidabilità del prodotto, del servizio, ecc.) o relativi ad informazioni commerciali (offerte, promozioni, punti vendita, ecc.).

- La **grafica** e l'**iconografia**, cui è affidato il compito di proporre uno stile vincente, che differenzi quella proposta rispetto alle altre. È importante utilizzare foto e immagini in alta qualità. Anche i colori devono essere appropriati, così come gli sfondi. Una grafica vincente conferisce al dépliant un'identità, e lo fa attraverso l'uso di:
  - marchi e loghi, e cioè simboli (che possono esser costituiti da un nome, un acronimo, un disegno, una parola, una sigla, una lettera) che identificano il referente, sia esso una manifestazione, un evento, un prodotto o un'azienda. Lo scopo di questi elementi grafici è quello di far riconoscere anche a colpo d'occhio il referente;
  - font, cioè i caratteri tipografici. Un pieghevole ben riuscito limita il numero dei caratteri e, soprattutto, non presenta font astrusi o eccessivamente ricercati che possano distogliere l'attenzione dai contenuti.

- Il **formato** e la **piegatura**, a cui è dedicato un paragrafo a parte.

Oltre agli elementi appena elencati, su cui è importante focalizzare in particolar modo l'attenzione, ci sono poi una serie di altre scelte che aiutano a creare un messaggio significativo e personalizzato (soprattutto quando si tratta di dépliant rivolti a pubblicizzare attività commerciali o imprenditoriali):

- il **bordo pagina**, inserire un bordo aggiunto alla pagina dà al dépliant un aspetto più attraente e professionale;
- il **messaggio personalizzato** rivolto al cliente come ad esempio "Visita il mio negozio per trovare altri oggetti interessanti e usufruire di un'accoglienza clienti affidabile e competente";
- gli **oggetti in evidenza**, può essere utile evidenziare fino a quattro oggetti, utilizzando immagini a colori;

# 3. La comunicazione nel mondo del lavoro: scrivere e parlare
**per scrivere e comunicare** | Il dépliant

- le **promozioni**, un'altra possibilità (soprattutto per attività commerciali o Imprese) è quella di includere spazi per presentare le promozioni create per promuovere l'attività o il negozio;
- i **materiali**, si va dalla carta, anche riciclata, molto raffinata ed ecologica, alla plastica e altri materiali innovativi.

**Differenza tra volantini, brochure e dépliant**
Spesso tendiamo a confondere tra loro i diversi tipi di supporto cartaceo promozionale: è abbastanza comune che una brochure sia scambiata per un volantino o un dépliant e viceversa. Facciamo chiarezza.
Il **volantino**, come suggerisce il vocabolo, è un foglio di carta "volante" formato da una sola pagina, stampata su una o entrambe le facciate. Si usa per informare il pubblico in maniera veloce e mirata su un evento, un'idea, un progetto, una campagna pubblicitaria, offerte promozionali, ecc. Viene distribuito spesso all'uscita di luoghi dove si trovano grandi agglomerati di persone come scuole, supermercati, teatri, discoteche, ecc.
La parola **brochure** deriva dal francese e significa 'opuscolo'. Non è altro che il classico **booklet**, ovvero un libretto composto da una serie limitata di pagine, molto curate, anche rilegate. Di solito viene usata carta di buona qualità e il prodotto grafico è raffinato e professionale. Si usa spesso per pubblicizzare oggetti di arredamento, automobili, viaggi, ecc.
Il **dépliant**, come già sappiamo, è il classico pieghevole, ovvero un foglio unico piegato in più parti.

### 3. Il formato

I possibili **formati** del dépliant sono numerosissimi, vediamo nel dettaglio alcuni dei più usati:
- **mini dépliant**, estremamente apprezzato, è considerato molto pratico per il suo formato tascabile, ha le dimensioni di una carta di credito;
- **standard**, di dimensioni simili a quelle di una busta, questo formato è adatto a dépliant che devono sponsorizzare prodotti ed eventi in cui è necessario inserire immagini di grandi dimensioni. Si può facilmente allegare a fatture, listini prezzi o a biglietti augurali (10 x 20 cm);
- **UNI**, questo formato permette di creare originali soluzioni grafiche e di inserire immagini molto grandi su sfondi insoliti (21 x 29,7 cm);
- **medium**, formato a pagine doppie, che tende a differenziarsi dal formato standard, ma senza risultare impegnativo come quello UNI (14,5 x 21 cm).

Per quanto riguarda invece la **piegatura**, osserva l'immagine proposta in cui sono mostrati alcuni possibili esempi.

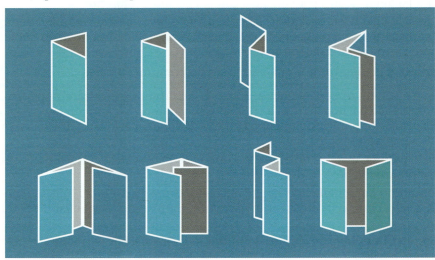

## 4. Lo stile e il linguaggio

Lo **stile comunicativo** è molto importante e va definito in relazione al target di riferimento. Se ci rivolgiamo ad un pubblico giovane il registro può essere informale, mentre dovrà essere formale se il destinatario è un professionista adulto. È importante che le scelte linguistiche e lessicali siano incisive, così da essere ricordate e fatte proprie dal pubblico di riferimento.

Il **linguaggio** deve essere coerente con il settore e con il destinatario, ma è importante ricordare che abbreviazioni, allusioni e lessico troppo specialistico non aiutano nella comunicazione. I periodi devono essere brevi, ben circostanziati e diversificati per formattazione (colori, grassetti, dimensioni, ecc.). Luoghi comuni, emozioni, domande devono essere usati in modo pertinente, così come prefissi, suffissi, proverbi, metafore, giochi di parole, rime, molto efficaci, ma solo se impiegati senza eccedere.

Altre strategie e usi linguistici che troviamo molto comunemente sono:

– uso non neutrale dell'aggettivazione (aggettivi nella forma superlativa, aggettivazione enfatica), con l'obiettivo di esaltare e valorizzare l'oggetto descritto affinché non risulti anonimo;

– termini molto variati e ricchi, per trasmettere un'immagine accattivante e piacevole;

– uso di frasi brevi, per una maggiore chiarezza della descrizione;

– uso di indicatori spaziali e temporali (avverbi, preposizioni, locuzioni, ecc.), necessari per la descrizione di un luogo o per la definizione delle parti che compongono l'oggetto descritto;

– uso frequente di forme verbali impersonali e passive (si può ammirare…, si trova…, è chiamata…, può essere gustato…, ecc.).

---

**in sintesi**

### Come realizzare un buon dépliant

☺ **Stabilire l'obiettivo**: scegli i punti di forza del prodotto/evento che vuoi promuovere in riferimento al target: metti a fuoco 1-2 (max 4) prodotti/servizi dei quali darai un'immagine positiva.

☺ **Essere sintetici**: punta su un'immagine mirata, chiara, sincera, professionale, evitando di dare troppe informazioni. L'obiettivo è quello di essere persuasivi senza confondere.

☺ **Scegliere cosa evidenziare**: punta su servizi, offerte, qualità di eccellenza, accoglienza, professionalità e, soprattutto, sui benefici.

☺ **Usare un linguaggio pertinente**: pensa sempre al target, usa un linguaggio semplice e ben strutturato sul piano ortografico e sintattico. Prefissi, suffissi, metafore, giochi di parole sono efficaci solo se usati in modo adeguato, senza eccedere.

☺ **Inserire testimonianze reali**: fai riferimento a testimoni reali per rendere più credibile l'offerta. Nel caso si tratti di prodotti aziendali può essere utile citare commenti, brand, riferimenti ai lavori svolti e soprattutto foto di clienti soddisfatti.

☺ **Offrire un vantaggio immediato**: una buona tecnica per evitare che il dépliant sia cestinato è quella di offrire un omaggio o porre chiari riferimenti a consulenze gratuite, mini guide, numeri verdi, buoni sconto, ecc. Altra strategia è quella della *call to action* (un invito a partecipare, scrivere, visitare, chiamare) per avvalersi delle offerte o per ricevere informazioni sulle proposte.

☺ **Consigli finali**: coinvolgi il cliente o la persona a cui vuoi che arrivi il tuo messaggio, trattalo come un amico. Gli esperti consigliano di suscitare empatia entrando nei panni e nelle attese dell'utente, con l'ausilio di un dépliant accattivante che cura la grafica, i materiali, i contenuti e le immagini.

# 3 La comunicazione nel mondo del lavoro: scrivere e parlare

per scrivere e comunicare · Il dépliant

## Attività

**1** Crea un dépliant informativo per l'Ufficio del turismo. La finalità è promuovere il Parco nazionale dell'Appennino Tosco-emiliano, informando e consigliando itinerari, servizi, curiosità. Prendi spunto dalle informazioni che trovi sul sito del turismo appenninico http://www.parcoappennino.it/. Svolgi il lavoro concentrandoti in particolare sulla veste grafica del documento: immagini, mappe, cartine, ecc. 90 min

**2** Crea un dépliant per promuovere l'offerta formativa, il piano di studi, i progetti e le attività della tua Scuola (rivolto al target di studenti dell'ultimo anno delle scuole medie). Stendi prima una bozza del progetto compilando una scheda come quella che segue. Raccogli poi tutti i materiali, le immagini e le informazioni utili e realizza il pieghevole. 120 min

| | |
|---|---|
| Disposizione e strutturazione del testo | |
| Titolo e sottotitolo, logo | |
| Stile comunicativo | |
| Corpo del testo (offerta formativa, il piano di studi ecc.) | |
| Chiusura | |
| Font | |
| Formato e piegature | |
| Immagini e grafica | |
| Eventuali messaggi personalizzati | |
| Materiale | |

**3** Ripeti l'esercizio numero 2, rivolgendoti però ad un nuovo target, e cioè i genitori di quegli stessi studenti. Metti poi a confronto i due dépliant e annota somiglianze e differenze. Quale realizzazione pensi che sia meglio riuscita e per quali motivi? 120 min

308   SCUOLA & LAVORO

**4** Crea un depliant a tre ante con chiusura a portafoglio sulle attività di una fattoria didattica. Per farlo seguendo il modello proposto. 90 min

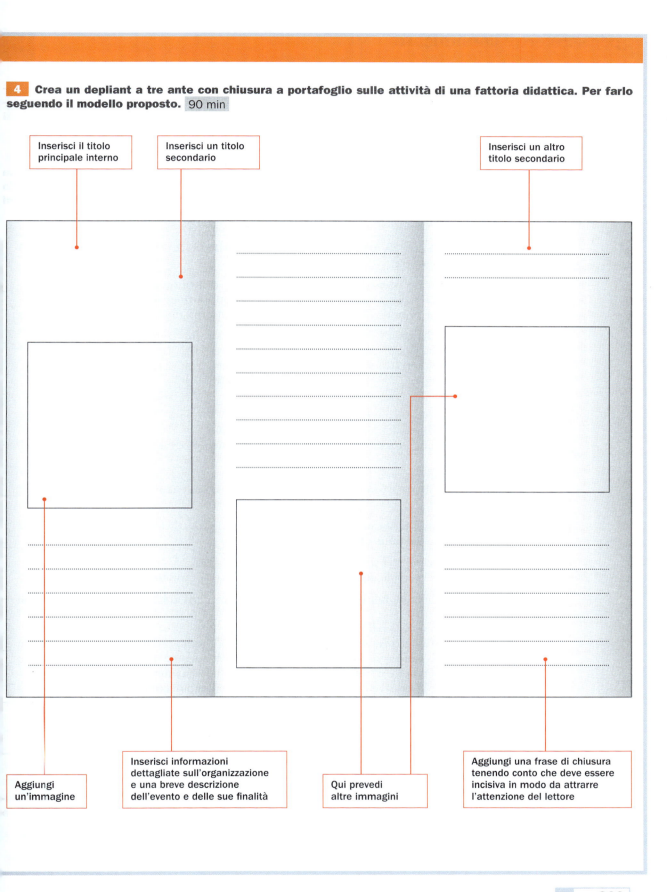

# 3 La comunicazione nel mondo del lavoro: scrivere e parlare

## per scrivere e comunicare

# Il verbale

**OBIETTIVI**

- Leggere e comprendere un verbale
- Saper distinguere le varie parti che formano la struttura di un verbale
- Redigere correttamente un verbale

---

**VERBALE DELLA SEDUTA DEL CONSIGLIO DI AMMINISTRAZIONE DEL 14 MAGGIO 2014 – ORE 18,30 – n. 382**

Regolarmente convocato, presso la sede sociale, nel rispetto delle disposizioni statutarie, si è riunito, oggi 14 maggio 2014 alle ore 18,30, il Consiglio di amministrazione della Fondazione Giussini. Presiede il presidente dott. Frabboni, funge da segretario il consigliere Bettini.

Sono presenti i consiglieri:

| | | | |
|---|---|---|---|
| Bettini | (Segretario); | Bianchetti | (Revisore); |
| Ciarelli | (Consigliere); | Ratigliano | (Revisore); |
| Vallietta | (Consigliere); | Mengoli | (Revisore). |
| Velianti | (Consigliere); | | |

All'ordine del giorno risultano i seguenti argomenti:
1. lettura e approvazione del verbale della seduta precedente;
2. rendiconto attività culturali (gennaio-aprile 2014) e linee programmatiche attività culturali 2014-2015;
3. progetti di comunicazione;
4. questioni immobiliari-relazione lavori al 30/4 e successivi interventi;
5. varie ed eventuali.

Il presidente Frabboni, verificata la presenza del numero legale, dichiara aperta la seduta e dà inizio alla trattazione dei punti all'ordine del giorno.

1. lettura e approvazione del verbale seduta precedente
Viene data lettura del verbale della seduta precedente che è approvato all'unanimità.

2. Rendiconto attività culturali (gennaio-aprile 2014) e linee programmatiche attività culturali 2014-2015
Il Presidente Frabboni dà la parola al direttore scientifico.
Il direttore Carlo Stuffler presenta la relazione (allegata) che ha predisposto per illustrare ai consiglieri le recenti attività della Fondazione. Stuffler rileva come a questo punto possiamo confidare su una solida rete di relazioni sia a livello nazionale sia internazionale che incide positivamente sul nostro Centro culturale. Non emergono elementi di criticità: anche la Biblioteca con il nuovo assetto organizzativo procede regolarmente.
Stuffler comunica che l'anno prossimo, ricalcando il progetto "Democrazia", intende proporre il tema "Costituzione" da trattarsi in ambito culturale e non politico. Tutte le istituzioni hanno confermato il loro sostegno ed abbiamo ottenuto il patrocinio Unesco.
Stiamo lavorando per la proiezione delle conferenze a livello provinciale in scuole o biblioteche: la provincia ha già stipulato con noi un accordo.
Il presidente Frabboni segnala come tutti gli impegni assunti nella conferenza stampa di settembre sono stati mantenuti; è evidente il radicamento sul territorio, ma anche emergono interessanti attenzioni da fuori città che confermano il riconoscimento del nostro spessore culturale. ▶

---

**310** SCUOLA & LAVORO

A questo punto il presidente propone di tralasciare il punto 3. progetti di comunicazione invitando i consiglieri a prendere visione della proposta allegata per discuterne al prossimo consiglio e passa al punto successivo.

4. questioni immobiliari-relazione lavori al 30/4 e successivi interventi

Come già definito dal Consiglio, si realizzerà un intervento di manutenzione straordinaria dal 28 giugno all'11 settembre per il rifacimento degli impianti tecnologici e igienici sanitari sui tre piani del collegio, per renderli adeguati alla moderna normativa. Il progetto è in parte cofinanziato dal ministero dell'università e della ricerca ai sensi della legge 338 e del DM 42 del 22.05.07. Tutte le autorizzazioni sono state ottenute e la Dia è stata presentata in questi giorni. Il consiglio ribadisce la propria soddisfazione per il procedere dei lavori.

Conclusa la discussione dei punti all'ordine del giorno, null'altro essendovi da deliberare, la seduta è tolta alle ore 20,30.

Avete letto un esempio di verbale, quello della seduta del CDA (Consiglio di Amministrazione) della Fondazione Giussini.

# 1 Che cos'è e come si scrive il verbale

Il verbale è un testo espositivo che attesta la discussione degli argomenti e delle delibere prese nel corso di un'assemblea e vale come documento ufficiale.

Il verbale riferisce quanto è stato detto e da chi è stato detto nel corso di riunioni di organismi pubblici (Consiglio di classe, Collegio dei docenti, Camera dei Deputati, ecc.) e privati (CDA di fondazioni o società per azioni, assemblee dei soci di circoli, assemblee di condominio, ecc.)

I verbali delle sedute della Camera e del Senato della Repubblica e quelli dei Tribunali sono verbali ufficiali, vengono resi pubblici e riportano la trascrizione completa di ogni intervento.

### 1. Lo scopo

Ogni verbale ha lo scopo di:

– attestare discorsi, avvenimenti e dichiarazioni;

– informare le persone assenti;

– mantenere memoria di ciò che è stato detto.

La stesura del verbale è affidata a qualcuno dei presenti che funge da **segretario** e durante la discussione prende appunti.

In ogni riunione è eletto un **presidente**, che conduce la discussione degli argomenti previsti dall'**ordine del giorno** e trae le conclusioni.

### 2. La struttura

La struttura dei verbali segue in genere uno schema fisso.

● **Esordio**, è la parte introduttiva e fornisce indicazioni su:

– data, ora d'inizio, luogo della riunione;

– nome dell'organismo che si riunisce;

– ordine del giorno in discussione;

– presenti ed eventuali assenti;

– indicazione di chi presiede la seduta e di chi funge da segretario;

– apertura della seduta.

**311**

## La comunicazione nel mondo del lavoro: scrivere e parlare

per scrivere e comunicare **Il verbale**

- **Trattazione**, è la parte più importante che riferisce:
  - resoconto sintetico degli interventi attribuiti alle persone che li hanno fatti;
  - decisioni prese e delibere con esiti della eventuale votazione per ogni punto all'ordine del giorno.
- **Conclusione**, è la parte finale che comprende:
  - dichiarazione di chiusura della riunione;
  - indicazione dell'ora di chiusura dei lavori;
  - firma del presidente e del segretario.

### 3. Lo stile

La stesura di un verbale richiede innanzitutto una grande obiettività per riportare le parole e le idee altrui senza interpretarle; oltre a ciò, è allo stesso modo importante essere molto precisi nel trascrivere le mozioni presentate e le delibere assunte per garantirne la correttezza e la trasparenza.

Con il termine **mozione** si intende una proposta avanzata nel corso di un'assemblea da uno dei presenti, che può riguardare un tema trattato (per es. la presentazione di un nuovo preventivo) o lo stesso svolgimento dell'assemblea (per es. la richiesta di modificare l'ordine della discussione); una **delibera** è invece la decisione assunta che viene verbalizzata con le motivazioni e il risultato delle votazioni (all'unanimità o a maggioranza).

### 4. Il linguaggio

- Il linguaggio del verbale è <u>impersonale</u>.
- Il tempo verbale è il <u>presente</u> o il <u>passato prossimo</u>.
- Il lessico è <u>appropriato e specifico</u>.
- Si utilizzano <u>formule standardizzate</u>.

Vediamo quali sono le formule e il linguaggio tipici dei verbali nelle varie parti che lo compongono.

**Esordio:**

- odg = ordine del giorno;
- varie ed eventuali (argomento finale all'odg per argomenti imprevisti);
- presiede la seduta ........................................;
- funge da segretario ........................................;
- verificata la presenza del numero legale;
- dichiara aperta la seduta.

**Trattazione:**

- si passa alla discussione del primo punto all'odg;
- i diversi interventi sono introdotti da verbi dichiarativi: sottolinea, precisa, aggiunge, suggerisce, illustra, propone, pone riserve su, conferma, appoggia, approva, fa prevalere, nega, rifiuta, si oppone, disapprova, ecc.;
- la proposta è messa ai voti;
- la proposta è approvata/respinta con … voti su …;
- la proposta è approvata all'unanimità/a maggioranza.

**Conclusione:**

- conclusa la discussione dei punti all'odg, la seduta è tolta alle ore …;
- il presidente dichiara chiusa la seduta alle ore …;
- Letto, approvato e sottoscritto.

312 SCUOLA & LAVORO

# Attività

**1** Leggi il seguente verbale e completa le parti mancanti. 5 min.

Verbale n. 11

Il giorno 3 novembre 2014 su regolare convocazione, si è riunita alle ore 21,00 un'assemblea straordinaria del condominio Olimpia.
Presenti i sig. Mariani, Febbraro, Monini, Romani, Miselli, Caselegno, Macchiani e Vanni. La sig.ra Gabbi delega Romani. Assente Pietrangelo

..................................................................................................................................................................................
..................................................................................................................................................................................
..................................................................................................................................................................................

1. Situazione ed esame preventivi per abbattimento alberi e ripristino giardino;
2. Varie ed eventuali.

Preso atto della presenza del numero legale di condomini, il presidente avvia la discussione del primo punto all'odg e ricorda che a fine primavera osservando la situazione del nostro giardino assieme a Marcato (delegato alla manutenzione del verde) ha deciso di interpellare un vivaista per l'abbattimento dei due pini ormai secchi posti vicino alla rampa e la potatura e sagomatura delle altre piante ad alto fusto.

Come già emerso nell'assemblea straordinaria del 26 ottobre 2004 tutte le ditte chiamate per un sopraluogo di verifica dei lavori da fare, hanno evidenziato la instabilità del cedro sito in angolo tra via Curie e via L. da Vinci.

A seguito della richiesta di sopraluogo, il sig. Muzzioli, responsabile dell'uff. ambiente del Comune di Modena, ha confermato la situazione di instabilità dell'albero e dato parere favorevole all'abbattimento.
A questo punto Romani comunica di aver richiesto a tre ditte specializzate un preventivo sia per l'abbattimento del cedro che per i lavori di manutenzione del verde.

Romani consegna ai condomini il prospetto di confronto dei vari preventivi, delle ditte "FEA" "Mega garden" e "Facchini" e all'unanimità si decide l'abbattimento del cedro e dei due pini secchi. Si decide anche:
– la piantumazione di un tasso al posto del cedro abbattuto e di un agrifoglio dove erano situati i due pini;
– la potatura di sfoltimento delle robinie;
– il taglio dei rami bassi del tiglio;
– la sagomatura delle altre piante.

Per l'esecuzione dei lavori, messi a confronto i preventivi, si delibera all'unanimità la scelta di Facchini.
Alle ore 22,30 non essendoci altro da discutere, la seduta è tolta.

.................................................................         .................................................................
.................................................................         .................................................................

**2** Spiega le seguenti espressioni presenti nel verbale dell'es. 1. 10 min.

▶ a  numero legale: ....................................................................................................................................
▶ b  assemblea straordinaria: .....................................................................................................................
▶ c  Gabbi *delega* Romani: ......................................................................................................................
▶ d  esame preventivi: ................................................................................................................................
▶ e  prospetto di confronto: ........................................................................................................................

313

# 3 La comunicazione nel mondo del lavoro: scrivere e parlare

per scrivere e comunicare **Il verbale**

**3** Ti forniamo il modello di un verbale di condominio. Completa le parti di introduzione inventando i dati mancanti; per la conclusione riprendi le indicazioni che ti sono state fornite nella parte di esposizione. 12 min.

**Verbale di assemblea ordinaria**

Condominio "..........................................................."
Via ........................................................ - ................................................................

Assemblea ordinaria del ....................................................................

VERBALE

L'anno ........................................................ il giorno ........................................................ del mese di ........................
........................................................ alle ore ............, in ............, via ........................................................ n. ............, presso l'apparta-
mento interno ............ si è riunita in prima convocazione l'assemblea ordinaria del condominio in epigrafe, per discutere e deliberare sul seguente ordine del giorno:

1. approvazione del bilancio consuntivo dell'esercizio ........................................................;
2. approvazione del bilancio preventivo dell'esercizio ........................................................;
3. ........................................................;
4. ........................................................;

Sono presenti i sigg. condomini:

........................................................ (cognome e nome) portante millesimi ............/1000
........................................................ (cognome e nome) portante millesimi ............/1000
........................................................ (cognome e nome) portante millesimi ............/1000
........................................................ (segue elenco dei condomini presenti e dei relativi millesimi)

il tutto per un totale di n. ............ condomini e n. ............/1000 millesimi.

I presenti all'unanimità nominano alle funzioni di Presidente il sig. ........................................................ il quale, a sua volta, designa a fungere da Segretario il sig. ........................................................ .

Il Presidente – verificata la presenza del numero legale – dichiara l'assemblea validamente costituita e atta a discutere e deliberare.
Sul primo punto all'ordine del giorno l'assemblea, dopo ampia ed esauriente discussione, delibera all'unanimità di approvare il bilancio consuntivo dell'esercizio ........................................................
........ nonché la relativa ripartizione.

........................................................................................................................................................
........................................................................................................................................................
........................................................................................................................................................

(seguono deliberazioni sugli altri argomenti posti all'ordine del giorno)

Alle ore ............, il Presidente dichiara sciolta la riunione.

Letto, confermato e sottoscritto.

Il Presidente ........................................................

Il Segretario ........................................................

**314**   SCUOLA & LAVORO

**4** Il modello di verbale che segue è quello per un consiglio di classe. Leggilo e poi svolgi le successive attività richieste. 20 min.

---

Verbale n. ....................

Oggi .............................................. alle ore .......................................... nell'aula ........................
........................., su convocazione del Preside, si è riunito il Consiglio della classe ...........................
per trattare il seguente ordine del giorno:
1. andamento disciplinare e didattico della classe
2. compilazione pagelline di metà quadrimestre
3. per le classi 1°, 2°, 3° e 4° valutazione dei testi che si intendono cambiare, per le classi 5° prima organizzazione documento del 15 maggio.

Sono presenti i proff.: ..............................................................
Risultano assenti i proff.: ..............................................................

Presiede il coordinatore, prof. ..............................................................
Funge da segretario il prof. ..............................................................

Verificate le presenze, si passa alla discussione dei punti all'ordine del giorno:

**1. andamento disciplinare e didattico della classe**
..............................................................................................
..............................................................................................
..............................................................................................

**2. compilazione pagelline di metà quadrimestre**
Si procede alla compilazione delle pagelline e si segnalano i seguenti casi:
..............................................................................................
..............................................................................................
..............................................................................................

**3. per le classi 1°, 2°, 3° e 4° valutazione dei testi che si intendono cambiare per le classi 5° prima organizzazione documento del 15 maggio.**
..............................................................................................
..............................................................................................
..............................................................................................

Alle ore .......................................... conclusa la discussione dei punti all'ordine del giorno, la seduta è tolta.

---

▶ a  Completa liberamente le parti mancanti. Puoi utilizzare per i nomi degli insegnanti quelli della tua classe.

▶ b  Spiega con parole tue che cosa significa l'espressione "andamento disciplinare-didattico".

▶ c  Conosci l'uso delle pagelline? A che cosa servono e quando sono rilasciate? Se non lo conosci, come immagini che siano e quale sia il loro scopo?

▶ d  Quali casi saranno segnalati a tuo giudizio?

▶ e  Di quali testi si parla al punto 3 dell'ordine del giorno?

▶ f  Che cos'è il documento del 15 maggio?

**5** Seguendo la stessa struttura del verbale precedente è possibile stendere anche quello dell'assemblea di classe: è una buona abitudine che consente di mantenere memoria della storia della classe. Scegliete due studenti per redigere il verbale della stessa assemblea e alla fine confrontateli per valutarne le differenze. 20 min.

**6** Chiedete di leggere il verbale dell'ultimo consiglio di Istituto e verificate se la sua stesura è aderente alle indicazioni fornite in questo Laboratorio. 15 min.

315

# 3 La comunicazione nel mondo del lavoro: scrivere e parlare

**per scrivere e comunicare**

## La scheda cliente

**OBIETTIVI**
- Conoscere le caratteristiche di una scheda cliente
- Sviluppare le capacità necessarie per compilare una scheda cliente

La scheda cliente va compilata in modo abbastanza accurato. Bisogna riportare, tra gli altri:
- i dati della ditta (indirizzo, fax, telefono, e-mail, sito web);
- la partita iva;
- il domicilio fiscale;
- le coordinate bancarie;
- il codice cliente.

### 1 Che cos'è una scheda cliente

La scheda cliente **raccoglie e conserva tutti i dati che permettono l'identificazione dei clienti e della loro "storia",** che si tratti di persone fisiche o di imprese. Oggi la maggior parte delle procedure commerciali e di marketing sono in formato digitale, per questo motivo la scheda cartacea, conservata in uno schedario numerato alfabeticamente, ha ceduto il posto alla scheda elettronica. Le schede cliente vengono dunque compilate al computer e catalogate in un database tramite appositi programmi gestionali. Ogni scheda contiene molte informazioni utili relative al cliente: nome, cognome, indirizzo, professione, codice fiscale, cellulare, e-mail e, se si tratta di una ditta, ragione sociale, domicilio fiscale, coordinate bancarie, ecc.

SCUOLA & LAVORO

### 1. Lo scopo

La scheda cliente è uno strumento fondamentale per **gestire al meglio la relazione con il cliente** e ha, tra gli altri, anche l'obiettivo di fidelizzarlo. In un'impresa è importante poter archiviare e reperire facilmente i molti dati che identificano i clienti. La scheda fornisce infatti a tutta l'azienda una visione omogenea del cliente ed è indispensabile per:

- individuare i clienti e interpellarli;
- tracciare la storia della relazione col cliente (la merce comprata, il tipo e la quantità, l'adesione alle offerte, gli sconti di cui ha usufruito, i tempi di pagamento, ecc.);
- conoscere nel dettaglio i bisogni dei propri clienti;
- comprendere, anticipare e soddisfare tali bisogni, anche personalizzando le offerte;
- aumentare le relazioni con i clienti più importanti (detti anche "clienti coltivabili");
- fidelizzare i clienti che hanno maggiori rapporti con l'impresa (definiti "clienti primo piano");
- trasformare alcuni clienti in "procuratori", cioè consumatori che offrono buone referenze dell'azienda, suggerendo ad altre persone di rivolgersi alla stessa;
- accedere allo stato dei pagamenti del cliente, controllandone la regolarità e l'eventuale saldo;
- disporre dei dati del cliente per sollecitare un pagamento o per intraprendere eventuali azioni legali.

## 2 Come compilare una scheda cliente

In un mercato globale, competitivo e complesso, ogni azienda e attività deve essere orientata al marketing e il primo obiettivo, strategico, è quello di stabilire relazioni durevoli con chi è già cliente e con chi potrebbe diventarlo. Per questo motivo, chi si occupa di gestire l'area marketing deve pianificare e implementare apposite strategie per costruire una banca dati di schede dei clienti aggiornata e dettagliata. Una scheda cliente contiene:

- **il nome** del cliente o dell'impresa;
- **i dati** (codice fiscale, ragione sociale, indirizzo, residenza, se si tratta di persona fisica, sede legale ed amministrativa, se si tratta di persona giuridica, telefono, fax e P.E.C, e-mail, sito web, partita IVA, ecc.);
- **il settore di attività**;
- **gli ordinativi d'acquisto** (tipologia della merce acquistata, quantità, ecc.);
- **i pagamenti**: coordinate bancarie, tipologie di pagamento (ritiro diretto, corriere, ecc.);
- **il codice cliente**;
- **l'autorizzazione del cliente al trattamento dei dati personali** (secondo il D. Lgs. 196/2003).

# 3 La comunicazione nel mondo del lavoro: scrivere e parlare
per scrivere e comunicare — La scheda cliente

**Nuove tendenze del marketing: i clienti potenziali**
Per essere competitive molte aziende hanno assunto l'idea di cliente potenziale come categoria su cui fondare le proprie strategie di marketing, allargando la rosa dei possibili clienti. Le offerte di molte ditte non si rivolgono soltanto ai clienti abituali, ma cercano di estendersi a un mercato potenziale, quello composto da tutti coloro che per categoria merceologica di attività, area geografica di appartenenza, tipologia di consumo e di utilizzo dei prodotti/servizi possono potenzialmente essere interessati all'offerta.

A questa categoria appartengono tutti coloro che hanno manifestato nel tempo interesse nei confronti dei prodotti dell'azienda. Si tratta ad esempio di persone che hanno contattato la ditta in occasione di fiere, vetrine ed esposizioni, oppure richesto informazioni su un determinato servizio tramite e-mail, telefono, ecc. In quest'ottica, può essere considerato un cliente potenziale anche chi ha chiesto un preventivo o incontrato un funzionario commerciale dell'azienda, chi è stato segnalato da un cliente abituale, ecc. Per aumentare la lista dei clienti potenziali e far sì che diventino in futuro dei clienti a tutti gli effetti, occorre catalogare i loro dati in un apposito database così da tenere traccia di ogni nominativo e informazione a loro relativa.

## 1. Come creare un database di clienti potenziali

Disporre di un database di clienti potenziali è molto importante per un'azienda. È dunque necessario archiviare e gestire queste informazioni in modo efficace, ecco alcuni suggerimenti su come incrementare la lista dei clienti potenziali:

– **reperire i nominativi attraverso siti internet** (o elenchi e pubblicazioni). Questo metodo può risultare economico, ma spesso le informazioni che si trovano online sono soltanto parziali e poco incisive, ad esempio, non sempre i contatti dei responsabili di settore sono reperibili su internet;

– **acquisire nominativi e informazioni attraverso la conoscenza che il personale addetto alle vendite ha acquisito sul territorio**. Questo metodo richiede un impegno e una quantità di tempo maggiori rispetto alla ricerca su internet, ma garantisce maggiore attendibilità;

– **acquistare dati da fornitori specializzati nel settore**, previo accertamento della completezza delle informazioni.

Una volta creato il database di clienti potenziali, si potrà passare alla strategia di marketing, senza dimenticare che anche l'anagrafica dei clienti potenziali dovrà essere costantemente aggiornata con i seguenti dati:

– nome del cliente o ragione sociale dell'azienda;
– indirizzo postale (Via, n. civico, CAP, Città, Provincia, Regione);
– numero di telefono;
– numero di fax;
– nome del referente principale e sua mansione/qualifica;
– nome dei referenti secondari (in ordine di importanza) e loro mansioni/qualifiche;
– indirizzo e-mail di ognuno dei referenti (necessariamente di quello principale);
– categoria merceologica di appartenenza;
– categoria di "clientela" d'appartenenza (attivo, inattivo, cliente potenziale, mercato potenziale, ecc.);
– potenzialità (calcolata su fatturato generato e gamma di prodotti acquistati).

SCUOLA & LAVORO

# Attività

**1** Immagina di essere a capo di una ditta che produce capi di abbigliamento per uomo e di aver acquisito tra i tuoi clienti due tuoi amici (proprietari di prestigiose boutique). Svolgi l'esercizio compiendo le seguenti operazioni.

a. Completa per ognuno una scheda cliente seguendo lo schema che segue:

**SCHEDA CLIENTE**

NOME ATTIVITÀ/BOUTIQUE . . . . . . . . . . . . . . . . . . . . . . . . . . . . . . . . . . . . . . . . . . . . . . . . . . . . . . . . . . . . . . . . . .

NOME E COGNOME DEL TITOLARE . . . . . . . . . . . . . . . . . . . . . . . . . . . . . . . . . . . . . . . . . . . . . . . . . . . . . . . . . . . .

NATO A . . . . . . . . . . . . . . . . . . . . . . . . . . . . . . . . . . . . . IL . . . . . . . . . . . . . . . . . . . . . . . . . . . . . . . . . . .

RESIDENTE IN . . . . . . . . . . . . . . . . . . . . . . . . . . . . . . . . . . . . . . . . . . . . . . . . . . . . . . . . . . . . . . . . . . . . . . . . . .

CAP . . . . . . . . . . . . . . . . . . . . . . LOCALITÀ . . . . . . . . . . . . . . . . . . . . . . . . . . . . . . . . . .

PROVINCIA . . . . . . . . . . . . . . . . TEL. . . . . . . . . . . . . . . . . . . . . . . . . . . . . .

FAX . . . . . . . . . . . . . . . . . . . . . . CELL . . . . . . . . . . . . . . . . . . . . . . . . . . . . .

E-MAIL . . . . . . . . . . . . . . . . . . . . . . . . . . . . . . . . . . . . . . . . . . . . . . . . . . . . . . . . . . . . . . . . . . . . . . . . . . . . . .

CODICE FISCALE . . . . . . . . . . . . . . . . . . . . . . . . . . .

PARTITA IVA . . . . . . . . . . . . . . . . . . . . . . . . . . .

SETTORE DI ATTIVITÀ . . . . . . . . . . . . . . . . . . . . . . . . . . . . . . . . . . . . . . . . . . . . . . . . . . . . . . . . . . . . . . . . . . .

ORDINATIVO D'ACQUISTO (tipologia e quantità della merce acquistata) . . . . . . . . . . . . . . . . . . . . . . . . . . . .

GUSTI, PREFERENZE RIGUARDANTI GLI ACQUISTI DI CAPI CAMPIONE . . . . . . . . . . . . . . . . . . . . . . . . . . . . . .

. . . . . . . . . . . . . . . . . . . . . . . . . . . . . . . . . . . . . . . . . . . . . . . . . . . . . . . . . . . . . . . . . . . . . . . . . . . . . . . . . . . .

PAGAMENTI (coordinate bancarie e tipologie di pagamento) . . . . . . . . . . . . . . . . . . . . . . . . . . . . . . . . . . . . . .

. . . . . . . . . . . . . . . . . . . . . . . . . . . . . . . . . . . . . . . . . . . . . . . . . . . . . . . . . . . . . . . . . . . . . . . . . . . . . . . . . . . .

CODICE CLIENTE . . . . . . . . . . . . . . . . . . . . . . . . . . . . . . . . . . . . . . . . . . . . . . . . . . . . . . . . . . . . . . . . . . . . . . . .

PRIVACY (autorizzazione al trattamento dei dati personali) . . . . . . . . . . . . . . . . . . . . . . . . . . . . . . . . . . . . . . .

b. rileggi la scheda cliente e analizza i gusti e le aspettative dei tuoi due amici/clienti, poi scrivi una e-mail e proponi loro di rinnovare gli acquisti per i rispettivi negozi, acquistando i capi di tendenza per la prossima stagione autunno-inverno.

**2** Immagina di essere il concessionario di un importante marchio automobilistico e di dover compilare per l'azienda produttrice un test di autovalutazione sulla conoscenza dei tuoi clienti:

– Conosci personalmente i tuoi clienti?

. . . . . . . . . . . . . . . . . . . . . . . . . . . . . . . . . . . . . . . . .

. . . . . . . . . . . . . . . . . . . . . . . . . . . . . . . . . . . . . . . . .

. . . . . . . . . . . . . . . . . . . . . . . . . . . . . . . . . . . . . . . . .

. . . . . . . . . . . . . . . . . . . . . . . . . . . . . . . . . . . . . . . . .

– Sai che cosa comprano da te?

. . . . . . . . . . . . . . . . . . . . . . . . . . . . . . . . . . . . . . . . .

. . . . . . . . . . . . . . . . . . . . . . . . . . . . . . . . . . . . . . . . .

. . . . . . . . . . . . . . . . . . . . . . . . . . . . . . . . . . . . . . . . .

. . . . . . . . . . . . . . . . . . . . . . . . . . . . . . . . . . . . . . . . .

– Sai quali prodotti simili al tuo acquistano i tuoi clienti da altri rivenditori?

. . . . . . . . . . . . . . . . . . . . . . . . . . . . . . . . . . . . . . . . .

. . . . . . . . . . . . . . . . . . . . . . . . . . . . . . . . . . . . . . . . .

. . . . . . . . . . . . . . . . . . . . . . . . . . . . . . . . . . . . . . . . .

– Sai se sono fedeli, come potrebbero diventarlo e quali potenzialità hanno?

. . . . . . . . . . . . . . . . . . . . . . . . . . . . . . . . . . . . . . . . .

. . . . . . . . . . . . . . . . . . . . . . . . . . . . . . . . . . . . . . . . .

. . . . . . . . . . . . . . . . . . . . . . . . . . . . . . . . . . . . . . . . .

– Sai che cosa dicono quando parlano di te e della tua Concessionaria?

. . . . . . . . . . . . . . . . . . . . . . . . . . . . . . . . . . . . . . . . .

**319**

# 3 La comunicazione nel mondo del lavoro: scrivere e parlare

**per scrivere e comunicare**

# La relazione tecnica

**OBIETTIVI**
- Conoscere le operazioni necessarie da effettuare per la stesura di una relazione tecnica
- Saper scrivere e valutare una relazione tecnica

| | |
|---|---|
| **intestazione** | **Il collasso degli argini del fiume Secchia**<br>*Relazione tecnico-scientifica sulle cause del collasso dell'argine del fiume Secchia avvenuto il giorno 19 gennaio 2014 presso la frazione San Matteo.*<br>*Autori: ing. A. Verdi, geom. M. Rossi.* |
| **sommario o abstract** | Sommario. Gli eventi di piena che si sono verificati sul fiume Secchia nel gennaio 2014 sono stati esaminati al fine di valutare le possibili cause del collasso arginale, avvenuto il giorno 19 presso la frazione San Matteo in destra idrografica.<br> |
| **introduzione** | Sono stati raccolti e analizzati i **dati idrometeorologici** e le evidenze derivate da osservazione rilevanti ai fini della determinazione dei **flussi idrici** e della loro interazione con l'argine collassato. Sono state altresì eseguite indagini di laboratorio e in sito al fine di caratterizzare le proprietà idrauliche e geotecniche dei terreni costituenti gli argini arginali e i relativi terreni di fondazione. Sono stati poi implementati alcuni modelli idraulico-idrologici e geotecnici, considerando:<br><br>(1) **la geometria dell'argine**, ottenuta, per la parte collassata, utilizzando un modello digitale del terreno a elevata risoluzione,<br><br>(2) **le proprietà idrauliche dei terreni** arginali rilevate – durante la presente indagine – in una sezione posta circa 600 m a valle di quella del collasso, e ▶ |

| | |
|---|---|
| ▶ | (3) **le proprietà geotecniche dei terreni** arginali e di fondazione determinate – sempre nel corso della presente indagine – in sezioni adiacenti al tratto d'argine interessato dal collasso. Sono stati infine presi in esame i possibili meccanismi di collasso del corpo arginale.<br>Attenzione particolare è stata dedicata alle evidenze, alle testimonianze raccolte e alla documentazione fotografica che indicano, nel tratto di argine in esame, la presenza di tane di animali selvatici con spiccata capacità di scavare cunicoli. In tale ottica, sono state analizzate le relazioni fra le tane osservate nelle foto aeree a elevata risoluzione, riprese nel 2010 e 2012, e l'evoluzione dei limiti della breccia, desunta dalle fotografie scattate da elicottero nella mattina del giorno 19 gennaio 2014. |
| **corpo del testo** | Le analisi hanno evidenziato che sono stati possibili **due fenomeni d'innesco del cedimento della difesa arginale**, che possono aver agito anche congiuntamente.<br>**Un primo tipo** d'innesco, riconducibile a **processi di erosione interna**, è del tutto analogo a quello documentato da quanto osservato sull'argine destro del fiume Panaro nel pomeriggio dello stesso 19 gennaio 2014. Si tratta di un fenomeno che si sviluppa inizialmente mediante un processo di progressiva erosione interna coinvolgente il sistema di tane, eventualmente indebolito dalle precipitazioni piovose dirette al suolo. Una volta asportato un sufficiente quantitativo di materiale, la parte dell'argine sovrastante la cavità crolla, provocando un notevole abbassamento della sommità arginale.<br>**Un secondo fenomeno** d'innesco può essere ricondotto alla **progressiva instabilità del corpo arginale**, localmente indebolito dalla presenza delle menzionate cavità, favorita da condizioni di parziale saturazione indotte dalla piena e dalle precipitazioni dirette sul corpo arginale. La riduzione di resistenza a taglio dei terreni, indotta dalla loro saturazione anche locale, può causare una significativa diminuzione del grado di sicurezza della struttura arginale nei confronti della stabilità.<br>Entrambi i fenomeni d'innesco comportano un sensibile ribassamento della sommità arginale e il conseguente superamento della struttura da parte della corrente idrica, animata da velocità in uscita particolarmente sostenute. Una volta attivato il superamento, la breccia evolve rapidamente, sia approfondendosi sia allargandosi, per effetto dell'erosione prodotta dalla corrente in uscita. |
| **conclusioni** | In entrambi i casi si ritiene che, con riferimento all'evento specifico, la presenza di un sistema articolato di tane sia stata determinante ai fini del collasso arginale. |

La relazione tecnica che hai appena letto (adattata dall'originale) parla della rottura dell'argine del fiume Secchia ed esprime in dettaglio le osservazioni al riguardo. Per visualizzare la versione completa, corredata di fotografie, mappe, schemi e modelli, collegati a internet e scarica il pdf dal seguente indirizzo: http://ambiente.regione.emilia-romagna.it/geologia/archivio_pdf/notizie-eventi/rapporto-fiume-secchia/at_download/file/rf-secchia-v3.1-con-copertina_.pdf

## 1 Che cos'è la relazione tecnica

La relazione tecnica è un **testo informativo-espositivo** che viene predisposto per presentare un progetto o, dopo lo sviluppo del progetto, per rendere conto di come si è lavorato, di quali procedure si sono utilizzate e di quali risultati si sono ottenuti. La relazione tecnica può anche riferire gli esiti di una ricerca sul campo o l'analisi di una situazione, tutto questo in un vasto repertorio di ambiti: scientifico, economico, amministrativo, tecnico, sportivo.

In ambito lavorativo la relazione serve sia al committente sia agli organi incaricati di approvare il lavoro sia a chi deve poi tradurre in pratica il progetto realizzando l'opera.

# 3 La comunicazione nel mondo del lavoro: scrivere e parlare

**per scrivere e comunicare** | La relazione tecnica

## 1. Lo scopo della relazione tecnica

Una relazione tecnica è prodotta per diversi scopi, ma ne riconosciamo soprattutto due:

- scopo prevalentemente informativo;
- scopo informativo-persuasivo.

In una relazione a **scopo prevalentemente informativo** un disegnatore/progettista spiegherà ad esempio al proprio cliente perché ha pensato a una determinata forma per l'oggetto che ha disegnato (in funzione della lavorazioni meccaniche, oppure con attenzione al design, ecc.) e motiverà le scelte tecnologiche (in funzione dell'affidabilità, dei costi, ecc.).

In una relazione a **scopo informativo-persuasivo**, ad esempio quella che ha per oggetto il parere di un tecnico su un oggetto da acquistare, dovranno essere considerate le varie possibilità che si presentano e si dovranno avanzare una serie di proposte utili per quella situazione o proporre la scelta che sembra rispondere nel modo migliore alle esigenze del cliente.

Una ulteriore utilità dalle relazioni è il valore di documentazione certa su situazioni, decisioni e processi.

## 2. L'aspetto comunicativo

Come per ogni testo professionale si devono porre alcune attenzioni preliminari alla situazione comunicativa e cioè:

- **Il destinatario del messaggio**
  - Chi legge la relazione?
  - Che livello di istruzione ha?
  - Quanto sa dell'argomento e da quale punto di vista lo conosce?
  - Perché la deve leggere e a che cosa gli serve?
  - Deve prendere decisioni in merito?
  - È una comunicazione interna diretta ad altri uffici/centri di lavoro o all'amministrazione?
  - È una comunicazione esterna diretta a singoli cittadini o a tutti gli interessati?
- **L'obiettivo**
  - Informare *Dal sopralluogo effettuato sul cantiere risulta...*
  - Spingere il lettore ad agire *Come da accordi, la documentazione dei materiali deve essere inoltrata entro il...*
  - Richiesta *Attendiamo le informazioni richieste entro...*
  - Valutazione *Sono soddisfatto della performance del suo team in quanto...*
  - Prescrivere *È vietata la combustione di rifiuti e scarti di lavorazione di qualsiasi genere...*
  - Motivare un'azione già compiuta *Considerata la situazione attuale, abbiamo deciso di non rilasciare il permesso...*

## 3. Il contenuto e la struttura

Per produrre una buona relazione si deve:

- tenere conto del tempo (nel caso di una esposizione orale) o dello spazio (nel caso di una relazione scritta) a disposizione;
- raccogliere una documentazione adeguata e schedarla;
- raccogliere le idee o in una lista o in un grappolo per visualizzare tutti gli elementi che ci interessano;
- predisporre l'elenco dei documenti che si andranno a citare e la fonte;
- organizzare la scaletta o l'indice della relazione;
- scegliere un titolo efficace per definire l'argomento trattato.

Fatto ciò, si può procedere a definire la **struttura della relazione** che sarà così ripartita:

322 SCUOLA & LAVORO

- **Intestazione**, che è la copertina e comprende:
  - il nome dell'autore/degli autori della relazione;
  - il titolo della relazione;
  - l'indice, utile soprattutto in una relazione molto estesa.
- **Introduzione**, che comprende:
  - lo scopo/la motivazione del lavoro;
  - l'oggetto, l'argomento trattato e i suoi riferimenti tecnici;
  - il metodo utilizzato;
  - gli strumenti o i materiali;
  - le fonti dell'informazione, sia oggettive (grafici, tabelle, dati numerici) sia soggettive (opinioni).
- **Corpo del testo**: è la sezione che, in base allo schema predisposto, tratta l'argomento secondo le finalità della relazione.
  Si richiedono contenuti esaustivi, pertinenti e organizzati in una struttura coerente; si consiglia la ricerca della massima leggibilità sia nel contenuto sia nell'aspetto grafico.
  Una buona organizzazione visiva prevede pagine ben scandite in parti e paragrafi, con poche e significative evidenziature, caratteri tradizionali chiari e ben leggibili per dimensione. Grafici, tabelle ed eventuali fotografie contribuiscono all'efficacia dell'esposizione.
- **Conclusione**, questa parte finale si riaggancia a quella iniziale; le conclusioni devono infatti essere in perfetto collegamento con il titolo della relazione: si fa il bilancio di quanto già esposto. Può comparire la valutazione finale dei risultati raggiunti e l'esposizione di eventuali difficoltà incontrate. Questo è anche lo spazio per proposte di attività successive.

### 4. Lo stile

Ricorrono le solite regole valide per i testi professionali:

- ricerca di uno stile adeguato al contenuto e ai destinatari e sempre uguale dall'inizio alla fine del testo;
- chiarezza di contenuto e di forma;
- sintassi semplice;
- attenzione al soggetto, che deve essere sempre espresso;
- uso del tempo presente;
- uso di parole semplici e concrete, ma anche di termini tecnici se richiesti dall'argomento trattato;
- ricerca della sintesi che si ottiene sfrondando senza paura il testo;
- efficacia del messaggio come obiettivo centrale;
- cura dell'aspetto visivo: pagina ben scandita in parti e paragrafi, con poche e significative evidenziature, caratteri tradizionali chiari e leggibili per dimensione.

## 2 Come scrivere una relazione tecnica

### 1. La parte iniziale

È consigliabile dedicarsi al **titolo** da assegnare alla relazione a fine lavoro, quando l'argomento trattato e gli obiettivi prefissati saranno ben chiari. È importante investire molte energie nella scelta del titolo: rappresenta il primo step per attrarre il lettore/ascoltatore.

Fa parte della sezione iniziale anche l'**abstract**, un testo breve – di cento o duecento parole al massimo – posto all'inizio di ogni capitolo: è il sommario del documento senza l'aggiunta di interpretazioni.

# 3. La comunicazione nel mondo del lavoro: scrivere e parlare

**per scrivere e comunicare** | La relazione tecnica

### 2. Le tecniche di esposizione

Durante l'esposizione degli argomenti è utile ricorrere ad alcune tecniche tipiche della relazione:

- l'elenco;
- il confronto;
- l'esempio;
- la citazione;
- la descrizione, o il riassunto.

Ipotizziamo che l'azienda in cui lavorate abbia svolto dei corsi di formazione presso le associazioni di categoria per selezionare impiegati da assumere.

Se dovete illustrare gli argomenti di ogni corso, ricorrerete alla lista per punti con relativi sottolivelli (tecnica dell'**elenco**).

Se dovete dare un giudizio di qualità sulla preparazione finale dei partecipanti, potete citare il voto medio raggiunto nella precedente edizione e il voto medio di esperienze simili in altre associazioni (tecnica del **confronto**).

Se volete riportare le osservazioni dei partecipanti sulla qualità della docenza, potete citare esattamente le frasi che avete ascoltato da loro (tecnica della **citazione**).

Se volete riportare il giudizio complessivo sulle classi da parte di docenti, potete riassumere in un paio di paragrafi il loro pensiero, tenendo presente degli indicatori precisi, altrimenti il resoconto sarà confuso (tecnica del **riassunto**).

(da www.carlalattanzi.it la relazione tecnica)

**Il software**
Molti siti offrono software per la stesura di relazioni tecniche; sta a chi deve scrivere la relazione scegliere l'offerta più funzionale al proprio scopo.

### 3. La rilettura

La rilettura di quanto creato è un momento importante e va scandita in:

- verifica di ortografia, grammatica e sintassi;
- controllo della coerenza tra le parti: le informazioni del corpo del testo devono essere in rapporto logico con l'introduzione;
- controllo della coerenza generale: le conclusioni devono risultare linea con il titolo e l'abstract iniziale;
- verifica della leggibilità delle pagine.

### 4. L'uso delle slide

Ogni relazione può giovarsi di una presentazione con le slide (cfr. p. 159), a patto che se ne faccia buon uso: **un percorso misto di immagini e testi riesce a convincere meglio l'uditorio**.

Le slide possono:

- semplificare in modo efficace un insieme di elementi complessi;
- esporre dei dati permettendo che il confronto sia immediato "a colpo d'occhio";
- semplificare l'analisi dei risultati;
- mostrare con chiarezza meccanismi e relazioni tra elementi (concetti, fasi, azioni, ecc.).

# Attività

**1** Leggi la relazione che segue e ricostruiscine la struttura in una scaletta che evidenzi, se possibile, l'impianto proprio della relazione (titolo, introduzione, corpo, conclusioni).

Comune di Modena
**Riqualificazione architettonica di Piazza Roma**
**RELAZIONE TECNICO ILLUSTRATIVA**

Il progetto per la manutenzione straordinaria di Piazza Roma rientra nel programma di riqualificazione degli spazi pubblici e negli interventi di ampliamento della zona a traffico limitato (ZTL) del centro storico di Modena in attuazione del piano della sosta approvato nel 2006.

Il suolo della piazza oggi è occupato da 180 stalli per la sosta a pagamento e spazi per la sosta disabili, mentre in allineamento al Palazzo Ducale si trova una carreggiata stradale per la libera circolazione di autoveicoli e trasporto pubblico, tra cui la linea filoviaria.

In corrispondenza dell'innesto con largo Sana Giorgio si apre lo spazio soggetto a traffico limitato con controllo elettronico degli accessi autorizzati "Citypass".

La circolazione pedonale in sede propria è distribuita principalmente ai margini della piazza, lungo marciapiedi e portici, con l'eccezione dei percorsi segnati dai listoni di pietra posti in diagonale per l'attraversamento della piazza verso San Domenico e il centro del Palazzo Ducale.

Il suolo è formato per ampia parte da sottofondo in acciottolato ricoperto da un manto di asfalto, da camminatoi costituiti da lastre di granito posate "a correre", da una doppia corsia carrabile parallela al Palazzo Ducale pavimentata in asfalto su massetto stradale.

Una rete di cavi attraversa la piazza all'altezza di circa 5m dal suolo, quali ancoraggio per i fili elettrici della linea filoviaria e delle lampade a sospensione per la pubblica illuminazione.

L'illuminazione della facciata monumentale è garantita da fari posti alla sommità dei palazzi sul fronte opposto.

Lo stato generale dei sottoservizi è prevalentemente in cattivo stato sia di conservazione che funzionale, dovuto alla vetustà delle reti e agli eccessivi carichi provocati dal costante transito autoveicolare sulla piazza.

L'opera di manutenzione straordinaria della piazza si configura quale riqualificazione architettonica finalizzata al misurato adeguamento dell'assetto morfologico, incentrato alla memoria della presenza dell'acqua nei canali sottostanti e sulle mutate modalità di fruizione dello spazio, nel rispetto dell'interesse storico ed architettonico del contesto.

La facciata seicentesca del Palazzo Ducale costituisce la vasta quinta architettonica che caratterizza lo spazio della piazza, palcoscenico della storia di Modena Capitale e Risorgimentale; il progetto abbraccia la vista del Palazzo, con le due liste diagonali che si aprono verso i limiti estremi dei torrioni di ponente e di levante, e al contempo rimarca la monumentale architettura con la pedana centrale, impronta sulla piazza della partizione di facciata del corpo centrale.

La città si inserisce dunque nella piazza con lo sguardo e con una fascia di pavimentazione continua lungo i portici delimitata da una lista di pietra che, dal suolo indistinto di largo San Giorgio, filtra i due diversi ambiti.

A corredo della nuova architettura di suolo, il progetto esprime la volontà di riaprire una pagina di storia urbana richiamando la presenza dell'acqua dei canali coperti all'epoca della formazione della piazza.

In corrispondenza del sottostante corso del Canale Naviglio che attraversa trasversalmente la piazza e il Palazzo, il progetto prevede la formazione di un velo d'acqua sul piano della vasca a sfioro (172 mq), ricavata tra le due liste di pietra della pavimentazione centrale, dal limite carrabile in estensione perpendicolare verso Largo San Giorgio.

Con la stessa soluzione tecnica si forma un velo d'acqua longitudinale nella parte est della piazza, in allineamento alla Fonte D'Abisso e agli altri canali sottostanti, con una superficie di 140 mq, in due parti separate dal camminatoio in pietra. ▶

325

# 3. La comunicazione nel mondo del lavoro: scrivere e parlare
## per scrivere e comunicare — La relazione tecnica

▶

Due fontane con nove getti d'acqua modulabili e luminosi per ciascuna, si pongono come quinte laterali al corpo centrale del Palazzo Ducale.

Le superfici occupate dalle fontane e bagnate dall'acqua sono pavimentate in pietra, semplicemente delimitate da feritoie senza dislivelli significativi; arrestando il flusso di acqua sono praticabili pedonalmente ove necessario per iniziative o manifestazioni, in particolare le tradizionali parate militari e il Festival delle Bande Militari.

La riqualificazione prevede una superficie d'intervento di circa 9.400 mq, cioè il perimetro dell'intera piazza dai limiti delle strade laterali, Corso Accademia, via Modonella, via De Lovoleti, Largo San Domenico, via Tre Febbraio, compreso Largo San Giorgio sino a via Farini; quest'ultima parte dell'intervento ricompone la continuità spaziale della piazza con il Largo, spazi oggi separati con pavimentazioni distinte e dalle diverse modalità di traffico e sosta.

Sono previste una generale revisione, rinnovo e sostituzione delle reti tecnologiche, in particolare di fognature e rete idrica, per costituire la distribuzione e i recapiti lungo il perimetro della piazza; in superficie la totale ripavimentazione e la realizzazione delle installazioni degli elementi d'acqua secondo il progetto.

Nella riorganizzazione spaziale sono significativi lo spostamento di circa 4 m dal fronte del Palazzo Ducale della corsia carrabile dedicata al trasporto pubblico, la realizzazione dei "trottatoi" con liste di pietra adatte alla circolazione di pedoni e cicli, la continuità della pavimentazione tra Piazza Roma e Largo San Giorgio e la sopracitata proposizione di tracciati d'acqua.

Arch. Giovanni Cerfogli

**Com'è**

**Come sarà**

La relazione tecnica di un progetto edilizio

326 SCUOLA & LAVORO

**2** La vostra scuola vuole dotarsi di una nuovo laboratorio di scienze e chiede anche il parere degli studenti. Stilate una relazione seguendo le fasi suggerite. `120 min`

– Fase 1 All'interno del gruppo (5/6 studenti) svolgete le opportune ricerche attraverso Internet, i cataloghi che vi siete procurati, il rapporto con possibili fornitori.

– Fase 2 Predisposto il materiale, curate il confronto con il supporto di un docente esperto sul tema.

– Fase 3 Predisponete ora una relazione tecnica che motivi:

   a. la vostra richiesta;

   b. la vostra scelta.

– Fase 4 Ogni relazione sarà distribuita alla classe che esprimerà la propria valutazione in base a questa scheda:

   a. struttura della relazione (introduzione, svolgimento e conclusione);

   b. coerenza del testo;

   c. correttezza grammaticale e sintattica;

   d. ricchezza dei materiali predisposti.

**3** In un piccolo gruppo (5/6 studenti) predisponete una relazione tecnica da presentare al Comune e alla Provincia sul servizio di trasporti urbani ed extraurbani per gli studenti della vostra scuola. Per svolgere il lavoro seguite le seguenti fasi. `120 min`

– Fase 1 Il lavoro preliminare sarà un'indagine sul servizio esistente che metta a fuoco attraverso diversi metodi d'indagine:

   a. il numero degli studenti e delle classi coinvolte nel problema (indagine in segreteria);

   b. i problemi degli studenti che risiedono fuori città (interviste a compagni);

   c. i limiti del servizio urbano rispetto agli orari di lezione (interviste ai compagni);

   d. le difficoltà dei docenti per gli ingressi in ritardo e le uscite anticipate (questionario per docenti sul tema);

   e. gli orari dei trasporti urbani ed extraurbani;

   f. il quadro normativo di riferimento e il parere del preside.

– Fase 2 Conclusa la ricerca e la raccolta di materiali, elaborate una proposta di miglioramento della situazione.

– Fase 3 Predisponete la vostra relazione secondo lo schema classico:

   a. intestazione;

   b. introduzione;

   c. corpo del testo;

   d. conclusione.

– Fase 4 Arricchite la vostra presentazione con delle slide.

– Fase 5 Uno studente del gruppo presenta la relazione oralmente alla classe; al termine i compagni daranno una valutazione in base a:

   a. struttura della relazione;

   b. cura e qualità della presentazione;

   c. coerenza dell'argomentazione;

   d. ricchezza dei materiali predisposti.

**3** La comunicazione nel mondo del lavoro: scrivere e parlare

**per scrivere e comunicare**

# La relazione di stage o tirocinio

**OBIETTIVI**
- Acquisire padronanza degli strumenti per la stesura di una relazione di stage
- Consolidare la capacità di preparare una relazione seguendo un percorso di lavoro preciso
- Affinare le competenze nella produzione di testi scritti altamente strutturati

## 1 Che cos'è la relazione di stage

**È una relazione breve, variabile da 5 a 30 pagine, che si richiede al termine di un periodo di stage o di tirocinio.** *Stage* è appunto il termine francese che indica un periodo di "praticantato" o tirocinio che uno studente trascorre all'interno di una specifica realtà lavorativa: un ente o un'azienda. In genere i periodi di stage sono organizzati e proposti da strutture dedicate alla formazione o all'orientamento: università, scuole, corsi formativi di comuni, province o regioni; agli studenti delle scuole superiori, per esempio, possono essere offerti tirocini estivi di orientamento professionale.

La relazione di stage si rivolge a chi ha seguito la preparazione e la formazione dello studente (docenti e insegnanti), a commissioni specifiche, o agli stessi enti o aziende dove il tirocinio si svolge. In alcuni casi al posto della relazione di stage si propone la compilazione di un modulo con domande aperte e chiuse; più spesso, però, è richiesta una vera e propria relazione, talvolta con precise indicazioni di lunghezza.

È importante ricordare che la **relazione di stage non è un diario personale** o un semplice racconto delle proprie impressioni. **È invece un testo informativo che descrive e rielabora un'esperienza** condotta in ambito professionale, valutando il rapporto tra competenze acquisite e competenze di partenza.

## 2 Struttura di una relazione di stage

La relazione di stage deve contenere essenzialmente due tipi di informazioni:
- una descrizione dell'attività svolta e dei processi di lavoro in cui lo studente si è inserito;
- una valutazione di quanto ciò che si è imparato (all'università, a scuola, o attraverso un corso specifico) "funzioni" concretamente in quel campo lavorativo.

La relazione di stage è composta principalmente di tre parti, a cui si può aggiungere un'appendice.

- **Introduzione**: contiene le informazioni generali sull'ente o l'azienda presso cui si è svolto lo stage; informazioni sull'ufficio o sull'area specifica in cui si è svolto lo stage; informazioni sulle persone con cui si è collaborato (in genere si è affidati a un "tutor" aziendale) e sulle loro mansioni. Questa sezione deve far capire con esattezza in che tipo di ambiente di lavoro si è svolto lo stage e come era organizzato.
- **Parte centrale**: descrive l'attività concreta svolta durante lo stage, mettendola in rapporto agli studi compiuti e approfondendo gli eventuali punti critici. Qui va indicata anche l'utilizzazione di strumenti specifici (per esempio software) o l'apprendimento di nuovi strumenti e tecniche.

328 SCUOLA & LAVORO

– **Parte conclusiva**: contiene le valutazioni personali sull'esperienza, considerando anche l'eventuale miglioramento delle proprie conoscenze e una riflessione sulle proprie attitudini professionali e sulla loro espressione durante il periodo di stage. È molto indicato aggiungere alla fine un breve *abstract* (10 righe) che riassuma a grandi linee la relazione. Al termine delle conclusioni occorre inserire l'indice.

– **Appendice**: se si decide di inserirla, può contenere materiale illustrativo dello stage (disegni, tabelle, fotografie di eventi, luoghi o macchinari, mappe e flussi di lavoro, cataloghi ecc.). Talvolta al termine degli stage universitari è richiesta una bibliografia che contenga l'elenco di pubblicazioni o siti web che si sono consultati per integrare le proprie conoscenze nell'ambito professionale previsto dallo stage.

Di seguito riportiamo un esempio di relazione, che illustra una possibile elaborazione delle prime due parti di cui essa si compone.

---

Lo stage si è svolto prevalentemente in ufficio e si è incentrato soprattutto sull'ultimo passaggio della filiera, quello della promozione e commercializzazione.

In accordo con il tutor aziendale siamo arrivati a decidere quali mansioni avrei dovuto svolgere in azienda, date le mie conoscenze pregresse e quelle nuove derivanti dal corso. Considerando la natura commerciale dell'azienda e la necessità di ampliare il mercato di sbocco, il mio compito nel primo periodo è stato di natura amministrativa e commerciale. Come inserimento mi è stato richiesto di contattare agenti di commercio italiani e potenziali clienti esteri, soprattutto francesi, e di seguire le degustazioni di vini con gruppi turistici per presentare l'azienda e i suoi prodotti. Tale lavoro è servito non solo a conoscere il metodo di lavoro utilizzato in azienda, ma anche i prodotti offerti, le loro schede tecniche, i tempi, i modi di produzione e di trasporto. Parallelamente, iniziando a conoscere bene i singoli prodotti enogastronomici presenti nel catalogo, ho potuto iniziare a lavorare su brochure e promozioni di periodo.

Successivamente, a tale lavoro è stata aggiunta l'ideazione e l'implementazione di un sito Internet che servisse da vetrina per l'azienda, ma che potesse essere utilizzato anche per il commercio online. Questa nuova attività è stata modificata più volte in corso d'ideazione, non trovando corrispondenza tra le idee del management aziendale e quelle dei vari webmaster, fino a quando mi è stato chiesto di tracciare una bozza dell'ipotetico sito Internet. La creazione della bozza è stata fatta utilizzando principalmente Word per i testi e Publisher per la grafica e la bozza finale. Le pagine sono state organizzate in modo chiaro e molto semplice, per dare un'idea di come si dovesse presentare il sito una volta concluso e quali fossero gli aspetti fondamentali da inserire, lasciando però dettagli e accortezze grafiche al webmaster. Una volta definito il tutto, la collaborazione alla creazione del sito è continuata sotto forma di corrispondenza con il webmaster, per definire i dettagli e approvare o modificare il sito al termine della creazione di ogni pagina.

Nell'ultima parte di questo primo periodo ho collaborato alla traduzione delle etichette destinate al commercio estero, secondo la normativa e le regole che ci sono state inviate dall'ICE, e alla scrittura di un contratto di agenzia da inviare agli agenti di commercio per regolarne la posizione lavorativa.

La seconda fase di stage è avvenuta in due momenti distinti. Una prima parte (21 ore) si è concentrata nel periodo estivo, tra luglio e agosto, per avere continuità con il lavoro svolto precedentemente e per poter seguire fino alla fine le attività che avevo iniziato. In particolare in questa fase mi sono occupata sempre di degustazioni dei vini dell'azienda e dell'invio di campioni omaggio ai potenziali clienti francesi, che avevo contattato nei mesi precedenti. Per l'invio di questi campioni, sono entrata in contatto con la produzione; collaborando al confezionamento sottovuoto degli alimenti, all'etichettatura degli stessi e all'imballaggio. La seconda parte è stata incentrata soprattutto sulla promozione natalizia, in vista delle festività. Il lavoro è iniziato con la scelta del materiale destinato al catalogo natalizio, ed è proseguito con una collaborazione con lo studio di grafica, fino al momento della stampa. In seguito mi è stato affidato il compito di creare, per quei cesti e per quelle confezioni, il listino prezzi, tenendo presente la volontà aziendale di creare una gamma adatta alla regalistica aziendale, che vincola la deducibilità a € 25.82, ma considerando anche i costi aggiuntivi a cui sarebbe andata incontro l'azienda nel creare tali confezioni. Sempre in questa fase, molte giornate sono state spese per la promozione della regalistica con vecchi clienti e nuovi potenziali, mostrando i prodotti, i cesti, le alternative e le possibili personalizzazioni della confezione.

# La comunicazione nel mondo del lavoro: scrivere e parlare

**per scrivere e comunicare** La relazione di stage o tirocinio

> Nello stesso periodo ho seguito anche mansioni più amministrative, come la compilazione di documenti obbligatori, da quelli relativi alla registrazione delle temperature nelle celle frigo e quelli relativi all'HACCP, importanti per il reparto produzione, fino a quelli fiscali con la compilazione di DDT e fatture. Con l'inizio del periodo di vendemmia, oltre alle normali attività di commercializzazione, ho seguito anche la redazione del contratto di consulenza tra l'azienda e le cantine locali, incentrato sull'agevolazione all'espletamento delle formalità necessarie per la vendita delle uve dei produttori locali alle cantine e un nuovo accordo di fornitura di vini per il nuovo anno.
>
> (Tratto da una relazione finale di stage legata al corso IFTS "Tecnico superiore della trasformazione e della commercializzazione dei prodotti agricoli e agroindustriali, con indirizzo nella filiera del vino" ed effettuata in un'azienda specializzata nella commercializzazione di prodotti dell'agricoltura e dell'allevamento, www.isis-salvatorelli.it)

## 3 Stesura e revisione

Per mettere a fuoco gli elementi concreti e raggiungere una stesura efficace, può essere utile porsi queste domande prima di stendere la scaletta:

1. Quale ruolo mi è stato affidato?
2. Che tipo di attività ho svolto? (Le principali possono essere descritte in modo dettagliato facendo degli esempi, raccontando per esempio una "giornata tipo".)
3. Da chi sono stato seguito nella fase di inserimento? E dopo?
4. Ho mai partecipato a riunioni di lavoro? A che livello?
5. Ho collaborato spesso con il tutor o altri dipendenti (posso fare degli esempi del tipo di collaborazione) oppure ho lavorato in autonomia?
6. Ho utilizzato software, macchinari o strumentazioni tecniche che conoscevo già? Quali?
7. Ho imparato a utilizzare software, macchinari o strumentazioni tecniche nuove? Quali, di che tipo?
8. All'inizio mi hanno insegnato procedure di lavoro, uso di tecniche o strumenti? Oppure sono stato in grado di lavorare subito?
9. Ho acquisito competenze di tipo generale (per esempio cultura d'azienda; conoscenza del mondo del lavoro); competenze tecniche (per esempio conoscenze riguardanti specifici prodotti, processi o mercati; conoscenze informatiche); competenze trasversali (per esempio capacità di lavorare in team; senso di responsabilità)?

Dal punto di vista formale, è molto importante la chiarezza:

- è importante usare il registro medio, neutro o oggettivo; bisogna prestare attenzione all'uso dei termini tecnici o scientifici di settore;
- ogni sezione deve avere un titolo preciso (non "Introduzione" ma, per esempio, "Ambiente di lavoro e struttura organizzativa") e deve essere divisa in paragrafi brevi;
- bisogna fare un buon uso di titoli e sottotitoli per sezioni e paragrafi.

Nella copertina deve essere indicato:

- il titolo "Relazione di stage";
- il contesto formativo nell'ambito del quale si effettua lo stage (università/corso di laurea, scuola, corso di formazione/ente);
- il nome dello studente;
- il nome dell'azienda/ente presso cui è stato effettuato lo stage;
- il luogo, la durata e il periodo dello stage.

Al termine della stesura va effettuata una revisione formale completa del testo, per eliminare errori e imprecisioni.

330 SCUOLA & LAVORO

# Attività

## Attività per l'autovalutazione

**1** Leggi come iniziano queste "Conclusioni" di una relazione di stage. Quale, fra i due, è il registro più corretto da utilizzare? 3 min.

▶ a

Un vantaggio importante della situazione è stata la necessità dell'azienda di coinvolgermi immediatamente e a pieno nel ciclo di lavoro, il che mi ha permesso di sfruttare completamente il periodo di stage, altrimenti piuttosto breve (3 mesi). Il ritmo di lavoro serrato, anche se con qualche difficoltà ed errore iniziale da parte mia (la formazione ricevuta non mi avrebbe permesso di portare a termine in autonomia i compiti affidati, se non per le singole mansioni che ho specificato nel paragrafo 4.15), si è stabilizzato velocemente grazie all'aiuto e alla collaborazione dei colleghi e alla loro pratica di lavoro in team: osservandone alcune dinamiche, penso di aver maturato alcune competenze trasversali, oltre alla formazione specifica che ho ricevuto da loro *on the job*.

▶ b

Lo stage è stato parecchio interessante, ho dovuto ambientarmi subito per poter vivere al meglio l'attività serenamente, poiché il lavoro lì è frenetico. Devo dire che è stata sicuramente un'esperienza positiva da tutti i punti di vista: vedere come si lavora sul serio e farlo in gruppo con svariate persone mi ha aiutato a capire un po' meglio il mondo del lavoro, anche se le esperienze e le conoscenze di studio non sono state sempre il massimo; comunque per alcune attività sì.

## Proviamo a scrivere

**2** Immagina di aver svolto uno stage di 3 mesi in un'azienda di tua scelta. Svolgi la parte introduttiva seguendo l'indice dato. 1 ora

1. Descrizione dell'azienda ospitante
1.1 Grandezza, ubicazione, *mission*
1.2 Attività svolte, servizi offerti, posizione sul mercato
1.3 Organizzazione interna e ruoli del personale
1.4 Clima aziendale e processi di lavoro

2. La mia collocazione
2.1 Ruolo, mansioni, posizione e responsabilità
2.2 Collaboratori e supervisori
2.3 Attività principali e giornata tipo

# 3 La comunicazione nel mondo del lavoro: scrivere e parlare

**per scrivere e comunicare**

# La presentazione con slide

**OBIETTIVI**
- Saper realizzare una efficace presentazione con slide
- Sviluppare la capacità di riconoscere struttura e organizzazione di una presentazione con slide

Questa prima slide (o diapositiva) presenta, attraverso il **titolo**, l'argomento trattato e cioè il corso *Tecnico superiore per la progettazione, lo sviluppo e la gestione di applicazioni informatiche*. Sono in evidenza i **loghi** dei Centri di formazione che gestiscono il progetto, la data di presentazione del corso e **l'autorizzazione** della Giunta regionale.
Il corso si rivolge ai candidati interessati ad intraprendere il mestiere del tecnico di progettazione, ai quali verrà illustrato il percorso di formazione post-diploma.

Nella seconda diapositiva notiamo l'**elemento grafico prescelto**, che caratterizzerà tutta la presentazione, il **titolo** con caratteri visibili e i contenuti che caratterizzano il profilo della figura che si intende formare, definiti in un elenco schematico per punti.
Il **font** scelto è di dimensione piuttosto grande, per garantire la leggibilità anche a chi si trova lontano dallo schermo dove le dispositive vengono proiettate.

La terza diapositiva esplicita in modo molto chiaro l'**argomento trattato**. Sia dal punto di vista grafico sia da quello dei contenuti si predilige la semplicità e la fruibilità.

Le mansioni che caratterizzano il lavoro del tecnico in azienda sono definitve in modo chiaro.

I colori utilizzati sono gradevoli alla vista e lo sfondo chiaro garantisce la massima leggibilità.

332 SCUOLA & LAVORO

# 1 Che cos'è una presentazione con slide

La presentazione di un argomento attraverso slide è un tipo di comunicazione molto diffuso. È realizzato mediante l'uso di diapositive create con l'ausilio di un programma specifico. In passato, questo tipo di presentazione veniva fatta con i "lucidi": dei fogli di carta trasparente che si appoggiavano su un proiettore luminoso. Oggi le slide vengono proiettate direttamente dal pc e sono molto usate anche in ambito commerciale per illustrare bilanci, progetti, business plan, campagne pubblicitarie, ecc. Le slide fanno parte della categoria degli "ipermedia", sono cioè documenti che **raccolgono informazioni provenienti da diverse fonti**: testi, immagini, grafici, video, suoni, filmati, annotazioni, link a pagine web.

Per la realizzazione delle slide di solito si usa il programma **PowerPoint**, che fa parte del "pacchetto Office", nella duplice versione per Windows e per Mac; in alternativa, si può ricorrere ad altri programmi simili nella versione *open source* ( = sorgente aperta), ovvero software sviluppati da programmatori indipendenti e fruibili gratuitamente.

### 1. A che cosa servono le slide

Le slide servono:

- come ausilio per comunicare con gli altri: se usate ad esempio da un oratore durante una conferenza, le slide lo aiuteranno a non perdere mai il filo del discorso, arricchendone i contenuti in modo accattivante e convincente, e gli consentiranno di proporre collegamenti multimediali e reticolari;
- come strumento per l' auto-apprendimento fruibile in e-learning mediante Internet e/o attraverso piattaforme di formazione on line.

### 2. Lo scopo

L'uso delle slide è diventato ormai sinonimo di presentazione in molti campi, dalla cultura, alla politica, al mondo del business fino alla comunicazione scolastica. Le finalità possono essere molteplici, così come gli utenti che fanno uso di questa forma di comunicazione. Di seguito alcuni esempi:

- un politico che presenta in pochi minuti alla Nazione i tratti salienti del programma di governo;
- un docente che sviluppa la traccia della lezione, organizzandola per punti, con l'apporto della multimedialità;
- un manager che presenta in modo chiaro e sintetico il proprio business plan all'azienda per cui lavora;
- uno studente che presenta alla Commissione d'esame la propria tesi/ricerca;
- un professionista che espone al proprio cliente la traccia dell'intervento che intende realizzare;
- un ricercatore che espone i risultati dei propri studi.

In tutti questi casi è fondamentale **lavorare sull'esposizione** per catturare l'interesse del pubblico. Un buon oratore può rendere interessanti persino gli argomenti più noiosi, se sostenuti da buone slide. L'uso delle diapositive infatti aiuta chi sta facendo una presentazione a rendere l'esposizione concisa e pertinente, a mantenere viva l'attenzione di chi lo sta ascoltando e a fornire loro supporti utili a memorizzare le informazioni date e a seguire il filo del discorso.

# 3 La comunicazione nel mondo del lavoro: scrivere e parlare

per scrivere e comunicare · La presentazione con slide

## 2 La realizzazione di una presentazione con slide

Una buona presentazione è il risultato di un'attenta progettazione: si devono scegliere con cura – tra i modelli preimpostati, o creandone di nuovi – il *layout* della pagina, il carattere, il formato del testo e lo sfondo, e infine quali elementi multimediali (filmati, immagini, animazioni, ecc.) inserire.

La progettazione della presentazione sarà più efficace se sono chiari fin da subito:
– gli obiettivi della presentazione;
– i punti-chiave che il pubblico deve apprendere.

VIDEO
La relazione orale

### La comunicazione verbale e non verbale

Effettuare una buona presentazione è una vera e propria arte, che non può prescindere dalla bravura e dall'efficacia delle tecniche riposte nell'utilizzo del programma di PowerPoint, ma anche da una certa teatralità nell'esibizione. Imparare a comunicare con efficacia significa saper usare non solo le parole, ma anche: la giusta intonazione, le pause, i diversi tipi di sottolineatura verbale, ecc., proprio come fanno gli attori quando recitano un testo teatrale.
È molto importante anche il riscontro del pubblico, che può manifestare noia, interesse, stupore, curiosità, ecc. Un buon relatore deve saper osservare il proprio pubblico e monitorarne le emozioni, così da acquisire maggiore consapevolezza di chi lo sta ascoltando e di quali sono gli argomenti che possono riscuotere maggiore interesse. Occorre quindi padroneggiare non solo le parole, ma anche il linguaggio corporeo, il ritmo del parlato, le emozioni, la postura, gli sguardi e proporre una "performance" finalizzata ad intrattenere gli ascoltatori che dovranno uscire arricchiti al termine della conferenza. Prove di allenamento sono senz'altro necessarie per raggiungere l'obiettivo!

### 1. Tema e struttura

Per creare una presentazione efficace è necessario **precisare il tema** che si vuole comunicare, che diverrà il focus della relazione. *Talk* (= discorsi) più articolati possono trasmettere anche quattro o cinque parole chiave, ma gli esperti raccomandano di non oltrepassare i cinque messaggi per non ostacolare la comprensione del pubblico.

Se si vuole essere efficaci occorre preparare una presentazione con una **struttura chiara**, **semplice e facile da seguire**. Una sequenza lineare e concisa incontra di solito il favore di chi ascolta ed è bene che il relatore comprenda che lo scopo non è quello di mostrare le proprie conoscenze, ma di trasmetterle in modo che siano apprese da chi lo sta ascoltando.

Quando ci si appresta a preparare una presentazione con slide è dunque importante tenere a mente i seguenti consigli:

– il **numero delle diapositive** va stabilito in base ai contenuti e al tempo a disposizione, eliminando tutto ciò che non è necessario (una slide al minuto o 3 ogni due minuti rappresentano generalmente una buona "densità");
– ogni slide deve avere un **titolo**;
– le slide devono essere create in successione;
– i caratteri scelti devono essere chiari e leggibili anche a distanza;
– esagerare con il testo confonde: slide graficamente troppo piene sono poco chiare;
– **i punti-chiave devono risaltare graficamente** all'interno di ogni slide;
– il contenuto deve risultare logicamente strutturato, sintetico, organizzato in caselle di testo;
– immagini e grafici sono molto utili, ma vanno usati senza eccessi (vedi imgg. 1 e 2);
– le animazioni aiutano a tenere viva l'attenzione del pubblico: possiamo ad esempio decidere di far entrare i titoli da sinistra o far aprire ogni slide con un effetto "esplosione", con misura e controllando attentamente l'effetto ottenuto (vedi img. 3).

1

2

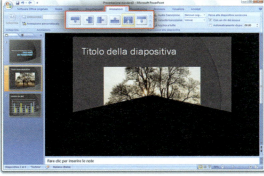

3

335

# 3 La comunicazione nel mondo del lavoro: scrivere e parlare

**per scrivere e comunicare** La presentazione con slide

**in sintesi**

## Per produrre una presentazione con slide dal design efficace

### consigli

☺ Semplicità e stile sono le parole che ci guidano nella scelta della grafica. In quest'ottica è necessario impiegare poco testo, utilizzando immagini significative. Le ultime tendenze in tema di presentazione con slide suggeriscono al relatore di usare belle immagini che rappresentino una metafora anche divertente per sottolineare i concetti presentati. Questa tecnica aiuta a stimolare l'immaginazione di chi ascolta, migliorando la capacità di concentrazione e apprendimento.

☺ Usare colori complementari favorisce il contrasto e la leggibilità (es. testo chiaro su sfondo scuro e viceversa).

☺ Allineare il testo a destra o a sinistra: l'allineamento centrale è poco professionale, amatoriale e meno leggibile.

☺ Essere essenziali: è bene inserire poche parole con un font di dimensione grande.

☺ Inserire un titolo che comprenda tra i 36 e i 44 caratteri, in grassetto (ed eventualmente ombreggiato, dipende dallo sfondo) e sempre nello stesso colore.

☺ Inserire elenchi puntati e numerati: mettono in ordine concetti e dati, si scorrono più velocemente di un paragrafo di testo.

☺ Inserire delle transizioni, ovvero delle animazioni: aiuta a catturare l'attenzione.

☺ Utilizzare font conosciuti e usati così da facilitare la lettura (ad es. Thaoma, Verdana, Arial, Helvetica).

☺ Usare il maiuscolo per caratterizzare qualcosa di estremamente importante e il corsivo per riportare delle citazioni.

☺ Usare uno sfondo chiaro (con testo scuro) oppure blu (con testo chiaro) con un po' di sfumatura. Schemi di flusso, grafici e diagrammi sono quasi sempre di grande aiuto.

☺ Quando inserisci i grafici, assicurati che le informazioni siano chiare.

☺ Usa uno, al massimo due tipi di font (ad es. uno per il titolo e uno per il corpo del testo).

☺ Ricorda che troppi punti e virgola negli elenchi puntati appesantiscono il testo.

## 2. Prima della presentazione

È necessario prepararsi adeguatamente all'esposizione della relazione commentando i punti principali ad alta voce. Occorre poi recarsi nella sala presentazione e **verificare se tutte le attrezzature funzionano e sono tra loro compatibili** (computer, casse audio, videoproiettore, microfoni, ecc.).

È anche buona regola disattivare dal computer le modalità di scorrimento automatico e lo screensaver. Durante la conferenza, cerca di non leggere il testo delle diapositive, ma di commentare e integrare il contenuto con altri esempi esplicativi e adeguati. Infine, é importante chiudere la presentazione con un sommario che ricapitoli i nuclei tematici e le parole-chiave. Ciò serve per ripetere ulteriormente il messaggio e sollecitare interventi e domande. Il pubblico, al termine della presentazione, deve aver compreso tutte le informazioni ed essere pronto a metterle in pratica.

## 3. Le presentazioni come ipertesto

Possiamo anche creare presentazioni come ipertesti multimediali: la realizzazione avviene in modo interattivo per favorire l'attenzione, la memorizzazione e l'apprendimento della lezione. Il numero delle slide deve essere commisurato ai contenuti e al tempo a disposizione, molto calibrato per formazioni a distanza. In questo caso occorre inserire filmati, file audio e video. Nel testo possono essere inseriti collegamenti e rimandi interni a pagine web. Pulsanti d'azione e collegamenti ipertestuali possono rendere la presentazione visionabile liberamente da un punto all'altro.

SCUOLA & LAVORO

# Attività

 esercizi attivi

**1** Ti forniamo alcune slide facenti parte di una presentazione sul Medioevo (fonte www.liceoscientificooristano.gov.it). Integra la presentazione con altre due slide che presentino rispettivamente un "quadro generale" dell'Alto Medioevo e una carrellata degli "avvenimenti storici" del Basso Medioevo. 30 min.

## IL MEDIOEVO

### IL TEMPO

Il Medioevo abbraccia un periodo della storia che va dalla caduta dell'Impero Romano d'Occidente, avvenuta nel **476**, fino alla scoperta dell'America, nel **1492**.

## ALTO MEDIOEVO
(dal V al IX secolo)

Ritorna al menù

Ritorna al menù

### Avvenimenti storici

L'Alto Medioevo è l'epoca che va dal 400 all'800 d.C.
Dopo la caduta dell'Impero Romano d'Occidente in Europa si formano gli Stati Romano-Barbarici.
Alla morte di Giustiniano, imperatore d'Oriente, l'Italia è invasa dai Longobardi, poi dai Franchi, guidati da Carlo Magno, che nell'800 è incoronato imperatore dal papa. Nasce così il Sacro Romano Impero.

Ritorna al menù

## BASSO MEDIOEVO
(dal X al XIII secolo)

Ritorna al menù

337

# 3 La comunicazione nel mondo del lavoro: scrivere e parlare

per scrivere e comunicare · La presentazione con slide

**2** Valuta i punti di forza e di debolezza delle slide presentate nell'esercizio precedente completando la seguente tabella. 15 min.

| Elementi | Elementi positivi | Elementi negativi | Commento |
|---|---|---|---|
| Presentazione dell'argomento | | | |
| Font | | | |
| Chiarezza del testo e delle immagini | | | |
| Aspetto grafico | | | |

**3** Immagina di essere un libero professionista e di dover creare una presentazione della tua attività in uno slideshow. Poi presenta il tuo lavoro alla classe. 60 min.

**4** Ricerca su Internet alcune rappresentazioni dell'Annunciazione dell'Angelo alla Madonna, uno dei soggetti più rappresentati nella storia dell'arte occidentale. Questa scena ha un'iconografia e un suo significato religioso ben preciso, a cui si sono sempre attenuti tutti gli innumerevoli pittori che hanno scelto di rappresentarla. Illustra tramite slide differenze e punti in comune di quattro *Annunciazioni* che ti hanno maggiormente colpito. Inserisci nella presentazione l'*Annunciazione* del pittore Alberto Savinio, sorprendente e innovativa. 60 min.

**5** Quale pittore, musicista o cantautore esprime meglio il senso della sorpresa e del mistero? Dividetevi in gruppi e svolgete l'esercizio compiendo le seguenti operazioni: 60 min.

– fate esempi e riferimenti ai testi o alle opere dell'artista scelto;
– create una presentazione in PowerPoint dal titolo *Sorpresa e mistero*;
– sottoponete la vostra presentazione agli altri gruppi e giudicate a vicenda il lavoro svolto secondo i seguenti criteri:

| Elementi | Elementi positivi | Elementi negativi | Punteggio (da 1 a 10 per ogni elemento) |
|---|---|---|---|
| Presentazione dell'argomento | | | |
| Font | | | |
| Chiarezza del testo e delle immagini | | | |
| Numero di diapositive | | | |
| Aspetto grafico | | | |

**338** SCUOLA & LAVORO

**per scrivere e comunicare**

# La scrittura per il web

**OBIETTIVI**
- Conoscere i principi di base per la realizzazione dei contenuti di un sito web
- Conoscere la struttura di un sito web
- Saper distinguere i vari microcontent

## Esploriamo il sito web di una città

Il sito della città di Modena è strutturato in modo da offrire a chi lo visita un alto numero di informazioni sulla vita della città in ambito culturale, sociale e normativo (eventi, avvisi, modulistica, amministrazione, ecc.).

Dal punto di vista grafico risaltano i titoli e i sottotitoli delle varie sezioni che, con colori diversi, facilitano la navigazione.

È inoltre da segnalare la presenza di diversi microcontent, un tipo di oggetti di cui parleremo più avanti in questo Laboratorio.

# 3 La comunicazione nel mondo del lavoro: scrivere e parlare

per scrivere e comunicare — La scrittura per il web

## 1 Che cos'è un sito web?

Sono sempre più numerose le persone che si esprimono attraverso una tastiera: realizzano un blog o almeno vi partecipano, entrano nei forum, nei social network o utilizzano la rete per comunicazioni professionali.

Quando si scrive un testo destinato al web si deve tener conto di alcune regole, che ci aiutano a garantire la chiarezza e la fruibilità dei messaggi che proponiamo ai nostri lettori.

Un sito web è l'insieme di più pagine web legate tra loro da collegamenti ipertestuali a cui si accede tramite uno stesso indirizzo. È il **luogo virtuale** in cui un privato, una società, un'associazione ecc. offrono delle informazioni ai loro visitatori.

Lo **scopo di un sito Web** è quindi innanzitutto quello di informare, a cui si possono aggiungere tutti gli obiettivi che il singolo individuo o la singola azienda intendono raggiungere (visibilità, pubblicità, scopi commerciali, ecc.).

### 1. Principi di funzionalità

**Estetica, usabilità ed accessibilità** sono le tre parole chiave nella progettazione e nella realizzazione dei siti web, con un occhio al posizionamento sui motori di ricerca (la visibilità tra i risultati di una ricerca on line).

- L'<u>estetica</u> di un sito ha l'obiettivo di coinvolgere i visitatori e di facilitarne la navigazione in modo che non ritornino al motore di ricerca per reindirizzarsi su un'altra pagina; in questo senso il sito sarà "bello".
- Il principio di <u>usabilità</u> si riferisce alla organizzazione dei contenuti del sito, che deve essere «centrata sull'utente per conseguire le caratteristiche di efficacia, efficienza, sicurezza e soddisfazione definite nella Qualità in uso» (ISO/IEC 9126-1).
- <u>Accessibilità</u> significa non lasciare fuori nessuno, come ad esempio chi soffre di handicap visivi o chi utilizza strumenti informatici vecchi e lenti. Un sito "accessibile" avrà un numero maggiore di visitatori potenziali, con la massima garanzia di corretta usabilità sui vari browser e sarà più facilmente integrato dai motori di ricerca.

### 2. Lettura vs esplorazione

I tre principi elencati sopra sono fondati sul fatto che **in rete non si legge**, **si esplora**, cioè si scorre il contenuto di una pagina a colpo d'occhio e si decide in pochi secondi se leggerne qualche parte, o stamparla, o sottolinearla.

Jakob Nielsen nel descrivere la modalità di approccio che abbiamo di fronte a questo tipo di testi ha parlato di "**forma a F**": iniziamo leggendo l'incipit e il primo capoverso, per capire di che cosa si parla; procediamo poi leggendo solo l'inizio dei capoversi successivi e via via la nostra attenzione diminuisce, insieme al numero delle parole lette.

Dunque, poiché la maggior parte delle informazioni non vengono recepite immediatamente da chi visita il sito per la prima volta, è importante mettere **subito in evidenza l'informazione più importante** (*front load*).

All'inizio la mente è libera e non gioca d'anticipo immaginando che cosa troverà subito dopo: ecco perché il titolo e la prima frase devono immediatamente colpire il lettore e dargli un'idea di quello che seguirà.

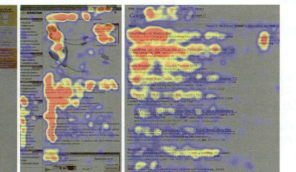

La forma a "F" che i nostri occhi disegnano quando leggono una pagina web.

SCUOLA & LAVORO

## 2 La struttura di un sito web

La **Home page** è la sezione che si apre quando si digita l'indirizzo web (URL) senza indicare una pagina in particolare. Potrebbe anche essere definita pagina di "default".
Visivamente si tratta di una schermata che permette la visione e/o l'utilizzo, attraverso sottoinsiemi, dell'intero sito, può inoltre contenere link per l'accesso immediato ad altri siti.
Osserviamo la home page del sito Edizioni Panini per notare l'architettura delle connessioni.

La home page offre collegamenti alle pagine secondarie suddivise per centri di interesse come: libri d'arte, libri per bambini, libri di figurine, ecc.
Cliccando sull'icona prescelta, ad esempio libri per bambini, compaiono:

- l'abstract che ci orienta nel catalogo specifico;
- altre icone che consentono di approfondire l'offerta relativamente al personaggio selezionato (ad esempio Pimpa o Giulio coniglio).

341

# 3 La comunicazione nel mondo del lavoro: scrivere e parlare

*per scrivere e comunicare* — **La scrittura per il web**

Sulla **pagina web**, in base a quanto abbiamo segnalato, la tendenza è a partire dall'informazione principale, per procedere in seguito all'analisi o alle digressioni di approfondimento. Per il raggiungimento dell'obiettivo (leggibilità agevolata) si deve facilitare al massimo la navigazione all'interno del sito; queste sono le tecniche utili:

- ogni pagina deve avere un **titolo** (*head line*) riprodotto per dimensione e carattere in modo da attirare l'interesse del pubblico;
- se la pagina è lunga, si può predisporre una lista degli argomenti e creare un link per ogni voce della lista;
- se la pagina è lunga, si possono inserire dei link di rimando a inizio pagina;
- **l'approfondimento procede per gradi**, si passa dal titolo all'abstract, all'articolo, al link interno, al link esterno.

**Titolo:** va pensato dopo aver scritto il contenuto e deve possibilmente contenere una parola chiave.

**Abstract:** dà un senso al titolo (contiene il "succo" delle informazioni).

**Primo paragrafo:** vi si concentra il contenuto più importante e propone da subito parole chiave.

**Corpo:** la visita ad un sito web è sempre finalizzata alla ricerca di informazioni per il lavoro, il tempo libero o per curiosità personale; l'offerta è ampia e si deve invogliare l'utente alla lettura completa attraverso l'ottimizzazione dei testi.

**Link e testi di approfondimento:** i link collegano a contenuti che approfondiscono alcuni dettagli di ciò di cui si scrive.

Per illustrare il percorso Angela Ferraro nel suo *Manuale sull'arte di scrivere per il web* presenta questa metafora:

«Il morso, lo spuntino e il pasto: come sfamare visitatori affamati di contenuti».

- Il morso: un titolo con un messaggio;
- lo spuntino: un breve abstarct;
- il pasto: il testo intero;
- il condimento: la chiusura e i link esterni.

Con un'immagine diversa potremmo pensare all'ipertesto che stratifica le informazioni su più livelli.

## 3 I microcontent

I microcontent sono dei brevi testi che riassumono una pagina web.
Jakob Nielsen li definisce «perle di chiarezza»: 40-60 caratteri per cogliere il contenuto di una determinata pagina e consentire al lettore di capire se quella pagina lo interessa.

### 1. Le categorie dei microcontent

Di seguito sono elencate le principali categorie di microcontent.

- **Indirizzo del sito:** deve essere legato all'argomento che si tratta, non deve essere generico, deve essere corto e facile da ricordare, accattivante per la curiosità del lettore.
- **Tag line:** è una frase breve e chiara (come uno slogan) che sintetizza i contenuti dell'intero sito e spiega all'utente che cosa troverà nel sito. La tag line può evocare, promettere per attrarre (ad es. *Bottega Verde, naturalmente bella*).

342 SCUOLA & LAVORO

- **Titolo e sottotitoli della pagina:** il titolo deve riferirsi all'intero contenuto della pagina e sarà ben visibile se collocato in testa. I sottotitoli si riferiscono ai singoli paragrafi e servono a spezzare un testo lungo.

- **Indici all'interno della pagina:** se il testo della pagina è lungo, risulta funzionale mettere in testa l'indice dei paragrafi con un link diretto al paragrafo. L'indice è particolarmente utile per i siti in cui il testo prevale sulla grafica.

- **Link:** i link devono essere informativi al massimo per far capire che cosa si troverà. Se il link è inserito nel testo, possiamo avere le informazioni all'interno del testo stesso, se invece esiste un elenco di link, meglio aggiungere qualche chiarimento.

- **Link sulla barra di navigazione:** sono i link presenti su ogni pagina, quelli che fanno da orientamento. Si trovano in alto o lateralmente a sinistra e sono caratterizzati dalla brevità, non più di due parole.

- **briciole di pane:** le *breadcrumb* (o anche "filo di Arianna" o "Percorso di Pollicino") sono una tecnica di navigazione che fornisce agli utenti traccia della loro posizione in documenti o programmi. Rappresentano un "sentiero" composto di link utili per tornare indietro alla pagina iniziale del sito web o a pagine visitate per arrivare all'attuale.
Ad esempio: Tu sei qui: Home/News in evidenza/Resistenza mappe.

- **Caption:** le caption sono piccoli testi laterali che aiutano di solito il lettore nella comprensione di immagini e tabelle. Attraverso il colore possono attirare lo sguardo, in una sola frase possono sintetizzare il messaggio più importante, possono dare informazioni supplementari, come la bibliografia.

- **Title tag:** è il testo contenuto tra i tag <title> nel codice html all'inizio della pagina. Quando si salva la pagina, è la parte che appare. Il title tag deve essere molto preciso nel riferirsi al contenuto di "quella" pagina.

- **Meta tag:** anche i meta tag sono nascosti nel codice html, subito dopo il title tag.

- **Alt text:** è un breve testo, obbligatorio per i siti pubblici, raccomandato per tutti gli altri. Appare quando si passa il mouse su un'immagine e ne racconta il contenuto, come una didascalia.

---

**in sintesi**

### Consigli per la scrittura sul web

☺ Usa un italiano semplice, piano e concreto sia nel lessico sia nella sintassi.

☺ Sii conciso: mira a ridurre il testo di almeno il 50%.

☺ Usa frasi brevi (21 parole al massimo).

☺ Usa paragrafi brevi (65 parole al massimo).

☺ Usa la tecnica del *front load*.

☺ Non duplicare informazioni che sono già in un'altra pagina: inserisci un link.

☺ Cura l'estetica della pagina.

☺ Controlla sempre tutti i contenuti prima che siano pubblicati online.

☺ Accertati che tutti i link inseriti funzionino.

# 3 La comunicazione nel mondo del lavoro: scrivere e parlare
per scrivere e comunicare — **La scrittura per il web**

## Attività

esercizi attivi

**1** Metti a confronto il sito del turismo della città di Modena (www.visitmodena.it) con quello del comune (www.comune.modena.it). Che differenze e che somiglianze noti tra i due? Sono di contenuto o di struttura? Motiva la tua risposta con esempi concreti. `15 min.`

**2** Visita il sito della questura di Perugia (http://questure.poliziadistato.it/Perugia) e identifica gli elementi di cui abbiamo parlato in questo Laboratorio. `15 min.`

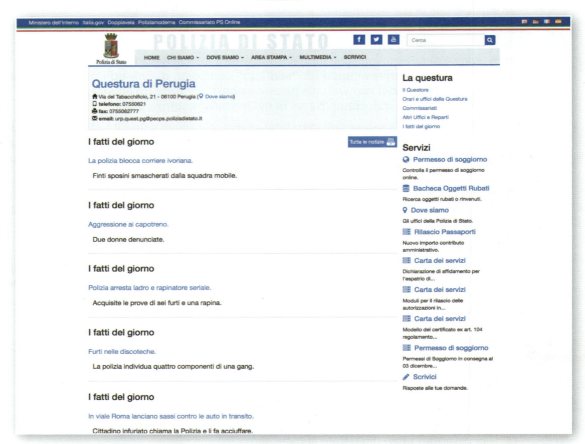

**3** Immagina di creare un sito su un/una cantante che ti appassiona e prepara sul quaderno un *layout* e una scaletta con i contenuti da inserire. Per farlo segui queste indicazioni. `20 min.`

Decidi:
– chi è il destinatario
– qual è lo scopo, come impostare il lavoro (a partire dalla tua esperienza di vita, dalla passione per la musica, dalle singole canzoni, ecc.)

Indica:
– titolo del sito
– tag line
– sottotitoli per i vari contenuti
– link da inserire sulla barra di navigazione

**4** Stai lavorando in una ditta che produce ................. ..................... . Scegli tu il prodotto, poi elabora il progetto di un sito che sia adeguato alla situazione comunicativa che tu stesso deciderai e che si sviluppi nel modo più chiaro e semplice possibile. `20 min.`

per scrivere e comunicare
# Il blog

**OBIETTIVI**
- Saper distinguere i vari tipi di blog
- Acquisire le basi per gestire un blog di successo

## 1 Che cos'è un blog

Il **blog** è un "diario in rete" (**web** + **log**, in inglese 'diario'); è una pagina web in cui si trovano contenuti di vario genere – testi, video, immagini, musica, ecc. – disposti in modo cronologico come in un diario. Ogni contenuto reca infatti la data di pubblicazione. Il blog è gestito da un autore (**blogger**) che in genere "lancia" uno spunto di discussione, detto **post**.

Lo spunto fornito dal blogger solitamente determina un **forum di discussione** in rete in cui l'apporto dei vari lettori fa nascere uno spazio di approfondimento. Come spesso accade su Internet, sia l'autore sia i partecipanti al blog possono registrarsi col loro nome e cognome o, nella maggior parte dei casi, con degli pseudonimi.

In alcuni blog, i commenti dei lettori sono abilitati solo previa iscrizione, per iscriversi è necessario fornire indirizzo e-mail e dati anagrafici. Allo stesso modo, anche la sola lettura dei contenuti, a seconda delle tipologie di blog, può essere aperta a chiunque o a gruppi ristretti.

Per evitare commenti offensivi o dai contenuti poco attinenti, il gestore del blog può operare un controllo preventivo prima che questi vengano pubblicati e scartare gli interventi che non ritiene adeguati. Si intende così evitare che disturbatori, definiti **troll**, rovinino il blog con commenti compulsivi e, spesso, offensivi.

# 3. La comunicazione nel mondo del lavoro: scrivere e parlare

**per scrivere e comunicare** | Il blog

Gli utenti possono inoltre esprimere o meno il loro gradimento tramite l'uso di pulsanti/icone di vario tipo (smiles, pollici in alto, ecc.); è infine possibile condividere i contenuti dei blog sui principali **social network**. Molte condivisioni significano molte visualizzazioni e, di conseguenza, molti nuovi lettori per il blog.

### 1. Molti tipi di blog

Esistono blog molto diversi in base alla tipologia e agli scopi che si prefiggono.

- **Blog personali**: lo scopo prevalente è quello di esprimere pensieri o opinioni individuali. A volte si descrivono esperienze giornaliere o punti di vista originali. Spesso le foto, **fotoblog**, o i video, **vlog**, prevalgono sulla scrittura e possono essere pubblicati anche tramite strumenti mobili, **moblog**, come gli smartphone. I blog personali sono quasi sempre aperti all'apporto di tutti e i commenti degli utenti non risentono di particolari censure in quanto il desiderio del blogger è quello di avere più partecipanti e lettori possibili. Più lettori e commenti ci sono, più il blog è di successo. Il linguaggio dei post e dei commenti è di conseguenza colloquiale, molto vicino al parlato.

- **Blog tematici**: in questo caso prevale il contenuto rispetto al blogger: in primo piano c'è l'argomento di discussione. Si può costruire un blog per parlare di cucina, ma anche di pesca a mosca, di come dipingere al meglio le unghie o di come distrarre i professori durante i compiti in classe, il tutto è di solito corredato da immagini e video attinenti il tema trattato.

- **Blog politici**: servono a propagandare le idee degli esponenti politici e a sondare le opinioni della gente attraverso i commenti. In genere la loro lettura è aperta a tutti (è importante avere molta visibilità) mentre i commenti vengono di solito controllati prima di essere pubblicati. Chi apre un blog politico, tuttavia, deve riuscire a mantenere un equilibrio ed evitare di cancellare tutti i commenti negativi in modo da non manovrare troppo i dibattiti e le opinioni degli utenti, che altrimenti risulterebbero falsate e dunque poco interessanti.

- **Blog aziendali**: definiti **corporateblog**, sono aperti a gruppi selezionati di dipendenti o clienti di un'azienda. Servono a informare su tematiche inerenti alle strategie aziendali o ai prodotti. Il linguaggio è di conseguenza più formale e ricco di termini tecnici.

346 SCUOLA & LAVORO

- **Blog giornalistici**: in questo caso, soprattutto nelle pagine dei quotidiani on line, possiamo trovare vari blog aperti a tutti su argomenti di attualità o su temi in cui gli opinionisti che li gestiscono sono degli esperti. Lo scopo perseguito è quello di aver il maggior seguito possibile per far girare le notizie e per offrire maggiore appetibilità alle inserzioni pubblicitarie.

## 2. Perché scrivere un blog?

Le motivazioni possono essere varie e dipendono molto dal tipo di blog, come abbiamo visto.

La più frequente è la ricerca di una visibilità personale da parte del blogger, il desiderio di approfondire una tematica o di costruire delle relazioni. Il blog tende a sostituire e allargare, attraverso il mezzo Internet, le chiacchiere da bar, il pettegolezzo e la discussione fra esperti su un determinato argomento.

A ben vedere va incontro a un desiderio profondo presente in ognuno di noi: **quello di non sentirci isolati e poterci confrontare con le opinioni degli altri**.

## 3. Rischi e opportunità del blog

**Divenire blogger richiede impegno**. La difficoltà non sta tanto nel crearne uno, in rete sono infatti disponibili molti siti sui quali è possibile impostare velocemente un layout e creare uno spazio virtuale con pochi parametri di configurazione, anche senza avere nozioni di linguaggio Html. Il difficile inizia dopo, è necessario **aggiornare e tenere attivo il blog** almeno settimanalmente, arricchendolo costantemente di nuovi post e spunti di discussione, così da tenere sempre viva l'attenzione dei lettori.

**Il principale rischio quando si apre un blog è costituito dalla possibilità di venire strumentalizzati dalle aziende interessate ad inserire al suo interno la loro pubblicità**. Quando una pagina diventa famosa, infatti, in molti traggono vantaggio dal porvi i propri banner pubblicitari. Ecco allora che, tramite algoritmi calcolati dai principali motori di ricerca, se siamo assidui lettori di un blog che parla di viaggi in moto, ci ritroveremo pubblicità di agenzie di viaggio o ditte di motociclette anche nelle altre pagine internet che visiteremo.

**Tra i vantaggi del blog c'è quello di poter condividere con migliaia di persone le nostre riflessioni e i nostri dubbi**. Possiamo così ricevere suggerimenti, indicazioni o soluzioni innovative a cui non avremmo pensato da soli.

Se ci pensiamo bene l'organizzazione del blog assomiglia molto alla struttura dei neuroni che costituiscono il cervello e la mente dell'uomo. Le capacità intellettive derivano dal numero enorme di collegamenti fra ogni neurone con milioni di altri. Allo stesso modo l'intelligenza diffusa e potenziale presente in un blog stimola la creatività e le opportunità.

# 3 La comunicazione nel mondo del lavoro: scrivere e parlare
per scrivere e comunicare  Il blog

## Attività

**1** Immagina di voler costruire un blog, completa sul quaderno una scaletta rispondendo alle domande che trovi di seguito. Fatto ciò, confronta le tue risposte con quelle dei tuoi compagni di classe e stabilite insieme quale argomento è il più "quotato". Infine, andate in rete ed effettuate una ricerca per assicurarvi che non esista già un blog sulla tematica scelta, scegliete uno dei tanti siti dove è possibile creare un blog e apritene uno a nome di tutta la classe, nell'immagine vi diamo uno spunto. 120 min.

– Quale argomento suscita il tuo particolare interesse?
– Quale argomento, secondo te, potrebbe interessare anche la maggior parte dei tuoi compagni?
– Quale argomento potrebbe interessare alla maggior parte dei ragazzi italiani di età compresa tra tre anni in meno e tre anni in più della tua?
– Quale argomento potrebbe essere utile affrontare, anche se interessa meno di altri, perché attraverso la discussione potrebbero emergere soluzioni innovative?

**2** Guarda l'immagine e rispondi alle domande. 15 min.

– Di che tipo di blog si tratta?
– A tuo avviso, qual è lo scopo del blog?
– In che modo il blogger cerca di rendere i suoi argomenti appetibili ai lettori?

**3** Immagina di essere un giornalista di un quotidiano nazionale on-line. Scrivi un post di 10 righe sull'argomento: "La scuola che vorrei".

**4** Osserva il blog riprodotto nell'immagine e rispondi alle domande. 30 min.

– Quanto spazio è dedicato ai contenuti del blog e quanto a quelli pubblicitari?
– Le pubblicità sono attinenti al contenuto del blog o non hanno con esso alcuna relazione?
– Fino a che punto, secondo te, i banner pubblicitari possono condizionare il lettore inducendolo a prendere in considerazione l'acquisto dei prodotti reclamizzati?
– Fino a che punto può essere condizionato il blogger a scrivere post che non attacchino o denigrino i prodotti commercializzati nelle pubblicità?

348  SCUOLA & LAVORO

**per scrivere e comunicare**

# La telefonata di lavoro

**OBIETTIVI**
- Acquisire le competenze necessarie a sostenere una telefonata di lavoro
- Saper sostenere una telefonata di lavoro con successo

Nel corso di una ricerca di lavoro, può capitare che il candidato che ha inviato un curriculum giudicato interessante venga contattato telefonicamente dall'azienda per fissare un colloquio (più raro, a meno di non essere già conosciuti, è il caso in cui un candidato di sua iniziativa contatti telefonicamente l'azienda).

Questa prima **telefonata di lavoro può essere importante**. Le principali finalità della telefonata di lavoro sono:

- per l'azienda: controllare la rispondenza dei requisiti necessari per ricoprire il posto di lavoro offerto, operando così una prima selezione che escluda candidati non idonei;
- per il candidato: superare un primo "filtro", riuscire ad accedere al colloquio conoscitivo, ottenendo ulteriori indicazioni sulla posizione da ricoprire.

È bene quindi per i candidati saper affrontare una telefonata di lavoro, preparandosi quasi come se fosse un vero e proprio colloquio.

## 1 Come deve essere effettuata una telefonata di lavoro

È importante precisare che la telefonata di lavoro può spesso risultare decisiva perché, al pari della lettera di candidatura, è uno degli strumenti che deve indurre il datore di lavoro ad invitare l'aspirante a un colloquio di persona. Lo scopo è senz'altro informativo, ma la prima regola per essere considerati interessanti è quella di menzionare i propri requisiti, facendo riferimento alle precedenti esperienze in modo chiaro, breve e preciso. Nel caso il candidato sia alla prima esperienza di impiego, è bene menzionare, oltre ai titoli di studio, eventuali lavori effettuati da studente-lavoratore. Anche semplici mansioni svolte, ad esempio, durante l'estate come apprendista in un laboratorio artigianale o come aiuto cameriere sono di norma apprezzate dal futuro datore di lavoro perché manifestano la presenza di motivazione, spirito d'adattamento e conoscenza di una realtà lavorativa.

In previsione di una telefonata, i suggerimenti da dare al candidato sono di due tipi:
- tenere a portata di mano ciò che è utile a rispondere alle domande (il proprio curriculum vitae; il nome del giornale o del sito su cui è comparsa l'inserzione e la data di pubbli-

349

# 3 La comunicazione nel mondo del lavoro: scrivere e parlare
**per scrivere e comunicare** — La telefonata di lavoro

cazione; il nome della Ditta e il nominativo e il ruolo della persona a cui è stato inviato il curriculum (quando indicati nell'inserzione); il tipo di incarico e la mansione descritti nell'inserzione; i propri titoli di studio, precedenti esperienze lavorative e tirocini svolti;
- una traccia logica e ordinata delle eventuali domande che si desidera rivolgere sul tipo di impiego.

## 2 Che cosa fare durante una telefonata di lavoro

Entrati nel vivo della conversazione, è importante tenere a mente alcuni passaggi importanti.

### 1. Il contenuto
È fondamentale:
- essere chiari e sintetici;
- rispondere a qualsiasi domanda che il possibile datore di lavoro possa fare;
- fare domande sul lavoro offerto non andando però troppo sullo specifico, senza accennare ad esempio all'orario di lavoro o al trattamento economico, riservando queste informazioni al colloquio;
- parlare e sorridere; anche se il nostro interlocutore non può vederci, potrà comunque avvertirlo nel tono della voce;
- non avere timore di chiedere di ripetere qualcosa che non è chiaro;
- verificare la correttezza dei dati riguardanti l'eventuale colloquio o l'invio del curriculum;
- prendere nota della data, dell'ora, del luogo e del nominativo del referente con il quale si dovrà sostenere il colloquio;
- chiedere indicazioni sul luogo del colloquio, se necessario;
- ringraziare l'interlocutore per l'attenzione.

Nell'attività di ricerca di un impiego il telefono è uno strumento indispensabile, perciò, per utilizzarlo efficacemente, è necessario rispettare alcune regole e presentarsi in maniera adeguata, tenendo sempre presente il proprio obiettivo professionale. Molti esperti consigliano di:
- non parlare di vacanze e di salario;
- evitare di intrattenere con banalità gli interlocutori;
- essere discreti ed evitare di entrare in argomenti riguardanti la sfera privata dell'interlocutore.

### 2. Lo stile comunicativo
Per fare in modo che la telefonata di lavoro raggiunga l'esito sperato occorre prestare attenzione allo stile comunicativo (lessico specifico e registro formale) per trasmettere professionalità, pacatezza ed educazione. Anche il linguaggio non verbale (ritmo, tono della voce, pause) è molto importante per comunicare affidabilità, gentilezza, empatia. È dunque opportuno:
- parlare lentamente e con tono pacato;
- scandire bene le parole;
- abbassare il tono della voce (ad esempio facendo protendere il mento verso il busto);
- rivolgersi all'interlocutore in modo formale, usando il "Lei" e non il "tu";
- non interrompere la conversazione con pause;
- fare attenzione a non sovrapporsi all'interlocutore, ma ascoltarlo con attenzione;
- non scusarsi inutilmente.

SCUOLA & LAVORO

# Attività

**1** **Dividete la classe in gruppi di due, scegliete chi all'interno del gruppo impersonerà il selezionatore del personale o il datore di lavoro e chi il candidato e poi svolgete le seguenti operazioni che simulano una telefonata di lavoro.** 30 min.

▶ a Lo studente che impersona il datore di lavoro, sulla base del curriculum del candidato, prepari delle domande il più possibile precise e circostanziate, cercando di capire quali esperienze sono più interessanti. Attraverso le domande, non dovrà esitare a chiedere chiarimenti e a rilevare eventuali punti deboli e contraddizioni in quello che il candidato ha scritto.

▶ b Lo studente che impersona il candidato deve rispondere in modo esauriente alle domande e porre a sua volta domande sulle caratteristiche dell'impiego.

▶ c Lo studente che impersona il datore di lavoro valuti la telefonata del compagno con un punteggio da 1 a 10 tenendo presente le linee guida fornite in questo Laboratorio (chiarezza, tono della voce, lessico usato, stile comunicativo, ecc.).

**2** **Visita alcuni siti dedicati agli annunci di lavoro (come jobrapido, indeed, carrerjet, motorelavoro, jooble, ecc.) e seleziona l'offerta a cui sei più interessato.**
**Preparati a una telefonata al referente dell'offerta selezionata stilando una scaletta dettagliata in base alle informazioni acquisite in questo Laboratorio.** 20 min.

351

# 3 La comunicazione nel mondo del lavoro: scrivere e parlare

## per scrivere e comunicare
# Il brief

**OBIETTIVI**
- Saper leggere e utilizzare correttamente un brief
- Acquisire le competenze per redigere un brief

---

- attività svolta dall'Agenzia
- descrizione del servizio da promuovere
- finalità
- punti di forza
- focalizzazione
- efficacia/efficienza
- personalizzazione della strategia

**CLIENTE**
Signor Rossi

L'agenzia Alfa è un'agenzia pubblicitaria.
Fornisce consulenza per:
– definire il nome del prodotto da pubblicizzare;
– creare il design, loghi, brochure, cataloghi aziendali e siti web;
– analizza la concorrenza, definisce i target e individuato un budget definisce gli obiettivi di marketing.

**MISSION**
Offrire le competenze massime, lavorando con professionalità, dedizione, senza ricorrere a pratiche sleali.

**MERCATO DI RIFERIMENTO**
Alfa è presente sul territorio italiano. Ha sede a Roma.
Il suo mercato di riferimento è quello della consulenza aziendale alle imprese.
Con l'aggiunta dei nuovi servizi, relativi al brand design, Alfa sarà diretto competitor delle aziende operanti nel mercato pubblicitario nell'ambito della grafica pubblicitaria e del design.

**TARGET**
Il target a cui Alfa si rivolge è composto da piccole e medie imprese che:
– vogliono aumentare la professionalità, offrendo risposte a mercati sempre più competitivi;
– hanno voglia di crescere e di valorizzare le loro competenze e le loro capacità;
– sono impegnate nella costruzione di una solida base per espandersi in nuovi mercati, sviluppando nuovi prodotti;
– stanno affrontando una fase di evoluzione e cambiamento generazionale e ricercano partners in grado di offrire sostegno al mutamento;
– ricercano talenti emergenti per realizzare nuovi progetti, dando forma a nuove idee;
– vogliono essere riconosciuti come eccellenze, anche da clienti internazionali.

**PROGETTO**
Realizzazione grafica package promozionale.
Alfa ricerca lo sviluppo, l'ampliamento e la fidelizzazione dei propri clienti.
Per realizzare queste finalità ha deciso di inviare ai responsabili delle aziende clienti un piccolo regalo nel giorno del loro compleanno, accompagnato da un biglietto augurale.

▶

352  SCUOLA & LAVORO

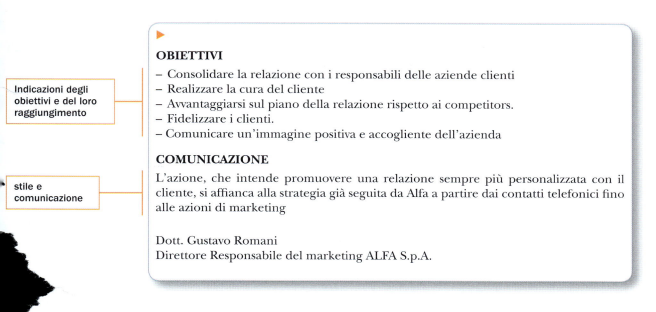

Avete letto un esempio di brief.

# 1 Che cos'è un brief

Il brief (dall'inglese *to brief* = 'informare', 'dare istruzioni') è un documento che ha lo scopo di **dare informazioni e istruzioni sulla realizzazione di un progetto**. Di solito questo tipo di documentazione è redatta con una modalità molto pratica e concisa, affiché risulti utile a precisare in modo schematico le informazioni necessarie allo svolgimento dell'attività a cui si riferisce.

Le funzioni principali del brief sono due:

- **riassumere** le informazioni utili;
- **fornire istruzioni schematiche**, differenziandosi dal semplice report che ha il solo scopo di trasmettere informazioni.

In base alle finalità, un brief può essere:

- **completo ed esaustivo**, rispetto a un determinato progetto o argomento. In questo caso le istruzioni e le procedure indicate devono semplicemente essere applicate;
- **aperto a nuovi sviluppi**, fungere cioè da punto di partenza, così da stimolare nei lettori la proposta di nuove strategie o idee che siano efficaci per il conseguimento degli obiettivi preposti.

**Come leggere un brief**
Se qualcuno ci invia un brief occorre sottolineare o evidenziare gli elementi salienti che risultano per noi nuovi e ci forniscono informazioni utili. Se qualcosa è ambiguo o non chiaro è bene porre al lato un punto interrogativo e chiedere spiegazioni a chi ha redatto il brief. Dobbiamo seguire alla lettera e passo passo le istruzioni che ci sono state fornite per ottenere un buon risultato. Nel caso di un brief che punta all'apertura di nuove strategie e idee è consigliabile segnare a parte le nostre riflessioni, per poi approfondirle in sede di riunione.

353

# 3 La comunicazione nel mondo del lavoro: scrivere e parlare

per scrivere e comunicare  Il brief

## 1. I contesti in cui viene utilizzato

Molto spesso il brief è un documento utilizzato all'interno delle **aziende** per:

– <u>preparare un meeting</u> ('incontro') e comunicare in via preliminare a tutti i partecipanti gli argomenti che saranno al centro della discussione;

– <u>verbalizzare</u> le riflessioni/decisioni emerse alla fine di un incontro di breve durata, chiamato appunto *briefing*, durante il quale sono definite direttive e progetti;

– <u>spiegare</u> ai clienti le modalità operative e le procedure necessarie per interagire con gli Uffici o i servizi interni all'azienda;

– <u>sintetizzare</u> informazioni e richieste da parte dei clienti raccolte da chi in azienda si occupa del marketing, così da offrire a chi si occuperà di realizzare il progetto il maggior numero di informazioni utili;

– <u>favorire la comunicazione</u>, sia interna – tra figure professionali con ruoli diversi ma all'interno della stessa azienda – sia esterna, ad esempio con consulenti, collaboratori, ecc.

Oltre che in azienda, il brief è usato anche:

– in **ambito militare**, per definire gli ordini necessari a portare a termine una missione;

– dalle **équipe sanitarie**, per condividere i dati dei pazienti;

– in **campo pubblicitario**, per rendere conto della campagna svolta all'azienda che l'ha missionata.

## 2. La struttura del brief aziendale

Come puoi osservare anche nell'esempio proposto all'inizio di questo Laboratorio, il brief aziendale presenta determinate caratteristiche strutturali, che servono a mettere in luce tutti o alcuni dei seguenti punti:

– *l'attività svolta* dall'azienda;

– *il progetto* da promuovere;

– *il mercato* di riferimento;

– *il target*;

– *la mission*, cioè la finalità dell'impresa o del referente incaricato di redigere il brief;

– *gli obiettivi*;

– *i fattori interni/esterni* necessari per raggiungere gli obiettivi;

– *la differenziazione del prodotto/servizio da realizzare* (rispetto ai competitors);

– *la personalizzazione della strategia*;

– *lo stile comunicativo*;

– *i materiali* che si intende impiegare;

– *il budget*, cioè i finanziamenti a copertura del lavoro (o da ricercare);

– *gli sponsor e i partner*;

– *l'organizzazione* del lavoro (tempi, planning, cronogramma).

## 3. Lo stile e il linguaggio

Il brief non è un testo narrativo, ma un documento schematico che si presta ad essere riletto e sottolineato e risponde alla necessità di essere tenuto a portata di mano, così da poterlo consultare quando si ha bisogno di rileggere o memorizzare una delle informazioni che vi sono contenute. Per questi motivi, come ogni schema ben fatto, deve essere organizzato in punti, titoli, sottotitoli, paragrafi o sezioni, liste numerate, grassetti. Va evitato l'uso di periodi lunghi e ripetitivi e il registro linguistico deve essere il più oggettivo possibile.

354  SCUOLA & LAVORO